MARIO VARGAS LLOSA

PERSILES-131
SERIE *EL ESCRITOR Y LA CRÍTICA*

EL ESCRITOR Y LA CRÍTICA

Directores: RICARDO Y GERMÁN GULLÓN

TÍTULOS DE LA SERIE

Benito Pérez Galdós, edición de Douglas M. Rogers.
Antonio Machado, edición de Ricardo Gullón y Allen W. Phillips.
Federico García Lorca, edición de Ildefonso-Manuel Gil.
Miguel de Unamuno, edición de Antonio Sánchez-Barbudo.
Pío Baroja, edición de Javier Martínez Palacio.
César Vallejo, edición de Julio Ortega.
Vicente Huidobro y el Creacionismo, edición de René de Costa.
Jorge Guillén, edición de Biruté Ciplijauskaité.
El Modernismo, edición de Manuel Durán.
Miguel Hernández, edición de María de Gracia Ifach.
Jorge Luis Borges, edición de Jaime Alazraki.
Novelistas hispanoamericanos de hoy, edición de Juan Loveluck.
Pedro Salinas, edición de Andrew P. Debicki.
Novelistas españoles de postguerra, I, edición de Rodolfo Cardona.
Vicente Aleixandre, edición de José Luis Cano.
Luis Cernuda, edición de Derek Harris.
Leopoldo Alas «Clarín», edición de José María Martínez Cachero.
Francisco de Quevedo, edición de Gonzalo Sobejano.
Mariano José de Larra, edición de Rubén Benítez.
El Simbolismo, edición de José Olivio Jiménez.
Pablo Neruda, edición de Emir Rodríguez Monegal y Enrico Mario Santí.
Julio Cortázar, edición de Aurora de Albornoz.
Gabriel García Márquez, edición de Peter Earle.
Mario Vargas Llosa, edición de José Miguel Oviedo.
Octavio Paz, edición de Pere Gimferrer.
El Surrealismo, edición de Víctor G. de la Concha.
La novela lírica, I y II, edición de Darío Villanueva.
El «Quijote» de Cervantes, edición de George Haley.
Gustavo Adolfo Bécquer, edición de Russell P. Sebold.
Juan Benet, edición de Kathleen M. Vernon.
«Fortunata y Jacinta», de B. Pérez Galdós, edición de Germán Gullón.

TÍTULOS PRÓXIMOS

Lope de Vega, edición de Antonio Sánchez-Romeralo.
El Naturalismo, edición de José María Martínez Cachero.
Manuel Azaña, edición de José Luis Abellán y Manuel Aragón.
Ramón del Valle-Inclán, edición de Ricardo Doménech.
José Ortega y Gasset, edición de Antonio Rodríguez Huéscar.
«La Regenta», de Leopoldo Alas, edición de Frank Durand.
José Lezama Lima, edición de Eugenio Suárez Galván.
Juan Carlos Onetti, edición de Hugo Verani.
Novelistas españoles de postguerra, II, edición de José Schraibman.
Teatro español contemporáneo, edición de Ricardo Doménech.

MARIO VARGAS LLOSA

Edición
de
JOSÉ MIGUEL OVIEDO

taurus

Cubierta
de
ANTONIO JIMÉNEZ
con viñeta de
MANUEL RUIZ ÁNGELES

Primera edición: 1981
Reimpresión: 1986

PG
8498.32
.A65
2714
1986
152466
may 1991

© 1981, José Miguel OVIEDO
© 1981 TAURUS EDICIONES, S. A.
1986, ALTEA, TAURUS, ALFAGUARA, S. A.
Príncipe de Vergara, 81, 1.º - 28006 MADRID
I.S.B.N.: 84-306-2131-8
Depósito Legal: M. 26.421-1986
PRINTED IN SPAIN

ÍNDICE

III

APÉNDICE

I
VISIONES DE CONJUNTO

JAMES W. BROWN

«EL SÍNDROME DEL EXPATRIADO»:
MARIO VARGAS LLOSA Y EL RACISMO PERUANO

Mario Vargas Llosa, que ronda en la actualidad los cuarenta años, ha escrito tres novelas importantes. En el año 1962, *La ciudad y los perros*[1], con su poco complaciente visión de la vida en la Escuela Militar Leoncio Prado, próxima a Lima, lo consagró en los círculos literarios más importantes. Su siguiente novela fue *La Casa Verde* (1966)[2], que entrelazaba hábilmente las vidas de diversas personas en dos regiones distintas del norte del Perú: la zona costera, seca y árida del Piura, y la zona del río Marañón al otro lado de los Andes. Luego, en 1971, publicó *Conversación en la Catedral*[3], que coteja la política limeña durante el período de Odría con las ambiciones privadas de un grupo de personas que cubren todo el abanico social que va desde el senador hasta la sirvienta.

En cada una de estas tres novelas, la raza y el racismo juegan un papel importante en dos niveles. En primer lugar, en el plano descriptivo, Vargas Llosa muestra las diversas aglomeraciones raciales del Perú y hace una serie de reflexiones por medio del lenguaje y de la acción acerca de cómo conviven. En segundo lugar, el aspecto racial de la vida peruana proporciona una clave importante, aunque sea menos obvia, del funcionamiento interno de estas novelas y de su relación con las motivaciones de Vargas Llosa como autor, mediante un recurso que presentaré y explicaré más adelante como «el síndrome del expatriado».

En el primer nivel, el formal —el armazón del mecanismo descriptivo y los recursos narrativos—, ya comenzamos a ver qué se propone Vargas Llosa. Algunos personajes se refieren a la población blanca, predominantemente costera o criolla, con el nombre de *blanquiñosos*,

---

[1] *La ciudad y los perros*, Barcelona, Editorial Seix Barral, 1962.
[2] *La Casa Verde*, Barcelona, Editorial Seix Barral, 1966.
[3] *Conversación en La Catedral*, 2 vols., Barcelona, Editorial Seix Barral, 1972.

término despectivo utilizado en replana, o sea, la jerga costera (*Ciudad*, pp. 107, 142, 177, 228-229). Incluso la palabra *blanco*, en ese contexto, es usada despectivamente, ya que los habitantes del Piura se quejan de que su viejo y querido barrio está siendo arrasado con el fin de construir casas para los invasores blancos (*Casa*, pp. 243, 407), o cuando un negro cuenta que un prestamista de Chincha tuvo un hijo de piel blanca y «se llenó de humos. Le dio porque su hijo se pusiera siempre zapatos y no se juntara con morenos» (*Conversación*, I, 55). Cuando describe a las monjas que hacen expediciones periódicas de incursión por los ríos de la jungla, para secuestrar niñas indígenas para su internado, Vargas Llosa enfoca expresivamente y da algunos primeros planos momentáneos de las caras *blancas*, de las manos *blancas* y de lo dedos *blancos* de las santas madres (*Casa*, pp. 113, 115, 121).

El otro grupo del que se habla es el de los *cholos*, término que se refiere vagamente a las personas cuya apariencia y/o hábitos de vida lo marcan racialmente como indígena. *Cholo* es un término que puede denotar afecto, como entre las dos lesbianas, Queta y Hortensia, pero de otro modo es insultante. Don Fermín llama «cholo de mierda» a Cayo Bermúdez (*Conversación*, I, 210); la Escuela Militar Leoncio Prado es despreciada por ser un «colegio de cholos» (*Ciudad*, p. 198) y la Universidad de San Marcos es descalificada por ser una «cholería» (*Conversación*, I, 288). Una camorra que termina con un tiroteo fatal es provocada por los insultos de «cholito» (*Casa*, pp. 249, 272, 294). Cuando Alberto, que es blanco, dice que tiene una cita en un barrio cholo de Lima, la reacción es: «¡Ah, tienes un plancito, cholifacio! Buen provecho. Y no te pierdas, anda por el barrio, todos se acuerdan de ti» (*Ciudad*, p. 85). Santiago Zavala se casa con una chola y descubre que ella no es aceptada por su familia de clase alta y que su madre incluso llama a la novia «huachafa» (desecho) (*Conversación*, II, 243). Finalmente, se alude al dictador General Odría como «un soldadote y un cholo» (*Conversación*, I, 35).

En el peldaño inferior de la escala social están los *serranos*, que pertenecen a la estirpe indígena de los Andes, como los cholos, pero que están menos integrados aún en la sociedad criolla. Boa, un cadete cholo de la Escuela Leoncio Prado, piensa mucho en los serranos. En varias ocasiones los considera estúpidos, testarudos, miedosos, malolientes, cobardes e hipócritas (*Ciudad*, pp. 69, 148, 150, 179-180). En el párrafo que transcribo a continuación, habla de las peculiares cerdas, o pelos tiesos, de Cava, un serrano:

¡Qué pelos! No me explico cómo un hombre puede tener esos pelos tan tiesos. Me consta que se avergonzaba. Quería aplastárselos y se compraba no sé qué brillantina y se bañaba en eso la cabeza para que no se le pararan los pelos y le debía doler el brazo

NOTA PRELIMINAR

En 1963, Mario Vargas Llosa publicó *La ciudad y los perros,* su primera novela y su segundo libro tras *Los jefes* (1959), y dio así verdadero comienzo a una obra narrativa destinada a alcanzar creciente notoriedad en el contexto de la literatura hispanoamericana, como una manifestación de uno de sus momentos más afortunados: esa explosión novelística de la década del 60, que congregó circunstancialmente a nuevos escritores y a respetados maestros, dándoles a ambos la sensación inédita de una comunidad de esfuerzos respaldada por una audencia internacional. Casi veinte años más tarde, la narrativa de Vargas Llosa, apegada a ciertas reconocibles líneas evolutivas pero también llena de novedades y zigzageos sorpresivos, se ha confirmado como uno de los *corpus* más consistentes, válidos e influyentes en medio de toda esa floración y aun entre las tendencias que la han seguido. Eso explica el atractivo que su obra ha ejercido sobre la crítica y los cuantiosos esfuerzos de análisis, exégesis, comparación y evaluación que desde entonces y hasta ahora se han acumulado sobre ella, para no hablar del interés, más superficial pero también revelador, que su persona y su figura intelectual han despertado y que se refleja en las incontables entrevistas y notas periodísticas que se le han dedicado. El presente libro trata de recoger una sección representativa de esa amplia operación crítica sobre la obra del novelista peruano.

Por cierto, la presente selección de trabajos y artículos sobre Vargas Llosa no es la primera que aparece. Anteriormente se han publicado, por lo menos, cuatro distintas colecciones:

1. *Agresión a la realidad: Mario Vargas Llosa,* Las Palmas, Inventarios Provisionales, 1971.
2. *Homenaje a Mario Vargas Llosa,* Helmy F. GIACOMAN y José Miguel OVIEDO (eds.), Madrid, Las Américas Publishing, 1972.

3. *Asedios a Vargas Llosa,* Luis A. DÍEZ (ed.), Santiago de Chile, Editorial Universitaria, 1972.
4. *Mario Vargas Llosa. A Collection of Critical Essays,* Charles ROSSMAN and Alan Warren FRIEDMAN (eds.), Austin, University of Texas Press, 1978.

Por otro lado, algunas revistas, como la desaparecida *Norte* (Amsterdam), *Review* (Nueva York) y *World Literatura Today* (Oklahoma), han consagrado al autor sendos números especiales. Todo esto quiere decir que la difusión de la producción crítica generada por la obra vargasllosiana ha sido, en ciertos niveles, intensa y pareja a la notoriedad de esa misma narrativa. ¿Qué justifica, entonces, la presencia de un nuevo volumen? En primer lugar, como puede observarse por las respectivas fechas de publicación, los tres primeros libros críticos abarcan lo que hoy se puede llamar el primer gran período literario del autor (el que va de *La ciudad y los perros* a *Conversación en La Catedral,* 1969); el cuarto volumen cubre hasta el segundo momento de su obra novelística (el que conforman *Pantaleón y las visitadoras,* 1973, y *La tía Julia y el escribidor,* 1977), pero es, por obvias razones, un conjunto casi totalmente desconocido por el público lector fuera de los círculos académicos de Estados Unidos. Era, pues, necesario ofrecer a ese mismo público un balance crítico sobre la integridad de su obra, revaluando las opiniones del pasado y poniendo al día los análisis y estudios para seguir la evolución que aquélla ha tenido en estos últimos años. Digo «obra» y no «obra narrativa» porque, paralelamente a esa producción creadora más reciente, Vargas Llosa ha desarrollado una obra crítica de importancia, iluminadora de otros mundos imaginarios (la novela de caballerías, García Márquez, Flaubert, Arguedas, etc.), tanto como del suyo propio; por ello, este volumen hace referencia en más de un estudio a esa otra faceta de la actividad intelectual del autor.

Aparte de eso, las tres primeras colecciones mencionadas recogen un material valioso, pero repiten entre sí textos bien conocidos o que figuran en otros libros de autor individual. He preparado este volumen teniendo en cuenta, en primer término, el criterio de la novedad y la difusión: no he incluido ningún texto que forme parte de alguna recopilación anterior, ni que sea conocido a través de otras obras dedicadas a la narrativa hispanoamericana. Los trabajos aquí recogidos sólo han aparecido, en la mayor parte de los casos, en revistas de circulación muy restringida o son inéditos en español. Esto explica por qué no se incluyen trabajos de importancia como los de Carlos Fuentes, David Gallagher, Jorge Lafforgue, Emir Rodríguez Monegal, etc., que los interesados saben dónde encontrar. Algunos trabajos, como el de

Mary E. Davis y el de Raymond L. Williams sobre *La tía Julia*, han sido preparados especialmente para esta edición.

En el conjunto de autores aquí representados predominan los de origen norteamericano, sobre los europeos e hispanoamericanos. Ese hecho obedece a una razón de fondo y a otra circunstancial. La primera es que uno de los centros más activos de la investigación sobre literatura hispanoamericana, en general y sobre Vargas Llosa en particular, es Estados Unidos, como lo demuestran los libros, las revistas, los simposios, las tesis y el interés de los estudiosos. Mientras los trabajos críticos norteamericanos emanan fundamentalmente de sus instituciones universitarias, en América Hispana o en España esa labor tiende a realizarse ahora un poco al margen de la universidad y más bien como fruto de esfuerzos críticos individuales y aislados, más difíciles de rastrear. Pero también es cierto que el conjunto reunido en este volumen podría haberse enriquecido con el aporte de otros críticos hispanoamericanos y europeos, que están ausentes por motivos ajenos a mi voluntad. Quiero decir que algunos de los que aquí faltan no han sido excluidos, sino que me ha sido imposible obtener su respectiva autorización o sencillamente dar con ellos.

Pese a esas omisiones, el conjunto de 21 textos intenta ser lo más completo y orgánico posible, pues cubre desde las visiones generales o los estudios de un motivo o una influencia a lo largo de la obra de Vargas Llosa —como los que ocupan la sección I del volumen—, hasta los trabajos sobre novelas y relatos específicos, sin dejar de lado los exámenes de sus ideas y opiniones críticas (sección II). El texto que cierra el repertorio es la versión de un diálogo con Vargas Llosa sobre la novela que ahora tiene en marcha y que debe aparecer muy pronto, con lo cual se redondean y actualizan al máximo las indagaciones sobre su obra. La variedad de enfoques es amplia, y esa variedad enriquece, creo, la comprensión de su universo imaginario, de las formas que asumen su representación narrativa, de su rica problemática social y de otros contextos ideológicos y culturales en los que se inserta.

Mi agradecimiento a todos los autores que aceptaron generosamente brindar sus trabajos para el presente volumen y que, en algunos casos, tradujeron sus textos al español o revisaron sus versiones. Sin esa colaboración, este libro, que es más suyo que mío, no existiría.

Bloomington, Indiana, octubre de 1979

J. M. O

de tanto pasarse el peine y echarse porquerías. Ya parecía que se estaban asentando, cuando, juácate, se levantaba un pelo, y después cincuenta pelos, y mil... Eso es lo que más los friega, la pelambre (*Ciudad*, p. 201).

Boa, un racista consumado, saborea el recuerdo del momento en que los cadetes descubrieron al peludo Cava en el baño afeitándose la frente (*Ciudad*, p. 201). Los otros cadetes no son menos crueles. Incluso Alberto rechaza una invitación a una partida clandestina de póker diciendo: «No juego con serranos... sólo me los tiro» (*Ciudad*, páginas 21-22).

Los *negros* y los *zambos*, términos que los personajes de Vargas Llosa utilizan indistintamente para referirse a los negros, no son mejor tratados que los serranos, sino quizás peor. Alberto dice: «¿Quién se fía de un negro?» (*Ciudad*, p. 17). «En los ojos se le vio que es un cobarde como todos los negros» (p. 20), reflexiona después. Otros se refieren a los negros como homosexuales (*Ciudad*, p. 24), mientras que se dice que la madama de un burdel de alto nivel de Lima no admite clientes negros para no desprestigiar el lugar (*Conversación*, II, 205), pero entre bastidores el Senador Fermín Zavala se dedica a la sodomía con su chófer negro. Es en este último caso que Vargas Llosa simboliza más vívidamente la dicotomía de clase y color activo-pasivo, masculino-femenino, blanco-no blanco que muchos de sus personajes representan. El inmenso y musculoso negro se vuelve vicariamente femenino en beneficio de la lujuria retorcida del Senador, pero aun cuando Ambrosio lamente someterse a Don Fermín, continúa insistiendo por servilismo de que Fermín es un perfecto caballero, casi tan perfecto como un dios. En el máximo de autodegradación, Ambrosio comete más tarde un asesinato para salvar la inmerecida buena reputación de Fermín.

Los más apartados de la sociedad criolla, tanto en distancia como en ventajas, son los indios amazónicos. En *La Casa Verde* están considerados, en el mejor de los casos, como subhumanos e incluso como animales. Se les llama despectivamente «selváticos», «paganos» o «chunchos» (indios de la jungla). La lengua aguaruna les suena a los de fuera como gruñidos de animal, y los huambisas son llamados «perros» y «basura» (*Casa*, pp. 47, 236, 342, 156). Los contrabandistas y los administradores los explotan, los soldados los violan, la Iglesia los rapta y la ley los humilla. Veamos cómo funcionan simultáneamente las dos pautas en el siguiente diálogo. Los que hablan son soldados sentados alrededor de una hoguera.

—Y cuando los chunchos están masateados se las tiran delante de todo el mundo —dijo el Rubio—. Sin importarles la edad que tengan, y a la primera que encuentran, a sus hijas, a sus hermanas.

—Y las viejas las rompen con las manos a las muchachas —dijo el Oscuro—. Y después se comen las telitas para que les traiga suerte. ¿No es verdad, Pesado?

—Verdad, con las manos —dijo el Pesado—. Si lo sabré yo. No me ha tocado ni una virgencita hasta ahora. Y eso que he probado chunchas (*Casa*, p. 127).

Si la raza es fundamentalmente una cuestión de piel, de huesos y de cultura, puede también incluir, no obstante, una perspectiva. En *La ciudad y los perros*, los cholos desprecian a Vallano, un negro, pero nos enteramos de que su madre no quiere que él se junte con cholos (*Ciudad*, p. 126). En *La Casa Verde*, los soldados que son definitivamente cholos y serranos, terminan por considerarse blancos después de estar un tiempo con los indios amazónicos (pp. 333, 335, 337). Bonifacia, una amazónica que termina en un burdel del Piura, se siente ofendida cuando la llaman «selvática», lo que no le ocurre cuando la llaman «chola» (pp. 350-353). En *Conversación en La Catedral*, a Ambrosio se le llama tanto «negro» como «zambo», y Odría es considerado ya sea como serrano o cholo, lo que indica que existe una superposición. Cayo Bermúdez es conocido como blanco en su pueblo natal de Chincha, pero en Lima sigue siendo un cholo. Queta, por otro lado, desprecia a Ambrosio por ser negro, aunque ella misma es mulata (II, 29); en realidad, es sólo a través de los otros que conocemos su verdadero color, dado que sus pensamientos no podrían hacer pensar que ella es blanca (I, 323; II, 29, 205-211). De esta forma, Vargas Llosa va más allá de la raza como una cuestión de pigmentación de la piel y penetra en el tema de la raza como si se tratara de un estado de ánimo con márgenes fluidos que atraviesan las líneas de demarcación social.

Antes de discutir cómo la raza y el racismo constituyen una clave estructural de estas novelas, debo prevenir que el uso que hace Vargas Llosa del conflicto racial y sus comentarios personales sobre el racismo en el Perú, son de necesidad subjetivos e incompletos. Podemos enfocar las novelas como documentos sociales, pero con cautela y con reservas[4]. Sin embargo, Vargas Llosa pretende fundamentalmente alcanzar la profesión de fe del credo realista: describir a su sociedad, analizarla y representar sus elementos. Esto se hace evidente tanto en sus novelas como en los debates acerca de su tarea como escritor[5]. Natural-

[4] Véase el artículo «El rasgo predominante en la novela hispanoamericana», de José Antonio PORTUONDO, en *La novela hispanoamericana*, compilado por Juan Loveluck en Editorial Universitaria, Santiago, 1969, pp. 93-94; también el artículo de Enrique ANDERSON IMBERT titulado «Formas en la novela contemporánea», *ibid.*, p. 219.

[5] Véase especialmente las declaraciones de Vargas Llosa en *El compromiso del escritor*, compilado por René Jara Cuadra, Valparaíso, Ediciones Universitarias de Valparaíso, 1971, p. 62, y en el artículo titulado «El escritor ante la sociedad», compilado por Germán Uribe, en *Tercer Mundo*, 40-41 (septiembre-octubre de 1968), 11; es muy reveladora la elección de las palabras de Balzac citadas en el prefacio de *Conversación en La Catedral*: «Il faut avoir fouillé toute la vie sociale pour être un vrai romancier, vu que le roman est l'histoire privée des nations». Véase también *Mario Vargas Llosa: La invención de una realidad*, de José Miguel OVIEDO, Barcelona, Editorial Seix Barral, 1970, pp. 66, 70, 74.

mente, él debe manipular la realidad para hacerla manejable y amena como novela, en la misma medida en que los mapas y las columnas gráficas de estadística son intentos de reducir la realidad a proporciones concebibles; además, en tanto que artista, utiliza el lenguaje y la estructura narrativa como instrumentos de creación y de innovación. Sin embargo, comparado con otros autores contemporáneos de Latinoamérica, no pierde de vista la perspectiva de lo que Sartre llama el «contexto», en este caso, la vida peruana tal como la ve Vargas Llosa. Es más cierto decir que las novelas de Vargas Llosa, como todas las novelas, son metáforas de la experiencia y de las creencias del autor, pero nosotros también podemos alegar que en su caso se trata de metáforas que quieren ser lo más realistas posibles dentro de las exigencias de su proyecto artístico.

Con esta advertencia, podemos comenzar la discusión acerca de cómo Vargas Llosa parece utilizar la raza en los niveles estructurales y temáticos. El personaje favorito de Vargas Llosa es el que sufre de lo que llamaré aquí el «síndrome del expatriado». Vargas Llosa divide, en primer lugar, su microcosmos en bloques o grupos de personas, es decir, grupos sociales de un medio u otro. Luego suspende a sus personajes principales en algún lugar entre estos grupos. En el limbo resultante, el personaje padece un despropósito y una falta de identidad, al igual que la persona que viaja por el mundo y vive en un ambiente extraño sin poder convertirse en parte de él. Generalmente se ve el «síndrome del expatriado» de Vargas Llosa en un personaje que ha abandonado un grupo para unirse a otro, que ha renunciado a su identidad con el pasado y no puede formar un todo con sus vínculos presentes. Al anular los límites, para que sus protagonistas los traspasen, Vargas Llosa ha utilizado pandillas de barrio (*Los cachorros*) y grupúsculos ocupacionales (*Pantaleón y las visitadoras*), pero el grupo social favorito, utilizado en sus tres novelas más importantes hasta la fecha, es racial[6].

En *La ciudad y los perros,* el conflicto central se da entre Alberto y otro cadete llamado Jaguar. Jaguar supuestamente ha matado a un tercer cadete, creyendo que era un delator. Alberto busca entonces la venganza contra Jaguar. Tanto Alberto como Jaguar son blancos que se han introducido en el ambiente abrumadoramente cholo de la academia militar. Alberto viene de un barrio cómodo de Miraflores, sus

---

[6] Hay necesariamente ciertos elementos socioeconómicos en las tres novelas. En vista de la famosa postura política de Vargas Llosa, ha sido útil analizar sus obras desde una perspectiva marxista; una de las mejores y más recientes es «*Conversación en La Catedral:* estructura y estrategias», de Alfredo MARTILLA RIVAS, en *Nueva novela hispanoamericana,* 2, septiembre de 1972, pp. 149-171.

padres pertenecen a la clase media autocomplaciente y son probablemente neuróricos. Su infancia estuvo colmada de diversiones: fútbol, vacaciones en la playa, coqueteos, amores pueriles y exámenes. En el Leoncio Prado, sin embargo, entra en un mundo nuevo con el que no se mezcla; allí es aceptado sólo parcialmente porque redacta cartas, poemas y cuentos pornográficos para sus compañeros. Su único amigo era Arana, la víctima del asesinato. Sus raíces siguen estando en Miraflores, donde él se sentía, en otras épocas, en familia, donde los «blanquiñosos miran a su alrededor y encuentran rostros que les sonríen, voces que les hablan en un lenguaje que es el suyo. Pero no sólo conocen las facciones, la piel, los gestos... también están al tanto de su vida, de sus problemas y de sus ambiciones...» (*Ciudad,* p. 192). Es a este mundo complaciente pero familiar al que Alberto finalmente vuelve, resignado y derrotado.

No sospecharíamos de la blancura de Jaguar a no ser por quienes lo rodean: él nunca reconoce su problema, pero los otros cadetes lo hacen y su oficial jefe también (pp. 50, 268-269). Como si quisiera negar la posibilidad de que el «síndrome del expatriado» racial atraviese aquí claramente también las fronteras de clase, Jaguar, aunque blanco, proviene de una familia de clase baja. Su hermano y su padre son rufianes y presidiarios. Jaguar mismo va al Leoncio Prado para librarse del reformatorio. Aunque se convierte rápidamente en jefe de una pandilla secreta, nunca será uno de ellos. El grupo finalmente se vuelve contra él y al final dice amargamente: «Yo les enseñé a ser hombres a todos ésos... ¿Crees que me importan? Por mí, pueden irse a la mierda todos» (pp. 317-318). Al igual que Alberto, abandona la escuela resignado y derrotado.

Tanto Alberto como Jaguar, suspendidos entre las diferencias de colores, traducen su *Angst* en acción reduciendo lo que ocurre a su alrededor a abstracciones morales condicionadas por su educación; a ello se deben las reflexiones y los *flash-backs* que dan sustancia y profundidad a la novela. Nos enteramos por qué Jaguar es capaz de detestar tan profundamente a un delator que ha roto el Primer Mandamiento de Silencio de la calle, mientras que Alberto finalmente es capaz de arriesgarlo todo para vengarse del asesino de su único amigo. Cada uno está apegado a un código moral que causa conflictos con los demás, pero el conflicto real para cada uno se plantea consigo mismo. Ambos están suspendidos entre la «ciudad» —la Lima dominada por los blancos— y los «perros» —los estudiantes o las masas de cholos[7]—.

En *La Casa Verde* Vargas Llosa introduce dos planos del «síndrome

---

[7] Un *perro* es un estudiante de primer año en el Leoncio Prado.

del expatriado»: el racial y el geográfico. Los personajes principales, cuyas historias entrelazadas conocemos en fragmentos a través del tiempo y del espacio, están, de esta manera, doblemente suspendidos. Fushía, un oriental, se mueve sin rumbo entre Iquitos y la vida tribal de los amazónicos; Lituma, un cholo costero, llega a considerarse blanco cuando está en la jungla y más tarde mata a un rico terrateniente porque le llama «cholito». Bonifacia comienza en una tribu amazónica y termina en un burdel del Piura; Don Anselmo, el misterioso fundador del legendario burdel del que toma el título la novela, también pretende (aunque miente mucho) ser de origen amazónico; finalmente el indio Jum, saqueado y difamado por los suyos, se desvía hacia el mundo del hombre blanco para exigir una reparación en un castellano mutilado e irreverente ante los funcionarios gubernamentales. Estas son historias enmarañadas que no podemos desentrañar aquí, pero sobre cada uno de estos personajes pende el encierro del que hemos hablado. Sus propias identidades se encubren y multiplican a medida que los personajes desaparecen y reaparecen bajo distintas máscaras. Sólo cuando ya no tiene importancia, el lector se entera de que Bonifacia y La Selvática son la misma persona, así como Lituma y El Sargento, antes y después de estar suspendidos en el vacío del «síndrome del expatriado». En esencia importa poco que las vidas de otros personajes —La Chunga, Anselmo, Fushía, Adrián Nieves, Lalita— estén entrelazadas en la textura más profunda de la novela, como el reverso de un tapiz. Porque en la contemplación final, cada uno continúa circunspecto y aislado de todas esas circunstancias. Hay movimiento pero no hay progreso, hay tacto pero no hay contacto entre ellos. Es más, al final de la novela continúan en suspensión: Bonifacia como prostituta, Lituma como miembro de una banda de inútiles, Fushía muriéndose de soledad y de lepra, Don Anselmo desperdiciando sus últimos años como arpista en un burdel y Jum como vagabundo febril. A diferencia de Alberto y Jaguar, ellos no dan marcha atrás. Cada uno expresa a su manera la alienación racial y la nostalgia geográfica, los lazos comunes que los unen con los demás.

Conversación en La Catedral crea un «síndrome del expatriado» que agrega implicaciones de lucha de clases a las de raza. En una clara simetría de roles, Santiago Zavala, hijo de un próspero industrial y político, se rebela y es arrastrado a una finca de cholos, mientras que, como contraparte de la trama, un comerciante de herramientas agrícolas cholo escala posiciones en la política nacional y trata de volverse blanco: se trata de Cayo Bermúdez. Es más, en cuanto a la forma de vida exterior, cada uno de ellos parece triunfar, pero este éxito es ilusorio e insatisfactorio.

Al rebelarse contra su familia y buscar su propia forma de ser hombre, Santiago rompe los lazos familiares cruzando una serie de barreras sociales, primero cuando entra en la Universidad de San Marcos y se mezcla con cholos y revolucionarios, luego al elegir un trabajo de ínfima categoría en un periódico de tercera clase y, finalmente, al casarse con una chola. Sus lazos con el pasado se debilitan hasta que se encuentra a sí mismo completamente transformado y «acholado» sin poder volver atrás, pero su larga conversación en «La Catedral» (un bar) con Ambrosio y en otro bar con otro amigo, revelan su tormento a través de una pregunta insistente y repetitiva: «¿Dónde me jodí?» (I, 74, 108, 124, 128, 160).

La otra pregunta de Zavala: «¿Dónde se jodió el Perú?» (I, 161), crea el contacto necesario con la historia de Cayo Bermúdez, que hace contrapunto y desarrolla en el fermento de la política nacional. Traído a Lima a requerimiento de un amigo poderoso, Bermúdez aprende a aullar entre los lobos. Absolutamente cínico y codicioso, pronto se hace confidente del dictador Odría mientras se apropia de dinero y del poder. Es un hombre manejado. Odia a los blancos aun cuando aspire a la blancura para sí mismo. A la muchacha blanca con la que se casó en su pueblo natal se le oscureció la piel (I, 70), por lo que la abandona, toma una querida blanca y comienza a agasajar a la élite de la sociedad peruana en su casa. Son sus pensamientos íntimos los que revelan la profundidad de su odio hacia los blancos, si bien trata permanentemente de hacerse agradable a sus ojos. La suspensión racial de Cayo se hace más evidente cuando elige una compañera lesbiana negra para su querida blanca y en sus incesantes fantasías sexuales acerca de mujeres blancas.

En *Conversación en La Catedral*, la suspensión racial se refuerza y simboliza la separación de las clases económicas. La salida de Santiago de la familia Zavala representa la huida de un hombre joven de una existencia burguesa claustrofóbica para alcanzar el éxito por sus propios medios en el mundo «real», mientras que Cayo Bermúdez llega espectacularmente al poder y se hace rico porque, al igual que un gusano con un estómago de hierro, prospera donde las cosas están más podridas. Pero en verdad, ni Santiago ni Cayo logran adoptar un nuevo estilo de vida; sólo consiguen abandonar el anterior. Ellos pueden ignorar su pasado pero no pueden cambiar su piel. Ambos expresan su comprensión de esto, mientras Santiago escudriña su memoria preguntando: «¿Dónde me jodí?», y Cayo Bermúdez se enfurece en el apogeo de su temible poder porque esos blancos «hijos de puta» (II, 246) todavía no lo aceptan como a un igual. Mientras la narración de Vargas Llosa gira alrededor de estos dos expatriados raciales y sociales, los otros personajes forman un coro griego inconsciente de representantes de su clase, ya sea la clase media blanca dirigente y fatua, o el proletariado de color, servicial y a menudo depravado.

Advertimos que en la primera novela importante de Vargas Llosa los protagonistas, suspendidos, eventualmente vuelven al grupo que han intentado abandonar, pero en sus últimas obras quedan oscilando como si no hubiera regreso posible. La clave de esto y la razón de que los protagonistas de Vargas Llosa regularmente abandonen un grupo en primer lugar, para asumir sólo parcial, imperfecta e insatisfactoriamente los valores de otro, habrá que buscarlas en dos lugares: en la literatura latinoamericana contemporánea y en el mundo interior del autor.

Aunque el origen del tema de la alienación en la literatura latinoamericana puede ser descubierto en los héroes del siglo XIX de Hugo, de Espronceda y de Zorrilla (así como es probable que la «nueva novela» latinoamericana restablezca en gran parte el espíritu romántico), el sentido de alienación es diferente en un aspecto importante. El héroe o el antihéroe (sea lo que fuere) contemporáneo, está normalmente desconectado de sus iguales de una manera más sutil o grandiosa, quizá, que un horrible secreto de familia o un amor imposible y desdichado; aquí el héroe de la «nueva novela» sufre, épicamente, los males experimentados por su sociedad: la mecanización, la deshumanización, la falta de comunicación y la explotación. Él encarna, en mayor o menor grado, la cualidad «mítica» descrita por Carlos Fuentes en sus ya famosos ensayos sobre la «nueva novela» latinoamericana[8]. Mallea, Fuentes, Sábato, Cortázar, Lezama Lima, Donoso, García Márquez y otros escritores, nos han brindado distintos planos del espíritu alienado. En Perú, las obras de Sebastián Salazar Bondy, Julio Ramón Ribeyro, Oswaldo Reynoso y Alfredo Bryce Echenique ejemplifican, junto con las de Vargas Llosa, las diversas formas del infortunio peruano en las vidas de sus protagonistas.

Pero la metáfora particular del Perú que utiliza Vargas Llosa, contiene un *leit motiv* de distintas clases: es la visión repetida de una sociedad dividida por abismos geográficos, sociales y, particularmente, raciales. Él ve a un país fragmentado por múltiples antagonismos y poderosas barreras. Quienes osan cruzar estas barreras, sólo consiguen desarraigarse.

Uno se siente muy tentado de encontrar las fuentes del «síndrome del expatriado» en Vargas Llosa mismo y la tentación se hace más in-

---

[8] *La nueva novela hispanoamericana*, de Carlos FUENTES, Ciudad de México, Ediciones Joaquín Mortiz, 1969.

tensa por el tenor autobiográfico de algunos de sus personajes más atormentados. Con una educación de niño bien en los cómodos suburbios de Lima, Vargas Llosa padeció la zambullida de cabeza de Alberto en *La ciudad y los perros,* en la «cholería» del Leoncio Prado, donde descubrió la esencia del Perú con su rígida estratificación y la condena de la sociedad que aliena al individuo de su propio ser. Otras experiencias que le abrieron los ojos tuvieron lugar durante sus estadías en el Piura y en una expedición a la parte superior de la jungla del Marañón, donde oyó y vio cosas, narradas después en episodios menos sabrosos de *La Casa Verde,* que sacudieron hasta sus raíces su arropada sensibilidad de Miraflores[9]. Él debe denunciar los crímenes sociales y eso ha hecho, pero es en un sentido más profundo que Vargas Llosa presenta la perspectiva aislada de sus personajes. Al igual que Santiago, Vargas Llosa se disoció con conocimiento de causa de una clase social que él consideraba repugnante, y eligió una vida de trabajador. Retirándose a un exilio autoimpuesto en Europa, continúa escribiendo sobre su país a través de los recuerdos de su infancia y juventud. Él ha confesado que el acto de escribir es, para él, producto de una inexorable insatisfacción y extrañamiento, y que el escritor latinoamericano trabaja en un aislamiento peculiar, que es considerado por su sociedad como un objeto curioso y marginal y, en el mejor de los casos, un «ser anómalo» frente a un público mayormente ignorante o simplemente indiferente[10]. De esta manera, el «síndrome del expatriado» es reflejado desde el propio exilio (tanto espacial como espiritual del autor) y, al menos por el momento, el alquitarado contexto peruano de Vargas Llosa sigue estando profundamente fragmentado, cargado de conflictos y pesimista.

[*Essays in Literature,* vol. 3, n.º 1 (1976), pp. 131-139.
(Versión castellana de Beatriz OBERLÄNDER.)]

---

[9] Véase «Los fracasos de Vargas Llosa», de Wolfgang A. LUCHTING, *Mundo Nuevo,* 51-52 (septiembre-octubre de 1970), p. 63, y «Madurez de Vargas Llosa», de Emir Rodríguez MONEGAL, *Mundo Nuevo,* 3 (septiembre de 1966), pp. 64-68.

[10] *El compromiso del escritor,* p. 62. Puede estar creándose una ruptura en la visión sombría de Vargas Llosa. Una breve obra reciente, *Pantaleón y las visitadoras,* Barcelona, Editorial Seix Barral, 1973, es una deliciosa gran farsa que se burla del sistema militar peruano.

JULIO ORTEGA

VARGAS LLOSA: EL HABLA DEL MAL

En las novelas de Mario Vargas Llosa me parece observar una *derivación perversa,* acaso esencial a su visión de las cosas. Me refiero a la perspectiva que informa un mundo subvertido por *el mal y la distorsión* y que, por cierto, señala también la ocurrencia de su lenguaje.

La crítica ha preferido ver en esas novelas la coherente elaboración verbal de una denuncia; y ha propuesto un catálogo de problemas sociales al analizarlas. Esas novelas, por lo demás, han sido leídas habitualmente como impecables muestras de organización: como si la técnica se consumiese en el inocente papel de distribuir los argumentos. Pero una obra es un sistema de signos: no podemos simplemente asumir esos signos como la información sobre el mundo referido, sino también y necesariamente como la información sobre el sistema mismo.

En la obra de Vargas Llosa hay una evidente información crítica, pero la ficción que la pone en movimiento no se consume en su solo registro social. Es asimismo evidente la eficacia narrativa, una distribución formal hecha con rigor y precisión. Pero así como la crítica trasciende el plano referencial de la sociedad, y se configura a sí misma como negación sin desenlace, pienso que la elaboración técnica hace de la eficacia una forma de disfrazamiento. Precisamente, hablando de George Bataille, Vargas Llosa se ha referido al acto «encubridor» que es connatural a la novela, porque su norma ficcional es un doblaje que seduce y cuestiona.

No es una paradoja que el rigor formal funcione en Vargas Llosa también como un «encubrimiento»: la claridad puede ser un espectro del doblaje, que no evidencia así su raíz; o más bien, esa raíz sólo puede manifestarse encubriéndose, porque su naturaleza controvertible es una confluencia de tensiones, y la lucidez es su exorcismo y su máscara a un tiempo. No en vano la forma seduce aquí al lector; lo atrae con la pasión de su rigor que se organiza como una estrategia. «Una buena novela», suele afirmar el lector. El encubrimiento se ha producido: «La existencia es intolerable», tendría que haber afirmado.

En efecto, todo ocurre como si Vargas Llosa trabajase la laboriosa estructura de la novela en un proceso de «seducción». El lector, finalidad inmediata de esa estructura, percibe claramente la habilidad del autor para atraerlo y conducirlo. La sistemática aparición de los personajes, la distribución de los hechos, el ligero «suspenso» en los desenlaces y, por cierto, los datos que el autor escamotea para sólo entregarlos al final, cuando la figura se recompone; esta destreza es la conciencia misma del texto: el lector confirma la eficacia del relato como tal, y así el encubrimiento se produce. ¿Y qué es aquello que a sí mismo se encubre? Evidentemente, aquello que ya la estrategia argumental no puede explicar: la naturaleza de los hechos, sus relaciones ambiguas y conflictivas, el sesgo peculiar de las obsesiones que los dictan. Así, los hechos se configuran en un sistema de imágenes —fuera ya del control del autor—, que se manifiesta en la recurrencia de los temas y materiales, en la forma que éstos van adquiriendo e imponiendo. La estrategia de la forma cumple aquí su papel: estas novelas nos sugieren que la existencia es intolerable, por decirlo así, pero esa sugerencia subyace, se impone al autor; se impone también al lector apenas vuelve la mirada sobre lo leído.

No es casual que la lucidez formal reconozca en la novela una tradición del «encubrimiento». O por decirlo de otro modo: no es casual que una forma apasionadamente sistemática corresponda a un mundo de materiales nada sistemáticos. Y no es que el caos entrevisto —el mundo y la existencia como realidades incontrolables, ambiguas y distorsionadas— deba ser propuesto como un orden controlable; ante el sentido de lo real, ese orden es imparcial: una versión formalizada; ante el lector, ese orden es parcial: un proceso interesado. Sin esa imparcialidad, el orden propuesto sería didáctico; pero al ser imparcial ese orden se basta a sí mismo. Por eso la técnica pierde aquí su inocencia: se cumple como la versión de un mundo, y como la estrategia de esa versión; su sentido está en su doblez, en su juego que irrevocablemente gana la partida al lector.

Es esta pasión sistemática lo que relaciona a las novelas de Vargas Llosa con el modelo formal de Flaubert; no solamente por el ideal de la impersonalidad del autor en la autonomía de lo narrado; también porque en Flaubert el sistema actúa encubriendo la sordidez de lo cotidiano. Por lo mismo, no es arbitrario que Vargas Llosa encuentre poco elaborada la escritura más inmediata de las novelas de Bataille. Pero si, por un lado, Vargas Llosa parece intelectualmente definido, hasta cierto punto al menos, por su cultivo de la obra y el pensamiento de Sartre; por otro, la propia evolución de su obra, por lo menos hasta *Conversación en La Catedral*, parecería aproximarlo, en ciertos aspectos claves, al mundo controvertido de Bataille. Una formación sartreana —si algo así existe—, supongo que impone el positivismo de una actividad crítica; mientras que la atracción por Bataille podría más bien actuar como la distorsión de ese positivismo; en tanto actividad crítica de otro signo, a partir de la irrupción de la forma distorsionada como naturaleza secreta y abismante. Sería fácil ver en esta figura una contradicción de fuerzas que se oponen, pero más interesante es advertir que en el sistema de Vargas Llosa las imágenes suelen poseer una doble valencia; la primera es de signo «positivo»: afirma a la crítica; la segunda es de signo «negativo»: niega todo desenlace. Con Sartre, Vargas Llosa parece creer, o haber creído, que la existencia se sobrepone a sí misma en la lucidez crítica; con Bataille, que esa existencia, de modo perverso, es irreductible a los lenguajes codificados.

Pero entre Sartre y Bataille, Vargas Llosa no parece proponer una continuidad, o cualquier tipo de síntesis, sino la incorporación de un doble acertijo. Ya Lezama Lima señalaba que como escritor latinoamericano podía permitirse incorporar a dos escritores aparentemente antagónicos; este fenómeno (anunciado por Borges en su notable ensayo sobre la tradición desde nuestra perspectiva) actúa en Lezama como una expansión más de su escritura. En Vargas Llosa, como otra de las tensiones internas de la suya. Esa doble valencia de su pensamiento se ve incluso en su intento de incorporar a Bataille dentro de una figura más amplia:

Creo que junto con una vocación maldita hay en toda literatura auténtica y tan poderosa como aquélla, una ambición desmesurada, una aspiración decidida a rehacer críticamente la realidad, a contradecir la creación en su integridad, a enfrentar a la vida una imagen verbal que la exprese y niegue totalmente. Esta representación está casi siempre levantada a partir de esa masa de experiencias que Bataille denomina el mal (las obsesiones, las frustraciones, el dolor, el vicio), pero es más grande y más profunda en la medida en que consigue acercarse más, a partir de esa negatividad que la sostiene, a la totalidad humana, y da una visión más completa de la vida, tanto individual como social (tanto del Bien como del Mal).

No es preciso descomponer las ideas de este párrafo central de su ensayo sobre Bataille para advertir que, en el momento mismo de las afinidades y diferencias, los términos de la doble valencia quedan, incluso nominalmente, separados y unidos a un tiempo. El impulso hacia una convergencia en una figura más amplia es evidente; también lo es la independencia de los términos dentro de esa figura. Lo «negativo» y lo «positivo» no se anulan, tampoco se funden: se dan a la vez.

José Miguel Oviedo ha señalado que el cultivo de la novela de caballería revela en Vargas Llosa la ambición de una «novela total». En efecto, la novela caballeresca supone la libertad de la convención ficcional como un sistema; y allí donde lo irrestricto se desencadena como un orden pleno, aparece factible esa novela totalizadora, que Vargas Llosa entiende como el arquetipo del relato. Pero, ¿cómo ligar ese mundo de una forma plena y libre con las propias novelas de este autor? Yo diría que aquí la forma es otra vez la cobertura: porque en las novelas de caballería el desenlace formal es también parte de un mundo cuya suficiencia legendaria revela el sueño de una realidad normada y sistemática; la norma de una soñada plenitud es manejada por el heroísmo, pero sobre todo libera a la expresión. Por lo mismo, en este mundo de tensiones polares que es el de Vargas Llosa, la novela de caballería parece el polo armónico de otra realidad desarmónica: creo que en el extremo de la novela caballeresca está el folletín melodramático, otra de las formas populares que el autor cultiva. Al mismo tiempo, y con la doble valencia de sus temas y figuras, Vargas Llosa es atraído por *Tirant le blanc* y por *El derecho de nacer*.

En *Tirant le blanc* Vargas Llosa ha encontrado una rica fuente de reflexión formal. De sus ensayos sobre el tema es interesante recuperar ahora una idea: en las cartas de batalla de Joan Martorell ha visto que las fórmulas del desafío a un duelo resultaban más importantes o decisivas que la batalla misma, infinitamente pospuesta. El lenguaje y las formas poseen así una propia espesura real, y el desenlace de la batalla es anecdótico. Esto es, un mundo verbal proclama aquí su ocurrencia suficiente; pero también la notable plenitud de una existencia cuyas pautas se revelan armónicas y coherentes. El refinamiento de esas normas, referidas a la violencia, muestran que la realidad y sus espejismos se corresponden y sustentan. Las pasiones humanas —y el personaje de ese teatro del amor propio— habitan en un mundo sistemático, en la rara suficiencia de la convención. De algún modo, el aplazamiento de los hechos implica al exorcismo de las pasiones en las fórmulas de esas mismas pasiones.

Todo lo contrario ocurre en el folletín, en el bochornoso universo del cine mexicano. Pero a diferencia de otros autores, a Vargas Llosa no parece interesarle estas formas por su «exotismo popular». Tampoco se orienta hacia la exploración de una cultura popular como sustentadora de mítidos híbridos y nuestros, como algunas páginas de Carlos Fuentes ilustran; no persigue, por otra parte, comunicarnos una nueva versión de literatura popular, autentificando los materiales para rescatar la existencia de los hablantes, como ha hecho Manuel Puig. Yo diría que a Vargas Llosa le importan estas formas porque aquí también existen las grandes pasiones y, a su modo, un mundo del infortunio heroico. El melodrama juega con las grandes categorías —como la novela caballeresca, folletín de su tiempo—, sólo que ha perdido la inteligencia o la libertad de las formas plenas, y por eso la retórica de la nobleza es aquí un lenguaje depredado. La existencia se convierte en una parodia involuntaria: las convenciones pierden su rigor y no sostienen más una forma sistemática. Si esto es el mundo polar del universo caballeresco, podemos entonces sugerir que Vargas Llosa cultiva el cine mexicano porque aquí las emociones humanas aparecen vejadas; la derivación perversa de su obra parece recuperar de esa subcultura el grotesco de la vida emocional y del infortunio, quizá como datos reveladores del individuo desprovisto de un mundo normativo.

No creo que estos términos simplemente se opongan: novela de caballería y folletín popular son dos fases de la misma tensión. En estas novelas un mundo argumental cotidiano posee la complejidad de esa doble valencia: la existencia más depredada aparece a veces animada por la intuición o la ambigüedad del acto que la trasciende en un destino trágico, en una inmolación social; y ello ocurre en el mismo laberinto de los actos que aparecen como la última realidad del personaje, como el desligado sistema de la depredación. Esa existencia (perdidas las pautas plenas de la imaginación, instaurado el destino en el infierno social) se manifiesta en los actos, en la actuación pura, pero no implicando un juicio sumario, sino más bien la ambivalencia, la paradoja vital; o sea, la íntima tensión del individuo que se destruye sin poder controlar su destino. Ese destino, que era claro al personaje heroico, es reemplazado así por el azar y la errancia; y las certidumbres sólo suponen la trágica norma de una realidad distorsionada. El individuo actúa frente a los códigos que la sociedad finge asumir, pero los espejismos y lo real ya no se corresponden. Los códigos son ya paródicos: reiteran, como una caricatura miserable, los grandes valores que fueron la retórica de una burguesía que ya no los requiere.

Así, frente al código practicado por los militares del colegio Leoncio Prado, los estudiantes ejercen otro, de estilo secreto, que se desintegra en su misma violencia. Los códigos y pautas que el colegio religioso, la familia y el grupo de Cuéllar ponen en funcionamiento para asimilar la castración, son otros tantos mecanismos precarios, a través de los cuales la realidad es diferida y nunca enfrentada por la conciencia: la burguesía no requiere de esa conciencia, y su código suplanta a la realidad. El castrado no posee código alguno: sólo puede aniquilarse, inmolado ya por los otros.

En *La Casa Verde*, el grupo juvenil de los Inconquistables busca preservar su propio código en una especie de marginación y desenfado, pero pronto irán a convertirse a la norma contraria, institucionalizada. Las monjas que practican el intento de la integración social de sus pupilas selváticas, favorecen tácitas y más terribles pautas. Pero esas pautas se ejercen de acuerdo a un sistema de la violencia, y por eso disponen el poder momentáneo de quien las maneja.

Conversación en La Catedral es todavía un análisis más detenido y agudo del funcionamiento —bárbaro y relajado, infuso y fanático, según las situaciones sociales— de normas y pautas, a partir del código deteriorado de la vida política y del poder establecido. Desde la conciencia mellada del personaje que se declara «jodido» (más que frustrado: abolido), se despliega el espectáculo siniestro de ese deterioro. Los jóvenes de la célula universitaria «Cahuide» buscan proponer otras normas a la política tradicional, pero el valor de «la pureza» parece improbable. Un personaje —Trinidad López, que el autor abandona pronto— se finge aprista, acaso sospechando la posibilidad de una norma que lo trascienda, pero su papel es irrisorio. Casi toda la obra de Vargas Llosa nos habla de esta imposibilidad de creer en una sociedad depredada por el subdesarrollo y la ausencia de certidumbres compartibles. El descreimiento es el horizonte de esa miseria moral: su habla, por ello, es el mal-decir.

También en *Pantaleón y las visitadoras* este debate es revelador: hay una norma establecida y legal para el comercio de mujeres dentro de los cánones de la institución militar; pero hay más: los documentos, los partes, los textos periodísticos que hacen a la misma novela, sugieren otras pautas que formalizan y racionalizan los hechos, mostrándolos en la paradoja irónica de su ambivalencia moral.

A través del funcionamiento de estas pautas y códigos podemos ver en detalle el sistema de creencias, la ideología declarada y la ideología infusa de este mundo elaborado por la ficción. Porque no solamente se trata de una crítica a la situación de la sociedad peruana, o hispanoamericana, sino también y esencialmente del cuestionamiento de la existencia social misma a través del análisis de sus modelos operativos, de sus esquemas de relación, de sus organismos de supervivencia y pautas de valor.

En este análisis, precisamente, actúa la derivación perversa que mueve a la ficción de Vargas Llosa. Su negación, al cuestionar modelos y códigos, pone en duda la visión del mundo y de sí mismo que tiene el protagonista social, el individuo. Porque, según creo, este apocalipsis social es también, y sobre todo, una apasionada y sistemática destrucción del concepto tradicional de individuo, que otros códigos han impuesto. Vargas Llosa procede, en el fondo, a minar la base de la existencia social al cuestionar los mitos y valores del humanismo tradicional, y de su centro: el individuo como finalidad. Esa valoración, ese personaje, son aquí destruidos por la fuerza de la negatividad. Porque en el momento mismo en que estas novelas nos dicen que esos códigos operativos son una forma distorsionada, parece también sugerirnos que hay una más vasta distorsión en la propia existencia. Porque al desmentir inexorablemente sus propios códigos, la vida social delata que hay un deterioro previo, próximo al mal. El sueño humanista del «hombre natural» sería aquí imposible; la misma relación humana deduce ya los esquemas de interrelación social, como si el hombre, al imaginarse a sí mismo, inventase también su distorsión, que irá a aniquilarlo. Esta sospecha del mal actúa así como el error y la errancia del sentido, en la imposibilidad de una norma compartible. Las ideas, valores y pautas del humanismo tradicional prometen el sentido allí donde practican la degradación. A lo «mal hecho» de las empresas y relaciones humanas, corresponde, por eso, lo «mal dicho» del mundo en el lenguaje: porque la novela sólo puede mostrar el espectáculo en que la realidad es depravada por el mal uso connatural del habla.

Borges dijo que Swift se había propuesto «denigrar al género humano». Esa frase feliz no podría ser aplicada a Vargas Llosa, porque su negación elude totalmente el diseño alegórico y didáctico; de modo que en sus novelas, cabría decir, esa humanidad se denigra a sí misma. En su ensayo sobre Bataille hemos visto cómo declara directamente que la literatura proviene de una percepción del mal (y hay que anotar que esa relación con Bataille no es nueva: proviene de su temprano descubrimiento de *La literatura y el mal**); y también cómo intenta asumir esa declaración en una perspectiva totalizadora. Esa racionalización es, por cierto, posterior a la escritura misma de la novela, y anuncia sobre todo la actitud del autor ante su trabajo. Porque, en efecto, el mundo controvertido y en destrucción que maneja, ha debido ser enfrentado desde una perspectiva integradora y comprensiva; la otra posibilidad era entregarse a las visiones y reclamos de ese mundo y convertirse directamente en un novelista «negro». Esa posibilidad parece actuar de un modo interno, como la tensión que se agudiza confrontada por el otro polo, por la valencia «positiva». Pero si esta valencia polariza la tensión de un mundo obsesivo, ese mundo impone su propio diseño al establecerse como el sistema de imágenes tras la argumentación prolija.

[* Trad. española, en Taurus Ediciones, Madrid, 4.ª ed., 1981.]

En *La ciudad y los perros* las citas de Sartre y Carlos Germán Belli nos advierten justamente sobre esa zona de las dobles valencias («Los impostores» se llamó la primera versión de la novela) y de la depredación (el deterioro es la ley fatal), que están al centro de los actos humanos reformulados por la ficción. Esos actos parecen dictados por otro doble juego de suplantaciones: la violencia y la humillación, extremos que suscitan una realidad perversa. Si algún centro esta novela propone, yo diría que está en la *imposibilidad de la conciencia*: la educación, y no sólo la que el colegio impone, actúa como un permanente sistema sustitutivo de esa conciencia; y no sólo por la alienación social, sino también porque los hechos en su distorsión proceden como el implacable aniquilamiento de una conciencia responsable. Este movimiento deduce otro: el individuo se aniquila como tal; y esta especie de «suicidio de la conciencia» parece connatural a un ámbito humano definido por la imposibilidad de la personalización, por la negada alternativa de ser.

Los cachorros ilustran esa imposibilidad. Y la *castración* es de por sí una imagen que alude al mal como origen perverso de una existencia aniquilada. Aquí el mecanismo es evidente: se trata de fingir para evitar la conciencia. Esa labor sustitutiva es tan coherente (los ritos sociales parecen un sistema dichoso y suficiente) que la castración misma se hace ambigua: Cuéllar podría vivir como si no fuese un castrado en ese mundo aparencial de los otros. Pero su conciencia es finalmente su tragedia. Como la castración, la conciencia es anómala, intolerable, y por eso el mundo de los integrados socialmente (los amigos del grupo), como el de la adolescencia neurótica (a la que se aferra Cuéllar), se equivalen en su norma sustitutiva.

En *La Casa Verde* los orígenes perversos (como la labor intermediaria de las monjas) se unen al destino social perverso (como el de La Selvática), y el desenlace de igual signo (como la lepra de Fushía). Esa lepra adquiere en la novela una resonancia casi alegórica, y no es casual que Fushía aparezca remontando un río hacia la isla de los leprosos. Así, el cuerpo se desintegra en el seno de su propio fluir temporal. *Conversación en La Catedral* desarrolla ampliamente la distorsión de los códigos que informan la vida política, así como las pautas ideoafectivas de la existencia social misma. Como en *Pedro Páramo,* el debate de esta novela es la errancia de la justicia. Ese debate plantea el apasionado y estéril reclamo de la conciencia de Santiago Zavala. El cuadro humano que se nos presenta es de por sí lamentable y perverso, pero la actitud del novelista no es sólo crítica; es también requisitoria, casi sarcástica y feroz. La novela es, así, un trágico sumario, pero revela también un tratamiento agudamente irónico; y muchas veces el relieve dramático (la sugerencia deliberada del melodrama) se muestra como caricatura, como directo grotesco. La existencia es brutal y bochornosa, además de maligna. Reveladoramente, la única existencia genuina parece ser la que discurre cerca de la ingenuidad —o de la inocencia temprana—, como en el grupo de jóvenes políticos; y aquella que transcurre cerca o dentro del melodrama (la existencia de los sirvientes, por ejemplo), porque conocen el sufrimiento sin atenuantes. Pero también en esta posibilidad de una norma genuina hay, por cierto, una parodia final: el melodrama es auténtico pero irrisorio.

Ya el título de la novela parece sugerir la dimensión grotesca de una existencia inauténtica: evoca otros dos, el del cuadro alegórico de *El siglo de las luces* de Alejo Carpentier, que se llama «Explosión en una catedral»; y la pieza de Eliot, *Asesinato en La Catedral*. No sé si la relación es casual, pero vincularlos no es del todo arbitrario: en ambos casos la catedral se nos aparece como una imagen de la Historia; en la novela de Vargas Llosa se trata de «La Catedral», un paupérrimo bar limeño. La historia aparece así reemplazada por la política, su parodia degradada; los hechos del sentido, por la conversación, un acto sustitutivo.

El ámbito mismo de esta novela resulta contaminado por una depredación más vasta: la «basura acumulada» se relaciona con «la voz... deformada», los «rostros... adormecidos»; y, sintomáticamente, con «el suelo chancroso». Todo el paisaje del primer capítulo no es sólo realista, es también una hipérbole verbal: el lenguaje muestra esa realidad horrible crispándose él mismo; y no en vano en esta novela (como antes en *Los cachorros*) el lenguaje resulta ser una parábola del mundo cuestionado. Aquí el lenguaje deja de jugar el simple papel informativo o descriptivo; es también un idioma «culpable», porque se exaspera y violenta; y adquiere una ocurrencia expresionista muy clara. El autor elude toda posibilidad de armonía expositiva para entregarnos un habla tortuosa, minada, un discurso que recupera la discordia de su referencia infernal, cuyo escenario paupérrimo no es más una morada humana. De este modo, pues, el lenguaje sugiere la miseria más amplia de esa distorsión: nos habla al centro de una «exasperación vacía».

El sistema de imágenes de las novelas de Mario Vargas Llosa ilustran, pues, una intuición central del mal y la distorsión. Esa intuición se responde a sí misma en la elaboración crítica de esas novelas, en su denuncia sistemática, pero aun en la crítica preserva su drama y su condición irresolutiva. Ese drama hace que la existencia se muestre de modo intolerable, en su espectáculo perverso, mal configurada.

Esa condición, que la existencia se revele incompleta y acaso imperfectible, aniquilándose a sí misma en la carencia de una norma genuina, haciendo de la destrucción su último horizonte.

[*Revista de la Universidad de México*, vol. 27, n.º 8, abril de 1973, pp. 1-8. (Versión corregida por el autor).]

MARY E. DAVIS

LA ELECCIÓN DEL FRACASO: VARGAS LLOSA Y WILLIAM FAULKNER

La prosa de Mario Vargas Llosa ha sido denominada faulkneriana con gran insistencia por varios críticos, pero, salvo el exigente análisis llevado a cabo por John Brushwood sobre la presencia de Faulkner en la estructura sintáctica de *La Casa Verde* y *Pantaleón y las visitadoras*, las correspondencias entre el universo literario de Faulkner y el de Vargas Llosa no han sido exploradas aún. Según Brushwood, el resultado de la importancia de Faulkner en el desarrollo del estilo del peruano es realmente revolucionario:

> Lo que pasa con esta estructura de la oración es que para ganar el efecto deseado, el novelista cambia de tiempo y cambia de narrador. Al hacer esos dos cambios, combina los efectos de una variedad de épocas y lugares. Esa nueva estructura de la oración cambia el sentido de la historia que contiene la novela[1].

Es el sentido de la historia lo que enlaza más estrechamente a los dos novelistas, pero para apreciar las formas arquitectónicas en las estructuras novelísticas de ambos, primero debemos considerar la admiración que los dos sienten por Flaubert, así como por las técnicas comunes a los modernistas ingleses Joyce y Eliot, técnicas que han atraído la atención de los críticos hacia el nivel superficial del texto. Preparados de esta forma, ingresaremos al universo de la tragedia árida, un mundo oscuro en el cual lo humorístico aparece como la única defensa contra el fracaso omnipresente, fracaso escogido por los personajes como la única respuesta digna a su situación.

La idea de *elección* está vitalmente relacionada a la índole moral de las realidades ambiguas de Faulkner y Vargas Llosa. Cuando se

---

[1] John BRUSHWOOD, «Importancia de Faulkner en la novela latinoamericana», *Letras Nacionales*, XXXI (agosto-septiembre 1976).

le preguntó sobre la fatalidad que controla a sus personajes, Faulkner reiteró la necesidad humana de elección:

El tiempo que un hombre puede dedicar a la moralidad, forzosamente se lo tiene que quitar al impulso del cual él forma parte. Está obligado a seleccionar entre lo bueno y lo malo, tarde o temprano, porque la consecuencia moral se lo exige para que pueda seguir viviendo consigo mismo mañana. Su conciencia moral es una maldición que él tiene que aceptar de los dioses para que le den el derecho a soñar[2].

Vargas Llosa habla de la elección de una manera más concisa: «el fracaso es una elección que implica cierta dignidad y hasta una secreta grandeza»[3]. También describe las inferencias de tal elección en una de sus tempranas creaciones: Gamboa, «elige fracasar para conseguir una victoria íntima, que sólo existe en su conciencia, en la soledad de su propia intimidad» (p. 101). La transformación de la derrota en victoria corresponde a uno de los procedimientos de la tragedia griega, una forma estética que da la clave al concepto de la realidad que Faulkner y Vargas Llosa comparten.

Aunque la frase famosa de Malraux —«*Sanctuaire,* c'est l'intrusion de la tragedie grecque dans le roman policier»— fue publicada en 1933[4], la crítica tardó en percibir los modelos de Sófocles bajo la prosa de Faulkner. La obra de Vargas Llosa también ha sufrido de una demora en la crítica, quizá a causa del comentario del novelista sobre la realidad de la obra. La realidad funciona como un *leit motiv* en la crítica literaria de Vargas Llosa, y aparece con tal notable frecuencia que algunos críticos lo han juzgado por ello un neorrealista. En su discusión de la estética de García Márquez, Vargas Llosa aclara la suya:

Escribir novelas es un acto de rebelión contra la realidad, contra Dios, contra la creación de Dios que es la realidad. Es una tentativa de corrección, cambio o abolición de la realidad real, de su sustitución por la realidad ficticia, que el novelista crea. [...] La raíz de su vocación es un sentimiento de insatisfacción contra la vida; cada novelista es un deicidio secreto, un asesinato simbólico de la realidad[5].

La realidad que tan fervorosamente desea Vargas Llosa es siempre particular, creada por las palabras y sus intersticios. Para él, «Toda

---

[2] William FAULKNER, entrevista con Jean Stein publicada en *Paris Review*, incluida en *Writers at Work,* Ed. Malcolm Cowley (Nueva York, The Viking Press, 1958), pp. 138-139.
[3] Mario VARGAS LLOSA, en *El buitre y el ave fénix,* Ed. Ricardo Gaviria (Barcelona, Editorial Anagrama, 1972), p. 100. En adelante se cita en el texto.
[4] André MALRAUX, «Préface à *Sanctuaire* de William Faulkner», en *La Nouvelle Revue Française,* XLI (1933), 747.
[5] Mario VARGAS LLOSA, *Historia de un deicidio* (Barcelona, Monte Ávila Editores, 1971), p. 85. En adelante se cita en el texto.

novela es un testimonio cifrado: constituye una representación del mundo, pero un mundo al que el novelista ha *añadido* algo: su resentimiento, su nostalgia, su crítica» (p. 86).

Otra razón de que la crítica no se haya fijado en lo trágico en Vargas Llosa puede ser la concentración sobre los aspectos flaubertianos de su prosa. El entusiasmo de Vargas Llosa por Flaubert se iguala al que demuestra por la novela de caballerías y por la filosofía de Sartre. En Flaubert él admira el «modo de asumir la vocación», «un modo de organizar la vida en función de la vocación» (*Deicidio,* p. 63). Los críticos se sienten fascinados generalmente por las novelas de Vargas Llosa como artefactos totales, lo que él llamaría «totalizaciones, conjuntos que, gracias a una estructura audaz, arbitraria pero convincente, dieran la ilusión de sintetizar lo real, de resumir la vida»[6]. Vargas Llosa también emula en Flaubert «la idea de representar en una novela la totalidad de lo humano» (p. 59), y en su elogio de *Madame Bovary,* aclara los aspectos del estilo de Flaubert que se han hecho parte del suyo. Particularmente notables son la rara belleza de la violencia, «cierto mal gusto», «truculencia», «aberraciones», «materiales melodramáticos», «tipos clisés» y «ambivalencia». Vargas Llosa explora la creación flaubertiana de una voz narrativa impersonal caracterizada por una distancia irónica. Sobre todo, Vargas Llosa admira la creación de Emma Bovary. Hablando en términos estructurales, el peruano afirma que «El drama de Emma es el intervalo entre la ilusión y la realidad, la distancia entre el deseo y su cumplimiento» (p. 162), y él admira, como lo haría Sartre, «el espacio que instala el narrador entre la realidad y la ilusión» (p. 172). Finalmente, aplaude «lo que *Madame Bovary* convierte en materia central de la novela: el reino de la mediocridad, el universo del hombre sin cualidades» (p. 246). Así Vargas Llosa ha hechizado a sus críticos de tal forma que éstos se concentran en los elementos de su estilo que provienen de su admiración por Flaubert.

Los mismos elementos flaubertianos sobre los cuales Vargas Llosa ha comentado, son los primeros tratados en la crítica de Faulkner. Faulkner mismo, en la entrevista con Jean Stein publicada en *Paris Review,* menciona a Flaubert entre los autores que «conocía y amaba cuando era joven y a los cuales vuelvo como se vuelve a viejos amigos» (p. 136). ¿Cómo determinar los elementos en la estética de Vargas Llosa que corresponden a Flaubert y los que corresponden a Faulkner? Podemos considerar a ambos, Faulkner y Vargas Llosa, desde el as-

---

[6] Mario VARGAS LLOSA, *La orgía perpetua* (Barcelona, Seix Barral, 1975), p. 19. En adelante se cita en el texto.

pecto de su precursor común: Flaubert; es decir, ambos se han valido de ciertas técnicas ya presentes en el estilo de Flaubert, en combinación con estrategias más radicales aprendidas de Joyce y del cine. El problema siempre espinoso de la originalidad se puede evitar si seguimos el consejo de Borges:

> En el vocabulario crítico, la palabra *precursor* es indispensable, pero habría que tratar de purificarla de toda connotación de polémica o de rivalidad. El hecho es que cada escritor crea a sus precursores. Su labor modifica nuestra concepción del pasado, como ha de modificar el futuro[7].

Al igual que la prosa de Vargas Llosa, García Márquez, Onetti y Fuentes ha provocado nuevas lecturas de Faulkner, la crítica de Faulkner ha llevado a estudiar de nuevo a Flaubert. Alan Spiegal formula bien estas influencias inversas: «Solemos pensar en *Ulysses* y *The Sound and the Fury* como muestras de la revolución literaria, pero sería mejor pensar en ellas como muestras de la última etapa de la revolución literaria»[8]. Más que representantes de una «etapa final», vemos estas novelas como precursores de la etapa más contemporánea de la prosa.

Vargas Llosa afirma que el propósito de Flaubert al crear la ficción total es «dar a la prosa narrativa la categoría artística que hasta entonces sólo ha alcanzado la poesía» (*Orgía*, p. 252). James Joyce heredó la motivación de Flaubert, y él y los miembros de su generación ampliaron la estética de Flaubert hasta formar todo un nuevo universo para la prosa. Como las novelas y los cuentos de Faulkner son más accesibles a los hispanoamericanos, su prosa ha facilitado la incorporación de técnicas que él aprendió de Joyce y T. S. Eliot. Michael Groden explica la manera en que Faulkner se apropió de *Ulysses:*

> Es verdad que Joyce no fue una de las principales influencias formativas sobre Faulkner ni muy duradera: los ecos en las tres novelas de Faulkner de antes de *The Sound and the Fury* son menores y localizados, y después de esta novela y *As I Lay Dying*, las influencias son casi imperceptibles. Pero en *The Sound and the Fury*, especialmente en la sección de Quentin, Joyce es una influencia básica, y el uso de Faulkner de la técnica joyceana contribuye en forma significativa al éxito de la novela[9].

Joyce liberó a Faulkner de su dependencia en un narrador omnisciente, y sus métodos extremos para la revelación del personaje le en-

---

[7] Jorge Luis BORGES, «Kafka y sus precursores», de *Otras inquisiciones,* en las *Obras completas* (Buenos Aires, Emecé Editores, 1960), III, p. 148.

[8] Alan SPIEGEL, *Fiction and the Camera Eye* (Charlottesville, University Press of Virginia, 1976), p. 7.

[9] Michael GRODEN, «Criticism in New Composition: *Ulysses* and *The Sound and the Fury*», *Twentieth Century Literature,* XXI (mayo 1975), 265.

señaron a Faulkner el valor de un narrador poco digno de confianza. Especialmente le interesaban las frases largas y sin puntuación con las cuales Joyce encerraba el caos en la mente de Molly Bloom. La primera parte de *Ulysses* le enseñó a Faulkner cómo combinar narraciones en tercera persona y en tiempo pretérito con narraciones en primera persona y en tiempo presente para ensanchar la realidad de la narración del personaje. Así Faulkner pudo crear a Quentin Compson, el Hamlet moderno. En *The Sound and the Fury*, adapta la técnica de Joyce a una trama más accesible, y su ficción sirve como fuente para subsiguientes novelistas.

Además —concluye Groden—, la novela representa el ingreso de Faulkner mismo en la gran corriente por la ruta del modernismo. Aunque Faulkner siguió probando nuevas técnicas durante toda su carrera, después de esta novela y *As I Lay Dying*, abandonó los intentos de expresar directamente los procesos de la conciencia; sus experimentos técnicos conciernen más a la construcción de las oraciones, el punto de vista y la estructura novelística (pp. 276-277).

Vargas Llosa ha analizado esta etapa de la contribución de Faulkner a la prosa contemporánea cuando describe la prosa que García Márquez labra para crear un mundo tan «anacrónico y claustral» (*Deicidio*, p. 141) como el curso del Mississippi de Faulkner:

Frases que zigzaguean tortuosamente, simulan decaer, renacen con nuevo ímpetu u otra vez se arrodillan y levantan; enumeraciones, repeticiones, una sintaxis circular de ritmo encantorio; un tono solemne, de oráculo o profecía bíblica; una lúgubre musicalidad, un soterrado pesimismo, un aliento fatídico: el modelo es la inconfundible escritura faulkneriana (*Deicidio*, p. 143).

La etapa del estilo de Faulkner que Vargas Llosa encierra es la de *The Sound and the Fury, Absalom, Absalom!,* y *As I Lay Dying;* esto es el período modernista en el cual Joyce influye más sobre Faulkner, y es el período de mayor importancia en el desarrollo de la ficción en Hispanoamérica. García Márquez y Vargas Llosa en sus novelas más recientes utilizan otra contribución importante de Faulkner: el humor subversivo notable en sus novelas posteriores, las que relatan el conflicto épico entre los Snopes y Gavin Stevens.

La presencia de Faulkner en la prosa de Vargas Llosa es aún más evidente que en su crítica. Recordando la advertencia de Vargas Llosa de que «el examen de las fuentes de un escritor nos arrastra, inevitablemente, por un camino que desemboca en remotísimas genealogías y en la comprobación de que la originalidad tiene que ver tanto con la selección y la combinación como con la pura invención» (*Deicidio*, pp. 158-159), veremos que aunque la presencia de Faulkner se va destacando más a medida que la habilidad narrativa de Vargas Llosa madura, será más difícil analizarla por estar combinada con otras fuentes. Con la excepción de las amadas novelas de caballerías, las novelas que atraen más el entusiasmo de Vargas Llosa suelen ser modernas, y por tanto ocultan la semejanza más notable con Faulkner —la creación de una raíz de ser existencialmente trágica.

Mientras la trágica clásica situaba el conflicto en el centro de la sociedad, es decir, en el rey o las familias principales de la *polis,* la literatura moderna se mueve en la periferia, en los personajes al margen de la sociedad, cuya posición refleja la tragedia de la sociedad misma. Vargas Llosa vincula este proceso oblicuo a sus héroes literarios:

> ...no es fortuito que el tema del «excluido», del «apestado», del «ser distinto», reaparezca maniáticamente en las ficciones, desde los superhombres caballerescos, como el Amadís, Parsifal o el rey Artús, hasta Joe Christmas, el misterioso K. o el coronel Aureliano Buendía, pasando por Vautrin, Madame Bovary, Julian Sorel o D'Artagnan (*Deicidio,* p. 96).

El caballero andante encontraba su papel a la vez como defensor del Estado (el rey) y de la inocencia (la dama desgraciada). Era marginal sólo en el sentido de su movilidad en una época en la cual la forma de la sociedad era sedentaria. Joe Christmas, por el contrario, tiene que decidir y formular su propio papel, y elige la resistencia, el rechazo de los papeles posibles en la sociedad, escogiendo ser negro cuando puede ser blanco, y volviéndose de este modo gris, es decir, entre los dos mundos.

Vargas Llosa leyó *Light in August* después de 1956 en la traducción francesa de Coindreau. Para él es «el libro de Faulkner que sigo prefiriendo entre todos los suyos»[10]. *Light in August* revela claramente la relación constante entre la conciencia individual y la sociedad, como lo explica Irving Howe: «Cada uno de los personajes principales en *Light in August* es un hombre aislado. Pero cada uno de los personajes está rigurosamente encuadrado en su sitio o función social»[11]. La vida de Joe Christmas, huyendo siempre de situaciones aceptables, culmina en su castración y muerte:

> ... entraba en ella de nuevo, la calle que corría por sus treinta años. Era una calle pavimentada, donde se debía de ir aprisa. Había formado un círculo y él aún seguía dentro de ella. Aunque en los últimos siete días no ha tenido calle pavimentada, ha

---

[10] Mario Vargas Llosa, carta personal a la autora, con la fecha 14 de marzo, 1978, desde Cambridge, Inglaterra, a Norman, Oklahoma.
[11] Irving Howe, *William Faulkner: A Critical Study* (Chicago, University of Chicago Press, 1975), p. 15.

recorrido más que en los treinta años anteriores. Aún está dentro del círculo. «Sin embargo he recorrido más en estos siete días que en los treinta años anteriores», piensa. «Pero nunca he salido de ese círculo. Nunca he roto ese cerco de lo que he hecho y jamás podré deshacer»[12].

La extraña sonrisa del rostro cuando muere es un gesto brillante con el cual Faulkner revela el sentido de la vida de Christmas. Los gestos ponen de relieve la esencia de los personajes marginales de Faulkner:

Puede ser un gesto de rebelión o de sumisión; puede significar adherencia al rito o la necesidad de aceptar el fracaso en completa soledad; puede ser un signo arbitrario del propio ser o una afirmación de indiferencia. Pero siempre es la marca de un ser distinto; es el modo en que un hombre se afianza y se distingue (Howe, p. 153).

Cuando Joe Christmas deja de correr y acepta su papel como la víctima propiciatoria de la sociedad, llega a ser la persona que siempre fue. También Vargas Llosa, desde el comienzo de su carrera, usa gestos para cristalizar el destino. Su colección de cuentos, *Los jefes,* emplea gestos en una manera muy típica de Hemingway; es decir, los gestos son violentos y revelan que los personajes están enredados en el horrendo código del machismo. Pero ya en su primera novela, Vargas Llosa hace el gesto existencial de Gamboa más sutil; cuando rechaza la confesión del Jaguar de que él fue el asesino, llega a ser lo que era potencialmente, el doble del Esclavo y otra víctima propiciatoria.

El contacto de Vargas Llosa con el estilo gesticulante, dramático y a veces cinematográfico de Faulkner empezó antes de 1956. En 1953 comenzó a leer a Faulkner en español y *Absalom, Absalom!* fue una de las primeras novelas que leyó. En *Absalom* Faulkner parodia las convenciones de la novela de caballerías usándolas como modelo para los amoríos frustrados, y su creación de Sutpen combina los modelos trágicos del *Edipo Rey* de Sófocles y la *Orestiada* de Esquilo. El aprecio de Vargas Llosa de *Absalom* habría inspirado así la inclusión de la esfera latente del sentido trágico que se extiende bajo la superficie de sus novelas. El nivel mítico de la prosa de Vargas Llosa tiene la misma resonancia que la de Faulkner.

Al situar las acciones de sus personajes de Yoknapatawpha dentro del marco de la tragedia griega, de la novela de caballerías o de la épica, Faulkner le añade al lugar de ficción una dimensión mítica... Detrás de la estructura caballeresca de las acciones del «reo digno», detrás de la peregrinación de los Bundren vista como un viaje épico, o la identificación de Thomas Sutpen como el antiguo héroe trágico griego, está el

---

12 WILLIAM FAULKNER, *Light in August* (Nueva York, Random House, 1932), p. 321.

concepto de la existencia de un ideal heroico, que según Faulkner representa la capacidad de los hombres para la vileza y la grandeza[13].

Es posible que *Absalom* inspirase las diferentes formas de prosa con las que Vargas Llosa experimenta poniendo en contraste la narración desde un punto de vista cinematográfico y la exploración surrealista del mundo interior de Boa en *La ciudad y los perros*. Su segunda novela fue el conjunto de cinco narraciones, cada una con su propio ambiente narrativo, un proceso que recuerda sorprendentemente el de *Absalom*, en el cual «cada punto de vista en la novela se forma siguiendo un género literario diferente: lo gótico, la tragedia griega, la novela de caballerías, el cuento desorbitado» (Levins, p. 9). El amorío entre Anselmo y Antonia en *La Casa Verde* combina muchos de los elementos del estilo de Faulkner: el modo caballeresco desfigurado por una escandalosa violencia casual, el recinto fuera de la sociedad (el prostíbulo), el destino trágico de los amantes, y los diversos mitos posteriores formados de memorias alternativas de la tragedia que destruyó la primera Casa Verde. La transformación completa de Anselmo después de la muerte de Antonia revela el dominio de una técnica por la cual Faulkner ha sido frecuentemente censurado, y recientemente por Cleanth Brooks: «Más de una vez en sus novelas Faulkner cambió radicalmente la personalidad de sus personajes novelísticos. Es difícil, si no imposible, reconciliar el Henry Armistid de *The Hamlet* con el Henry Armistid de *Light in August*»[14]. La modificación de esta técnica, diestramente empleada con Bonifacia, Lituma y Anselmo, continúa en la caracterización de Bola de Oro en *Conversación en La Catedral* y la del escribidor en *La tía Julia y el escribidor*.

La incorporación de la técnica de Faulkner por Vargas Llosa va aumentando casi en forma geométrica. Continúa con *Conversación en La Catedral*, donde las múltiples conversaciones dentro de la conversación, utilizan en forma notable los múltiples narradores que se descubren en conversaciones extensas y que forman la base narrativa de *Absalom*. Vargas Llosa nunca adopta el método de Faulkner sin juicio crítico; siempre lo ajusta a su propósito narrativo. Mientras Faulkner hace que Quentin y Shreve mediten sobre la influencia trágica del gran proyecto de Sutpen sobre sus hijos, Vargas Llosa se concentra en el hijo, Santiago Zavala, cuando arranca de Ambrosio, antes el chófer de su padre, el verdadero significado del apodo de «Bola de Oro».

---

[13] Lynn GARTRELL LEVINS, *Faulkner's Heroic Design* (Athens, University of Georgia Press, 1976), p. 4.

[14] Cleanth BROOKS, *William Faulkner: Toward Yoknapatawpha and Beyond* (New Haven y Londres, Yale University Press, 1978), p. 166.

El oscuro y desconcertante ambiente de *Conversación en La Catedral* iguala y amplifica el de Faulkner en *Sanctuary*, «el primer ejemplo literario moderno del orden social visto consistentemente como pesadilla fantástica» (*Spiegel,* p. 154). Aunque Vargas Llosa da a un personaje bastante inocente el nombre de Popeye, creará de nuevo al *gangster* siniestro en Cayo Bermúdez, una figura tan híbrida y artificial como el Popeye de Faulkner. Vargas Llosa amplifica en parte el método de caracterización usado por Faulkner: mientras la relación de Popeye con otros personajes es a través de objetos, la de Cayo es a través de personajes intermediarios. Y mientras Temple Drake medita sobre su destino en el prostíbulo de Miss Reba, Santiago Zavala resuelve el enigma de la identidad de su padre cuando acompaña al reportero de crímenes por los burdeles de Lima.

Vargas Llosa utiliza el ambiente para crear el clima de la obra, en una forma semejante a Faulkner, pero con más concisión. Cuando Santiago se acerca al depósito municipal de perros, ve:

un gran canchón rodeado de un muro ruin de adobes color caca —el color de Lima, piensa, el color del Perú— flanqueado por chozas que, a lo lejos, se van mezclando y esperando hasta convertirse en un laberinto de esteras, cañas, tejas, calaminas[15].

No sólo hace Vargas Llosa del depósito de perros una imagen de la realidad capturada en esta sombría novela, sino que también usa un contrapunto claramente faulkneriano: el mundo natural refleja el de la sociedad. Mientras Cayo Bermúdez interroga al prefecto de la prisión, se alterna la conversación con una descripción cinematográfica del desierto:

¿Una iguana? Dos patitas enloquecidas, una minúscula polvareda rectilínea, un hilo de pólvora encendiéndose, una rampante flecha invisible. Dulcemente el ave rapaz aleteó a ras de tierra, la atrapó con el pico, la elevó, la ejecutó mientras escalaba el aire, metódicamente la devoró sin dejar de ascender por el limpio, caluroso cielo de verano, los ojos cerrados por dardos amarillos que el sol mandaba a su encuentro (*Catedral,* I, p. 130).

Así en sus novelas más oscuras, Vargas Llosa rinde homenaje al gran estilo de Faulkner, un estilo que luego abandonó en parte en su prosa posterior. Vargas Llosa ha perfeccionado la eficacia de las tramas misteriosas de Faulkner, una eficacia basada en ocultar algún dato vital que resuelva el crimen. Faulkner nunca revela claramente que Joe Christmas mató a Joanna Burden, y Vargas Llosa deja la solución

---

[15] Mario VARGAS LLOSA, *Conversación en La Catedral* (Barcelona, Seix Barral, 1969), I, p. 19.

de la muerte de La Musa en enigma. Ya había usado esta técnica en *La ciudad y los perros*, dejando la muerte del Esclavo sin resolver. La muerte de La Musa es aún más simbólica. Ella se hace la víctima propiciatoria de los otros personajes, y en efecto, todo Lima se convierte en su asesino.

Con *Pantaleón y las visitadoras* y *La tía Julia...*, Vargas Llosa explora la esfera del humor, cubriendo nuevos territorios dentro del mundo habitado ya por García Márquez. Vargas Llosa extiende el loco proyecto de Pantaleón a límites hiperbólicos, hasta las regiones de la fantasía frecuentemente pintadas en los cuentos de Faulkner. En esas dos novelas, explora el texto con comentarios irónicos sobre sus propias convenciones retóricas: el anunciador de radio Sinchi utiliza los clisés de la radio en *Pantaleón*, y Pedro Camacho presenta radionovelas delirantes en *La tía Julia*. Vargas Llosa extiende su uso anterior de la técnica de Faulkner en la metamorfosis del personaje y también su desmitificación. Pantaleón en Iquitos es un hombre distinto, sin duda, del Pantaleón en Lima.

El uso de tramas alternantes que Faulkner emplea tan radicalmente en *The Wild Palms* reaparece en el contrapunto del imperio de Pantaleón y el imperio espiritual del Hermano Francisco. Éste da a Vargas Llosa la oportunidad de pintar otra clase de locura, y él mismo comentó, hablando de *Pantaleón*, que «junto a la locura del militar, la locura religiosa es probablemente el sujeto literario que más me intriga» [16]. Faulkner estaba igualmente fascinado por la locura religiosa, y varios de sus personajes más notables —Joanna Burden y Gail Hightower— son estudios de histerismo místico. Vargas Llosa también es comparable a Faulkner en la alternancia de la trama con las secuencias entretejidas en *La tía Julia*. El texto que trata del amorío del joven reportero Mario y su tía Julia ofrece sorprendentes hechos biográficos presentados en forma ficticia, un proceso de exorcismo personal utilizado por Faulkner en sus tempranas novelas *Mosquitoes* y *Sartoris*.

En cada una de sus novelas, Vargas Llosa va progresando en su uso del ambiente como límite y como reto para sus personajes. La nebulosa academia militar (con una vicuña vagando por los pasillos), la mezcla espléndida de selva y metrópoli en *La Casa Verde*, la organización de Lima en los siete círculos del infierno en *Conversación*, la selva infernal y su diabólica contrapartida en la jerarquía militar en *Pantaleón*, y el escenario severamente limitado que forma el mundo íntimo en *La tía Julia* —todo ensancha el universo bajo el dominio

---

[16] Mario VARGAS LLOSA, «In Pursuit of Pantaleón», *Américas* (marzo 1979), p. 6.

de Vargas Llosa, dándole lo que Katalin Kulin llama en Faulkner el «micro-escenario para un mensaje cósmico».

Yoknapatawpha representa solamente sus propias dimensiones —su pequeñez, su falta de significado, un rincón del mundo olvidado por Dios—. Aquí es donde nos fuerza el autor: en este marco pequeño, sobre este escenario pequeño cercado por todos lados donde él pone a sus personajes, vinculados por mezquindades, convenciones, y prejuicios. Así procura que la tensión creada por las diferencias entre el mensaje y el escenario —una escena cerrada— se vea aumentada por los efectos del clima[17].

Vargas Llosa no sólo ha mejorado su habilidad para incorporar el espacio simbólico, sino que su decisión de ampliar los niveles de la realidad dentro del texto lo ha movido a usar secuencias oníricas, con frecuencia en el estilo surrealista creado por Faulkner y Joyce. En un reciente artículo aparecido en *Américas,* Vargas Llosa explica:

Mi idea era que los sueños, en tanto que deforman la realidad, no son superfluos de ninguna forma. Es decir, sirven para presentar los hechos objetivos en un nivel ambiguo, misterioso y extraño (p. 8).

El sueño de Pantaleón con sus visitadoras transformadas en soldados a las que pasa revista ante los oficiales superiores, presenta el caso en cuestión: «Las siente marchar tras él y adivina: no intentan mimar expresiones viriles, exhiben agresivamente su condición mujeril, yerguen el busto, quiebran las cinturas, tiemblan las nalgas y sacuden las largas cabelleras»[18]. Después, cuando aguanta una dolorosa operación, Pantaleón entra a un laberinto delirante donde «ocurren una serie de mudanzas, híbridos e injertos que lo angustian mucho más que el silencioso trajín de los médicos» (p. 81). Con esta secuencia onírica, Vargas Llosa funde los dos aspectos de la vida de Pantaleón, concentrándose en ese «intervalo entre la ilusión y la realidad, la distancia entre el deseo y su cumplimiento» que tanto admira en Flaubert.

Pero quizás el progreso más importante en la prosa de Vargas Llosa ha sido su uso del fracaso. Aunque Luchting cree que «la condición existencial del ser latinoamericano, como aparece en las obras de Vargas Llosa, es la frustración entelequial»[19], las últimas dos nove-

---

[17] Katalin KULIN, «Reasons and Characteristics of Faulkner's Influence on Modern Latin-American Fiction», *Acta Litteraria Academiae Scientiarum Hungaricae,* XIII (1971), 353.

[18] Mario VARGAS LLOSA, *Pantaleón y las visitadoras* (Barcelona, Seix Barral, 1973), p. 56.

[19] Wolfgang A. LUCHTING, «El fracaso como tema en Mario Vargas Llosa», en *Homenaje a Mario Vargas Llosa,* Eds. José Miguel Oviedo y Helmy Giacoman (Nueva York, Las Américas, 1971), p. 240.

las proponen el fracaso como un paso vital hacia una identidad viable. En este sentido, Vargas Llosa se aproxima más a Faulkner que en sus obras tempranas, puesto que para Faulkner «el fracaso como manera de despertar al hombre y en última instancia de hacerse hombre aceptando su propia personalidad es la situación fundamental en que se mueven los héroes de Faulkner» (Kulin, p. 354). El gran esquema de Pantaleón fracasa, pero él vuelve a Lima con un nuevo sentido de sí mismo. Más importante aún es la figura de ficción de Mario en *La tía Julia*. Durante su iniciación amorosa a manos de la tía Julia, él se da cuenta de la locura progresiva del escribidor, Pedro Camacho, pero Mario mismo escapa a ella. No sufre el fracaso final, sino que se vuelve el autor del libro que el lector está leyendo.

Como Faulkner, Vargas Llosa ha sobrepasado los mundos oscuros de su prosa temprana. En 1978 describió su fascinación por la prosa de Faulkner:

Pero sería una gran mentira decir que mi deslumbramiento por Faulkner fue «técnico». Nada de eso: su mundo perturbado y aventurero, trágico y fanático, en el que las más turbias perversiones del espíritu humano conviven con grandes arrebatos de generosidad y nobleza me sigue pareciendo uno de los más ricos y «verosímiles» creado jamás por un novelista (Carta).

El peruano ha añadido a su repertorio esos aspectos de estilo que captan la generosidad y la nobleza del hombre en un universo que exige la derrota y el fracaso. Vargas Llosa, hablando de *Light in August*, puede apreciar ambos aspectos de la realidad, y en lugar de concentrarse solamente en Joe Christmas, puede admirar a Lena Grove como «uno de los que más me ha conmovido por su tranquilo heroísmo» (Carta). Su estilo reciente muestra esa madurez, y, así como Faulkner cambió el retrato del artista del escultor frustrado de *Mosquitoes* en el abogado versátil Gavin Stevens, Vargas Llosa ha cambiado el poeta burgués de *La ciudad y los perros* por la *persona* de Mario, el escritor capaz de exorcizar aún a sus propios demonios.

[Traducción de Richard VALDÉS y Pilar LIRIA.]

JOSÉ MIGUEL OVIEDO

TEMA DEL TRAIDOR Y DEL HÉROE: SOBRE LOS INTELECTUALES Y LOS MILITARES EN VARGAS LLOSA

Los militares nos debemos a la galería.
VALLE-INCLÁN

La presencia de personajes militares o vinculados al orden militar no ha podido dejar de ser observada por la crítica y los lectores de las novelas de Vargas Llosa: son presencias que se reiteran con insistencia, casi de modo maniático; operan por saturación y por concentración en textos narrativos que, por otra parte, aparecen siempre atestados de personajes, colmados por enteras poblaciones humanas. Pero en esa masa, los militares destacan con un brillo inconfundible que no es sólo el de su uniforme: están allí para decirnos algo, mucho, sobre el autor, su mundo imaginario, las nociones claves de su conducta intelectual.

Aun si uno se remonta a los cuentos de adolescencia que Vargas Llosa reunió en *Los jefes* (1959), encontrará figuras pertenecientes a las instituciones militares o militarizadas. «Un visitante», un cuento poco atendido de ese volumen inicial, los presenta en una jerarquía doblemente baja: sus rangos son los de Teniente, Sargento y meros guardias; su uniforme no es el de los militares propiamente dichos, sino el de los policías. Éstos, aunque humildes, son expresiones del *establishment,* pues su fin específico (dice el Diccionario de la Real Academia) es «velar por el mantenimiento del orden público y la seguridad de los ciudadanos, a las órdenes de las autoridades políticas». La conexión de los militares o los policías con las necesidades represivas del aparato político será explotada al máximo en las novelas del autor, especialmente en *Conversación en La Catedral.* En el cuento mencionado esa nota de degradación, aunque fundamental, pasa un poco desapercibida para el lector, pues la historia está construida como un *thriller:* máxima funcionalidad narrativa, composición visual, ninguna especulación ética. La policía (el Teniente) ha pactado con el delincuente (el Jamaiquino) porque éste, a cambio de su propia libertad, ha aceptado entregar en una emboscada a su compinche,

— 47 —

Numa. El precio del orden (presunto) es, pues, la traición; el camino de la justicia es el envilecimiento; y la reparación del crimen supone la comisión de otro que sólo puede tener sanción moral, no legal, y que, por lo tanto, parece lícito tanto para el Teniente como para el Jamaiquino. El autor nos informa muy escuetamente sobre sus personajes y concentra toda la atención en el desarrollo tortuoso de la operación que traen entre manos: son instrumentos maquinales de un sistema de corrupción que funciona bien justamente porque no puede establecerse en él ninguna responsabilidad personal; no sabemos qué delitos ha purgado el Jamaiquino en la cárcel, no sabemos si Numa es culpable o no, si éste incurrió en una traición anterior. Tenemos un breve retrato físico del Teniente: «es pequeño y rechoncho; lleva botas de montar, su rostro suda» (*J*, 118)[1]. Lo oímos dar una orden y así nos enteramos del nombre del Sargento:

—Sargento Lituma, esconda los caballos.
—A la orden, mi Teniente —dice alguien, detrás del cerro (*J*, 119).

Este encuentro casual con un homónimo del conocido personaje de *La Casa Verde* o con su fantasma primigenio, me parece muy significativo: sea él mismo u otro, es un hombre que está haciendo su aprendizaje de complicidad y de encanallamiento cumpliendo órdenes de su superior «sin dudas ni murmuraciones», como deben cumplir según el reglamento militar que todos los peruanos hemos aprendido a recitar desde el colegio; es decir, conociendo y reconociendo por dentro los mecanismos secretos de un sistema jerárquico inapelable. El Jamaiquino, que ha escuchado la orden y ha visto su automático cumplimiento, se burla justamente de ese sistema a costa del Sargento atribuyéndole grados que no tiene: «—Así me gusta —dice el Jamaiquino—. Hay que ser obediente. Muy bien, General. Bravo, comandante. Lo felicito, capitán» (*ibíd.*). Más tarde, el Jamaiquino recuerda, como para justificar su acción, su experiencia en la cárcel, y al hacerlo incurre en una premonición del destino personal que el Sargento Lituma cumplirá en *La Casa Verde*: «—Usted no ha estado en la cárcel, ¿no es verdad, señora Merceditas? Pasan los días

---

[1] Las siglas y páginas indicadas entre paréntesis en el texto corresponden a las siguientes ediciones de las obras de Vargas Llosa:
J = Los jefes [3.ª ed.], Buenos Aires, Jorge Alvarez Editor, 1965; *CP = La ciudad y los perros*, 2.ª ed., Barcelona, Seix Barral, 1968; *CV = La Casa Verde*, 2.ª ed., Barcelona, Seix Barral, 1966; *C = Los cachorros* [3.ª ed.], Barcelona, Editorial Lumen, 1970; *CC = Conversación en La Catedral*, 3.ª ed., Barcelona. Seix Barral. 1970, 2 vols.; *HS = Historia secreta de una novela*, Barcelona, Tusquets Editor, 1971; *PV = Pantaleón y las visitadoras*, Barcelona, Seix Barral, 1973.

y uno no tiene nada que hacer. Se aburre uno mucho allí le aseguro. Y se pasa mucha hambre» (*J*, 120-121).

El desenlace del cuento es realmente inesperado: una vez que Numa se ha hecho presente y que, gracias a la traición de su amigo, ha caído en manos de la policía, el Teniente se niega a darle al Jamaiquino un caballo para huir del lugar que, por cierto, está rodeado por gente de Numa dispuesta a vengarlo. Su traición obtiene un fruto que él no preveía pero que forma parte del sistema: otra traición, esta vez a cargo de los hombres del orden. En cierto modo, la conducta del Teniente puede quedar impune: un trato con delincuentes es delictuoso y nadie está obligado a cumplirlo, menos si se trata de la policía. A lo más se puede decir que el sistema supone algunas concesiones y éstas, inmediatas correcciones para volver al orden establecido. El Jamaiquino, por supuesto, no entiende: «—¿Qué broma es ésa? —dice el Jamaiquino. Le tiembla la voz—. ¿No va a dejarme aquí, verdad, mi Teniente? Usted está oyendo esos ruidos ahí en el bosque. Yo me he portado bien. He cumplido. No puede hacerme eso» (*J*, 124).

La verdad es que el Teniente *sí* puede hacerle eso, inclusive por simetría lógica: está repitiendo con él exactamente la misma traición que cometió el Jamaiquino contra su amigo; le está dando una «lección». Es de notar que, en su desesperación, el Jamaiquino ha usado en ese pasaje la expresión «*mi* Teniente», como si en ese momento se sintiese un subordinado en la jerarquía del individuo uniformado, uno más en las filas de la policía. Pero el recurso no le vale: las órdenes del Teniente no se discuten y su destino queda sellado. En pocos minutos los hombres de Numa caerán sobre él y le quitarán la vida. Ha caído en una trampa mortal, pero como su figura es la del cazador cazado, lo que le espera adopta un carácter más bien grotesco y burlesco. Adecuadamente, el autor observa hacia el final: «Lituma y los guardias, desde los caballos, ríen» (*J*, 124).

¿Qué puede explicar esta temprana y no abdicada seducción por los militares y sus jerarquías? ¿Por qué cautivan tanto la imaginación del autor? ¿Qué papel juegan en el texto y contexto de sus obras? En primer lugar, el mundo militar se le aparece regido por el principio del rigor: la estructura militar es una maquinaria de naturaleza cerrada, con sus códigos secretos y autosuficientes, casi una francmasonería que se funda en símbolos, valores y propósitos que el resto de la sociedad no comparte o no conoce por completo. El sistema militar se reviste así con un aura de prestigio ante los ojos de los individuos e instituciones civiles, cuya principal carencia es la falta de unidad y cohesión interna, la tendencia a la descomposición. En nombre del sagrado principio del orden, la sociedad militar puede hacer siempre más severa la espartana dureza de sus reglamentos: eso nunca la destruirá, lo que puede destruirla es, al contrario, la excesiva libertad de sus miembros. La percepción creadora de Vargas Llosa reconoció esto desde sus comienzos, pero también algo más: el rigor militar escapaba con frecuencia fuera de los límites del estatuto castrense y se reproducía, deformado y monstruoso, al otro lado del cuerpo social. Pero lo que permitía vivir a los militares mataba la esencia de la vida civil, la asfixiaba bajo las normas odiosas de la imposición y la supremacía, que muchas veces han sido señaladas como grandes reguladoras del mundo narrativo de Vargas Llosa[2].

Sus lectores ya conocen cómo los personajes del novelista gustan colocarse unos frente a otros, disputando a veces algo muy valioso, otras veces algo despreciable, muchas otras nada —salvo el furor y la intensidad desnuda del desafío—. La vida los enfrenta, los arroja a unos contra otros, como perros que pelean una presa, y los coloca en bandos perfectamente reconocibles: alumnos/profesores, padres/hijos, militares/civiles, fuertes/débiles, jefes/subordinados, soplones/vengadores, cadetes «perros»/cadetes veteranos, limeños/serranos, etc. Unos están allí para mandar y otros para obedecer; aquéllos sobrevivirán apretando los dientes, éstos caerán bajo sus plantas sin pena ni gloria. En *La ciudad y los perros* el Jaguar enuncia la esencia de esa ley con brutal precisión: «En el colegio todos friegan a todos, el que se deja se arruina. No es mi culpa. Si a mí no me joden es porque soy más hombre» (*CP*, 293). El mundo imaginario de Vargas Llosa asume la forma de una pirámide atestada por personajes que buscan la cumbre, desbaratando a otros, o que sencillamente tratan de no caer más bajo, sosteniéndose heroicamente con las uñas. Los contactos humanos son casuales pero intensos; más que una relación, una fricción en sentido vertical entre los que suben y los que desgraciadamente bajan, tal vez para siempre. Aun los personajes que no son militares, saben en carne propia que en la vida hay grados y rangos perfectamente establecidos; ignorarlos sería una temeridad y dejar de aprovecharlos una debilidad que sólo acarrea más atropellos y maltratos.

Esa experiencia de la implacable red de imposiciones y jerarquías que modela la vida militar, conduce a otra, que también ejerce especial fascinación sobre los habitantes del espacio novelístico del autor: la del poder absoluto, que logra convertir a un hombre en un amo que, al fin no tiene que someterse a nadie y que se autorregula me-

    [2] Entre otros, por José Luis MARTÍN, *La narrativa de Vargas Llosa. Acercamiento estilístico*, Madrid, Gredos, 1974, pp. 95-101; y Georg R. LIND, «Mario Vargas Llosa y el atropello de los indefensos», *Humboldt*, n.º 54, 1974, pp. 62-67.

diante un código propio que hace de los otros sus esclavos. Llegar a la cúspide de la pirámide es una ambición secreta de todos pero raramente cumplida por alguno; de hecho, alcanzar el tope no supone escapar a la ley de hierro de la pirámide, sino confirmarla: casi nadie en sus novelas alcanza ese triunfo solo. Para eso están las pandillas, los clanes, las hermandades de la violencia: ser el amo significa, en cierto modo, ser también su mejor servidor, alimentar las jerarquías de la pirámide con el ejercicio sistemático de la humillación, la explotación y la degradación. El Círculo de *La ciudad y los perros;* los Inconquistables, el feudo y el harén de Fushía, y las maffias del caucho en *La Casa Verde;* el grupito de Cuéllar en *Los cachorros;* los cortesanos, burócratas, policías y matones del odriísmo en *Conversación en La Catedral;* y hasta el servicio de visitadoras de Pantaleón, son fraternidades ideadas y organizadas para que la presión del Jefe se deje sentir con fuerza idéntica hasta el escalón más bajo. El Jefe puede ser un colegial que dirige una efímera rebelión estudiantil o el dictador de un país: en cualquier caso, existe porque otros, allá al fondo de la masa anónima, se mueven bajo el imperio del terror que emana de arriba. El poder será una experiencia de soledad, pero se explica por una especie de solidaridad bárbara y ominosa que encadena al opresor con el oprimido. En el cuento «Los jefes», para dar otro ejemplo tempranero, oímos hablar a Raygada en plena huelga colegial: «Esto se llama solidaridad —decía—. Solidaridad». Se calló como si hubiera terminado, pero un segundo después abrió los brazos y clamó: «¡No dejaremos que se cometa un abuso!» *(J,* 30). Y en un diálogo con Fermín, Cayo Bermúdez, el frío funcionario de la dictadura de Odría, alude, con un tono de sacrificio, a esa solidaridad inescrupulosa que existe entre las filas del poder y que sólo desaparecerá con él:

—...Cuando el régimen se termine, el que cargará con los platos rotos seré yo.
—Es una razón de más para que asegure su futuro —dijo don Fermín.
—Todo el mundo se me echará encima, y los primeros, los hombres del régimen —dijo mirando deprimido la carne, la ensalada—. Como si echándome el barro a mí quedaran limpios *(CC,* I, 298-299).

Cayo y Fermín sólo se parecen en que ambos pueden decir como el Jaguar: *No es mi culpa.* Hay un pacto de silencio entre los miembros que configuran las pirámides, los escalones y los círculos de terror. En esos reinos no puede haber amistad, apenas complicidad y temor de que alguno, en un gesto desesperado, viole y denuncie el código que protege a todos.

Aunque el ejército, la policía y la dictadura son las estructuras secretas, cerradas y represivas que más han inspirado a Vargas Llosa, no son las únicas. Hay, por lo menos, otra, cuya presencia me parece significativa: la eclesiástica[3]. Los curas y las monjas no faltan en su obra, como sí falta —lo que también es revelador— la preocupación por Dios. La paradoja se aclara por extensión de las mismas razones que disocian a las otras jerarquías de sus propios objetivos. Aunque declaren que persiguen la paz, el orden, el bienestar general, todas, la Iglesia inclusive, han generado su propia dinámica y se han vuelto autosuficientes: su fin no es otro que su misma existencia, sus principios se han rebajado a intereses de grupo o de casta, sus estructuras se han congelado para sobrevivir indefinidamente a costa de las otras. El retrato del capellán del colegio Leoncio Prado en *La ciudad y los perros* sirve para mostrarnos cómo se parecen la Iglesia y el Ejército: «...es un cura rubio y jovial que pronuncia sermones patrióticos donde cuenta la vida intachable de los próceres, su amor a Dios y al Perú y exalta la disciplina y el orden y compara a los militares con los misioneros, a los héroes con los mártires, a la Iglesia con el Ejército» *(CP,* 103). Pero, luego, descubrimos que detrás de esas grandes palabras no hay nada digno; paradójicamente, los cadetes aprecian al capellán porque está tan corrompido y es tan «hombre» como ellos: «Los cadetes estiman al capellán porque es un hombre de verdad: lo han visto, muchas veces, vestido de civil, merodeando por los bajos fondos del Callao, con aliento a alcohol y ojos viciosos» *(CP,* 103-104).

En *La Casa Verde,* la Misión de Santa María de Nieva dirigida por monjas católicas es como la contrapartida o el presagio del prostíbulo que el destino le depara a Bonifacia. Todos recordamos perfectamente bien lo que la Misión se propone: redimir a las nativas del atraso y la barbarie, incorporándolas a la civilización; todos sabemos perfectamente en lo que eso va a parar: las nativas, una vez reeducadas, son regaladas a gente del lugar para que las crien como hijas, pero en realidad para que trabajen como sirvientas y vivan prácticamente como esclavas. La bondad y la piedad cristianas de las monjitas son puestas a prueba cuando Bonifacia deja escapar a las pupilas de la Misión —lo que es muy simbólico: está desconociendo las estrictas reglas de la jerarquía, abriendo las puertas de un mundo cerrado—. Las facciones y las maneras de la Madre Angélica, generalmente bondadosas, se descomponen; la oímos gritar:

—Eres el mismo demonio... Una malvada y una ingrata.

....

[3] La racial también ha sido señalada por James W. BROWN: «"Expatriate Syndrome": Mario Vargas Llosa on Peruvian Racism», *Essays in Literature,* 3, n.° 1 (primavera de 1976), 131-139.

Los rostros, las manos, los velos de las madres parecían fosforescentes en la penumbra de la despensa: Bonifacia seguía inmóvil.

—Algún día te darás cuenta de lo que has hecho y te arrepentirás —dijo la Madre Angélica—. Y si no te arrepientes, te irás al infierno, perversa *(CV, 43)*.

Otro personaje religioso importante de esa novela es el Padre García quien, al comienzo, aparece como el más furioso enemigo del prostíbulo y, al final, irónicamente, como el alma caritativa que acepta asistir en su lecho de muerte a Anselmo, en la propia Casa Verde, visitar la Mangachería y sentarse a la mesa con los Inconquistables. En la última escena de la novela lo vemos discutir violentamente con Lituma sobre moral y defender con ardor su ministerio, refunfuñar por la ola de escándalo que el prostíbulo ha traído sobre Piura; pero todos estos principios, como los que enseña el capellán del Leoncio Prado, son puestos de lado cuando los piuranos proponen que la misa por el difunto sea oficiada por un cura ajeno a la parroquia, el Padre Doménico, «que juega fútbol con los churres» *(CV, 429)*; el Padre García, por orgullo local, claudica y reclama ese derecho: «El Padre Doménico, qué disparate... Vendré yo... ¿No ha pedido ese marimacho que yo venga? Para qué tanta habladuría entonces» *(ibíd.)*.

En *Los cachorros* encontramos otra congregación religiosa, la de los Hermanos Maristas, que de un modo equívoco contribuyen al ablandamiento moral de Cuéllar; después de su accidente, éste «se presentaba con promedios muy bajos y los Hermanos lo pasaban»; además, «lo hacían ayudar a misa, Cuéllar lea el catecismo, llevar el gallardete del año en las procesiones, borre la pizarra y los primeros viernes entraba al desayuno aunque no comulgara» *(C, 63)*. Y en *Pantaleón y las visitadoras* tenemos a otro capellán, el Padre Beltrán, una figura muy semejante a la de su colega del Leoncio Prado, pues comienza indignándose del servicio de prostitución que establece Pantaleón, y termina evocando con nostalgia, en brazos de una ex-visitadora, los privilegios de la vida militar: «Te confieso que extraño los campamentos, los guardias, los galones. En estos meses he soñado a diario con espadas, con la corneta de la diana. Estoy tratando de volver a vestir el uniforme y parece que la cosa tiene su arreglo» *(PV, 305)*.

No es necesario alargar más los ejemplos para probar que en las novelas de Vargas Llosa siempre hay individuos que entran en pugna con las jerarquías (militares, políticas, religiosas), que intentan desconocer sus reglas y explorar por sí mismos el tentador mundo de fuera. Hay varios traidores a la causa pero ninguno alcanza a gozar de su triunfo; generalmente son destruidos en el mismo acto con el que pretenden liberarse, o son tristemente reabsorbidos por la jerarquía, degradados por la doble abdicación. Su gesto se consume en el vacío y no sirve en última instancia, como la rebeldía de Jum, sino para robustecer el sistema de abusos y justificar el endurecimiento de sus mecanismos represivos y de defensa. El sentido de la heroicidad individual que anima a esos personajes sólo conduce a su propia marginación como traidores, réprobos o expulsados del mundo de las instituciones que gozan de respeto y prestigio. Las novelas del autor implican, de ese modo, una sutil crítica del heroísmo. Por eso la gran figura que abraza e integra a todos estos violadores de la norma general, el personaje más irredento, conflictivo y contradictorio es el *intelectual* quien, dentro del ideario personal de Vargas Llosa, se define como un marginal, como un francotirador y quizá como un indeseable que ha perdido todos sus derechos en la sociedad. Las figuras intelectuales existen en la obra del autor pero no son muy visibles, porque naufragan en la promesa de serlo y se frustran; realmente, son fantasmas o parodias aberrantes de la conducta intelectual: su lucha contra la jerarquía del abuso y la supremacía los ha marcado indeleblemente, aun en medio de su rebelión. Es muy interesante descubrir cómo el complejo impacto de la realidad militar, religiosa y política se ha producido en etapas claves de la evolución intelectual de Vargas Llosa, y cómo esa dura experiencia se ha reflejado en la relación que existe entre los jefes de las jerarquías y sus traidores más irreductibles, los artistas o intelectuales, cuya disidencia aparece señalada por un apodo ridículamente grandioso. Cada etapa clave de su formación vital está marcada por una experiencia fundamental de las jerarquías, y cada una de aquéllas se expresa artísticamente a través de personajes muy característicos, según esquematiza el cuadro siguiente:

Etapa vital	Experiencia	Personaje traidor
Adolescencia	Colegio Leoncio Prado	Alberto, el Poeta
Juventud	Dictadura de Odría	Zavalita, el Supersabio
Madurez	Revolución militar	Pantaleón, el Emperador del Vicio

Trataré de exponer, por lo menos en sus líneas básicas, cómo funcionan estas correspondencias en el ámbito de sus novelas.

1. *En el colegio Leoncio Prado*

La lucha contra la jerarquía militarizada en *La ciudad y los perros* es tan intensa y sistemática que los rebeldes cuentan con su propio organismo, el bien conocido Círculo, que también tiene su jerarquía.

Entre el Jaguar y el Esclavo, que ocupan el primero y último escalones, respectivamente, pulula una multitud de cadetes que humillan a los de abajo y a su vez son humillados por los de arriba. Una atmósfera de peligro, de riesgo anónimo e impersonal, los rodea: una mirada puede delatarlos, una vacilación los hunde en el desprestigio. Todos sabemos quién es el traidor, el soplón, el delator de la novela: es el mismo Esclavo. Pero los móviles de su delito, si se piensan bien, no son los del poder o la rebelión, sino los del miedo y la soledad. El amor por Teresa y el deseo de verla tras semanas de castigo, lo doblegan. Hay, en cambio, una figura más ambigua y que rivaliza con el poder encarnado por el Jaguar: el verdadero traidor al Círculo es Alberto, que no se somete nunca del todo: sabe demasiado de los jefes como para respetarlos demasiado. Alberto Fernández es un adolescente pequeñoburgués venido a menos; su relación con su familia es conflictiva y el padre ha decidido cambiar el estilo de su educación: lo sacan de La Salle («un colegio para niños decentes», *CP*, 29) y lo internan en el Leoncio Prado («un colegio de cholos», *CP*, 198). Entre los valores que rigen a esa clase, el del consabido rigor militar tiene una gran fuerza de seducción; el padre de Alberto lo señala con claridad: «Es la única manera de que te compongas. Con los curas puedes jugar, pero no con los militares. Además, en mi familia todos hemos sido muy demócratas. Y, por último, el que es gente es gente en todas partes» (*ibid.*). Como se ve, las razones del padre son casi las mismas por las cuales don Fermín, en *Conversación en La Catedral*, se aviene a hacer negocios con el odriísmo: él no ignora que Cayo es «un cholo de mierda» (*CC*, I, 210), pero no tiene inconveniente en convertirse en aliado económico de la dictadura ni en decirle a aquél: «No es que tenga nada contra los cholos..., todo lo contrario, siempre he sido muy democrático» (*CC*, I, 288).

Ya en el colegio, Alberto se crea un revelador mecanismo de defensa: para sobrevivir entre los corrompidos, genera su propia fuente de corrupción; ésta es una manifestación más bien paródica de la actividad literaria, un tipo de parodia que se repetirá a lo largo de la obra de Vargas Llosa. Es oportuno recordar en este punto que, según el autor, las primeras manifestaciones de su vocación literaria suscitaron ciertas tensiones con su padre y su familia; era entonces un colegial: «Yo escribía en Piura, recuerdo, y entonces mis abuelos, mis tíos me celebraban eso que les parecía una gracia. Cuando mi padre descubrió en mí esta inclinación, se asustó. Pensó que era algo grave»[4]. La noción del acto literario como una sedición clandestina y

---

[4] Luis HARSS, *Los nuestros*, Buenos Aires, Sudamericana, 1966, p. 434.

del poder revulsivo de la novela ya aparecen en germen durante los años leonciopradinos: «... esa vocación se afirmó y creció un poco secretamente. Entonces, mi rebelión contra el Leoncio Prado se volcó un poco hacia la literatura. Ya en esa época la literatura se convirtió en una cosa importante para mí. También era clandestina. Porque en el colegio había que evitarla»[5]. Ahora se entiende mejor por qué el personaje de Vargas Llosa escribe y vende novelitas pornográficas entre sus compeñeros, cuyos títulos e imágenes derivan quizá de las lecturas, más tardías, de sus maestros libertinos franceses, Musset, Laclos o Sade. En la extensa segunda secuencia del capítulo VI (primera parte) de *La ciudad y los perros,* se nos introduce el febril mundo imaginario de Alberto. Sus novelitas no persiguen otra cosa que excitar a sus compañeros, es decir, abrir para ellos, aunque sea torpemente, el mundo de la sensualidad que los reglamentos militares niegan en su rigor abstracto y frío. Cuando la novela sorprende a Alberto «tratando de calcular (las) posibilidades eróticas» (*CP,* 125) de lo que ha escrito, una descripción del ambiente se interpone: «El sol atravesaba los vidrios manchados de la glorieta y caía sobre él, que estaba echado en el suelo, la cara apoyada en una de sus manos y en la otra un lapicero suspendido a unos centímetros de la hoja de papel a medio llenar. En el suelo cubierto de polvo, colillas, fósforos carbonizados, había otras hojas, algunas escritas» (*ibid.*).

Esta descripción se parece extraordinariamente a la que da inicio a la novela misma, con sus contrastes de luz y sombra: la novelita pornográfica de Alberto y la de Vargas Llosa comparten la misma atmósfera, son respuestas activas a la inercia del mundo leonciopradino y sus yertas jerarquías humanas. Esa relación entre el espacio físico y la acción es confirmada un poco más adelante: «Era la primera vez que salía el sol en octubre desde que Alberto estaba en el colegio. De inmediato pensó: "me iré a la glorieta a escribir"» (*ibid.*). Mientras la realidad parece extraña y difusa, la literatura es una actividad nítida y absorbente: «Había escrito sin interrupción, novelitas de cuatro páginas; sólo en la última comenzó a sentir que la modorra invadía su cuerpo y surgió la tentación de soltar el lapicero y pensar en cosas vagas» (*CP,* 126). Lo último —la intensidad de la tarea— es otro detalle paródico del ejercicio literario tal como lo entiende Vargas Llosa: la escritura es un acto incondicional y ardiente cuyo premio es la fecundidad: «Alberto echó una ojeada a las hojas cubiertas de palabras azules; en menos de dos horas había escrito cuatro novelitas. Estaba bien. Todavía quedaban unos minutos antes de que sonara

---

[5] *Ibid.*

el silbato...» (*CP*, 125). Lo más paradójico es que este rigor flauber-tiano, este empecinamiento insensato, es también una impronta de la educación militar y su disciplina: el cadete es un escritor secreto y el escritor es un cadete que se ignora o que no quiere serlo. Pero su público lo reconoce sin dudar y celebra sin regateos el fruto de su imaginación como un triunfo colectivo, pues da forma a los sueños de todos: «Cuando termina la redacción —diez páginas de cuaderno, por ambas caras— Alberto, súbitamente inspirado, anuncia el título: *Los vicios de la carne* y lee su obra, con voz entusiasta. La cuadra lo escucha respetuosamente; por instantes hay brotes de humor. Luego lo aplauden y lo abrazan. Alguien dice "Fernández, eres un poeta", "Sí, dicen otros. Un poeta"» (*CP*, 128) [6].

La contrafigura del Poeta es, por cieto, el Teniente Gamboa, su archienemigo y luego su cómplice, el hombre del reglamento y el orden: «Él amaba la vida militar precisamente por lo que otros la odiaban: la disciplina, la jerarquía, las campañas» (*CP*, 154). Eso le gana a Gamboa los apodos de «el Fiscal» entre los oficiales y el de «el Malote» entre la tropa (*CP*, 313). El incidente de la muerte del Esclavo va a poner a prueba toda esa leyenda; pronto descubrirá que su celo lo ha llevado demasiado lejos, que nadie tiene el mismo respeto que él por la letra de la ley, que está solo y, por lo tanto, arries-gando mucho. En una demostración de su mala conciencia, mientras envía su informe personal sobre el caso, piensa: «Lo que me haría bien esta noche... es una buena borrachera» (*CP*, 314). Irónicamente, su inicial defensa de los principios de la jerarquía le acarrea la vengan-za de ésta, pues para sobrevivir la institución renuncia a ellos cuando le conviene. Gamboa pierde un ascenso y es enviado a una oscura guarnición perdida en los Andes. Lo que el capitán le dice, momen-tos antes de partir hacia su nuevo puesto, es amargamente cierto: «...no se olvide en el futuro que en el Ejército se dan lecciones de reglamento a los subordinados, no a los superiores» (*CP*, 322). Las

---

[6] En *La orgía perpetua. Flaubert y «Madame Bovary»*, Barcelona, Seix Barral, 1975, Vargas Llosa ha hecho varias afirmaciones sobre sus gustos literarios que guardan re-lación muy ilustrativa con la parodia de la literatura que encarna Alberto y con la im-portancia del elemento erótico o francamente pornográfico en su obra: «prefiero a Tolstoi que a Dostoievski, la invención realista a la fantástica, y entre irrealidades la que está más cerca de lo concreto que de lo abstracto, por ejemplo la pornografía a la ciencia-ficción, la literatura rosa a los cuentos de terror» (p. 19); «una novela ha sido más seductora para mí en la medida en que en ella aparecían, combinadas con peri-cia en una historia compacta, la rebeldía, la violencia, el melodrama y el sexo» (p. 20); «En mi caso, ninguna novela me produce gran entusiasmo, hechizo, plenitud, si no hace las veces, siquiera en dosis mínima, de estimulante erótico. He comprobado que la excitación es más profunda en la medida en que lo sexual no es exclusivo ni do-minante, sino se completa con otras materias, se halla integrado en un contexto vital complejo y diverso, como ocurre en la realidad» (p. 35).

aventuras del héroe militar (Gamboa)[7] y del traidor intelectual (Alberto) terminan de manera muy semejante, diluidas y borrosas, en una especie de estancamiento moral: Gamboa pierde la fe en su institución pero se resigna a seguir sirviéndola; Alberto hace encallar su rebeldía juvenil en un conformismo burgués que repite el ciclo paterno: «Me casaré con Marcela y seré un don Juan. Iré todos los sábados a bailar al Grill Bolívar y viajaré mucho. Dentro de algunos años ni me acordaré que estuve en el Leoncio Prado» (*CP*, 335). La aventura culmina en un punto muerto que pone en tela de juicio los valores de la vida militar y su modelo educativo. Si Gamboa no es capaz de ir más allá de un conato de acción en defensa de la verdad, Alberto no va más lejos con su literatura pornográfica y venal. Los frutos del Leoncio Prado son frutos podridos y raquíticos.

2. Bajo la dictadura de Odría

Aunque es evidente que el análisis de esta experiencia es exhaustivo en *Conversación en La Catedral,* no debe creerse que los aspectos paródicos de la conducta intelectual y la referencias a la represión política sean exclusivos de esta novela. Al pasar, en *Los cachorros,* vemos que la crisis de Cuéllar atraviesa por una etapa en la cual siente vagos y reaccionarios intereses intelectuales: «quiere asombrarla [a Tere], decían, hacerse pasar por un cráneo. Hablaba de cosas raras y difíciles: la religión…, la política (Hitler no fue tan loco como contaban; en unos añitos hizo de Alemania un país que se le emparó a todo el mundo ¿no?, qué pensaban ellos), el espiritismo… (*C*, 93). Y los lectores de *La Casa Verde* recuerdan sin duda el «urrismo» y la mística fascistoide de los Inconquistables. La Mangachería muestra con orgullo los retratos oficiales del General Sánchez Cerro, tosco y ultraconservador militar que fue presidente del Perú entre 1930 y 1933. Los mangaches afirmaban, recuerda Vargas Llosa, que los urristas habían organizado manifestaciones en las que ellos «desfilaron con camisas y trapos negros y haciendo el saludo imperial por las calles de Piura» (*HS*, 18). Y también hay una relación, todavía más curiosa, entre el Leoncio Prado de *La ciudad y los perros* y la dictadura odriísta de *Conversación en La Catedral*. En realidad, aquel colegio fue fundado en 1943 por iniciativa del entonces Teniente Coronel Juan Mendoza Rodríguez, quien, ya como General y Ministro de Educación del gobierno

---

[7] Recuérdese que el título provisional de la novela era *La morada del héroe*, alusión a la imagen mítica que la institución había elaborado del héroe militar que da nombre al colegio, y que es la piedra fundamental de su sistema de valores.

de Odría, inspiró la memorable escena de la demostración gimnástica de los cadetes en la primera novela (*CP*, 65-71), donde él aparece mencionado por su mismo apellido: «¿será el general Mendoza ese gordo que está junto a la mujer de azul? Yo creía que era de infantería, pero el cabrón tiene insignias rojas, había sido artillero» (*CP*, 70). Al nacionalismo primitivo y a la exaltación del orden propios del odriísmo, corresponde el rigor militar y la exaltación de la fuerza física del Leoncio Prado. No es, pues, improbable, que de haber tenido que narrar la formación adolescente de Zavalita, Vargas Llosa lo habría escrito también en el Leoncio Prado: ese colegio era una suerte de extensión pedagógica del régimen, su cuna y su horizonte mental.

La ley de la selva leonciopradina —*si a mí no me joden es porque soy más hombre,* según el *dictum* del Jaguar— es una triste admisión moral que satura los múltiples estratos de *Conversación en La Catedral,* su primer *leit motiv* y el acorde que genera su recorrido narrativo por todos los niveles del país: «Desde la puerta de "La Crónica" Santiago mira la avenida Tacna, sin amor: automóviles, edificios desiguales y descoloridos, esqueletos de avisos luminosos flotando en la neblina, el mediodía gris. ¿En qué momento se había jodido el Perú?» (*CC*, I, 13). Zavalita es el que mejor encarna esa decrépita lucidez en la que vive un país, reconociendo su corrupción pero sin poder superarla. Por cierto, Zavalita representa un grado más alto de conciencia intelectual que Alberto: mientras éste se consuela a sí mismo en su final reencuentro con los ideales de la burguesía, Zavalita hace del cuestionamiento de ellos una forma de conducta y un instrumento de autocondena. El espíritu de rebeldía de Zavalita realmente no ha muerto, pero la vida lo ha obligado a diseccionarlo como un cadáver: su problema central es el divorcio entre el pensamiento y la acción. Alberto asfixia (y saca partido de) su rebelión escribiendo y vendiendo novelitas pornográficas; Zavalita elige también un sucedáneo, algo más decoroso, de la verdadera acción: el periodismo. Que esa actividad sea, a la vez, una falsificación y una parodia de la literatura resulta extremadamente sugestivo. Como le dice Carlitos, el veterano del medio periodístico que mejor lo conoce, quizá Zavalita sólo sea un escritor frustrado, un hombre cuyo mundo son las palabras y las contradicciones que ellas abren sobre la realidad; «Debiste dedicarte a la literatura y no a la revolución, Zavalita» (*CC*, I, 161).

El periodismo le permite, por lo menos, ser un remedo de escritor, ser un «cacógrafo», un escribiente de editoriales sobre temas tan triviales como el de los perros rabiosos. La misma insulsez de su tarea alimenta su inconformismo y su desprecio por el *establishment:* el periodismo es asqueroso pero, como la pornografía, puede provocar en el consumidor un impulso de rechazo. A través de ese oficio, Zavalita conoce los turbios entretelones de la vida pública del país y la privada de sus hombres, inclusive la de su propio padre, don Fermín. Humilde y marginal, el periodismo es como un antídoto contra cualquier pretensión de ingresar a la pirámide social. Pero, por otro lado, la misma miseria del medio le impide hacer eficaz ese apartamiento del sistema de imposición y corrupción: no está ni de un lado ni del otro, como Alberto, y sabe que vegeta sin ninguna clase de ideales operativos. No es raro que la máquina de escribir se le aparezca «como un pequeño ataúd» (*CC*, I, 224).

La muerte moral de Zavalita se completa decisivamente tras su experiencia universitaria, otra tumba de sus aspiraciones intelectuales. Recordemos que su apodo familiar es «el supersabio», modo con el cual sus hermanos aluden a sus secretas actividades literarias. Zavalita, el periodista, es el fantasma del poeta que quiso y no pudo ser; curiosamente, la clandestinidad de esos ejercicios adolescentes se vinculan, en las injurias de Teté y el Chispas, a otra anomalía, la sexual: la Teté «salió del comedor y todavía gritó tus versitos de chismoso y de maricón y que se muriera de una vez, maldito» (*CC*, I, 80); y el Chispas: «Anda a escribir tus versitos afeminados, supersabio» (*ibid.*). Cuando le explique a Ambrosio, años después, por qué prefirió ingresar a la Universidad de San Marcos —*una cholería infecta*, según don Fermín (*CC*, I, 288)—, Zavalita usará una imagen cargada de sentido transgresor a toda jerarquía: «Porque en el burdel estás más cerca de la realidad que en el convento, Ambrosio» (*CC*, I, 166).

Por donde se la mire, la formación de Santiago Zavala lo aleja definitivamente de los círculos del poder político, más cuando éste es el de una dictadura militar. Su padre es todo lo contrario: un cliente y un agente del sistema instaurado por el General Odría: no tiene ideales, tiene intereses; para él la política es, sobre todo, un buen negocio, una inversión. El abismo entre padre e hijo es, así, insalvable. En un mundo de explotadores y explotados, de poderosos y atropellados, Zavalita vive en un espacio vacío, en un limbo que ni él ni Carlitos saben bien cómo designar, como no sea por exclusiones y siempre escatológicamente: «Ni abogado ni socio del Club Nacional, ni proletario ni burgués, Zavalita. Sólo una pobre mierdecita entre los dos» (*CC*, I, 162). Sus recuerdos de San Marcos se expresan a través de imágenes de exilio y ruptura tan intensas que se configuran como un asesinato de su clase y un parricidio simbólico: «Ese primer día comenzaste a matar a los viejos, a Popeye, a Miraflores, piensa. Estabas rompiendo, Zavalita, entrando a otro mundo: ¿fue ahí, se cerraron ahí? Piensa: ¿rompiendo con qué, entrando a cuál mundo?» (*CC*, I, 83).

Esa experiencia es, para él, una especie de salvación, pues le permite escapar a las normas inexorables del régimen encarnadas en la novela por Cayo, cuyo apodo es también escatológico: Cayo Mierda. Invirtiendo la fórmula del Jaguar, Zavalita declara: «El que no se jode, jode a los demás. No me arrepiento, Ambrosio» (*CC*, I, 166). La incapacidad del intelectual para asimilarse a un orden dado, su incomodidad frente a los principios de las jerarquías, la vinculación que se establece entre éstas (dictadura, burocracia, militares) y la corrupción, su actitud dilemática y su mala conciencia, la nostalgia de una acción concreta más allá de su actividad específica, todo eso está retratado de un modo muy conmovedor a través de la indagación que el protagonista emprende en *Conversación en La Catedral*. La contextura humana de Zavalita ilustra un pasaje de la vida en el que el autor sintió el reclamo de la actividad partidaria (otra jerarquía) y la pesada atmósfera de envilecimiento que la dictadura impuso a su generación, sumiéndola en el inmovilismo y el hastío, haciendo de ella (como dice Vargas Llosa) «una generación de sonánbulos»[8].

3.   ANTE LA REVOLUCIÓN MILITAR

Pantaleón es un caso singular en la galería de Vargas Llosa, especialmente porque es un personaje «constructivo»: un artista de la acción, un perfeccionista del deber. En *Pantaleón y las visitadoras*, el protagonista aparece inicialmente como un defensor del orden más estricto, de la sujecion ciega a los reglamentos y el respeto a sus superiores en la jerarquía militar: «Yo necesito tener jefes. Si no tuviera no sabría qué hacer, el mundo se me vendría abajo» (*PV*, 294). Pero si se observa más de cerca su conducta y si se atiende a la naturaleza de la misión que asume, se podrá ver que en este personaje el autor ha dejado claves más profundas y oscuras.

La empresa de Pantaleón es un imposible lógico: insertar los placeres de la vida secular dentro de los límites de la austera vida militar. El servicio de visitadoras es sencillamente un servicio de prostitución; bajo su impecable apariencia, Pantaleón está haciendo prácticamente lo mismo que Anselmo con su burdel en Piura: minando las bases mismas de una sociedad cerrada. La parodia es aquí más ácida porque, en verdad, la idea no es de Pantaleón, sino de sus superiores: ellos son los que quieren introducir en la estructura militar un ele-

---

[8] «En torno a un dictador y al libro de un amigo», *Expreso*, 27 de diciembre de 1964.

mento disociador, extremadamente peligroso, con la creencia de que la salud del organismo impedirá su proliferación cancerosa. El orden que instaura Pantaleón, cumpliendo sus órdenes, es realmente un *desorden* que amenaza arrasar con todo el prestigio de la institución militar, encarnado por el general Collazos cuyo apodo (*Tigre*) evoca el de otro líder, el Jaguar. Aun cuando recibe advertencias de que ha llevado su proyecto demasiado lejos, el protagonista no renuncia a él y permanece fiel al mandato inicial. Por eso, cuando el servicio de visitadoras origina un gran escándalo en la Amazonía y las autoridades superiores deciden hacerlo desaparecer, él se niega a pedir su baja: «Me dieron una misión y la saqué adelante. A pesar de las dificultades, de la incomprensión, hice un buen trabajo. Construí algo que ya tenía vida, que crecía, que era útil. Ahora lo echan abajo y ni siquiera me dan las gracias» (*PV*, 298). La institución finalmente lo sacrifica y él no lo logra entender esa decisión, lo que no le impide sentirse identificado con el ejército y amarlo profundamente. En eso, Pantaleón revela que petenece, en principio, a la misma raza de militares que el Teniente Gamboa de *La ciudad y los perros*: también él acepta su nuevo destino militar (que en el fondo es un castigo) en la remotísima guarnición de Pomata, en la misma región donde fue a parar aquél. Así acaban sus tímidas y contradictorias rebeliones.

Pero hay un segundo nivel paródico en la novela, muy recóndito y cifrado. Pantaleón, con su maniático celo profesional y su excluyente pasión perfeccionista es también una caricatura del intelectual según lo concibe Vargas Llosa. El amor por el orden y la eficiencia, y el absorbente esfuerzo que dedica a su tarea, hacen de este personaje una naturaleza «flaubertiana»[9], que se identifica y metamorfosea por completo con su quehacer; como le confiesa a La Brasileña: «...apenas me dieron mi primer destino, los ranchos del regimiento, se me despertó un apetito feroz. Me pasaba el día comiendo, leyendo recetas, aprendí a cocinar. Me cambiaron de misión y psst, adiós la comida, empezó a interesarme la sastrería, la ropa, la moda, el jefe de cuartel me creía marica. Era que me habían encargado del vestuario de la guarnición, ahora me doy cuenta» (*PV*, 217-218). A Pantaleón le gusta la doble subordinación de la jerarquía y del deber específico; en lo último se parece al escritor porque éste «que es el hombre más libre frente a los demás y el mundo, ante su vocación es un esclavo»[10]. Lo irónico es que en Pantaleón ese sentido del deber está

---

[9] Véase Abelardo OQUENDO, «Intromisión en Pantilandia», *Textual*, n.º 8 (diciembre de 1973), pp. 86-89.
[10] «Sebastián Salazar Bondy y la vocación del escritor en el Perú», *Casa de las Américas*, n.º 45 (noviembre-diciembre de 1967), p. 18.

puesto al servicio de una idea disidente —y ése es otro aspecto que lo conecta con la figura del intelectual.

Pantaleón y las visitadoras abarca tres años perfectamente datados en la narración: entre 1956 y 1959, o sea, que su acción comienza exactamente en los momentos históricos que siguen a la salida de Odría del poder; eso ocurrió en julio de 1956 y el primer parte oficial del protagonista está fechado el 12 de agosto del mismo año. Estos militares en sus lejanos puestos de la selva peruana son, pues, sobrevivientes de la dictadura. Teóricamente, no habría la menor posibilidad de confundir la cronología y creer que la anécdota satírica, en cuanto tal, se dirige contra una situación de actualidad. Sin embargo, Vargas Llosa regresó al Perú dos veces (1971 y 1972) mientras escribía esta novela, publicada en 1973. La necesidad de documentarse lo llevó otra vez a la selva, donde se encontró con una situación general en nada muy diferente a la que encontró en 1964 cuando hizo un viaje semejante relacionado con su redacción de *La Casa Verde*. Ese doble retorno en la década del 70 le permitió observar de cerca y vivir el clima político de entonces: el de la «revolución militar» iniciada en 1968 por las fuerzas armadas del Perú. Resumir lo que ese proceso ha significado para el país es una tarea extremadamente difícil, poco aparente aquí y sobre todo redundante: existe ya una verdadera bibliografía sobre el tema[11]. Sólo quiero llamar la atención sobre un hecho que creo debe haber herido la imaginación del novelista y estimulado su perpejidad. La retórica revolucionaria del régimen militar suponía una contradicción no menor que la que destruye a Pantaleón: el socialismo libertario y humanista que estos militares aspiraban a desarrollar en el Peú, sólo era posible si ellos, como clase o casta profesional, desaparecían. Su lucha contra las formas burocráticas del socialismo conducía a una crítica del Estado mismo y ésta a la autoeliminación de las fuerzas armadas, uno de sus pilares fundamentales dentro de la realidad latinoamericana. En el nuevo orden que los militares querían crear —una sociedad basada en la solidaridad, la organización y defensa de las clases explotadas, y la participación popular sin mediaciones partidarias— no sólo no podían tener cabida el orden del sistema leonciopradino ni el orden dictatorial de Odría, sino su propio régimen interno: el socialismo peruano no

---

[11] Señalo dos de los más recientes publicados en inglés: Abraham F. LOWENTHAL (ed.): *The Peruvian Experiment*, New Jersey, Princeton University Press, 1975; y David COLLIER, *Squatters and Oligarchs. Authoritarian Rule and Policy Change in Peru*, Baltimore y Londres, The John Hopkins University Press, 1976. En español puede consultarse James PETRAS y R. LAPORTE, *Perú: ¿transformación revolucionaria o modernización?*, Buenos Aires, Amorrortu Editores, 1971.

era otra cosa que la negación de la estructura autoritaria del poder central y sus intermediarios. Las fuentes de inspiración del pensamiento militar eran, extrañamente, las del viejo socialismo utópico y el anarquismo; reeditando estas ideas y tratando de adaptarlas voluntariosamente al Perú, los militares estaban hablando, quizá sin saberlo, de su propio fin.

Ese esfuerzo desmesurado e ímprobo (callejón sin salida que explica la confusa situación política presente) es el que me parece está aludido en la figura de Pantaleón[12]: él trabaja *dentro* de la estructura pero *contra* la estructura, exactamente como Gramsci decía que debía trabajar el buen revolucionario (sobre todo si se consideraba un intelectual y si quería que el partido fuese un «intelectual colectivo»)[13], y como los militares debían llevar adelante su proyecto. Pantaleón es un poco como esos militares «progresistas» que aspiraban a hacer una revolución tan profunda que negase su tradición reaccionaria, y también como el grupo de intelectuales de izquierda que confiaron en la posibilidad de un socialismo no burocrático pero elaborado por una burocracia militar erigida en único poder real. Como éste, el propósito de Pantaleón implica, aunque no lo parezca, la subversión total del sistema: donde impera ahora un ideal de moderación y disciplina, él y sus visitadoras quieren imponer un estilo de vida sensual y epicúreo. Recordemos: es el «Emperador del Vicio» (*PV,* 190) cuyo sueño, según el Capitán Mendoza, «es ser el Gran Alcahuete del Perú» (*PV,* 225). Contra el Orden, el Caos, la Orgía, la Fiesta, la Revolución. Él no escribe novelitas pornográficas: se las hace vivir a los usuarios del servicio creado por él.

En ésta como en otras novelas del autor, la idea orgiástica (el burdel) y la disidencia intelectual (la literatura) se comunican entre sí y se oponen violentamente a la idea del orden cerrado y autocrático del cuartel, el convento o el poder. El lenguaje pantaleónico (cuya apoteosis es el discurso fúnebre en el entierro de La Brasileña) y la retórica oficial del régimen peruano se parecen insidiosamente porque

---

[12] En «Literatura e ideología: la evaluación novelística del militarismo en Vargas Llosa», *Hispamérica*, IV, Anejo 1 [1975], pp. 83-117, Joseph Sommers afirma lo contrario; para él la obra «tiende hacia una concepción de la novela como entretenimiento en vez de desafío» (p. 102) y «está desconectada de relevancia histórica» (p. 113). Sin embargo, los riesgos de esas alusiones han sido ya advertidas por las autoridades: la novela circuló libremente en el Perú, pero el film sobre el libro, codirigido por Vargas Llosa, ha sido prohibido en diciembre de 1976 por la Junta de Supervigilancia de Películas, organismo que ejerce funciones de censura por razones políticas, religiosas o morales. Entre las primeras, se le acusa de ser contrario «al desarrollo y fortalecimiento del espíritu solidario, participacionista y humanista del hombre peruano».

[13] Véase Antonio GRAMSCI, *The Modern Prince and other writings,* 3.ª ed., Nueva York, International Publischers, 1968, pp. 146 y ss.

ambos esconden una falsificación o una peligrosa confusión: la de encauzar el impulso subsersivo dentro del marco estrecho de un orden burocrático y paternalista a cuyas necesidades de autoperpetuación y control se subordina todo. Así, la súbita afición libertina y pornográfica de Pantaleón es atribuida por él mismo a «su afán de adquirir conocimientos científicos más amplios, que le permitan un dominio mejor de la meta por lograr y de la forma de lograrla» (*PV*, 51); y tras su muerte, La Brasileña es exaltada como «un valeroso soldado al servicio de tu Patria, nuestro amado Perú», como «una desdichada mártir del cumplimiento del deber, una víctima de la sociedad y villanía de ciertos hombres» (*PV*, 253). Es sintomático también que para cumplir su misión, el protagonista se vea obligado a prescindir de su uniforme, sobre todo porque sabemos que el uniforme es su esencia, su razón de ser: «... desde que nací sólo he querido ser soldado, pero soldado-administrador, que es tan importante como artillero o infante. Al Ejército lo tengo aquí» (*PV*, 225-226), explica tocándose seguramente el corazón. Para la mentalidad militar, hay ciertas tareas indignas, que sólo pueden ser realizadas por los otros, por los que pueden traicionar su fe; su código de honor no soporta las debilidades de la vida civil y menos las contradicciones ardientes del intelectual.

Todo esto puede ayudar a entender la actitud de Vargas Llosa frente al actual proceso político de su país, y su dificultad para comprometerse o someterse sin reservas; como señala Penny Lernoux: «Vargas [Llosa] cannot quite swallow an all-knowing socialism that prohibits dissent»[14]. La profunda convicción de que ni el escritor ni la literatura pueden ser jamás conformistas es algo que no ha abandonado al autor, precisamente porque su vida ha sido modelada bajo la presión constante de jerarquías represivas, cuya concepción negadora de lo humano él ha querido retratar con pasión primero, con patetismo después y finalmente con humor.

[*World Literature Today*, vol. 52 (1978), pp. 16-24.]

---

[14] «The Latin American Disease», *The Nation*, 22 de noviembre de 1975, p. 525.

II

ESTUDIOS PARTICULARES

JOSÉ PROMIS OJEDA

EMBRIONES DE UNA NOVELÍSTICA: *LOS JEFES*, DE MARIO VARGAS LLOSA *

Un fenómeno característico derivado de la popularidad alcanzada en estos últimos años por la novela en Hispanoamérica, ha sido el redescubrimiento de autores anteriores cuya obra llenó el espacio que en un primer momento pareció establecerse entre la narrativa de los últimos mundonovistas y las tendencias actuales de la novela hispanoamericana. Desde los años sesenta en adelante comienza, pues, no sólo una etapa de «fundación», sino también de «revalorización».

A nivel individual, éste es el caso del volumen de cuentos *Los jefes,* publicado originalmente por la Editorial Rocas, de Barcelona, en 1969. La notoriedad alcanzada por su autor a partir de la edición de *La ciudad y los perros* en 1963 resuena retrospectivamente sobre *Los jefes,* libro que comenzará a ser reeditado también a partir de ese año hasta llegar a la edición que se establece como definitiva «autorizada por el autor para todos los países de América Latina» a cargo de la Editorial Universitaria, de Santiago, en 1973.

La razón del interés por *Los jefes* no puede ser explicada únicamente como consecuencia de la calidad literaria de las narraciones contenidas en el volumen. El análisis crítico de los textos ha demostrado que estos cuentos son obra de iniciación y que no pueden considerarse en un mismo nivel estético que los relatos posteriores de Vargas Llosa. Hay en ellos todavía demasiado esquematismo, excesiva rigidez en algunas de las líneas que sostienen el desarrollo y la composición de los relatos. El proceso narrativo de algunos pareciera quedar insuficientemente desplegado y, por lo mismo, despiertan una actitud cavilosa en el lector que no se

---

* El presente trabajo es la reelaboración de mi reseña sobre *Los jefes* publicada en *Anales de la Universidad de Chile* (137), 1966. Desde ese año hasta la fecha se han escrito numerosos y lúcidos trabajos sobre Vargas Llosa y *Los jefes,* en particular. He mantenido, por tanto, las ideas planteadas originalmente pero las he complementado con las precisiones que se han hecho en algunos trabajos posteriores a la reseña mencionada.

podría considerar como un efecto artístico, es decir, como un efecto motivado en el relato. Más bien, pareciera ser el resultado inevitable de la conjunción entre los intereses narrativos del autor y el carácter experimental de la estructura originada por ellos.

Buena prueba de lo que venimos diciendo son las contradictorias interpretaciones que se leen en las publicaciones críticas sobre *Los jefes,* especialmente referidas, por ejemplo, a figuras como Leonor, del cuento «El hermano menor», o como el abuelo, en el cuento del mismo nombre (cuento que, como se sabe, no aparece en la primera edición del volumen). Si bien es cierto se podría argüir que la disparidad de criterios sobre un objeto estético no es sino la consecuencia de su dinámica riqueza semántica, creemos que en este caso se debe más bien a la confusión que producen estructuras literarias débilmente desarrolladas.

Estas observaciones, por supuesto, no significan ningún menoscabo a la calidad intrínseca de los relatos. La importancia de *Los jefes* dentro de la narrativa de Vargas Llosa surge, aunque parezca paradójico, de estas mismas insuficiencias. El carácter «incompleto» que parecieran mostrar algunos cuentos, la inquietud del lector que intuye oscura o lúcidamente que en esos relatos «falta algo», el deseo de que la historia fuera más larga, que los comportamientos tuvieran mayor profundidad, no son, en este caso, consecuencias de una capacidad narrativa limitada. Por el contrario, aquí se manifiesta de manera inequívoca la presencia de una voluntad narrativa de ambiciones mucho mayores que las que se materializan en los seis cuentos de *Los jefes.* En otras palabras, al leer este volumen tenemos la impresión certera de asistir al nacimiento de un novelista de proporciones todavía no manifestadas en 1959, pero que se anticipan de sorprendente amplitud.

Aquí está, precisamente, la razón del interés que despiertan *Los jefes* tanto para el lector crítico como para el lector común, interés que no ha decaído a medida que la producción novelesca de Vargas Llosa ha aumentado. Con absoluta transparencia, los seis cuentos reunidos en el volumen se nos presentan como embriones de futuros relatos mayores; son la primera elaboración de lo que será después el discurso literario característico de Vargas Llosa y que es, al mismo tiempo, uno de los discursos literarios más individualizados e inconfundibles de los que actualmente ofrece la narrativa hispanoamericana contemporánea.

Sin ir más lejos, el propio autor reconoce el carácter novelístico larvario de *Los jefes.* En una entrevista de Manuel Pinto afirma: «Yo creo que todos mis cuentos, empezando por *Los jefes,* son tentativas frustradas de novelas»[1]. Por lo mismo, a veinte años de su primera pu-

---

[1] Citado por José Miguel OVIEDO, *Mario Vargas Llosa. La invención de una realidad.* Barcelona, Barral Editores, 1970.

blicación, este libro se nos presenta hoy como el texto original con el que las novelas posteriores de Vargas Llosa establecerán un diálogo de conocimiento indispensable para los que se interesen en la fijación y rescate de las fuentes intratextuales. En la mayoría de los cuentos, pero especialmente en dos o tres de ellos, «Los jefes», «El desafío», «Día domingo», se contienen los diseños larvarios, la intuición de las estructuras, la disposición de las técnicas y de las actitudes narrativas, la experimentación de las motivaciones que, desarrolladas, originarán las formas de la narrativa extensa de Vargas Llosa.

Ya en una primera lectura superficial que sólo pretende captar en bloque las dimensiones y los rasgos relevantes del mundo imaginario desplegado en Los jefes, se atisban las normas de construcción características de Vargas Llosa. Por una parte, se trata de un mundo físico que se reduce a sus límites elementales en favor de una sobresaliente intensificación de sus notas características. El narrador desdeña los grandes espacios y los movimientos sucesivos de unos a otros para concentrar su ángulo de enfoque en espacios que restringen su presencia incluso a veces a la permitida por la nominación en palabras esenciales. De esta manera, el interés del narrador se vuelca hacia la caracterización del medio como un *espacio de figuras* que forman un *microcosmos* representativo. Pero, al mismo tiempo que se efectúa esta restricción espacial, el microcosmos imaginario pierde el carácter sagrado que le fuera atribuido por la narrativa inmediatamente anterior a Vargas Llosa[2]. Ahora, por el contrario, se presenta como un espacio desacralizado que al perder su solidez cósmica se articula desequilibradamente, originando un sistema de ritos divorciado del querer individual. Por eso, las figuras se rebelan contra esos ritos, como en «Los jefes» o, al alejarse del espacio reducido, pierden la apariencia que la sujeción a los ritos les otorgaba, desnudándose entonces su verdadera realidad, como sucede en «Día domingo» donde las fuerzas de los contendientes desaparecen cuando Rubén y Miguel se alejan en el espacio abierto del mar.

En general, el estrato de la materia narrada de Los jefes traduce en imágenes concretas una tensión agónica entre la mentira, la acomodación a las normas impuestas por los espacios cerrados, y la verdad,

---

[2] La narrativa neorrealista en general tendió a interpretar la realidad como un espacio circular en cuyo interior se establecía la lucha de dos fuerzas encontradas: la fuerza de un núcleo en que se concentraban los valores interpretados como auténticos dentro de la axiología del texto, y la fuerza de un entorno que rodeando a dicho centro, exhibía los valores contrarios, es decir, los valores inauténticos. Ejemplo significativo de este modo de interpretación son, en Perú, las novelas El mundo es ancho y ajeno y Los ríos profundos, entre otras. Véase al respecto mi artículo «En torno a la nueva novela hispanoamericana», *Chasqui*, VII (1), noviembre de 1977.

las realidades que porfiadamente pugnan por desbordar en medio de esos mismos sistemas hegemónicos. Inautenticidad pública y autenticidad oculta son los términos de una relación dialéctica que se genera en *Los jefes* para proyectarse sostenidamente después en las novelas posteriores de Vargas Llosa.

En consonancia con lo anterior, otra nota representativa del espacio de *Los jefes* es su condición laberíntica. Al moverse en un mundo de reducidas dimensiones sostenido en un sistema ritual que oculta su equilibrio inestable, las actitudes de los personajes se traducen en comportamientos cuyo desarrollo no se concilia con las motivaciones originales. Así, la verdad queda encubierta por la mentira y la mentira asume el prestigio de aquélla o la solemnidad del rito: los adolescentes se comunican entre sí mediante etiquetas lingüísticas y actitudes mímicas de valor sagrado dentro de su reducida colectividad; convierten el prestigio objetivable en el máximo valor de su axiología adolescente y superponen a las verdades «reales» de su existencia (debilidad, temor, soledad...) las verdades exigidas. Los adultos también participan de este juego ritual: el Jamaiquino traiciona a Numa engañado por una traición que se encubría bajo una aparente verdad; los hermanos de Leonor matan a un indio a causa de una «verdad» que al fin resulta ser mentira, cuando ya no importa que sea lo uno o lo otro; Justo deja escapar sin querer una vacilación que desmiente su actitud de impasible valentía y, en el origen de esta serie de conversiones inauténticas, un abuelo se entretiene con juegos macabros que despiertan el terror irracional de su pequeño nieto.

Podríamos resumir lo que llevamos dicho con respecto a los modos más generales de configurar el mundo narrativo diciendo que, en síntesis, la norma que sostiene toda esta configuración es la *equivocidad*[3]. La sucesión de los acontecimientos se convierte entonces en la revelación de historias de doble causalidad: por una parte, existe la ya aludi-

---

[3] Refiriéndose a *Los jefes* y a *La ciudad y los perros,* dice Nelson OSORIO: «... el mundo narrado lleva el sello de esta equivocidad primigenia; y lo que se dice, lo que se hace, lo que se muestra directamente no agota su sentido en este primer nivel fáctico, fenoménico, sino que lleva a dar otra vuelta de tuerca que nos permite desplegarlo como lo que realmente es: un elemento connotador de la impostura y el falseamiento original»; en «Apuntes para una lectura de Vargas Llosa», prólogo a *Los jefes,* Santiago de Chile, Editorial Universitaria, 1973. La connotación de la existencia como de «mala fe originaria» que aparece explícita en el epígrafe de Sartre a *La ciudad y los perros* no nos parece, sin embargo, inequívocamente presente en *Los jefes.* Algunos de los cuentos de *Los jefes* parecen mostrar más bien la pérdida de la pureza original por el influjo del medio, el resultado del proceso que lleva de lo uno a lo otro: de la pureza (sin connotación moral, por supuesto) a la mala fe, al enmascaramiento. Los años que corren entre *Los jefes* y *La ciudad y los perros* provocan, entonces, la acentuación particular de la interpretación que se exhibe en esta novela, la cual, a nuestro juicio, en los cuentos aparece embrionaria como tantos otros elementos de la narrativa de Vargas Llosa.

da motivación pública, siempre falsa, aquella que es propiedad del conocimiento de las demás figuras, pero, al mismo tiempo, también el discurso del narrador —sea éste representado o no— denuncia la existencia de una causalidad escondida que asume el carácter de verdad secreta y cuyo conocimiento permanece oculto en la conciencia de una sola figura, convirtiéndose en información dirigida directamente al destinatario del narrador.

En el interior de este esquema configuracional, *Los jefes* presentan embrionariamente algunos de los motivos más característicos de las futuras novelas de Vargas Llosa. Así, por ejemplo, el motivo del *machismo* constituye la situación básica que sostiene la historia de aquellos relatos a los cuales la crítica, significativamente, ha interpretado como antecedentes inmediatos de sus novelas. En estos cuentos el machismo se ofrece como una situación que presenta al personaje resolviendo la incertidumbre de su comportamiento a través de la afirmación del yo como «ser de violencia», o a través de la exhibición de aquello que los diálogos establecidos en el medio definen como virilidad. Gracias al machismo, los personajes asumen su individualidad con actitudes codificadas y se hacen respetables en el medio si son capaces de sostenerlas sean cuales fueren las consecuencias. En «Los jefes» la rivalidad del narrador y Lu para decidir quién será el jefe de los coyotes se resuelve con una pelea a puñetazos en presencia de otros alumnos; en «Día domingo», mientras el Melanés refiere «historias crudas, sexuales, extravagantes y afiebradas», Rubén y Miguel se disputan a Flora —sin el conocimiento de la interesada, claro está— mediante un torneo de cervezas y una loca carrera en el mar que los pone en peligro de perder sus vidas. De acuerdo a estos mismos códigos, Justo muere a manos del Cojo antes que aceptar su derrota, cumpliendo con la norma inflexible que se resume en las palabras con que el viejo Leónidas, su padre, lo despide antes de entrar a la pelea: «Ya, vaya, pórtese como un hombre...» Por esta misma razón, al finalizar la competencia donde casi perdió la vida, Rubén se manifiesta únicamente preocupado de mantener el secreto de su debilidad, evitando así perder la etiqueta de macho que le confiere personalidad y prestigio en el medio.

El machismo presenta una serie de rasgos característicos generadores de una jerarquía de motivos que, en conjunto, se organizan en torno al eje semántico de la *violencia*. La violencia es una de las fuerzas básicas sobre las que se sostiene el mundo total de *Los jefes*. Pero, al mismo tiempo, el narrador presenta también un cierto tipo de registros narrativos característicos que oponen a la violencia otra fuerza de tipo contrario, originando ambas la ley estructural que domina los relatos. Al código del machismo se opone el anti-código que desmiente el carácter «verdadero» asumido públicamente por los ritos y los convierte en «mentira». Esta fuerza segunda se organiza en torno al eje de la *precariedad*. Ambas, por consiguiente, constituyen la base significativa del modo particular como Vargas Llosa, en sus narraciones tempranas, interpreta la dialéctica existencial de lo auténtico y lo inauténtico que define las inquietudes del arte contemporáneo. Los personajes se desplazan entre uno y otro eje, pero siempre adecuándose a un movimiento que repite su identidad bajo la apariencia diversa de los motivos que cada fuerza genera: disfrazan con la violencia su precaria condición original. Son, pues, como muy bien los definiera Alberto Escobar, «impostores de sí mismos».

Las situaciones generadas por el eje semántico de la precariedad constituyen el anti-código que, como veíamos más atrás, escapa al conocimiento público de las figuras. La timidez que experimenta el personaje de «Día domingo» constituye una realidad escondida para el resto de sus amigos y también pasará a formar parte del secreto el verdadero desenlace de la competencia entre éste y Rubén; el narrador de «Los jefes» reconoce mentalmente que, en el fondo, la lucha reivindicativa planteada en el colegio San Miguel no es otra cosa que la resolución de una antigua rivalidad personal con Lu.

El encuentro permanente de las dos fuerzas que constituyen la ley de estructura de los relatos configura, pues, una serie alterna de motivos. La solidaridad, por ejemplo, nace al reconocer las inexistentes causas del odio. En «Los jefes» el fracaso de la huelga despierta en el protagonista la simpatía hacia Lu cuando ambos se identifican iguales en la derrota; en «El desafío», el Cojo se resiste a liquidar a su adversario al verlo caído, e implora su rendición; en «Día domingo», también Rubén y Miguel se unen en secreta alianza al verse ambos enfrentados al mismo peligro.

Otra situación típica generada por la fuerza de la precariedad es el anhelo de comunicación humana que se establece entre los personajes y que se materializa en la formación de grupos reducidos que responden también a un sistema superior de normas codificadas. De este modo, el «Círculo» de *La ciudad y los perros* o los «inconquistables» de *La Casa Verde* tienen su embrión textual en el grupo de los amigos de Justo y más especialmente en los «coyotes» y los «pajarracos».

Sin embargo, a nivel del estrato de las objetividades, el anti-código de la precariedad queda subordinado al predominio del código de la violencia. Como ya lo hemos dicho antes, en el mundo imaginario de *Los jefes* la violencia, a través de los motivos del machismo, la soledad, la mentira, etc., mediatiza y deforma la aparición accidental de las condiciones auténticas de la conciencia individual. La solidaridad, el anhelo del vínculo humano, el reconocimiento de la igualdad en la indefensión, la timidez y la debilidad son expresiones condenadas a enmascararse bajo las actitudes falsas que aseguran la supervivencia prestigiosa. De esta manera, el comportamiento humano es interpretado por el narrador básico del conjunto de relatos como un proceso de permanente metamorfosis, como una alteración sostenida —y exigida— de las normas originales, de la pureza de las raíces. El cuento «El abuelo», que cierra el volumen y que aparentemente pareciera desligado de los demás, conserva con el resto una íntima unidad, no sólo porque en él se concentran, como en una parábola final, las dos fuerzas elementales que sostienen la significación del texto total, sino porque también su discurso alegoriza el proceso conductivo inevitable que convertirá el terror original del nieto (precariedad) en el temor fingido de la madre y, finalmente, en el comportamiento deformante del abuelo (violencia).

Finalmente, una ojeada al estrato del discurso también revela la presencia de un narrador para quien el acto de narrar ha asumido un nuevo prestigio. Tal como en el caso del estrato de la historia, este narrador se muestra a sí mismo en cuanto organizador y «técnico» como una conciencia que experimenta con los registros narrativos, preparándose para encarar la disposición de las formas largas del género. Si en lo que se refiere a las historias, *Los jefes* puede ser considerado como embrión de las futuras novelas de Vargas Llosa, el manejo del discurso narrativo también anticipa lo que será más adelante el lenguaje característico del autor.

Por ejemplo, es indudable en ciertos momentos de *Los jefes* el interés del narrador para usar los tiempos del verbo quebrando las imágenes tradicionales del mundo narrado para proponer en su lugar una visión simultánea a través de una perspectiva que podríamos denominar *emotiva*. En lugar de una descripción cronológico-lineal del tiempo pasado, el narrador utiliza a veces el pretérito absoluto, de acción momentánea y finita, para enmarcar un pretérito imperfecto que supera en el tiempo al pretérito absoluto y termina convirtiéndose en un «presente emotivo»:

> *Contuvo* un instante la respiración, clavó las uñas en la palma de sus manos y dijo, muy rápido: «Estoy enamorado de ti». Vio que ella *enrojecía* bruscamente, como si alguien hubiera golpeado sus mejillas, que *eran* de una palidez resplandeciente y muy suave. Aterrado, *sintió* que la confusión ascendía por él y petrificaba su lengua («Día domingo»).

> Desde la puerta del bar vecino al cine Montecarlo, los *vio* en la mesa de costumbre... Francisco, el Melanés, Tobías, el Escolar lo *descubrían* y, después de un instante de sorpresa, se *volvían* hacia Rubén, los rostros maliciosos, excitados. *Recuperó* su aplomo de inmediato... («Día domingo»).

La voluntad de atraer el tiempo (pasado) de la historia al tiempo (actual) del discurso se manifiesta también cuando el narrador provoca la simultaneidad de ambos sin recurrir a nexos gramaticales expresos. De esta manera, los dos códigos que el narrador pretende iluminar en el proceso de la lectura quedan representados a través del lenguaje como dos realidades diferentes que en la conciencia del personaje se superponen en determinados momentos del acontecer:

Javier trepó. Con una de sus manos se apoyaba en un árbol encorvado y seco, y con la otra se sostenía de mi cuello. Entre sus piernas, agitadas por un leve temblor que desaparecía a medida que el tono de su voz se hacía convincente y enérgico, veía yo el seco y ardiente cauce del río y pensaba en Lu y en los coyotes. Había sido suficiente apenas un segundo para que pasara a primer lugar; ahora tenía el mando y lo admiraban, a él, ratita amarillenta que no hacía seis semanas imploraba mi permiso para entrar en la banda. Un descuido infinitamente pequeño, y luego la sangre, corriendo en abundancia por mi rostro y mi cuello; y mis brazos y piernas inmovilizados bajo la claridad lunar, incapaces ya de responder a sus puños («Los jefes»).

En «El desafío» Justo narra su encuentro con el Cojo, y en «Día domingo» el Escolar refiere a los pajarracos una anécdota ocurrida entre un chófer de bus, otro muchacho llamado Tomasso, y él:

—Nos encontramos en el «Carro Hundido». Yo que entraba a tomar un trago y me topo cara a cara con el Cojo y su gente. ¿Te das cuenta? Si no pasa el cura, ahí mismo me degüellan. Se me echaron encima como perros. Como perros rabiosos. Nos separó el cura.
—¿Eres muy hombre? —gritó el Cojo.
—Más que tú —gritó Justo.
—Quietos, bestias —decía el cura.
—¿En «La Balsa» esta noche, entonces? —gritó el Cojo.
—Bueno —dijo Justo—. Eso fue todo («El desafío»).

—Tiene gracia lo que pasó despúes —rió el Escolar—. Oiga, chófer, ¿no ve que este cachalote está destrozando su carro?
—¿Qué? —dijo el chófer, frenando en seco. Las orejas encarnadas, los ojos espantados, el cachalote Tomasso forcejeaba con la puerta.
—Con su navaja —dijo el Escolar—. Fíjese cómo le ha dejado el asiento («Día domingo»).

En estos dos ejemplos, la técnica narrativa se enriquece por la presencia activa de dos recursos, la simultaneidad temporal y la desaparición del narrador en primera persona que se convierte en un personaje del pretérito, y es suplantado en la enunciación por un narrador objetivo que relata desde afuera.

El recurso narrativo más característico de la mayor parte de los cuentos es la alteración temporal que se produce en el discurso cuando el narrador presenta al lector los efectos de una determinada causa, que ha sido, naturalmente, anterior en el tiempo de la historia, y, posteriormente, introduce esa causa en el discurso. Alfredo Matilla Rivas lo ha denominado técnica del «dato escondido»[4]:

—Dar la cara —repitió: ahora era autoritario—, es decir, hablar de frente, hablarme a mí.
—¡No seas imbécil! —dije, rápido—. ¡No seas imbécil!
—Pero ya había levantado su mano al ver que daba un paso a la izquierda, abandonando la formación. Una sonrisa complaciente cruzó la boca de Ferrufino y desapareció de inmediato.
—Escucho, Raygada... —dijo («Los jefes»).

Este mismo recurso es denominado por José Miguel Oviedo «técnica de abertura inmediata» cuando el narrador lo utiliza como registro de apertura en el discurso[5]. Así sucede particularmente en «Los jefes», «Día domingo», «El hermano menor» y «El abuelo». En todos estos casos, el recurso establece un claro distanciamiento entre el estrato de la historia y el momento de la enunciación, acentuando indirectamente la función artística del narrador en su capacidad de organizar una secuencia discursiva no homologable a la sucesión fanticia de los hechos en la historia imaginaria.

Un último aspecto que nos interesa citar aquí se refiere a la configuración del aspecto informacional del narrador. No cabe duda que los cuentos de *Los jefes* transparentan una voluntad narrativa permanentemente preocupada por la verosimilitud interna del acto de enunciación. De esta forma, se generan dos posibilidades características de conocimiento de acuerdo al punto de hablada adoptado por el narrador. La primera consiste en figurar un narrador exterior a la historia, que relata por lo tanto utilizando la tercera persona, pero que al mismo tiempo se resiste a manifestar omnisciencia de lo narrado y fiscaliza su conocimiento de acuerdo al marco de la escena:

Juan cerró los ojos, *imaginó* al indio en cuclillas, sus manos alargadas hacia el fuego, sus pupilas irritadas por el chisporroteo de la hoguera... (el indio) ...*Debió* sentir un infinito terror ante esa agresión inesperada que provenía de la sombra, *seguro* que ni siquiera intentó defenderse... («El hermano menor»).

La segunda posibilidad se ofrece cuando la enunciación queda en boca de un narrador interior a la historia que, consecuentemente, asume la primera persona. A la inversa del caso anterior, estos narradores

    4 Alfredo MATILLA RIVAS: «*Los jefes*, o las coordenadas de la escritura vargasllosiana», en *Homenaje a Mario Vargas Llosa*, Las Américas, 1971 (ed. Helmy F. Giacoman y José Miguel Oviedo).
    5 José Miguel OVIEDO, *ed. cit.*

anhelan adquirir la omnisciencia que por el punto de vista que han elegido les está verosimilmente negada: por ejemplo, cuando Lu habla con Ferrufino, el narrador acota: «No me volví a mirarlo. Sus ojos oblicuos *estarían* despidiendo fuego y violencia, como cuando luchamos en el seco cauce del río» («Los jefes»). Por su parte, el narrador de la historia de Justo: «Yo no podía ver las caras, *pero cerraba los ojos y las veía*, mejor que si estuviera en medio de ellos...»

Considerados, pues, con la perspectiva de los años corridos desde su aparición, los cuentos de *Los jefes* reafirman hoy lo que su propio autor y la crítica literaria han venido sosteniendo en declaraciones personales y en ensayos especializados: su importancia en la producción narrativa de Vargas Llosa es la de ser los textos originales, matrices, de una cosmovisión y de una técnica literaria que se insinúa meridianamente en ellos para realizarse después con plenitud en las novelas posteriores. La configuración imaginaria que la realidad adquiere en ellos, las técnicas y modos narrativos utilizados y la personalidad artística asumida por el narrador demuestran el carácter experimental que define el perfil literario de los relatos, pero, además, establecen también las coordenadas que se convertirán en típicas de la narrativa mayor de Vargas Llosa: señalan la presencia de un narrador que busca la participación directa y responsable de su destinatario en el desvelamiento común de un mundo aparentemente normal que oculta significaciones inesperadas y sorprendentes revelaciones.

[*Anales de la Universidad de Chile* (Santiago), vol. 124, número 137, enero-marzo de 1966, pp. 191-196. (Versión corregida y ampliada por el autor).]

JOEL HANCOCK

TÉCNICAS DE ANIMALIZACIÓN Y CLAROSCURO: EL LENGUAJE DESCRIPTIVO EN *LA CIUDAD Y LOS PERROS*

Se ha desarrollado una voluminosa obra crítica alrededor de una novela de Mario Vargas Llosa que fue muy polémica en una época y ahora se ha convertido en un clásico: *La ciudad y los perros* (1962). Muchos libros excelentes, artículos y reseñas han discutido, tanto descriptiva como analíticamente, las principales ideas de la novela, sus elementos históricos y biográficos, la composición psicológica de los personajes y las técnicas que determinan la dimensión formal o estructural de la obra (el uso especial del punto de vista, del tiempo, del espacio, etc.). Faltan, tanto en cantidad como en detalle, los ensayos sobre el estilo, en especial aquellos que se refieren al lenguaje descriptivo. Esto no quiere decir que el lenguaje de *La ciudad y los perros* haya pasado inadvertido. En realidad, algunas de las primeras opiniones críticas expresaron conmoción por el lenguaje, como hiciera Manuel Pedro González cuando descalificó a la novela como una «protervia tediosa del léxico de letrinas y lupanares. El lenguaje zafio de los palurdos, las mancebías y los cuarteles... un abuso del léxico escabroso»[1]. «No hay lirismo», escribió Jean Franco[2]; «el lenguaje poético (de Vargas Llosa) refuerza su neorrealismo», afirmó Kessel Schwartz[3]. Este artículo procurará reconciliar esas afirmaciones divergentes y ofrecer un nuevo juicio crítico relativo al uso del lenguaje en *La ciudad y los perros*[4].

---

[1] «Impresión de *La ciudad y los perros*», en *Coloquio sobre la novela hispanoamericana*, México, Editorial Fondo de Cultura Económica, 1967, p. 104.

[2] *An Introduction to Spanish American Literature*, Cambridge, Cambridge University Press, 1969, p. 339.

[3] *A New History of Spanish American Fiction*, vol. II, Miami, University of Miami Press, 1971, p. 327.

[4] Debemos mencionar dos trabajos que también consideran los elementos estilísticos en *La ciudad y los perros*, aunque su enfoque y conclusiones difieren de las presen-

En su libro *Poderío de la novela*, Eduardo Mallea trata del poder revelador del lenguaje[5]. Es la forma de utilizar el lenguaje —el estilo— el que ha de comunicar la visión de la vida que contiene la novela. En *La ciudad y los perros*, el concepto de la vida que tiene Vargas Llosa es muy característico. Apropiadamente, estas nociones nos son transmitidas por medio de un estilo singular, de un lenguaje que refleja con exactitud la acción y la emoción. La palabra se adecua perfectamente al tema, a medida que la novela alcanza la tan deseada unión de contenido y expresión. En la novela hay una visión específica del hombre, su vida y su hábitat. Este ensayo centrará su análisis en el lenguaje utilizado para retratar a las personas y su medio y para ilustrar cómo el estilo de la novela es un vehículo ideal para expresar sus temas y sus tesis.

La ciudad y los perros es una descripción brutal de las condiciones de vida en el Perú y específicamente en Lima que, según uno de los personajes, es «la ciudad más corrompida del mundo»[6]. La mayor parte de la acción se desarrolla en la escuela militar Leoncio Prado, una sociedad en miniatura o, como ha sido etiquetada repetidamente por parte de los estudiosos, un microcosmos de la sociedad peruana. La existencia cruel y violenta en esta institución está regulada por los principios de darwinismo social: sólo sobrevivirán los más aptos —o los más fuertes o más listos[7]. «O comes o te comen» (p. 23) es el concepto básico que rige la conducta. La vida cotidiana en la escuela consiste en el engaño, el robo, el contrabando, el vejamen, la camorra y, en un caso, el asesinato. El objetivo final del Leoncio Prado es tranformar a los muchachos en hombres, machos disciplinados y leales, en prepararlos para representar y defender el honor de la nación. Paradójicamente, hay una falta de honor en ese medio hipócrita e injusto. A los cadetes, que representan todo el espectro social, se les llama adecuadamente *perros* y su conducta canina refleja la vida de Lima en la que hay una vida de perros paralela. La noción de que la escuela militar, y

tadas en este ensayo: «Form and Content Relationships in Vargas Llosa's *La ciudad y los perros*», de George R. McMurray, *Hispania*, LVI, 3, septiembre de 1973, pp. 579-586; «Style and Technique in the Novels and Short Stories of Mario Vargas Llosa in Relation to Moral Intention», de Luis Alfonso Díez Martínez, disertación de doctorado del Kings College, Ontario, Canadá, 1969.

[5] *Poderío de la novela*, Buenos Aires, Editorial Aguilar, 1965, p. 116.

[6] *La ciudad y los perros*, de Mario Vargas Llosa, Barcelona, Editorial Seix Barral, 1968, p. 92. De ahora en adelante, las referencias a las páginas de esta obra aparecerán en el mismo texto.

[7] Para una discusión en profundidad del determinismo en esta novela, véase el artículo de Rosa Baldori titulado *«La ciudad y los perros:* novela de determinismo ambiental», en *La novela hispanoamericana actual*, editada por Angel Flores y Raúl Silva Cáceres, Nueva York, Editorial Las Américas, 1971, pp. 223-242.

por extensión la sociedad, es un mundo habitado por animales es expresada en forma significativa por el capitán, en la que yo considero una afirmación clave: «Métanse en la mollera que están en las Fuerzas Armadas y no en un zoológico» (p. 240). En esta comparación, el oficial ha descrito con precisión la situación —la escuela/ciudad es en realidad un lugar en el que imperan los animales salvajes[8]. Esta tesis fundamental de *La ciudad y los perros* —el hecho de que la sociedad peruana es una jungla de animales que lucha por su existencia— está sustentada por el lenguaje descriptivo de la novela, que es el tema de este ensayo.

No es casualidad que muchos personajes tengan apodos que sugieran animales: Jaguar, Boa, Piraña, Gallo, Mono, Rata, Burro, por mencionar sólo algunos. Esto es, sin embargo, algo más que una simple denominación animal, puesto que en la descripción se dice que los personajes tienen un parecido físico con esos animales. Es más, la conducta, los actos y la condición general de los personajes están claramente ligadas a las de los seres más primitivos. No hay límites a las especies empleadas en la elaboración de las descripciones gráficas: pájaros, mamíferos, reptiles, insectos, todos ellos sirven como materia prima de las representaciones gráficas. Es comprensible que los perros sean utilizados con más frecuencia en las comparaciones. A los cadetes, como ya he dicho, se les llama *perros*, y éstas son sus condiciones de vida y ésta es la naturaleza de su conducta[9]. Algunos de los jóvenes estudiantes tienen incluso los rasgos físicos de los perros. Por ejemplo, la nariz aplastada de Jaguar recuerda a la de un bulldog (p. 50); un suboficial husmea como un perro: «El suboficial Pezoa estaba allí, husmeando un cuaderno con su gran hocico y sus ojillos desconfiados» (página 261). Las relaciones interpersonales están regidas por leyes caninas: hay «perros superiores» en su mundo de «perros-lobos que se comen unos a otros». Quizá el mejor ejemplo de las actitudes perrunas que reinan en el Leoncio Prado es la escena que describe la iniciación de Ricardo Arana —alias Esclavo— a la vida de la escuela militar. Se le obliga a luchar, a arrastrarse en cuatro patas y a vociferar ladrando las palabras «soy un perro». En un momento, cuando se le ordena que ataque y muerda a un compañero de clase, Esclavo realmente siente que su cuerpo se convierte en el de un perro rabioso:

—Bueno —dijo la voz—. Cuando dos perros se encuentran en la calle, ¿qué hacen?
—No sé, mi cadete.
—Pelean —dijo la voz—. Ladran y se lanzan uno encima del otro. Y se muerden.

---

[8] «Es como si fuera otro mundo» (p. 225), dice uno de los personajes principales.
[9] «Estoy harta de esta vida de perros», es un sentimiento que se expresa en forma repetida.

El Esclavo no recuerda la cara del muchacho que fue bautizado con él. Debía ser de una de las últimas secciones, porque era pequeño. Estaba con el rostro desfigurado por el miedo y, apenas calló la voz, se vino contra él, ladrando y echando espuma por la boca y de pronto el Esclavo sintió en el hombro un mordisco de perro rabioso y entonces todo su cuerpo reaccionó y mientras ladraba y mordía, tenía la certeza de que su piel se había cubierto de una pelambre dura, que su boca era un hocico puntiagudo y que, sobre su lomo, su cola chasqueaba como un látigo (p. 48).

Este caso de animalización no es sólo mental, sino también físico. Esclavo reacciona como un perro rabioso echando espuma por la boca. La tranformación simboliza la iniciación a la vida; su asimilación a la sociedad requiere que se convierta en un miembro de la tropa. Y es el estilo —la expresión desesperada y jadeante que aparece en la última frase— la que transmite esta metamorfosis grotesca de manera tan vívida.

Las descripciones de los personajes en *La ciudad y los perros* son, muy a menudo, caricaturas presentadas principalmente en términos de animales. El efecto de estas creaciones es devastador. Los hombres y las mujeres de la novela son ridiculizados sin piedad cuando se los describe como algún tipo de animales. Cualquier pretensión de decoro es sofocada inmediatamente con estas alusiones a animales. La dignidad de los oficiales del Leoncio Prado, por ejemplo, es ridiculizada eficazmente con una imagen concisa y rápida: «Luego llegó el coronel. Reconocieron sus pasos de gaviota» (p. 224). En otro momento el capitán, que está a punto de regañar a Alberto, es descrito como una piraña come-hombres que se está preparando para matar: «Agazapadas como dos abscesos bajo las orejas, las sobresalientes mandíbulas estaban en reposo. Tenía la boca cerrada, pero su dentadura de piraña asomaba entre los labios, blanquísima» (p. 254).

Los oficiales de menor rango también son descritos como animales, pero inofensivos. En los siguientes ejemplos, hay una burla a dos lugartenientes por medio de la caricatura. Son vistos como reptiles, uno como un batracio sin vida y patético, y el otro como una tortuga cerrada: «(Remigio Huarina) da un paso adelante y Alberto ve, muy cerca y abajo, el hocico, los ojos fruncidos y sin vida de batracio, el rostro redondo contraído en un gesto que quiere ser implacable y sólo es patético» (p. 18). «Pitaluga hizo un gesto vago. Como una tortuga que se hunde en su caparazón, sumió nuevamente la cabeza entre las manos» (p. 154).

En *La ciudad y los perros* abundan las personas despreciables. Hay, no obstante, ciertos ejemplares que aparecen como blanco predilecto de la burla. El pervertido Paulino, el organizador de las populares competencias sexuales, es descrito repetidamente como un mono. Por momentos sus expresiones faciales recuerdan a las de otros animales,

como en la siguiente descripción de sus labios de almeja: «Los cadetes
se volvieron a mirar a Paulino, que había arrugado la frente; sus grandes labios tumefactos se abrían como las caras de una almeja» (p. 107).
Otro personaje objetable es la tía fría e interesada de Teresa. La mujer
es hipócrita, una lastimosa solterona cuya ambición principal es casar a
su sobrina con cualquier hombre competente dispuesto a cuidar de
ambas. Cuando Alberto, un candidato prometedor, la conoce, siente
su apretón de manos, significativamente descrito en términos de la
pinza de una langosta: «Sintió en la suya una mano gorda y fláccida,
sudada: un molusco» (p. 86). Luego ella invita a Alberto a sentarse y
entonces se convierte en un gran mamífero opresivo: «Siéntese, siéntese —decía la mujer señalando la silla, el cuerpo doblado en una reve-
rencia de gran mamífero» (p. 86).

Lo ridículo a través del lenguaje en *La ciudad y los perros* no se limita a las descripciones físicas. Igualmente eficaz es la descripción de
las actividades cotidianas y la conducta de los personajes que también
se expresa en términos de animales. La iniciación a la categoría de
perros —se recuerda— supone luchas de perros, pasos de ganso y otras
cosas por el estilo. Los actos de bestialismo —relaciones carnales entre
los cadetes y una gallina, un perro y una llama— se practican con cierta regularidad (¡para gran repugnancia de algunos críticos!). Seguramente se puede decir que la atmósfera de la escuela engendra conductas animales. La vida «normal» consiste, en realidad, en actividades
animales, como se describe en este pasaje: «En las clases, los cadetes
hablaban, se insultaban, se escupían, se bombardeaban con proyectiles
de papel, interrumpían a los profesores imitando relinchos, bufidos,
gruñidos, maullidos, ladridos: la vida era otra vez normal» (p. 316).

Los acontecimientos militares oficiales se comparan, de alguna manera, con las actividades de los animales. Por ejemplo, los cadetes in-
volucrados en las maniobras de guerra son vistos como escarabajos en
precipitada fuga. Las contiendas de tiro de cuerda patrocinadas por los
oficiales, son descritas como exhibiciones de monos. Los desfiles, supuestamente el apogeo de la dignidad y de la solemnidad militar, son
comparados con actos circenses. Uno de los cadetes expresa lo que él
adivina que debe estar pasando por la mente del coronel que observa
los ejercicios; la caricatura capta el ritmo y la pompa de la augusta
ceremonia: «Creo que lo único que le gusta son las actuaciones y los
desfiles, miren a mis muchachos, qué igualitos están, tachín, tachín,
comienza el circo, y ahora mis perros amaestrados, mis pulgas, los ele-
fantes equilibristas, tachín, tachín» (p. 66).

Mayores en número y de gran impacto, son las descripciones breves
y mordaces que establecen un paralelo entre la actividad de una perso-

na y la de un animal. Estas concisas saetas pasan a través de la novela y tienen un efecto devastador: «mete la cabeza como un animal olfateando la cueva» (p. 25); «y ahora se sentará, se pondrá a respirar como un caballo o como un perro, la baba le chorreará por el pescuezo» (p. 108); «y el cachaco se reía como una chancha de contento» (página 200); «el Jaguar se revolvió como un felino atacado» (p. 54); «arriba Alberto se encoge como un mono» (p. 135). La lista es interminable. La vida en el Leoncio Prado es comparada con la vida en un zoológico en el que los cadetes ejecutan sus tareas como pájaros; se parecen y actúan como caninos, primates y otros mamíferos, y a menudo son vistos tan sólo como insignificantes insectos.

En el mundo de terribles criaturas de *La ciudad y los perros*, ocurre un fenómeno curioso: los verdaderos animales son descritos como seres humanos, como personas sensibles e inteligentes. Esta paradoja sirve para acentuar —por un contraste eficaz— la vida bestial de los cadetes. Aunque pocos, los animales de la novela son mansos y nobles, y difieren de manera significativa de sus amos supuestamente superiores. La mascota de la escuela, por ejemplo, la enigmática vicuña, es inteligente y alerta. Se ha adaptado bien a su medio descubriendo técnicas de supervivencia en su encierro. «Se parece mucho a los indios» (página 12), observa un cadete, y ella realmente es el símbolo de los oprimidos indios peruanos, objeto de una persecución y una crueldad sin tregua. La vicuña es descrita en términos humanos; sus ojos, por ejemplo, son «dulces y tímidos» (p. 13), una característica que no se encuentra en la población humana de la escuela. Estoico e indiferente, el animal ha aprendido a rehuir a los estudiantes que la buscan como blanco para sus piedras.

Con mucho, los momentos más punzantes en la novela son los que se refieren a las conmovedoras relaciones de los personajes más ruines: Boa y su perra, La Malpapeada. Esta perra de raza indefinida, irónicamente es mucho más humana que cualquier ser humano descrito en la novela. La Malpapeada es uno de los personajes principales del relato; participa en la acción tanto como cualquiera de los cadetes. La mayor parte de las descripciones que tenemos de la perra, provienen de la mente excéntrica de su irracional amo y están relacionadas por medio de monólogos interiores algo caóticos, o de discursos dirigidos a su compañero inseparable. Las descripciones de La Malpapeada tienen, por tanto, un estilo característico. La relación entre los dos es sadomasoquista y sexual. Boa se siente muy cómodo con su fiel mascota y cree que ella lo entiende mejor que cualquier persona. Él la calienta con su manta cuando ella tirita y la consuela cuando se queja. A su vez, La Malpapeada escucha sus problemas y le brinda consuelo. Su afinidad se hace cada vez más intensa: Cuando Boa se va de la escuela jura solemnemente raptarla para después adoptar al animal. El momento culminante de la relación se da cuando Boa considera el lazo que los une similar al matrimonio. Su amor por ella es inequívoco:

> Es triste que la perra no esté aquí para rascarle la cabeza, eso descansa y da una tranquilidad, uno piensa que es muchachita. Algo así debe ser cuando uno se casa. Estoy abatido y entonces viene la hembrita y se echa a mi lado y se queda callada y quietecita, yo no le digo nada, la toco, la rasco, le hago cosquillas y se ríe, la pellizco y chilla, la engrío, juego con su carita, hago rulitos con sus pelos, le tapo la nariz, cuando está ahogándose la suelto, le agarro el cuello y las tetitas, la espalda, los hombros, el culito, las piernas, el ombligo, la beso de repente y le digo piropos: «cholita, arañita, mujercita, putita» (p. 267).

La Malpapeada es descrita con cualidades más humanas que cualquier persona de la novela. Es capaz de despertar profundas emociones humanas en los personajes más primitivos del libro.

El estilo de *La ciudad y los perros,* como puede observarse en los ejemplos expuestos hasta ahora en este ensayo, recuerda mucho a las técnicas del esperpento que aparecen en algunas obras de Ramón del Valle-Inclán. Hay una nivelización rotunda de todos los seres: las personas son animalizadas por medio de una caricaturización grotesca, mientras que los animales, en evidente contraste, son «ascendidos» de posición por medio de las dotes de sus características humanas. Estas descripciones, no obstante, revelan algo más que similitudes físicas. En cada descripción hay implícito un juicio moral y ético. Al igual que en los esperpentos de Valle-Inclán, Mario Vargas Llosa examina lo que para él es un país enfermo. La sociedad es un verdadero zoológico en el que las personas se comportan como animales y obran de acuerdo con la ley de la jungla. Este tema subyacente es reforzado adicionalmente por el lenguaje y el estilo de la novela.

Tan significativas como las descripciones de las personas y animales, e igualmente características, son las descripciones de los ambientes, especialmente el de la escuela militar y la atmósfera inmediata que incorpora cada personaje a medida que participa en un acto específico. La técnica predominante en las numerosas descripciones de la situación están basadas en el uso contrastante de la luz y de la oscuridad. Es la técnica impresionista del claroscuro de las artes plásticas aplicada a la escritura: la interacción de la luz marcada y de contrastes de sombra empleados para producir efectos dramáticos o simbólicos. En su estudio penetrante de las obras de Mario Vargas Llosa, José Miguel Oviedo fue el primero en señalar este recurso estilístico utilizado en la descripción del medio ambiente, diciendo que sirvió como

contraste a la fulgurante narración de los acontecimientos explosivos[10].
Estas descripciones contrastan a menudo con la acción principal y ayudan a intensificar la escena. Sin embargo, esta técnica consigue algo más que un simple efecto contrastante. Espero poder ilustrar cómo los resultados, así como los métodos de elaboración, fluctúan entre lo chocante y duro a lo suave y sutil, de lo grotesco a lo lírico. Además, al igual que en las anteriores discusiones acerca del lenguaje, se señalará la íntima relación entre el contenido de la novela y su estilo preciso.

En las primeras páginas de *La ciudad y los perros*, el lector descubre en seguida la manera extraña en que se ve al Leoncio Prado. Muy a menudo, la escuela militar aparece envuelta en una bruma que distorsiona el ambiente. En consecuencia, los objetos son imperceptibles —todo son sombras, manchones y tinieblas, descritos con adjetivos como *borroso, descolorido, disimulado*—. Así, los estímulos sensoriales cambian; se vuelven borrosos y apagados por la bruma. Se establece un estado de ánimo, un talante. Se tiende un manto de irrealidad y de misterio sobre el lugar. Una descripción de ese tipo aparece en las primeras escenas de la novela cuando el cadete Cava atraviesa el colegio de un extremo a otro con paso majestuoso cuando va a robar una copia del examen de química:

> Al llegar al extremo, miró con ansiedad; la pista parecía interminable y misteriosa, enmarcada por los simétricos globos de luz en torno a los cuales se aglomeraba la neblina. Fuera del alcance de la luz, adivinó, en el macizo de sombras, el descampado cubierto de hierba... Caminó a pasos rápidos, sumergido en la sombra de los edificios de la izquierda, eludiendo los manchones de luz. El estallido de las olas y la resaca del mar extendido al pie del colegio, al fondo de los acantilados, apagaba el ruido de los botines. Al llegar al edificio de los oficiales se estremeció y apuró el paso. Después, cortó transversalmente la pista y se hundió en la oscuridad del descampado (p. 13).

Hay una sensación misteriosa producida por los contrastes de luces y sombras que rodean a Cava en su siniestra misión. El escenario es realmente apropiado para este suceso que genera la acción subsecuente.

La técnica del claroscuro también es usada frecuente y eficazmente a modo de reflector. La iluminación de una persona u objeto puede tener varios efectos: como en el teatro, atrae la atención de los espectadores; puede suavizar o endurecer, o puede atribuir algún tipo de significado emocional al objeto. En el siguiente pasaje, por ejemplo, los cadetes están apiñados en un círculo tirando los dados para decidir

---

[10] *Mario Vargas Llosa: la invención a una realidad*, Barcelona, Barral Editores, 1970, pp. 104-105. OVIEDO también identifica la luz como símbolo de lo insostenible, el mundo de los demás (por ejemplo, el poder y la armonía social).

quién llevará a cabo el robo atroz. La luz que brilla sobre ellos tiene un efecto irónico: sus rostros se suavizan mientras están cometiendo un acto «duro»; los dados blancos contrastan no sólo con el suelo sucio, sino también con el «negro» plan: «Los rostros se suavizaron en el resplandor vacilante que el globo de luz difundía por el recinto a través de escasas partículas limpias de vidrio... Los dados estaban quietos, marcaban tres y uno, su blancura contrastaba con el suelo sucio» (p. 11). De este modo, la luz concentrada sobre el dado está filtrada por un suelo que semeja la malicia de las intenciones de los cadetes.

El juego de luz y oscuridad puede transmitir el mismo sentimiento respecto a los personajes que el que se comunicó por medio de las descripciones de los animales. Los retratos grotescos de los cadetes están esbozados en blanco y negro. La siguiente es una descripción de un estudiante negro cuyos blancos dientes en contraste traen a la mente los rasgos de un roedor. La caricatura corrobora la noción de que los personajes son animales, idea expuesta anteriormente en este ensayo: «Distinguió en la oscuridad la doble hilera de dientes grandes y blanquísimos del negro y pensó en un roedor» (p. 12). Se hace un retrato similar, aunque más repugnante, del bárbaro Jaguar. Aquí, la luz se enfoca sobre sus pies de cerdo y sentimos repulsión ante esa imagen: «En la claridad amarillenta del recinto, Cava comprobó que el Jaguar estaba descalzo; sus pies eran grandes y lechosos, de uñas largas y sucias; olían mal» (p. 14).

Los matices oscuros y las sombras son usados eficazmente en las descripciones creadas por lo que puede considerarse una técnica de contra-proyección. En el siguiente ejemplo, Teresa pasa debajo de un farol de la calle que brilla sobre la cinta de su cabello. Sus movimientos al caminar se describen en términos de luz y oscuridad. Cuando está fuera del alcance de la luz, es devorada por la oscuridad: «La cinta azul parecía negra y se confundía con sus cabellos, destacaba al pasar bajo un farol, luego la oscuridad la devoraba» (p. 91). Las sombras también pueden manchar y distorsionar. La descripción de la visita de Alberto al prostíbulo para ver a Pies Dorados, la mujer que ha invadido sus fantasías, está llena de dibujos luminosos y oscuros. El dormitorio es oscuro y sombrío adelantándose a su experiencia: «El cuarto era tan pequeño como la antesala. La luz, también roja, parecía más intensa, más cruda; la pieza estaba llena de objetos y Alberto se sintió extraviado unos segundos, su mirada revoloteó sin fijar ningún detalle, sólo manchas de todas dimensiones, e incluso rápidamente pasó sobre la mujer que estaba tendida en el lecho, sin percibir su rostro, reteniendo de ella apenas las formas oscuras que decoraban su bata, unas sombras que podían ser flores o animales» (p. 95). Es significativo que las sombras vuelvan borroso el diseño de la bata de la prostituta: podría ser, y probablemente son, flores; pero, sin duda influenciado por su subconsciente, Alberto proyecta figuras de animales. Esta conclusión es muy apropiada y, como hemos dicho anteriormente en este ensayo, está en conformidad con los temas fundamentales de la novela.

Quizás el uso más amplio y sutil de la técnica del claroscuro es su función como símbolo. Hay momentos en los que las variantes sombras de luz y oscuridad contienen un valor connotativo. Estas descripciones hacen algo más que relacionar el carácter de un lugar o los acontecimientos específicos; también sugieren o representan otra dimensión simbólica. En consecuencia, el lector se ve forzado a examinar el texto con un cuidado especial en un empeño por interpretar el material. El pasaje que sigue es la última descripción del Leoncio Prado. Pero es más que un relato de la actividad de los cadetes a la hora del crepúsculo. Es, en realidad, una poderosa denuncia del lugar y de la gente:

> Era la hora ambigua, indecisa, en que la tarde y la noche se equilibran y como neutralizan. Una media sombra destrozaba la perspectiva de las cuadras, respetaba los perfiles de los cadetes envueltos en sus gruesos sacones, pero borraba sus facciones, igualaba en un color ceniza el patio que era gris claro, los muros, la pista de desfile casi blanca y el descampado desierto. La claridad hipócrita falsificaba también el movimiento y el ruido: todos parecían andar más de prisa o más despacio en la luz moribunda y hablar entre dientes, murmurar o chillar y cuando dos cuerpos se juntaban, parecían acariciarse, pelear (p. 317).

En una primera lectura, este párrafo aparecía como una descripción curiosamente lírica de la vida en la escuela militar. Después de un cuidadoso examen, no obstante, vemos que la descripción tiene un rasgo característico de un efecto devastador. Sentimos el mensaje muy preciso en lo que se refiere a la falsedad del lugar y la falta de individualidad de los estudiantes. Estas ideas se transmiten por medio del uso especial de luces y sombras contenidos en la descripción. La luz está calificada con adjetivos como *ambiguo, indeciso, falso, mortecino*. La oscuridad también juega su papel cuando borra los rasgos de los jóvenes. Esta descripción es, en realidad, un juicio de su carácter moral. Se arroja una sombra ceniciento sobre los edificios. La verdadera naturaleza del Leoncio Prado está expresada en este párrafo. Esta es la técnica del claroscuro en su mejor momento.

La oscuridad y la luz a menudo pueden expresar los pensamientos, los actos o la personalidad de un individuo. Sutilmente, los contrastes de luz representan algo más que descripciones visuales. También sugiere un sentido simbólico. En la siguiente frase, por ejemplo, hemos de suponer que Teresa no es la muchacha dulce e inocente que algunos críticos nos habían hecho creer. En la breve descripción —un concepto sinestésico— deberíamos llegar a la conclusión de que Teresa tiene malos pensamientos o que está a punto de tomar una decisión no ética: «En sus ojos asoma un elemento nuevo, todavía impreciso, una luz maliciosa» (p. 138). Su pensamiento —muy probablemente la idea de que ella debería abandonar a Arana y comenzar una relación con Alberto— se concreta casi inmediatamente: «Esta vez todo el rostro de Teresa se ha impregnado de esa luz» (p. 138).

En varios momentos, las descripciones de la naturaleza tienen el poder de presagiar el resultado o la conclusión de una acción. Los acontecimientos son prefigurados e incluso evaluados. La mañana del trágico asesinato de Arana, por ejemplo, es nubosa y oscura. El teniente Gamboa, el oficial a cargo de las malogradas maniobras, se despierta cuando, simbólicamente, está oscuro como un pozo fuera: «El teniente Gamboa abrió los ojos: a la ventana de su cuarto sólo asomaba la claridad incierta de los faroles; el cielo estaba negro» (p. 135). Más adelante en la novela, se describe otro amanecer en la vida de Gamboa, una mañana que contrasta bruscamente con la anterior: «En el patio comprobó que la mañana había aclarado: el cielo lucía limpio, en el horizonte se divisaban unas nubes blancas, inmóviles sobre la superficie del mar que destellaba» (p. 295). El motivo de la especial calma de la mañana: la naturaleza sonríe al teniente Gamboa que actúa según los dictados de su conciencia.

Vale la pena citar un ejemplo final del poder de las descripciones de luz y oscuridad. Ricardo Arana rememora su infancia en Chiclayo sólo para despertar a la realidad presente de Lima: «Evocaba el sol, la luz blanca que bañaba todo el año las calles de la ciudad y las conservaba tibias, acogedoras, la excitación de los domingos, los paseos a Eten, la arena amarilla que abrasaba, el purísimo cielo azul. Levantaba la vista: nubes grises por todas partes, ni un punto claro. Regresaba a su casa, caminando despacio, arrastrando los pies como un viejo» (página 152). El contraste tiene un efecto evidente: los recuerdos de Arana de su infancia en Chiclayo lo hacen feliz. Ese día, sin embargo, ve a Lima oscura y melancólica, lo que refleja sus sentimientos respecto a su situación actual. Las dos descripciones corresponden a sus emociones.

La técnica del claroscuro aplica de esa manera su juego de luz y oscuridad para crear estados de ánimo, poner de relieve ciertos rasgos para que reciban especial atención, para trazar caricaturas grotescas y representar un concepto en términos simbólicos. Como en el caso del uso anteriormente expuesto de la animalización —las descripciones de las personas y sus conductas— este estilo impresionista de la escritura comunica con un poder similar los puntos de vista fundamentales y los temas de la novela.

[*Latin American Literary Review*, vol. 4, n.º 7 (1975), páginas 37-47. (Versión castellana de Beatriz OBER-LÄNDER.)]

SHARON MAGNARELLI

LA CIUDAD Y LOS PERROS: LA LIBERTAD
ESCLAVIZADA

> Todo le sirve para defenderse: el silencio y la palabra, la
> cortesía y el desprecio, la ironía y la resignación. ¿No es él la
> primera víctima de sus engaños y no es a sí mismo a quien
> engaña?
>
> OCTAVIO PAZ[1]

La ciudad y los perros, de Mario Vargas Llosa, ha sido considerada
una de las mejores novelas latinoamericanas recientes. Pero como sucede con frecuencia, el éxito de la novela parece basado en una lectura
errónea. Los críticos han resaltado repetidas veces la importancia de La
ciudad y los perros como un retrato sociopolítico realista de la América
Latina moderna, a diferencia de la mayoría de las novelas latinoamericanas de los años sesenta, que eran todo menos «realistas». Como resultado, han visto el mundo de ficción de La ciudad y los perros como
un microcosmos que representa la sociedad peruana, y han resaltado la
dicotomía interna-externa entre el espacio interior del colegio y el
espacio exterior de la ciudad[2]. Esta inquietud crítica por los aspectos
sociológicos de la novela, sin importar qué tan justificados sean, ha
llevado a una falta de énfasis en sus elementos técnicos[3]. Pero, gran

---

[1] Octavio PAZ, El laberinto de la soledad, México, Fondo de Cultura Económica,
1970, p. 26 y p. 30.

[2] Véase en especial: Rosa BOLDORI, Mario Vargas Llosa y la literatura en el Perú de
hoy, Santa Fe (Argentina), Colmegna, 1969; Frank DAUSTER, «Aristotle and Vargas
Llosa: Literary History and the Interpretation of Reality», Hispania, 53 (1970), 273-
277; Luis A. DÍEZ, Mario Vargas Llosa's Pursuit of the Total Novel, Cuernavaca, Centro
Inter-Cultural de Documentación, 1970; Alberto ESCOBAR, «Impostores de sí mismos»,
Revista Peruana de Cultura (Lima), n.º 2 (julio de 1964). pp. 119-125; Luis HARSS y
Bárbara DOHMANN, «Mario Vargas Llosa or the Revolving Door», Into the Mainstream,
Nueva York, Harper and Row, 1967, pp. 342-376; Nelson OSORIO TEJADA, «La expresión de los niveles de realidad en la narrativa de Vargas Llosa», Atenea, 45, n.º 419,
123-133; José Miguel OVIEDO, Mario Vargas Llosa; la invención de una realidad, Barcelona, Seix Barral, 1970.

[3] Los siguientes autores hablan sobre técnica narrativa: Rosa BOLDORI, op. cit.;
José Miguel OVIEDO, op. cit.; Pedro LASTRA, «Un caso de elaboración narrativa de
experiencias concretas en La ciudad y los perros», en Homenaje a Mario Vargas Llosa,
edición Giacoman and Oviedo, Long Island Cyty, Las Américas, 1971, pp. 37-44;
George R. McMURRAY, «The Novels of Mario Vargas Llosa», Modern Language Quarterly,
29 (septiembre de 1968), 329-340; Emir RODRÍGUEZ MONEGAL, «Madurez de Vargas
Llosa», Nuevo Mundo, n.º 3 (1966), pp. 62-72.

parte de la fuerza y calidad de *La ciudad y los perros* emana del despliegue poco común del discurso de la primera persona. Un análisis de este discurso revelaría que si el realismo está presente en la novela, es sólo como máscara o interrogante. En otras palabras, la presentación de la realidad —discurso literario— se cuestiona en la novela y llega a ser un tema, un tema tan importante como el de las implicaciones sociológicas de la novela.

La ciudad y los perros está dividida en ochenta y un secciones, agrupadas en el epílogo y dos partes, que a su vez están divididas en ocho capítulos cada una[4]. Estas ochenta y un secciones son «relatadas» por tres narradores: un personaje sin identificar que narra en la tercera persona y quien, aunque omnisciente, no siempre lo cuenta todo, y dos narradores en primera persona, Boa y Jaguar, cuya identidad no es revelada sino hasta el epílogo. Además, algunas secciones son parcialmente narradas a través de los monólogos interiores de Alberto. Por lo tanto, aproximadamente un tercio de la novela consiste de narraciones en primera persona (veintiséis de las ochenta y un secciones), y la primerísima palabra de la novela, cuatro, oblicuamente indica el número de narradores en primera persona que nos guían por la novela.

Un examen de la primera persona en esta novela debe empezar lógicamente con Alberto, ya que su *Yo* es el más complejo y el lector tiende a considerarlo como el personaje central de la novela. Como ya se ha indicado, la narración de Alberto se presenta en la forma de monólogo interior mediado por una tercera persona omnisciente que es capaz de leer el pensamiento de Alberto y criticarlo. De esta forma, el *Yo* de Alberto mantiene una posición sugestivamente contradictoria a través de la novela; la presentación de su *Yo* por medio de la intervención de una tercera persona le presta veracidad, ya que los narradores omniscientes en tercera persona no se ponen en duda. Sin embargo, en el marco de ficción, Alberto se presenta desde el comienzo como un tergiversador y un hipócrita. Es importante notar que el apodo de Alberto es «el Poeta» y que es su activa imaginación la que le otorga su posición entre sus compañeros. La primera vez que lo encontramos en la tercera sección del primer capítulo, está imaginando las posibilidades que se le presentan, pensando en lo que *podría* hacer —es decir, pensando en tiempo condicional—. En las páginas inmediatamente siguientes, se encuentra con su superior, y observamos su brillante imaginación inventando disculpas y mintiéndole descaradamente al oficial. Hay una insinuación de que la falta de confianza que producen sus monólogos interiores se deba, por lo menos en parte, al hecho

---

[1] Véanse Díez y Oviedo, para más detalles, sobre el análisis de las secciones.

de que su narración se desarrolla en su mente y, por lo tanto, no está sujeta a un factor de corrección externa (este factor es provisto obviamente para el lector por el narrador omnisciente)[5]. Es también Alberto el que escribe la literatura pornográfica para sus compañeros de estudio, aunque él mismo carece totalmente de experiencia sexual. En efecto, el narrador en tercera persona anota: «Alberto era uno de los que más hablaba de la Pies Dorados (la prostituta) en la sección. Nadie sospechaba que sólo conocía de oídas el jirón Huatica y sus contornos porque él multiplicaba las anécdotas e inventaba toda clase de historias» (pp. 93-94)[6].

Más adelante en la novela, después de la muerte del Esclavo, se muestra a Alberto faltando a la verdad dos veces: primero le miente al padre del Esclavo diciéndole en qué alta estima habían tenido al muchacho muerto (pp. 182-183); más adelante denuncia al Jaguar, diciendo que había sido él quien había estado detrás del Esclavo en el campo; pero entonces debe confesar que «lo había dicho sin pensar y ahora dudaba» (p. 256). Por lo tanto, aunque la novela parece centrarse alrededor de Alberto (mostraremos más adelante que en realidad no lo hace), siempre se le presenta como desconfiable, y una lectura cuidadosa de la novela indica que siempre se debe dudar de su palabra. Su sobrenombre, «el Poeta», también lleva a pensar que las cualidades que podamos deducir de nuestro análisis de su uso del lenguaje son las del discurso literario. Es él, entonces, quien estimula el cuestionamiento literario en La ciudad y los perros.

Todavía falta la pregunta importante en relación con el Yo de Alberto: ¿cómo funciona este Yo y por qué se presenta tan diferentemente a los otros Yo de la novela? Como lo ha anotado Tzvetan Todorov, «la signification de chaque énoncé est en partie constituée par le sens de son procès d'énonciation» («el significado de cada enunciado está en parte constituido por el sentido de su proceso de enunciación»)[7]. Esta doble presentación del personaje afecta todo lo que narra Alberto y permite cierta identificación de parte del lector. Al mismo tiempo, permite un distanciamiento y un reconocimiento de su falta de veracidad. Hay una gran diferencia entre la narración que incorpora el proceso de énonciation (enunciación) a la ficción, y la que no lo hace[8]. La misma ficcionalización del proceso de énonciation coloca el

---

[5] Como observó Roquentin, «quand on vit seul, on ne sait même plus ce que c'est que raconter: le vraisemblable disparaît en même temps que les amis.» Véase Jean-Paul SARTRE, La Nausée, París, Gallimard, 1938, p. 18.

[6] Todas las citas son de la edición de Barcelona, Seix Barral, 1971.

[7] Littérature et signification, París, Larousse, 1967, p. 27.

[8] Tzvetan TODOROV, «Poétique», en Qu'est-ce que le structuralisme?, obra colectiva, comp. por Ducrot, París, Ed. du Seuil, 1968, p. 116.

discurso en una posición más alejada del *énoncé* (enunciado) «original» o referente. Es este alejamiento (inevitable en el discurso de la primera persona) el que suscita el problema de la veracidad (que en última instancia todavía no tiene que ver con la «realidad», pero es la conformidad, o falta de conformidad, entre dos niveles de discurso de ficción). Los monólogos interiores de Alberto representan tres niveles de *énonciation:* la novela entera es la *énonciation* de Vargas Llosa, quien presenta la *énonciation* del narrador omnisciente, quien a su vez presenta la *énonciation* de Alberto. Es importante tener presente que en esta novela la veracidad de los otros dos *Yo* no se pone nunca en duda, tal vez porque el proceso de *énonciation* aparece sin ninguna mediación que indique falta de veracidad. La doble presentación de Alberto permite un contraste entre el *Él* de quien se habla y el *Yo* que está hablando, de una manera muy parecida a como las presentaciones de primera y tercera persona del Jaguar permiten una diferenciación entre ellas. Por tanto, la presentación de Alberto refleja uno de los temas de la novela: la duplicidad de los personajes. Su duplicidad dramatiza la duplicidad del lenguaje, un lenguaje que simultáneamente se dirige a un punto de origen y por su misma naturaleza destaca la no-existencia o no-presencia de ese origen y, por tanto, se desvía de él.

En el caso de Alberto, el *Yo* también permite una demostración de destreza verbal. Él es sin lugar a dudas el más elocuente de los estudiantes. Es Alberto quien sabe manejar el lenguaje. Es él quien escribe las cartas para los otros estudiantes, porque, como ellos lo admiten, «es fácil saber lo que quieres decir, pero no decirlo» (p. 129), una declaración que subraya la ruptura inevitable entre significación y *énonciation.* Los otros estudiantes tienen distintos grados de dificultad en expresarse. El Esclavo encuentra dificultades considerables con el lenguaje y tal vez por esto no se puede presentar como un *Yo.* Boa también tiene obstáculos verbales que lo llevan a hablarle únicamente a la perra. Alberto, por otro lado, es un maestro en la manipulación verbal; siempre tiene la respuesta correcta para sus compañeros y domina el lenguaje escrito al punto de que le dicen el «Poeta». Hay una especie de simetría invertida aquí, pues mientras los otros saben qué es lo que quieren decir pero no cómo decirlo, el problema de Alberto es lo opuesto: parece no entender qué es lo que quiere decir. Ha dominado el proceso de *énonciation,* pero el *énoncé* está vacío, insinuando un énfasis en el discurso como sonidos o señales en vez de vehículo de significado. Sin embargo, aunque Alberto puede no saber qué quiere decir o a dónde quiere ir, va a tener éxito en cada papel por su maestría verbal y su capacidad de actuar su papel, porque muy hábilmente se coloca la máscara lingüística: «Les êtres vont d'une comédie vers une autre», como decía Céline[9]. Cuando Alberto regresa al grupo social de la clase media alta, el narrador da cuenta de su facilidad de readaptación: «nada parecía haber cambiado, el lenguaje y los gestos le eran familiares» (p. 333). Por eso, parece que la máscara social permanece en el plano de *énonciation*, vacía de todo significado verdadero.

Esta presentación específica del personaje sirve un propósito más: permite que la narración ingrese al tiempo presente. En medio de la ficción, Alberto puede pensar en lo que pasa casi en el momento que sucede, mientras que los otros *Yo* sólo pueden narrar *ex post facto*. Así, mientras toda narración se relata después del hecho, la de Alberto puede ser inmediata, haciendo que el lapso entre la acción y la expresión verbal sea casi nulo. De esta manera el lector recibe la impresión de simultaneidad entre la *énonciation* ficcionalizada y el *énoncé*, entre acción y narración[10]. También, los monólogos interiores de Alberto ilustran la relación entre el pasado y el presente; muestran como Alberto mentalmente hace lo pasado presente. Es principalmente por este pasado, manipulado verbalmente y hecho presente para nosotros (significativamente, hecho presente a través de la mediación de la palabra), que tendemos a simpatizar tanto con él.

Émile Benveniste ha anotado que solamente se puede aprehender la persona gramatical por lo que la diferencia de las otras[11]. En *La ciudad y los perros*, obviamente no es sólo el pronombre en sí el que diferencia a Alberto de Boa, sino más bien la presentación de ese pronombre. El *Yo* de Alberto se nos presenta con la mediación del narrador omnisciente quien puede demostrar sus faltas a la verdad. En la narración de Boa, por otro lado, no hay otro narrador manifiestamente presente, y parecemos entrar directamente en su mente. Ejerce la función de guía para el lector en la medida en que su narración representa una regresión temporal y una «presentación» de los hechos del colegio que terminaron con las condiciones presentes. Guía al lector dándole los datos informativos y dramatizando cómo los estudiantes, que no están en posición de saber todo lo que sabe el lector, reaccionan ante los diferentes sucesos. Su narración, que está dirigida principalmente a La Malpapeada, la perra, parece ser un verdadero esfuerzo de comprender lo que ha pasado en el marco de ficción, de

---

[9] Louis Ferdinand CÉLINE, *Voyage au bout de la nuit*, París, Gallimard, 1952, p. 261.

[10] Claro que, como observa GENETTE, la narración no es más que otra forma de acción. Véase *Figures*, III, París, Ed. du Seuil, 1972), pp. 71-72.

[11] «Inquiry must be made as to how each person is opposed to all others and as to what principle their opposition is based on, since we can only apprehend them by what differentiales them.» Véase *Problems in General Linguistics*, trad. Mary Elizabeth MEEK, Coral Gables, University of Florida Press, 1971, p. 196.

entender el impacto de los tres años en el colegio y su conclusión[12]. La narración de Boa se podría describir mejor con estas palabras de la tía de Arana: «Los zorros del desierto de Sechura aúllan como demonios cuando llega la noche, ¿sabes por qué? Para quebrar el silencio que les aterroriza» (p. 16). Claramente, el silencio de La Malpapeada y la falta de comunicación de Boa con los otros estudiantes lo llevan a platicar aún más con la perra. Si la narración de Alberto se genera por un vacío de significado, la de Boa es generada por el silencio.

Benveniste también ha anotado que un *Yo* siempre implica un *Tú*, y ni Boa ni Alberto son excepciones, aunque a veces la narración de Alberto parece dirigida hacia adentro, y le habla al *Tú* de su alter ego. El *Tú* forma parte integral de sus respectivos discursos, y los temas de gran parte de sus narraciones son aquellos que Todorov ha visto como necesariamente los temas del *Tú:* deseo, crueldad y muerte[13]. De hecho, los *Tú* a los que tanto Boa como Alberto dirigen su discurso nos dicen mucho de los dos personajes. La narración de Alberto tiende a ser dirigida al imaginado *Tú* de una mujer —Pies Dorados en ciertos casos, Tere en otros, su madre en otros—, mientras que la narración de Boa se dirige siempre a la perra. Es curioso anotar que Boa, que es conocido por sus proezas sexuales, dirige sus palabras no a una mujer sino a una perra. Mientras que esto puede ser indicativo de sus instintos más bajos o animales, como sugieren algunos críticos, también puede servir como contraste a Alberto, cuya falta de experiencia sexual y cuyo padre donjuán lo han llevado a soñar y dirigir su discurso imaginado a las mujeres. Boa aparentemente no tiene necesidad de soñar. Este contraste entre Boa y Alberto también se acentúa porque las secciones narradas por los dos, frecuentemente van seguidas[14]. Aunque Oviedo ha visto esta yuxtaposición como un indicativo de la oposición entre el conocimiento lúcido y el delirante (*op. cit.,* p. 118), tal vez podríamos también ver la ironía de la yuxtaposición. Boa es más bien un personaje inferior que habla con una perra; pero siempre es confiable (sus acciones narradas son compatibles con sus palabras), mientras que Alberto verbalmente más ágil, abiertamente presentado como una especie de héroe, nunca es confiable. Por lo tanto, la insinuación es que la misma habilidad de Alberto con las palabras lo hace indigno de confianza y que nuestras percepciones, tal como están expresadas por el lenguaje, no son de fiar. La ironía se acentúa por el hecho de que

---

[12] Pouillon anota que es típico de la novela fechar la existencia de un personaje desde el momento en que el personaje comprende su pasado. Véase Jean POUILLON, *Temps et roman,* Vienne, Gallimard, 1946, p. 70.

[13] Véase el capítulo 8 de Tzvetan TODOROV, *Introduction à la littérature fantastique,* París, Ed. du Seuil, 1970.

[14] Véase OVIEDO, *op. cit.,* p. 118.

aunque el *Tú* se considera como un pronombre que indica persona gramatical, Boa lo usa refiriéndose a una perra, y el *Tú* de Alberto siempre se refiere a una ausencia: Teresa o Pies Dorados, ninguna de las mujeres está presente cuando él les dirige su discurso. (En este sentido, la narración de Alberto es paralela al hecho de escribir-discurso dirigido a un *Tú* ausente.) Hay muchas similitudes curiosas entre Boa y La Malpapeada. Por ejemplo, la perra aparentemente no tiene vida pasada anterior a su llegada al colegio; Boa anota, «no me acuerdo cuando vino al colegio... se me ocurre que ya estaba en el colegio cuando entramos. A lo mejor nació aquí y es leonciopradina» (pp. 173-174). Boa casi no tiene pasado antes del colegio; a diferencia de los otros personajes raramente habla de su pasado. La capacidad de Boa de comunicarse también parece sólo ligeramente superior a la de la perra. Pocas veces lo vemos haciendo algún esfuerzo por comunicarse con sus compañeros excepto físicamente y si lo hace, es rechazado, como por ejemplo, en el último capítulo cuando se acerca al Jaguar y trata de entablar amistad. También es digno de anotar que los principales medios de comunicación de La Malpapeada son su lengua y sus dientes. Muchas de las secciones narradas por Boa terminan con referencia a estas dos características de la perra: «quieta Malpapeada, no metas los dientes» (p. 62); «por tu santa madre no me metas los dientes, Malpapeada, perra» (p. 71); «Malpapeada, por qué mejor no das un salto y me muerdes la corbata o la nariz» (p. 190); «tienes una lengua caliente, Malpapeada, una lengua larga y quemante» (p. 249).

El dolor y la incomodidad que producen los dientes de la perra son paralelos al dolor y la incomodidad que los muchachos se causan mutuamente con sus palabras. De hecho, las palabras de los muchachos también parecen lenguas: «pero las blasfemias y los juramentos prevalecen sobre cualquier otro ruido, como lenguas de fuego entre el humo» (p. 36). Sin embargo, el narrador en seguida afirma que las palabras se usan con tanta frecuencia que pierden su sentido: «Los insultos no son, sin embargo, precisos: apuntan a blancos abstractos como Dios, el oficial y la madre, y los cadetes parecen recurrir a ellos más por su música que su significado» (otra vez poniendo énfasis en lo vacío del discurso).

El lenguaje es uno de los principales medios que tienen los estudiantes de herirse, así como de reafirmar su masculinidad y fuerza; el narrador omnisciente anota con respecto al Teniente Pitaluga, «lo traicionaba una antigua convicción que asociaba la virilidad a la violencia de la voz humana» (p. 223). La convicción de Pitaluga pone de relieve no sólo la relación entre la masculinidad y el lenguaje, sino también entre el lenguaje y lo militar. En *La ciudad y los perros* lo militar es una metáfora para el lenguaje. La relación entre lo militar y el lenguaje o la literatura está subrayada a través de la obra. Los tres elementos de espíritu militar, «obediencia, trabajo y valor» también se han visto como los principios cardinales de escribir ficción: obediencia a las «reglas de la buena escritura», trabajo u oficio a la manera jamesiana, y valor ético extremo o virtud. La literatura también se evoca cuando uno de los personajes dice «en el Ejército, cadetes, hay que respetar los símbolos» (p. 20). Lo militar puede ser visto como una metáfora de escritura tradicional en la preocupación que muestran los oficiales por realismo o por lo menos verosimilitud. Al decidir qué explicación dar para la muerte de Arana, los oficiales conscientemente optan por la explicación más verosímil, a pesar de que pudiera no ser la verdad (página 216). Como señala después el capitán, «los militares debemos ser, ante todo, realistas» (p. 296). Pero lo que este énfasis en el realismo mordazmente revela es la «mala fe» del canon realista. Mientras se dice tan apegado a la realidad, el sistema militar miente constantemente. Inventa y le cuenta a los padres de Arana una serie de mentiras sobre cómo era de buen cadete, etc., y sobre las virtudes de la vida militar (páginas 223-224). La fabricación de estas mentiras es paralela al proceso de elaborar la ficción. Después de la muerte de Arana, el sistema militar está en libertad de crear lo que desee con su pasado académico, exactamente como un autor puede distorsionar o inventar para ajustarse a sus propósitos. Es significativo anotar también que la vida de Gamboa (la vida del hombre militar ideal) es creada por los libros y la escritura. Es claro desde el primer capítulo que los oficiales sólo pueden manejar situaciones previstas en el «libro de reglamento» y que recurrirán a la regla y la citarán, en la primera ocasión que se les presente (pp. 18-20). Gamboa ha memorizado todos los códigos y manuales militares; puede recitarlos todos y basa toda su vida en su contenido. Como Roquetin en *La Nausée,* tiene dificultades lidiando con la vida en cualquier otro nivel[15]. Con el descubrimiento de que el contenido de los libros no puede disponer todos los aspectos de su vida y guiarlo a cada paso, Gamboa no puede seguir, y fracasa. Es irónico, sin embargo, que después de su especie de exilio, se niegue a entregar el único pedazo de papel que podría salvarlo: la confesión escrita de Jaguar (aunque se insinúa que la confesión es falsa). Tal vez es su comprensión de que a la palabra escrita le falta poder en todas las fases de la vida lo que lo lleva a rechazar la oferta de Jaguar.

La autorreferencialidad de la novela está indicada en la primerísima sección, cuando los dados (que, como la página, tienen signos

---

[15] «Tout ce que je sais de ma vie, il me semble que je l'ai appris dans de livres.» Véase *La Nausée,* p. 94.

negros sobre un fondo blanco) obligan a Cava, como también al lector, a salir de su confortable cama y su rutina normal (que se hace en un estado de semiconciencia) para entrar en «una lucidez insólita» que también se asocia con cierto peligro. El modo de vida entero en el colegio encuentra paralelos en los principios del lenguaje. La vida de los cadetes está estructurada y controlada como lo está el lenguaje. El oficial observa que los muchachos «son libres de elegir», y similarmente el escritor también, obviamente, está en libertad de elegir. Pero, ambas libertades son espejismos. Ambas libertades están presentadas como máscaras para esclavizar. Los reglamentos del colegio se pueden torcer hasta cierto punto sin problema, pero más allá de este punto los muchachos están sujetos a una estricta censura. De la misma manera, las reglas del lenguaje y de la escritura se pueden torcer pero no dejar de lado sin consecuencias. La sociedad que se imagina libre y autónoma está esclavizada por el lenguaje en esta novela.

Jacques Derrida ha observado que «Il n'y a pas d'écriture qui ne se constitue une protection, *en protection contre soi,* contre l'écriture selon laquelle le "sujet" est lui-même menacé en se laissant écrire»[16], y está claro que en esta novela lo militar —que, como hemos visto, es la metáfora del lenguaje— actúa de la misma forma. Se protege él mismo de sí mismo, degradando a esos oficiales como Gamboa que toman las reglas militares con demasiada exactitud, que vencen al sistema militar en su propio juego al aceptar las libertades que supuestamente ofrece. Irónicamente, sin embargo, el resultado último de esta autoprotección es autodestrucción. La remoción de oficiales como Gamboa, que serían la fuerza de lo militar y que deberían simbolizar todo lo que lo militar representa, debilita la institución y socava su estructura. El resultado es la destrucción desde adentro. Es el discurso personal de Alberto (el *Yo*) el que socava su posición; es la tensión entre la narración en tercera persona y la narración en primera persona (que tratan de justificarse una a la otra) lo que termina en la destrucción de la confiabilidad de Alberto. Como Alberto representa los principios del lenguaje y la habilidad en el manejo de éste, socavar la posición de Alberto es hacer lo mismo con el lenguaje. Por tanto, el *Yo* que se protege a sí mismo acaba destruyéndose a sí mismo. El resultado final es el derrumbamiento de la literalidad y el realismo desde adentro; la palabra, que constituye la estructura misma de un texto, resulta insuficiente para captar la realidad y, por lo tanto, socava su propia pretensión.

El lenguaje se vuelve una máscara, el medio para los desdobla-

---

[16] Jacques DERRIDA, «Freud et la scène de l'écriture», *L'écriture et la différance,* París, Ed. du Seuil, 1967, p. 331.

mientos de los personajes, y la manera de cubrir ciertos aspectos de sus personalidades. Al mismo tiempo, muchos de los personajes se enredan en la trampa de las máscaras lingüísticas que han escogido. Es claro que el rechazo de Arana por los otros estudiantes se debe en parte a sus dificultades verbales y a su impotencia de afirmarse a través del lenguaje. Fracasa porque «comme le Théatre était partout il fallait jouer... rien aussi n'a l'air plus idiot et n'irrite davantage, c'est vrai qu'un spectateur inerte monté par hasard sur les planches»[17]. Y éste es el problema de Arana; se niega a hacer su papel con los otros y recitar las líneas y frases apropiadas. En este sentido, el lenguaje está ligado a su muerte; la insinuación es que sólo los que dividen claramente su ser en varias personalidades (el lenguaje como la base de esa personalidad) para diferentes situaciones, pueden sobrevivir. Indirectamente, también el lenguaje está ligado a la muerte de Arana en que el capitán chantajea a Alberto, convenciéndolo que no profundice en el incidente con la amenaza de mostrarle a su padre algunos de sus escritos.

Esta metáfora del lenguaje también se puede ver en las posiciones contrastantes de Alberto y Jaguar. Para Alberto la vida militar y la violencia, que son una parte del colegio, son juegos; él es uno de los cadetes a los que se refiere el narrador cuando observa que están «envueltos por una atmósfera de violencia que sólo era un simulacro. Porque el capitán Garrido sabía que la guerra no era así» (pp. 166-167). A un nivel, la violencia, como todo lo demás en la novela, es sólo simulacro, solamente pretensión verbal. Para Alberto también, el lenguaje es sólo un juego; el control que tiene sobre él lo vuelve un juguete con el que se puede jugar[18]. A otro nivel, ni la violencia ni el lenguaje son juegos para Jaguar. La violencia es un modo de vida, algo necesario para sobrevivir; el lenguaje es una habilidad sin la cual nunca podrá escalar posiciones más altas que la de empleado bancario. Nunca podrá ascender a la clase media alta a la que pertenece Alberto porque no tendrá jamás la facilidad que con las palabras, falsas o no, tiene el resto de esa clase.

En contraste con Alberto, Jaguar aparentemente es digno de confianza como narrador, ya que su inminente matrimonio hace pensar que todo lo que ha dicho sobre Teresa era cierto dentro del marco de

---

[17] CÉLINE, p. 94.

[18] La primera descripción del manejo del lenguaje por Alberto tiene un gran parecido al concepto surrealista, que aconsejaba la «escritura automática»: «Alberto ha bajado los párpados, simulando humildad, y habla muy despacio, la mente en blanco, dejando que los labios y la lengua se desenvuelvan solos y vayan armando una telaraña, un laberinto para extraviar al sapo» (p. 19). Véase André BRETON, *Manifestes du Surréalisme*, París, Gallimard, 1971.

la ficción. Irónicamente, la narración en tercera persona en este caso resulta ser no fiable debido a su percepción incompleta. Además, el *Yo* de Jaguar trata el tema de la relación entre el hombre y el mundo que, como dice Todorov, es lo que generalmente hace el *Yo*[19]. Su narración en primera persona sirve un propósito similar al de la narración en tercera persona sobre Arana y los segmentos de recuerdo del monólogo interior de Alberto: evoca esos sucesos en un pasado un tanto remoto que el personaje lleva consigo en forma de lenguaje, y que afectan la vida presente del personaje y enfatizan el tema del tiempo.

El movimiento pendular entre el pasado y el presente en la novela está implícito en el lenguaje usado en ella. Por un lado, el lenguaje sugiere un «ahora» por estar claramente sincronizado con la lectura. Por otro lado, el lenguaje siempre lleva una sugerencia del pasado, porque representa una recreación de éste, y cada significante lleva consigo todo un significado pasado. Todos los hechos deben haber ocurrido antes de que se pueda hablar de ellos. De la misma manera que el *Yo* se mueve entre el orador presente y el actor del pasado, la novela se mueve entre un concepto de literatura moderno y uno clásico. Pero los hechos pasados siguen afectando a los personajes solamente porque hacen presentes los hechos al recordarlos; convierten el pasado en lenguaje, que es necesariamente en presente. El proceso mismo de recordar se vuelve una acción lingüística en que el pasado se convierte en palabras «presentes»[20]. Por lo tanto, para Arana y Alberto, los hechos pasados se vuelven importantes como un escape del presente y como un intento de comprender este presente, aunque para Jaguar el pasado se vuelve significativo como un escape hacia un paraíso perdido (como una vuelta nostálgica hacia ese pasado que añora). La tendencia de Jaguar, entonces, aunque él no está consciente de ello, se parece a la del autor de *Les Mots* cuando dice, «Il [el pasado] ne m'avait pas fait, c'était moi, au contraire, ressuscitant de mes cendres qui arrachais du néant ma mémoire par un création toujours recommencée»[21]. En este sentido, Jaguar representa el dios caído del que habla Lukacs, caído al cambiar a una vida criminal y después caído de su posición de dios entre sus compañeros de estudio[22]. Recuerda el bien perdido pero ahora no puede o no quiere recuperarlo, ni tampoco su poder. Al avanzar

---

[19] Véase capítulo 7 de la *Introducción à la littérature fantastique*.

[20] «C'est le présent, qui se lie au passé, et non le passé que d'avance pèserait sur le présent, puisque c'est dans le présent que s'opère cette liaison» («Es el presente el que une al pasado, y no el pasado que ya pesa sobre el presente, porque esta conexión se efectúa en el presente»).

[21] Jean-Paul SARTRE, *Les mots*, París, Gallimard, 1964, p. 199.

[22] Georg LUKÁCS, *Theory of the Novel*, trad. Anna BOSTOCK, Cambridge, MIT Press, 1971, pp. 84-93.

la novela y al fracasar Jaguar, su *Yo* (y el lector con él) se transporta más y más hacia esa memoria del pasado.

Roland Barthes ha visto la escritura como «une réalité ambigüe: d'une part, elle naît incontestablement d'une confrontation de l'écrivain et de sa société: d'autre part, de cette finalité sociale, elle renvoie l'écrivain, par une sorte de transfert tragique, aux sources instrumentales de sa création»[23]. De una manera similar, la narración de Jaguar parece emerger de una confrontación con la sociedad; a medida que transcurre la novela y Jaguar pierde buen nombre entre sus compañeros, su discurso personal se hace más frecuente (Jaguar sólo narra tres secciones de la primera parte, pero nueve de la segunda). Este discurso lo remonta a la fuente al centrarse en su niñez feliz. Irónicamente, también lo devuelve a «los instrumentos de la creación» que son las palabras. Fue su incompetencia en el lenguaje lo que causó que trágicamente perdiera ese «paraíso»; fue su inhabilidad de expresarse ante Teresa, ante su padrino, y ante otros lo que lo alejó de Teresa y lo llevó eventualmente al colegio militar donde tampoco puede comunicarse verbalmente. El *Yo* de Jaguar en *La ciudad y los perros* claramente cumple una función distinta de la de los otros *Yo* de la novela. Este *Yo* dramatiza la anonimidad inherente de la primera persona y su efímero punto de referencia. Además, antes que dar una orientación y ser una fuente de unidad como lo ha sido clásicamente el *Yo*, el de Jaguar desorienta al lector. Gran parte de la fuerza de la novela resulta del descubrimiento de que este *Yo*, con el que hemos simpatizado todo el tiempo, es Jaguar, la misma tercera persona que hemos despreciado. De haber sabido desde el comienzo que el *Yo* era Jaguar, o lo hubiéramos visto como totalmente diferente y hubiéramos creído que los otros muchachos eran injustos, o hubiéramos captado diferentemente el *Yo*. Es solo debido a esta presentación completamente dividida y a nuestra ignorancia sobre la identidad del *Yo* que podemos ver a Jaguar de las dos formas, y simultáneamente aceptar la veracidad del *Yo* y reconocer nuestra propia susceptibilidad a los poderes del lenguaje. Además, la identificación final de la primera persona destruye el mito que se ha construido. Como anota Guy Rosolato, «Entonces la ficción misma... se desprende del mito precisamente a través de la identificación de la voz»[24]; el mito del «hombre macho» (y es significativo anotar que el mito está siempre en tercera persona[25]) se destruye por la vulnerable primera persona.

---

[23] *Le degré zéro de l'écriture*, París, Ed. du Seuil, 1972, p. 16.
[24] Guy ROSOLATO, «The Voice and the Literary Myth», en *The Structuralist Controversy*, ed. Macksey and Donato, Baltimore, Johns Hopkins Press, 1972, p. 213.
[25] «Le "il" manifeste formellement le mythe.» Véase BARTHES, p. 29.

Este final sorpresivo y la sensación de desorientación que lo acompaña son indudablemente cualidades y no defectos de la novela. Su propósito principal, como el del tema de la narración, es manifestar nuestra falsa percepción e injusticias potenciales, además de dramatizar el poder del lenguaje de crear estas falsas percepciones. Frank Kermode ha observado que un final sorpresa es efectivo debido a cierta rigidez en nuestras expectativas[26], y no hay duda que nuestras expectativas eran bastante diferentes en esta novela. Al no reconocer el *Yo* como Jaguar simpatizamos con Alberto y condenamos al primero; simplemente asumimos que uno es el «héroe» y el otro el «villano». El epílogo de la novela, sin embargo, cambia nuestra perspectiva; descubrimos que ni Jaguar ni Alberto son como pensábamos, que el lenguaje ha dirigido mal nuestras atenciones. La novela resultante, entonces, se vuelve un ejemplo de lo que Shklovsky llama «desfamiliarización»; se produce lentitud y demora en la percepción, rompiendo así nuestras percepciones habituales[27]. El reconocimiento de la falsedad de nuestra primera impresión nos obliga como lectores a revaluar la exactitud de todas nuestras percepciones tal como las presenta el lenguaje. Es también en el epílogo que finalmente caemos en cuenta de que Jaguar ha sido el centro de la novela todo el tiempo y no Alberto. La novela empieza y termina con Jaguar y doce de las secciones son narradas por él. Es claro también que Jaguar es el centro de su clase y que todas las acciones de sus compañeros de alguna manera u otra giran alrededor de él; aún gran parte de la narración de Boa está indirectamente motivada por Jaguar en la medida en que este último es el causante de las acciones que recuerda el primero.

Tal vez la función más significativa del *Yo* de Jaguar y nuestra ignorancia de su identidad es el movimiento de *no-persona* a *persona* en los términos gramaticales de Benveniste. Durante la mayor parte del libro, Jaguar es un pronombre en tercera persona y por lo tanto, lingüísticamente, una no-persona; parecen faltarle aún los rasgos humanos, y más que cualquier otra cosa, es el fiero y sutil animal que indica su sobrenombre. Nuestro reconocimiento de que es el *Yo* anónimo le da persona lingüística hasta cierto punto. También, con este descubrimiento, abruptamente aceptamos sus características humanas, y nos damos cuenta de que habíamos visto un solo lado de su personalidad imaginada. Aunque Butor ha sostenido que el *Yo* narrativo siempre

[26] Frank KERMODE, *The Sense of Ending*, Nueva York, Oxford University Press, 1967, p. 18.

[27] Véase Víctor SHKLOVSKY, «Art As Technique», en *Russian Formalist Criticism: Four Essays*, trad. Lee T. Lemon and Marion J. Reis, Lincoln, University of Nebraska Press, 1965, pp. 3-24.

esconde un *Él*[28], debemos anotar que en esta novela se encuentra en situación contraria. El *Él* duro e invulnerable que se nos presenta es claramente una sobrecompensación y una máscara de la vulnerable primera persona como sugiere el epígrafe de la novela: «On joue les héros parce qu'on est lâche et les saints parce qu'on est méchant; on joue les assassins parce qu'on meurt d'envie de tuer son prochain, on joue parce qu'on est menteur de naissance.» Los pronombres que se refieren a Jaguar en esta novela ilustran la función protagónica que cumplen el lenguaje y que el *Yo* narrado por un personaje nunca es lo mismo al *Él* sobre el que hablan otros[29]. Los pronombres también desvirtúan el enunciado de Barthes de que «la no-persona (*él* o *ello*)... nunca pueden revertir a persona o viceversa»[30]. Obviamente, el proceso de la novela es precisamente eso: la reversión dentro del marco de la ficción de no-persona a persona.

En *La ciudad y los perros* nuestra percepción no se limita a la de la primera persona, y los elementos de juicio que nos aportan los pronombres en tercera persona son vistos como atributos negativos antes que positivos; una forma de discurso no puede ser superior a la otra, ya que, en última instancia, ambas son creadas a partir de palabras. En cambio, la mezcla de las diferentes formas de discurso le da a la novela una profundidad y riqueza inalcanzable a través de una sola técnica narrativa cualquiera, y permite una combinación de lo mejor de todos los métodos posibles. Aunque la novela se ha visto muchas veces como un regreso al realismo latinoamericano de la primera mitad del siglo, es obvio que el uso de tantas formas de discurso en combinación excluyen este realismo.

El uso de la primera persona en *La ciudad y los perros* es esencial a los temas de la novela. Su uso y la desorientación que causa subrayan la falsedad de nuestras percepciones, y su combinación con otras técnicas narrativas da una especial riqueza a la lectura. Oviedo está muy en lo cierto cuando anota, «ni lo tradicional limita la experimentación, ni la experimentación sacrifica el subyacente interés humano en la anécdota»[31]. Los pronombres en esta novela pueden no facilitar la distinción entre un personaje y otro, pero de seguro distinguen diferentes niveles de conciencia y latencia[32]. El texto, por último, presenta una teoría bastante compleja y multifacética de literatura y lenguaje y cla-

---

[28] Michel BUTOR, «Research on the Technique of the Novel», *Inventory*, ed. Richard Howard, Nueva York, Simon and Schuster, 1968, p. 23.
[29] TODOROV, «Poétique», p. 121.
[30] «To Write: An Intransitive Verb?», en *The Structuralist Controversy*, p. 139.
[31] *Mario Vargas Llosa: la invención de una realidad*, p. 81.
[32] BUTTOR, p. 24.

ramente reconoce que toda literatura es a la vez libre y esclavizada[33]; lo absurdo de la observación de que uno es libre de escoger es reconocido a comienzos de la novela. Todo lenguaje (como aparece epitomizado por el *Yo*) es a la vez «real» e «irreal», y su libertad está limitada a estrechos confines[34]. Aún la imagen misma del héroe Leoncio Prado sugiere esta dialéctica; él también fue libre: libre de escoger el momento de su propia ejecución[35].

[*Latin American Literary Review*, vol. 4, n.º 8 (1976), páginas 35-45. (Trad. de Juan CARRILLO).]

---

[33] Véase *Le dregé zéro*, pp. 11-17.

[34] Como observa el narrador de la obra de João GUIMARÃES ROSA, *Gran sertón: veredas*, trad. Ángel Crespo (Barcelona, Seix Barral, 1967), «Pero la libertad... es sólo la alegría de un pobre caminito en el interior del hierro de grandes prisiones» (p. 231).

[35] Véase Alfredo MORENO MENDIGUREN (ed.), *Repertorio de noticias breves sobre personajes peruanos*, Madrid, Ocaña, 1956, pp. 464-465.

PÉTER BIKFALVY

CONTRASTE Y PARALELISMO EN
LA CIUDAD Y LOS PERROS

Vargas Llosa a menudo y con preferencia argumenta que la personalidad del escritor está caracterizada de manera inevitable por la dualidad, que la intención del escritor no es igual al resultado[1]. Su propia obra de escritor, fundamenta también la exactitud parcial de esta oposición. Vargas Llosa que en sus ensayos, en sus críticas y en sus declaraciones eleva a un nivel de dogma la objetividad del escritor, la necesidad de la «impassibilité» flaubertiana[2], en su propia práctica de escritor no puede satisfacer completamente esta prescripción estética considerada imprescindible. Y sobre todo en su primera novela *La ciudad y los perros* no fue capaz de lograr esta objetividad anhelada. Dos críticos de diferentes nacionalidades afirman atinadamente —e independientemente el uno del otro— que este libro fue escrito «con rabia», «con las mandíbulas apretadas»[3]. Evidentemente este apasionamiento se explica por la fuerte inspiración autobiográfica, por la juventud del escritor, por el tema que toca muy de cerca al autor, por las recientes y conmovedoras vivencias adquiridas en la adolescencia, que es

---

[1] *El papel del intelectual en los movimientos de liberación nacional (Casa de las Américas,* n.º 35, marzo-abril 1966, p. 97); «Luzbel, Europa y otras conspiraciones» (*Marcha,* 8 de mayo 1970); *Historia secreta de una novela,* Barcelona, 1971, p. 57; R. CANO GAVIRIA: *El Buitre y el Ave Fénix: conversaciones con Mario Vargas Llosa,* Barcelona, 1972, pp. 72, 80. Cfr. también el caso de Brecht que Vargas Llosa considera excepcional y que acepta con cierta desconfianza (*ibid.,* p. 79).

[2] «Carta de batalla por Tirant lo Blanc» (*Revista de Occidente,* tomo 24, enero-febrero-marzo 1969, pp. 19-20); R. CANO GAVIRIA: *op. cit.,* pp. 64-66; véanse además sus dos ensayos sobre la novela latinoamericana: «Primitives and creators» (*Times Literary Supplement,* n.º 3481, 4 de noviembre 1968, pp. 1287-1288) y «The Latin American novel today» (*Books Abroad,* 44, n.º 1, 1970, pp. 7-16).

[3] RODRÍGUEZ MONEGAL, E., «Madurez de Vargas Llosa» (*Mundo Nuevo,* n.º 3, septiembre 1966, p. 66), y B. CARRIÓN: «Mario Vargas Llosa» (*Imagen,* Caracas, n.º 89, 15 al 31 de enero 1971, p. 8).

quizás, por añadidura, la época más sensible y la más susceptible[4]. Sin embargo, la apasionada relación personal no da en sí una respuesta satisfactoria al por qué precisamente, este libro de Vargas Llosa es la novela más dramática y saturada de tensión. Esto se explica mejor por el hecho de que ninguna de las novelas posteriores del escritor están cimentadas en tal medida y con una consecuencia tan extraordinaria en el principio estructural del contraste y el paralelo[5]. Así apliquemos o no la diferenciación de la «forma interior» y la «forma exterior» aconsejada por algunos (Lukács, Szigeti, etc.) u objetada por otros (Wellek-Warren, Wehrli, etc.), después de un análisis más profundo, de todas maneras, llegamos a la conclusión de que el principio estructural del contraste y el paralelo presumiblemente, como una consecuencia de la creación consciente de Vargas Llosa, penetra los niveles tanto de contenido como de forma interna y externa de esta novela, al mismo tiempo que estrecha aún más la unidad del contenido y la forma.

A continuación examinaremos en los siguientes aspectos la presencia conjunta del contraste y el paralelo:

a) contenido; *b)* caracteres; *c)* dualidad de ciertos acontecimientos, encuentros y de las relaciones entre algunos personajes; *d)* estructura; *e)* focos narrativos, estilo; y finalmente haremos algunas observaciones resumidas y notas deducidas como consecuencia.

a) La dualidad es expresada hasta en el título: contraste y paralelo, discordancia y analogía, contraposición y coherencia se dan en toda la obra desde los contextos más generales hasta las unidades más pequeñas.

La ciudad y el colegio, si bien no están en lucha entre sí, no son dos mundos que están en contradicción irreconciliable[6], en todo caso son

---

[4] Véanse las siguientes entrevistas con el escritor: C. COUFFON: «Recontre avec Mario Vargas Llosa» (*Les Lettres Françaises*, n.º 1148, 15 al 21 de septiembre 1966, p. 6); E. PONIATOWSKA: «Al fin, un escritor que le apasiona escribir, no lo que se diga de sus libros» (*La Cultura en México, ¡Siempre!*, n.º 117, 7 de julio 1965, p. VI); L. HARSS: *Los nuestros*, Buenos Aires, 1971, pp. 422 y 433-434.

[5] El papel del contraste y del número dos en la novela fue señalado, por primera vez, por A. ESCOBAR («Impostores de sí mismos», *Patio de letras*, Caracas, 1971, páginas 362-363). Partiendo de esa observación muy valiosa, J. M. OVIEDO, en su libro, dedicó un extenso subcapítulo a la investigación del problema (*Mario Vargas Llosa: la invención de una realidad*, Barcelona, 1970, pp. 83-95). Sin embargo, los dos críticos peruanos no relacionaron la dualidad y el contraste con el paralelismo, y tampoco reconocieron que el principio contrapuntístico está presente en todos los niveles de la obra.

[6] No compartimos las opiniones de los críticos (R. BOLDORI: «La ciudad y los perros, novela del determinismo ambiental», *Revista Peruana de Cultura*, n.º 9-10, diciembre 1966, p. 94; E. RODRÍGUEZ MONEGAL: *op. cit.*, p. 64; J. Franco: *The Modern Culture of Latin America: Society and the Artist*, Londres, 1967, p. 232), que consideran dos mundos hostiles: el colegio y la ciudad, o suponen una diferencia cualitativa de valores entre ellos. Aceptamos, más bien, las argumentaciones de J. GOYTISOLO («La loi de la jungle qui règne à l'école est un simple reflet de la loi du dehors qui régit la société

dos formas de manifestación diferentes de la sociedad dada, pues el mundo «abierto» de los civiles, difiere del mundo «cerrado» del ejército. Su ley fundamental: la ley del más fuerte es idéntica, pero mientras en la sociedad civil se verifica a través de engranajes más complicados, en el colegio se presenta en una forma más pura, más directa, limitándose a la subordinación y superioridad, explícitamente estipulada a base del rango y de la fuerza física, de la brutalidad.

En el interior del colegio, el campo de los oficiales y el de los alumnos de la escuela militar se enfrentan entre sí, y de acuerdo a esto hay dos códigos: el reglamento oficial, el cual es pura fórmula, y sirve para crear una aparente disciplina, y el código moral no escrito, que a falta de un sistema de normas de convivencia razonable y utilizable, lo establecen los alumnos, animados por la excitación de violar las leyes propias de la adolescencia[7]. Este código, sin embargo, en varios puntos recoge e imita por una parte una jerarquía oficial del colegio[8], y por otra las normas de convivencia civil de los adultos en los diferentes grupos y estratos de la sociedad[9].

Ni siquiera los oficiales toman en serio el reglamento oficial del colegio; Gamboa, honesto pero limitado, es el único que quiere mantener y hacer mantener, a cualquier precio, todas las ordenanzas. Es igualmente ilusoria la validez del código moral no escrito aceptado entre los alumnos cuyo punto fundamental infringen tanto el Esclavo como Alberto con sus denuncias.

Pero el antagonismo se pone en tensión no solamente entre los que mantienen las reglas y los que las violan, sino también entre los cadetes y los «perros», entre los cursos superiores e inferiores, entre los de piel blanca y de color, entre los «niños bien» y los pobres, entre los de la primera sección y los demás, entre los miembros del Círculo y los que no pertenecen al Círculo; e incluso dentro del Círculo entre el Jaguar y el Boa, el Boa y Cava, el Jaguar y el Rulos o entre Cava y el Jaguar. Y del mismo modo, en la sociedad civil entre los hijos y los padres, entre

---

touté entière; «L'école des mâles», *Les Nouvel Observateur*, n.º 89, 27 julio 2 agosto 1966, p. 32) y de M. BENEDETTI («El mundo exterior dicta la ley para el Colegio», «Vargas Llosa y su fértil escándalo», *Letras del continente mestizo*, Montevideo, 1967, página 188).

[7] SELVA, M. de la, «Mario Vargas Llosa: La ciudad y los perros», *Cuadernos Americanos*, a. XXIII, marzo-abril 1964, n.º 2, p. 275; Oviedo: *op. cit.*, p. 86.

[8] «Los muchachos copian clandestinamente las reglas del orden castrense, e imitan a sus dominadores», señala muy acertadamente E. RODRÍGUEZ MONEGAL (*op. cit.*, p. 64). OVIEDO (*op. cit.*, p. 88) tiene una opinión más o menos similar.

[9] Desde la norma traída por el Jaguar del hampa limeña, según la cual la culpa más grave es la delación que obliga a vengarse, hasta el principio de «todo se consigue con dinero» que domina tanto el mundo de los cadetes (nos referimos a la compra de cigarrillos, licor, exámenes, etc.) como el de los adultos en la sociedad civil.

el padre y la madre, sin hablar de los conflictos existentes entre las bandas del bajo mundo.

Como consecuencia de las múltiples contradicciones, que dividen los mayores o menores campos existentes, las agrupaciones y los individuos, algunos grupos o individuos pueden encontrar aliados ocasionales entre los miembros del campo enemigo. Así a los «perros» les puede caer de perlas las rivalidades existentes entre los cursos superiores, el niño puede usar al padre contra la madre, la banda de ladrones del bajo mundo, ayudando a la policía, puede liquidar a la pandilla rival, etc.

Esquemáticamente podemos representar así las dualidades que contienen por igual elementos de contraste y paralelo *(Véase esquema 1)*.

b) Una parte de los caracteres también se puede colocar en pares de paralelo y en pares de contraste, por ejemplo: el Esclavo-Fontana; el Jaguar-Gamboa; Alberto-padre de Alberto, o el Esclavo-el Jaguar; Gamboa-Garrido, etc.

Se ve que en el interior de los grupos enfrentados también puede haber individuos a quienes los une cierto parecido en cuanto al carácter; sin embargo, entre el carácter de los individuos que pertenecen al mismo grupo también puede darse el contraste, como resultado de las múltiples contradicciones que separan entre sí a los campos, grupos o individuos teóricamente aliados. Por ejemplo, el Esclavo pertenece al mundo de los alumnos, Fontana al mundo de los profesores; aunque se hallan enfrentados entre sí, sin embargo tienen una cualidad común que los coloca en una pareja de caracteres: ninguno de los dos ni puede ni quiere reconocer la ley del más fuerte, la ley fundamental de la sociedad presentada por Vargas Llosa. La comunidad psíquica también implica un destino común: los dos se ponen a merced no sólo de los que pertenecen a sus propias «castas», sino también de los que, según la jerarquía oficial, teóricamente son sus subordinados (alumnos o «perros»).

De la misma manera, el papel de jefes, reconocido en la práctica por todo el mundo, y el camino común que recorrieron, homologan a Gamboa y al Jaguar pese a que pertenecen a mundos diferentes y contradictorios entre sí. Ambos son los hombres fuertes del colegio; están rodeados de respeto, mezclado de temor, y sus compañeros y subalternos se esfuerzan por imitarlos [10]. Son la personificación viviente de dos códigos (el reglamento oficial y el código moral no escrito). Con esa se-

---

[10] «¿Por qué lo imitan todos [al Jaguar]?» —dice Alberto (p. 23); «No sólo los cadetes imitaban al teniente Gamboa: como él, Huarina había adoptado la posición de firmes para citar el reglamento» (p. 120), etc. (*La ciudad y los perros*, Barcelona, Seix Barral, 1970); citamos siempre por esta edición.

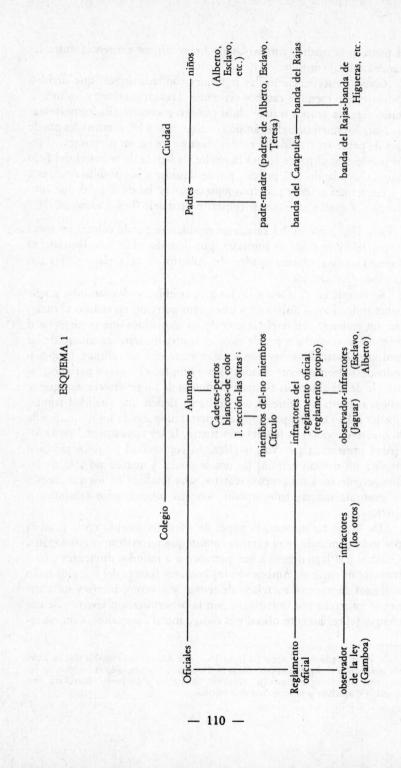

ESQUEMA 1

guridad de las personas limitadas, creen en la rectitud infalible del sistema de normas aceptado y predicado por ellos, que casi con una obsesión fanática se esfuerzan por hacer cumplir. Con la misma tranquilidad de conciencia con que Gamboa castiga invocando el reglamento considerado por él como perfecto, así el Jaguar mata sin ningún escrúpulo en nombre de sus propias normas[11]. El propio medio al que pertenecen los condenará finalmente, inculpándolos de la infracción del sistema de normas que quisieron representar ejemplarmente: a Gamboa por el enfrentamiento con los superiores, al Jaguar con título de soplón. Los «caudillos», que en un tiempo fueron considerados como modelos, llegan a ser réprobos que perdieron su plataforma al flaquear su fe en la infalibilidad y obligatoriedad de las normas preconizadas por ellos.

En contrapartida a los ejemplos anteriores, tenemos el contraste de caracteres del Esclavo y el Jaguar que pertenecen al mismo grupo. Las formas del comportamiento de ellos son dos respuestas básicas frente a la ley del más fuerte: uno es la víctima de esta ley, ya que se niega a reconocerla y no se adapta a ella; el otro se convierte en verdugo, para no ser su víctima[12].

De la misma manera, existe el contraste entre el carácter de Gamboa y Garrido que tienen casi el mismo rango y ocupan una posición social parecida: uno es limitado, pero honesto y correcto; el otro es inteligente, pero cínico hasta la médula y un arribista sin escrúpulos; uno invoca el reglamento y a toda costa es fiel a sus principios, el otro apela a las costumbres aceptadas o toleradas en la vida y cambia constantemente sus principios de acuerdo a las necesidades prácticas.

También en la novela encontramos algún ejemplo en el cual el carácter de un mismo protagonista es a la vez contraste y paralelo de otro. Alberto acusa constantemente a su padre por su mala suerte, mientras tanto anhela precisamente esa forma de vida, que representa su padre, y finalmente resuelve su conflicto interno, cuando explícitamente pone a su padre ante sí como ejemplo a seguir.

---

[11] De las tres hipótesis que al mismo Vargas Llosa le parecen más o menos verosímiles (véase su carta a W. LUCHTING, citada por LUCHTING: «Recent Peruvian Fiction: Vargas Llosa, Ribeyro and Arguedas», *Research Studies, 35* (4), diciembre 1967, p. 289) nosotros —acorde con la mayoría de los críticos— aceptamos la versión según la cual Ricardo Arana fue asesinado por el Jaguar. Si opinamos así no es porque podemos demostrar, con argumentos irrefutables, la certeza de nuestra hipótesis, sino porque creemos que esta interpretación imparte más profundidad, más dramatismo y más valor estético a la novela que la suposición de un simple accidente, o la argumentación bastante débil de L. AGÜERO que quiere convertir al Poeta en el autor de la muerte del Esclavo.

[12] PACHECO, J. E., «Lectura de Vargas Llosa» (*La Cultura en México, ¡Siempre!*, 22, número 8, abril 1968, p. 29); J. GOYTISOLO, sin referirse específicamente al Jaguar, hace una observación más o menos semejante (*op. cit.*, p. 31).

Y esto ya conduce a los siguientes temas: puede existir también contraste y paralelo entre el pasado y el presente de algunos protagonistas; entre sus egos fuera del colegio y dentro del colegio. Esto también lo expresa el cambio de nombres: Alberto-el Poeta, Ricardo-el Esclavo, «yo»-el Jaguar. Sin lugar a dudas, en el caso de este último, se da el abismo más grande entre la figura presentada por el novelista y vista por los demás personajes[13], y entre el carácter del protagonista anónimo conocido a través de sus monólogos.

Entre el pasado y el presente del Jaguar, en principio domina el contraste: a los recuerdos del muchacho puro y tímido, siguen como una contradicción penetrante, las narraciones del Boa o Alberto sobre la crueldad, la perversidad y la infamia del jefe actual de la banda[14]. Con el inicio de los robos, el pasado «yo» del Jaguar también se desdobla, luego empieza a parecerse poco a poco a la figura conocida en el colegio; así el paralelismo será cada vez más dominante entre los acontecimientos expuestos de su pasado y su presente. El contraste de las dos fases del pasado «yo» se percibe bien en esas pocas palabras del diálogo entre Teresa y el Jaguar («eres muy bueno», «no creas», p. 237), cuando con el dinero conseguido con el primer robo le compra un presente a la muchacha.

A esta escena le sigue —en parte como paralelo, en parte como contraste— la lucha llena de incertidumbres de Alberto sobre la culpabilidad del Jaguar: «¿Estoy seguro, quién está seguro? A mí no puedes engañarme, hijo de perra, he visto la cara que tienes...» (p. 238).

Sin embargo, en lo sucesivo, una vez que la relación que lo liga con Teresa se relaja y que el Jaguar se incorpora a los miembros del bajo mundo, el paralelismo es lo que por completo llega a dominar entre su pasado y su presente.

Inmediatamente después de que meten al Jaguar en la celda del colegio, nos enteramos de que algunos años atrás casi los agarraron junto con Higueras cuando cometían un robo (libro II, capítulo IV, escenas 1 y 2). En la celda, el Jaguar le levanta la mano a Gamboa, quien de buen gusto lo llevaría al reformatorio, y no al colegio (p. 270). En la

---

[13] A nuestro juicio la argumentación de J. R. LAFFORGUE («...el Jaguar *es* bueno...» Pueden los otros haber visto en él la encarnación del Mal. Ellos ven mal; habría como un desajuste de ópticas...», en «La ciudad y los perros, novela moral», *Nueva novela latino-americana I*, Buenos Aires, 1969, pp. 225-226) no es correcta, pues las maldades de este personaje varias veces están representadas por el mismo narrador.

[14] Véanse el monólogo del Jaguar («A mí lo que más me gustaba de ella era su cara... nunca pensé en sus piernas ni en sus senos, sólo en su cara», p. 58) y como vivo contraste el del Boa («Pero mejor que la gallina y el enano, la del cine...» «Ahorita se rompe la crisma», decía Cava y el Jaguar doblado en dos de risa...», p. 59); O la compra de tizas para los zapatos de Teresa (pp. 140-141) y el monólogo del Boa: «No creo que exista el diablo pero el Jaguar me hace dudar...» (p. 141), etc.

escena siguiente, que evoca el pasado, el Jaguar pega tan brutalmente al muchacho interesado en Teresa que todas las personas que lo ven gritan lo mismo: «es un salvaje, al la correccional», p. 274 (libro II, capítulo V, escenas 2 y 3).

El monólogo siguiente del Jaguar evoca la historia de la delación y encarcelamiento de la pandilla de Higueras y la idea de la venganza. En la siguiente escena, el Jaguar se entera por Alberto de que fue él quien lo delató y lo envió tras de las rejas. El Jaguar se desquita a golpes de Alberto, y promete una venganza aún más ejemplar (libro II, capítulo VI, escenas 2 y 3).

La última retrospectiva del Jaguar descubre un nuevo rasgo de su carácter: es un hipócrita que sabe mentir descaradamente (pp. 299-301). En la escena siguiente se sirve de estas aptitudes, cuando con una interpretación teatral convincente hace creer a Alberto su inocencia[15].

En el pasado y presente de los protagonistas, si bien no en tal medida, también se puede hallar el contraste y el paralelo; por ejemplo en los sentimientos puros y afectuosos para con las chicas y brutales con las prostitutas o en la satisfacción perversa de los instintos sexuales.

Alberto pasa la tarde cortejando a Teresa; luego por la noche busca a la Pies Dorados para participar del placer estéril de su amor venal (capítulo IV). El recuerdo de estas dos relaciones, de contenido opuesto entre sí, más tarde se funde con la masturbación fantasiosa de Alberto (capítulo V, escena 4, p. 110). La masturbación colectiva, que se lleva a cabo en la Perlita, contrasta de una manera extremadamente violenta con las tres escenas amorosas que se evocan en este mismo capítulo: el primer paseo breve del Jaguar y Teresa, el conocimiento entre el Esclavo y Teresa y las tentativas torpes de Alberto por ganar la simpatía de Helena.

El contraste y el paralelo también puede darse en la vida de dos protagonistas diferentes. Así por ejemplo el pasado tanto de Alberto como del Esclavo antes de ingresar al colegio, contienen una serie de elementos paralelos y contradictorios. El parecido no solamente salta a la vista en lo formal: así su pasado es evocado por el mismo número de escenas (5-5), que se presentan en el mismo orden y en los mismos capítulos (el Esclavo, Alberto: capítulo I: escenas 2 y 4; capítulo III: escenas 3 y 5; capítulo V: escenas 3 y 5; capítulo VII: escenas 3 y 5; II parte, capítulo I: escenas 6 y 8), sino que también, desde el punto de vista del contenido, se puede observar cierto paralelo; la evocación del pasa-

---

[15] De parte de Alberto es una ingenuidad bastante grande —explicable sólo por su estado muy agitado— que dé crédito a las palabras del Jaguar. Anteriormente, cuando quiso comprarle las preguntas del examen de química, pudo experimentar que el Jaguar sabe mentir sin pestañear (pp. 37, 40 y 42).

do de ambos empieza con la descripción del traslado y de la adaptación al nuevo ambiente, o mejor dicho, en el caso del Esclavo, la incapacidad para la adaptación; y termina con la decisión de inscribirse en el colegio. También aquí es notoria la diferencia: Alberto es obligado por su padre a ingresar al Leoncio Prado, el Esclavo se ve obligado a escapar de su padre a la Escuela militar. (Este último acontecimiento suscita también en dos versiones, como una unidad más pequeña, el contraste y el paralelo: en el relato del padre y en la evocación que sigue a éste hecha por el Esclavo: II parte, capítulo I, escenas 5 y 6).

Aún podríamos aludir al epílogo, en donde los dos revoltosos de antes (el Jaguar y Alberto), se adaptan de diferentes formas y perspectivas, pero en lo esencial con una asombrosa similitud, o a la última conversación del Jaguar e Higueras, la cual, aunque es como una continuación de la serie de encuentros que se realizaron en todo el libro, difiere de aquéllos: aquí es el Jaguar quien ofrece a Higueras su ayuda amistosa, y con el pago de la cuenta borra las deudas anteriores, rescatando simbólicamente la independencia de su pasado conectado con el bajo mundo de Lima.

c) En la novela sobresalen ciertos acontecimientos, motivos, encuentros, ocurridos en ocasiones que en parte son similares, en parte diferentes, lo que subraya el carácter doble de las relaciones entre los protagonistas.

Por causas diferentes, pero de modo similar ocurren dos denuncias en la novela (tanto por parte del Esclavo como de Alberto), y en consecuencia dos venganzas con métodos diferentes pero igualmente frustrados en su objetivo. (Así tenemos la venganza del Jaguar en supuesto interés de la sección y la tentativa de venganza de Alberto.) En condiciones diferentes y en parte con distintos objetivos se crean dos Círculos, los cuales por causas diversas y de diferente manera llegan al mismo destino, etc.[16].

La relación entre los protagonistas que participan en el desarrollo y desenlace de la trama, por lo general es el resultado de dos encuentros o entrevistas relacionados estrechamente entre sí, pero totalmente diferentes en su carácter.

Alberto en dos oportunidades está junto con el Esclavo por tiempo prolongado: de «imaginaria» (capítulo I, escena 3) y en el largo tiempo que dura la consigna (capítulo V, escenas 4 y 6). En ambas ocasiones lo

---

[16] Podríamos mencionar, además, las iniciaciones de los dos primerizos (Jaguar y Alberto, pp. 260 y 96-97) por motivos y en circunstancias tan diferentes y, sin embargo, tan parecidos; o la pandilla de los «niños bien» que frecuentó Alberto en su infancia, y, como contraste, las bandas de los ladrones con las que el Jaguar pasó su niñez, etc.

trata más humanamente que los demás, pero durante la segunda ya está de por medio la simpatía que sienten los dos por Teresa.

También en dos ocasiones Alberto está frente a frente al Jaguar: por primera vez en la celda, cuando lo acusa del asesinato del Esclavo; por segunda vez en la última escena antes del epílogo, cuando le pide perdón por su «equivocación» y le ofrece su amistad. En la primera ocasión Alberto está en superioridad moral, mientras el Jaguar con la ventaja de su fuerza física trata de contrarrestarla; en la segunda oportunidad el Jaguar está en una «altura» moral tal frente a Alberto, que con sus palabras puede humillarlo más gravemente que recurriendo a la agresión física. (Esta escena forma al mismo tiempo el par del contraste y del paralelo del principio de la novela: allá el Jaguar, en la cumbre de su poder, como jefe del Círculo, humilla a Cava en el baño; al final de la novela Alberto encuentra al Jaguar réprobo y desposeído de su poder en aquel lavatorio donde nadie va por los ratones. A pesar de lo ocurrido y del cambio de las circunstancias la risa «horrorosa» y la arrogancia humillante del Jaguar quedan incólumes.)

Podríamos continuar con la enumeración. Alberto en dos ocasiones está frente al coronel. El tema de las dos conversaciones en parte es el mismo pero tanto las circunstancias como el comportamiento de ambos son diferentes. En el primer encuentro el coronel avergüenza en público a Alberto, luego deja entrever las posibilidades de sanciones, si no acepta el trato ofrecido. En la segunda oportunidad, a solas, dan cuenta de la correcta reciprocidad del afrentoso convenio, con el trato afable que caracteriza a los hombres de negocio[17].

En dos oportunidades están frente a frente los dos hombres fuertes del colegio: Gamboa y el Jaguar. En la primera, Gamboa, a cualquier precio quiere arrancar la declaración del Jaguar, pero éste se niega obstinadamente. En el segundo encuentro, Jaguar, voluntariamente reconoce su delito, pero ahora Gamboa no acepta la declaración anteriormente tan deseada. En ninguna oportunidad se encuentran los dos protagonistas frente a frente sólo como superior y como subordinado. La tirantez existente en el primer encuentro por poco lleva hasta la

---

[17] La primera escena ante el coronel al mismo tiempo hace paralelo y contraste con la escena ocurrida en el despacho del capitán Garrido. Mientras que, frente a las amenazas y chantajes de Garrido, Alberto mantiene firme sus acusaciones, frente al coronel se quiebra y acepta el pacto ofrecido por éste, aunque las amenazas del coronel esencialmente no difieren de las de Garrido. Alberto, sin embargo, flaquea porque lo toman de improviso el tono tranquilo del coronel, con aires de superioridad que no admiten ninguna réplica, el ambiente que la infunde respeto y miedo (que R. BOLDORI, no sin fundamento, pero con cierta exageración, asocia con *El castillo* kafkiano, *op. cit.,* p. 96); y sabe, además, que no puede contar con el apoyo incondicional de Gamboa (v. «Yo no soy su amigo…, ni su compinche, ni su protector…», le dice el teniente, inmediatamente antes de llevarlo a la oficina del coronel, p. 280).

agresión a los representantes de los dos sistemas normativos (el oficial y el no oficial) pues, desde este punto de vista, tienen el mismo rango [18]. Prácticamente, en el segundo encuentro, ya no hay entre ellos una relación de subordinación y superioridad, más bien Gamboa, con el derecho que le da el ser el antiguo superior, el mayor y también el más experimentado, enseña y aconseja a su compañero más joven, quien, a su manera, tiene una suerte parecida a la suya.

De los ejemplos arriba mencionados también se puede ver que en la novela las relaciones, por lo general, se forman entre dos individuos; y una tercera persona que puede tener relaciones separadas con los dos, en general no está presente o no sabe de la relación de los otros dos. Así podemos hablar de las relaciones y de los encuentros independientes que el Jaguar, o Alberto, o el Esclavo, o Teresa, etc., pueden tener con los mismos personajes. Por ejemplo: Alberto y el Esclavo que tienen una relación estrecha entre sí, solamente por separado se encuentran con Teresa, con el padre del Esclavo o con el teniente Huarina; Teresa en dos ocasiones busca a la madre del Jaguar en ausencia de éste (pp. 209 y 338); Marcela traba conocimiento con Teresa sin que lo sepa Alberto; Teresa conoce a Higueras solamente de oídas, pero nunca se encuentra con él, etc. O sea, que Vargas Llosa evita poner en contacto a ciertos protagonistas. Más tarde trataremos sobre la razón de eso.

d) El contraste y el paralelo también pueden darse en la trama de la acción y en la forma estructural externa de la novela. Si bien en este libro la simetría o casi simetría estructural no tiene tal papel, que en *La Casa Verde*, y en los demás libros de Vargas Llosa, aquí también constituye un principio organizador importante.

En la primera parte, los planos temporales (pasado-presente), los lugares donde se desarrolla la acción (ciudad-colegio), los puntos de vista (presentación objetiva en tercera persona desde fuera; presentación subjetiva omnisciente, en tercera persona; monólogo tradicional, «objetivo»; monólogo interior, «subjetivo»), muestran alternancias bastante regulares de acuerdo a los temas que se tratan.

Los capítulos pares de la primera parte (II, IV, VI, VIII) no contienen ningún tipo de evocación del pasado de los cadetes antes de ingresar al colegio. Su acción se desarrolla en forma lineal, avanzando

---

[18] Esa igualdad, percibida por los dos casi inconscientemente, se expresa tanto en las descripciones («[Gamboa] estiró la mano y la puso en el hombro del Jaguar. Se sorprendió a sí mismo: su gesto carecía de energía; lo había tocado suavemente, como se despierta a un compañero...», p. 269), como en los diálogos: «¿Sabe usted que me gustaría que fuéramos civiles?» —dice Gamboa al Jaguar (p. 270), y éste, algunos minutos después, dice: «Si usted es tan hombre, quítese los galones. Yo no le tengo miedo» (página 271).

fundamentalmente en orden cronológico, y si lo alteran algunos *flash-backs* (en el capítulo II el recuerdo del «bautizo», en el capítulo IV la retrospección sobre la Pies Dorados, en el capítulo VI recuerdo del comercio con las «novelas» pornográficas), la acción en tiempo y en espacio siempre regresa al «presente». Excepto algunos detalles del capítulo VI apenas aparecen monólogos; en todas partes domina la presentación en tercera persona (desde el punto de vista del narrador o de algunos protagonistas, principalmente de Alberto). Las acciones de los capítulos II y VIII se desarrollan hasta el final en el colegio y sus alrededores y, en gran parte, muestran la actividad «oficial» que se realiza en el colegio (examen escrito, bautizo, campaña militar). El tiempo de la narración en el capítulo II (excepción hecha de la evocación) es el tiempo presente, mientras que todo el capítulo VIII se desarrolla en tiempo pasado.

El capítulo IV se desarrolla en la ciudad y tiene su final en el colegio, mientras que la mayor parte del capítulo VI tiene como escenario el colegio, pero la acción termina en la ciudad (fuga de Alberto). El tema fundamental de los dos capítulos está relacionado con el amor, con los celos, con el erotismo (Teresa, La Pies Dorados, novelas pornográficas, el matrimonio deteriorado de los padres de Alberto), y, por otra parte, con el anuncio de la suspensión de las salidas y su posterior reanudación. Todo el tiempo de la narración del capítulo IV está en pasado, en cambio en el capítulo VI se alternan el pasado y el presente.

Esquemáticamente se puede representar la simetría y el contraste entre los capítulos pares de la manera indicada en el Esquema 2.

Entre los capítulos impares del primer libro, el III y el VII contienen exclusivamente recuerdos: reviven el pasado del Jaguar, Alberto y el Esclavo antes de que ingresaran al colegio, y en los monólogos del Boa los acontecimientos que han tenido lugar anteriormente en el colegio. El orden de los recuerdos en los dos capítulos es idéntico el Jaguar-el Boa-Alberto-el Boa-el Esclavo. Este orden asegura, por un lado, la alternancia regular del escenario (ciudad-colegio) y la alternancia de los planos temporales (pasado remoto-pasado cercano; el Jaguar: ciudad, pasado remoto; el Boa: colegio, pasado cercano; Alberto: ciudad, pasado remoto; el Boa: colegio, pasado cercano; el Esclavo: ciudad, pasado remoto); por otro lado hace posible la variedad en el modo, en el tono y en el estilo de la evocación: el Jaguar: monólogo tradicional, «objetivo»; el Boa: monólogo interior, «subjetivo»; Alberto: narración «objetiva» en tercera persona, presentación desde fuera; el Boa: monólogo interior, «subjetivo»; el Esclavo: narración omnisciente, «subjetiva» en tercera persona.

Los capítulos I y V contienen cada uno tres recuerdos (el Esclavo-

ESQUEMA 2

	cap. II	cap. IV	cap. VI	cap. VIII
lugar de escena:	colegio	ciudad (termina en el colegio)	colegio (termina en la ciudad)	colegio
tema:	diana, formación, etc. examen de química; Gamboa castiga al Esclavo	padres de Alberto; Alberto va donde Teresa por encargo del Esclavo; la Pies Dorados; descubrimiento del robo, anuncio de la consigna	descubrimiento del autor del robo (delación); Eleodora (novelas pornográficas), relación de los padres de Alberto; anulación de la consigna; fuga de Alberto donde Teresa	diana, formación, etc., campaña; Gamboa corre con el Esclavo herido
tiempo de la narración:	presente (recuerdo del pasado) (bautizo-pasado)	pasado	pasado-presente	pasado

— 118 —

Alberto-el Boa; el Jaguar-el Esclavo-Alberto), y dos y tres escenas, respectivamente, que se desarrollan en el colegio. Todas las escenas que muestran la vida del colegio, incluyendo también los monólogos del Boa, representan las actividades de los cadetes prohibidas por el reglamento oficial, pero santificadas por su propio código (robo de los temas para el examen de química, juego de naipes, manifestaciones de bestialismo, homosexualidad, borracheras, masturbación colectiva)[19]. Como ya indicamos, en ambos capítulos tiene lugar la presentación de la relación de Alberto y el Esclavo con sus paralelos (Alberto «consigue» un sacón para el Esclavo, y lo defiende donde Paulino) y con sus contrastes (Alberto ofrece y rechaza, respectivamente, la escritura de cartas). En el tiempo de la narración también se expresan el contraste y el paralelo: en el capítulo I se presenta en el pasado el robo de los temas para el examen, mientras que el encuentro de Alberto y Esclavo se desarrolla en tiempo presente (escenas 1 y 3); en el capítulo V la descripción de la Perlita está en tiempo presente, y en pasado la conversación entre Alberto y el Esclavo y la escena que se lleva a cabo donde Paulino. La relación en los capítulos pares se caracteriza por la simetría y el contraste; a los impares los caracteriza el contraste y el paralelo.

En forma parecida a la anterior, esto se puede representar esquemáticamente de la forma expresada en el Esquema 3.

En la segunda parte de la novela la atención se dirige cada vez más del pasado y de la ciudad hacia el presente y el colegio[20]. En el primer capítulo, de carácter expositivo, se cierra el recuerdo referente al pasado tanto de Alberto como del Esclavo; a partir del capítulo III, la ciudad deja de ser el escenario de la acción que se realiza en el «presente». También a partir de este capítulo los monólogos del Boa —mucho más comprensibles, más objetivos que los anteriores—[21], se convierten cada vez más en crónicas de los acontecimientos «presentes»; luego, a partir del capítulo VI, se interrumpen. En el capítulo VIII ya no aparece ni siquiera el monólogo del Jaguar, el escenario exclusivo de la acción es el colegio, el modo único de presentación es la narración en tercera perso-

---

[19] Hasta el mismo Alberto espanta, de una manera muy similar, a los cadetes que están sumergidos en «entretenimientos» prohibidos por el reglamento: «¿Tienen permiso para timbear?... Pasaré un parte al capitán... Los serranos se juegan los piojos al póquer durante el servicio» (pp. 21-22), y: «Todos presos... Borrachos, maricones, degenerados, pajeros, todo el mundo a la cárcel» (p. 107).

[20] Estamos de acuerdo con la observación de LAFFORGUE: «La primera parte de La ciudad y los perros casi podría decirse que juega a modo de vasto mural introductorio» (op. cit., p. 219).

[21] Este cambio de tono en los monólogos del Boa fue indicado también por OVIEDO (op. cit., p. 109), pero sin relacionarlo con la tensión creciente, debida a los hechos presentados en la segunda parte de la novela.

ESQUEMA 3

	capítulo I	capítulo III	capítulo V			capítulo VII	
			evocación del pasado; recuerdos, monólogos				
			el Jaguar ciudad pasado remoto	el Boa colegio pasado cercano	Alberto ciudad pasado remoto	el Boa colegio pasado cercano	el Esclavo ciudad pasado remoto
			monólogo objetivo	monólogo interior	narración objetiva, desde fuera	monólogo interior	narración omnisciente subjetiva

Escenario:

colegio
3 escenas
(2 descripciones; 1 monólogo)

Tema:

actividad prohibida dentro del colegio (cartas, bestialismo, borrachera, etc.)

relación de Alberto y el Esclavo (formación-deterioro)

Escenario:

ciudad
(2 recuerdos: el Esclavo, Alberto)

Tema:

traslado, ambiente nuevo

colegio
3 escenas
(3 descripciones)

ciudad
(3 recuerdos:
el Jaguar,
el Esclavo,
Alberto)

relación con las muchachas, inhibición

na, del autor omnisciente o de Alberto. Todos estos cambios exteriores sirven para crear una tensión, sostenerla y luego disolverla.

El extenso primer capítulo, abundante en detalles que evocan el pasado, es de composición heterogénea y, por consecuencia, tiene un tono equilibrado (de sus diez escenas solamente tres tienen como escenario el colegio en tiempo presente), o que demora la tensión. En su última frase se deja oír lo que en lo sucesivo será la fuerza incitadora de la acción en todo el libro: «El Esclavo ha muerto» (p. 207). Sin embargo, el capítulo siguiente casi hasta el final infunde tranquilidad: felicidad serena en el pasado (la relación del Jaguar y Teresa) y consuelo oficial para la resignada tristeza en el presente. Sólo al final del capítulo se produce de nuevo la tensión en los dos planos temporales: el Jaguar acepta la proposición de Higueras (pasado); el dolor de Alberto no es aliviado por el discurso fúnebre que elogia los méritos del Esclavo, ni por la suntuosa ceremonia fúnebre.

Hacia el final del capítulo III sube la tensión: nos enteramos de los hechos delictivos del Jaguar, tanto en el pasado como en el presente. Gamboa empieza la investigación en base a la denuncia de Alberto.

En los capítulos IV y V, a la búsqueda de la verdad en el «presente», a los interrogatorios, a las discusiones, a los antagonismos, se añaden las acciones violentas del Jaguar en el pasado. La tensión, en consecuencia, es constantemente aguda, hasta que, tras alcanzar su punto culminante al principio del capítulo VI, baja en forma brusca (retractación de la acusación ante el coronel; caída de Higueras, pero salvación del Jaguar también en el pasado), solamente con dos interrupciones hasta el final del libro (la pelea del Jaguar y Alberto y, por otra parte, la confesión falsa del Jaguar que confunde a Alberto).

La estructura de la II parte sigue casi exactamente la fórmula de «exposición, trama, punto culminante de la trama, desenlace»[22]. Esquemáticamente, se puede describir así *(Véase esquema 4)*.

Así, pues, la estructura muestra simetrías y contrastes externos dobles: en la escala de la tensión, el capítulo I es exactamente opuesto a los capítulos IV y V; la de los capítulos II y III, a los capítulos VII y VIII. En cambio, tomando en cuenta el número de escenas comprendidas en cada capítulo, la exposición y el desarrollo de la trama, es decir los capítulos I, II y III muestran similitud (10 escenas, y 4 + 6, respectivamente) y por otra parte el punto culminante de la trama y el

---

[22] OVIEDO (*op. cit.*, p. 81) también distingue «presentación», «nudo» y «desenlace», sin dar una indicación más concreta. J. L. MARTÍN ofrece un diagrama más detallado pero, a nuestro parecer, demasiado esquemático de la estructura (*La narrativa de Vargas Llosa. Acercamiento estilístico*, Madrid, 1974, p. 175).

ESQUEMA 4

cap. I (exposición)	cap. II	cap. III	caps. IV y V (punto culminante de la trama)	cap. VI	cap. VII	cap. VIII
	(trama)					
se cierra el pasado de Alberto y del Esclavo; muere el Esclavo	la ciudad es el escenario por última vez en el presente; el Boa llega a ser cronista del presente; el Jaguar roba por primera vez; Alberto acusa al Jaguar		enfrentamientos entre Gamboa y el Jaguar y entre Gamboa y sus superiores; el Jaguar en el hampa; los dos últimos monólogos del Boa son crónicas de los acontecimientos actuales del colegio	retractación de la acusación; pelea de Alberto y el Jaguar; salvación del Jaguar en el pasado	último monólogo del Jaguar; su mentira a Alberto	escenario solamente el colegio; silencio del Jaguar ante la sección
10 escenas	4 escenas	6 escenas	5 escenas 4 escenas	3 escenas	3 escenas	3 escenas
	en total:		en total:		en total:	
	10 escenas		9 escenas		9 escenas	

desenlace, es decir los capítulos IV y V y los capítulos VI, VII y VIII (4 + 5 = 9; y 3 + 3 + 3 = 9 escenas, respectivamente).

e) Después de lo dicho, tal vez, no sea necesario acentuar que el contraste y el paralelo están presentes de la misma manera tanto en las distintas manifestaciones del modo de narración como en los caracteres o en la estructura.

En toda la novela hay dos tipos de monólogos: uno objetivo, «tradicional» y otro subjetivo, el del Jaguar y el «monólogo interior» del Boa; uno evoca los acontecimientos que se desarrollan en la ciudad y en el pasado remoto, los otros los que ocurrieron en el colegio, en el pasado cercano.

En el epílogo se reviven los momentos decisivos del pasado reciente de dos protagonistas: del uno subjetivamente, por medio del recuerdo en varios planos (Alberto); del otro objetivamente, en forma de diálogos superpuestos (el Jaguar).

En la presentación de los acontecimientos del colegio se alterna la descripción objetiva (el narrador como testigo presente) con la descripción que se hace a través de la perspectiva de algunos protagonistas (por ejemplo Alberto o Garrido); la representación global a distancia (en el pasado, por ejemplo: la práctica militar) con la representación detallada desde cerca, en presente (por ejemplo el examen de química, etc.).

Esta semejanza y heterogeneidad, también caracteriza al estilo de la obra. El estilo es muy variado de acuerdo a la presentación multilateral, y a los diferentes puntos de vista. Sin embargo esta variedad crea en un nivel aún más alto, una unidad de estilo, y este estilo propio vargasllosiano, a pesar de su diversidad, se puede reconocer e identificar en cualquier fragmento de la novela[23].

RESUMEN Y CONCLUSIONES

No creemos que el papel estético del contraste y el paralelo en relación con el contenido y la estructura, requiera de mayores explicaciones. Si bien los lectores no especializados no son capaces de descubrir el sistema de contrastes y paralelos de contenido y de estructura, de todas maneras perciben, aunque sea inconscientemente, su efecto:

---

[23] Naturalmente, una investigación más profunda y, sobre todo, más espacio, serían necesarios para demostrar la validez de esta declaración. Por falta de ambas citamos, como argumento, la opinión de un latinoamericano: «En "La ciudad y los perros" el estilo adopta varias *maneras:* ...[pero] todas ellas se conciertan para integrar *un solo estilo*» (H. VALENCIA GOELKEL: «La ciudad y los perros», *Boletín Cultural y Bibliográfico,* Bogotá, volumen VII, n.º 6, 1964, p. 1015; los subrayados son de Valencia Goelkel).

la tensión de la novela que no cesa sino que constantemente se renueva.

Sin embargo, tal vez no sea innecesario subrayar, con algunas observaciones, la significación de la aplicación consecuente del contraste y el paralelo en los demás campos examinados, para mostrar que no se trata de una exageración arbitraria de este principio estructural, sino de un procedimiento artístico que sirve de manera adecuada a la expresión más profunda del asunto de la obra.

La presencia del contraste y el paralelo que en el Jaguar es más visible que en cualquier otro protagonista y que tiene un papel significativo en las otras novelas de Vargas Llosas —basta pensar en Lituma, Bonifacia, Ambrosio o en la figura de Fermín Zavala— no tiende a confundir al lector, como algunos críticos le han reprochado[24]. Ni tampoco en las dos primeras novelas del escritor donde hay algo de afectación e intención consciente de asombrar al lector con la caracterización irreconocible de las diferentes fases de las mismas figuras (el Jaguar; el Sargento-Lituma; Bonifacia-La Selvática)[25]. La presencia de este tipo de figuras —aparte de que está en armonía con la construcción contrapuntística y paralela que caracteriza, en mayor o menor medida, a todas las novelas de Vargas Llosa— hace ver:

1. que muchas cualidades psíquicas coexisten en el sujeto humano, que pueden ser hasta completamente contradictorias;

2. que en la sociedad descrita por Vargas Llosa la personalidad puede descomponerse completamente en fases irreconciliables entre sí; los egos son múltiples y los individuos utilizan alguno de éstos —por lo general el que creen más adecuado— en su relación creada con un determinado personaje o en las diferentes situaciones dadas;

3. que precisamente por eso, los miembros de la sociedad creada por el escritor, nunca se pueden entender ni conocer de verdad entre sí: son incapaces de desarrollar una completa relación, válida para ellos y los demás.

Como consecuencia de la descomposición de la personalidad en fases, una relación o conversación auténtica, por lo general sólo puede

---

[24] Véanse los reproches de HARSS («Vargas Llosa nos despista injustamente...», etc., *op. cit.*, p. 436) que OVIEDO también parece aceptar (*op. cit.*, p. 103).

[25] Pero en las novelas posteriores ya no hay tal intención de parte del autor. Desde un principio podemos identificar los «egos» diferentes de Ambrosio o Fermín, para no hablar de Pantaleón —doble distorsionado hacia lo cómico de Gamboa— cuya personalidad se fragmenta en distintas faces, justamente, a consecuencia del predominio de un rasgo permanente: resolver, de la manera más eficaz y con la máxima precisión y escrupulosidad posibles, cualquier tarea recibida de sus superiores. Así se despierta en Pantaleón, en diferentes períodos de su vida, el interés por la cocina, por la moda, por el sexo, etcétera (*Pantaleón y las visitadoras*, Barcelona, Seix Barral, 1973, pp. 217-218).

realizarse entre dos personas. La presencia de un tercero, con el cual separadamente ambos pueden tener relación, necesariamente trae como resultado una situación difícil: desarticula el comportamiento de los personajes, su forma de hablar, o le quita a su comportamiento los residuos de sinceridad. Hasta Gamboa que cuenta con una personalidad homogénea y con rasgos de carácter relativamente constantes y que puede mantener una conversación seria tanto con Alberto como con el Jaguar, pero por separado, en presencia de los dos «se sentía incómodo... buscando fórmulas impersonales y economizando palabras» (página 304). Sin hablar, por ejemplo, acerca del carácter difícil que tiene el encuentro inesperado entre Alberto y Teresa con los amigos miraflorinos de Alberto —es decir pertenecientes a su «otro» yo— (p. 89). Higueras a su vez ni siquiera quiere conocer a Teresa, porque siente que la muchacha pertenece al «otro» yo completamente diferente del Jaguar (p. 343). En las posteriores novelas de Vargas Llosa se puede observar esta misma dualidad, este esquema de las relaciones humanas reducido a un par. Sería inconcebible que Fermín, Queta y Amalia que se conocen entre sí cada uno por separado, y con quienes, en papeles diferentes, Ambrosio se vincula psicológica y sexualmente, se reúnan solamente una vez en presencia de éste; y tampoco es casual que en *La Casa Verde* las conversaciones «en grupo» sean por lo general insustanciales o impersonales, y que las manifestaciones de mayor o menor sinceridad solamente se hagan en conversaciones privadas (por ejemplo, entre Aquilino y Fushía).

Por lo que a los modos de representación se refiere, el gran número y los diferentes tipos de monólogos de la novela —aparte de aumentar el número de puntos de vista y de hacer más variada la narración—, expresa la falta de sinceridad del mundo, de relaciones descrito por Vargas Llosa: el ensimismamiento inevitable del individuo, su aislamiento, la constante actuación forzada frente al público y por eso la escisión entre lo aparente y lo esencial. En un mundo donde impera la ley del más fuerte, aquel que no quiere ser su víctima, tiene que ocultar su dolor y sus sentimientos humanos. Los demás no deben saber que Alberto, autor de las narraciones pornográficas, nunca tuvo relación con una mujer, y en su memoria solamente guarda el fracaso de un amor infeliz (Helena); que el supuestamente intrépido Jaguar fue un chico cohibido frente a Teresa, y temblaba del miedo cuando cometió el primer robo; que el Boa de ninguna manera fue tan perverso, como creían en un principio[26]. No es extraño que entre los protagonistas

---

[26] Véase el monólogo del Boa: «Y todos comenzaron a burlarse y a decir "te la tiras, bandolero", pero no era verdad, ni siquiera se me había pasado por la cabeza todavía manducarme a una perra» (p. 180).

principales tan sólo el Esclavo no tenga monólogos: la única figura que no trata de forzar su propia naturaleza, que es incapaz de repartir su personalidad en varios papeles, y que precisamente por eso, se convierte en víctima.

El Esclavo no oculta su verdadera naturaleza. Quizá por eso su pasado y su lucha interior antes de la denuncia, en vez de estar presentados por monólogos, lo están por un narrador omnisciente, o es el propio protagonista el que confía sus sentimientos a su interlocutor (por ejemplo, sus conversaciones con Alberto). Y con esto llegamos al punto donde podemos demostrar que los diferentes modos de presentación utilizados por Vargas Llosa siempre están en armonía con el carácter del protagonista respectivo, y con la situación en la cual se ven envueltos[27].

El mundo interno del Jaguar es impenetrable. La descripción objetiva despierta en el lector la impresión de sólo puede saber del Jaguar lo que éste, voluntariamente, descubre de sí en sus monólogos o narraciones (por ejemplo, epílogo). La actividad del narrador, en los dos casos, se limita al papel del testigo que fija exactamente lo dicho y lo visto[28]. En el epílogo, el diálogo superpuesto que evoca el pasado, también es el instrumento para la descripción desde afuera del Jaguar. La reanimación de su encuentro con Teresa, delante de Higueras, no solamente hace posible que dos personajes que no se conocen entre sí (Higueras y la muchacha) entren como en una mutua relación secreta[29], sino que, en buena parte, excluye la relación emotiva interna del Jaguar como narrador, en relación con los acontecimientos relatados.

---

[27] No tenemos que agregar mucho a las distinciones que hizo la crítica en los focos narrativos (R. BOLDORI: *op. cit.*, pp. 107-113; F. DÍAZ: «Mario Vargas Llosa y la realidad exterior», *Razón y Fábula*, Bogotá, n.º 14, julio-agosto 1969, p. 36; OVIEDO: *op. cit.*, páginas 106-115, etc.), a base de las explicaciones dadas por el escritor mismo en La Habana, en la «Mesa redonda sobre La ciudad y los perros» (*Casa de las Américas*, n.º 30, mayo-junio 1965, p. 79).

[28] Aunque el mismo Vargas Llosa ha declarado en la citada «Mesa redonda» que el Jaguar «está visto siempre desde fuera», en el epílogo, al lado del narrador-observador, aparece a veces —especialmente en las descripciones— un narrador omnisciente, por ejemplo, «Ella estaba inmóvil y atónita. Olvidando un instante su turbación, él [el Jaguar] pensó: "todavía se acuerda"» (p. 336).

[29] Oviedo cita la observación muy acertada de SILVA CÁCERES: «es posible tender un puente imaginario entre Higueras y la muchacha», pero tanto en su diseño esquemático como en sus explicaciones (*op. cit.*, pp. 114-115) elimina, justamente, ese «puente imaginario» entre los dos personajes. La novedad y la fuerza evocativa de los diálogos superpuestos vargasllosianos consisten, precisamente, en que Teresa contesta, varias veces, las preguntas de Higueras, mientras que éste reacciona a lo dicho por Teresa:
«—¿Y qué más? —dijo el flaco Higueras—. ¿Cuántos moscardones en su vida, cuántos amores?
—Estuve con un muchacho —dijo Teresa—. A lo mejor vas y le pegas, también» (páginas 340).
«—No digas lisuras en mí delante —dijo Teresa.
—Es una chica simpática —dijo el flaco Higueras» (p. 341).

El Boa en sus monólogos casi incoherentes en los que evoca sus recuerdos (I parte, capítulos I y II) revive la realidad a nivel de percepción o a nivel de instinto. Sin embargo, por el efecto de los acontecimientos del colegio (fracaso de Cava y en especial la muerte del Esclavo) se realiza un proceso de cierta maduración en sus monólogos interiores: el Boa a su manera primitiva, pueril, comienza a meditar y subrepticiamente informa sobre los acontecimientos esenciales de la vida del colegio, cada vez más saturada de tensiones. El texto de sus monólogos, en armonía con esto, se hace más comprensible, aun en un embrollamiento.

Alberto es el protagonista psíquicamente más complejo: de acuerdo a esto la presentación de su carácter y su ambiente se realiza con los instrumentos más diversos. Alberto se esfuerza por ocultar sus fracasos del pasado. Por eso su vida, antes de ingresar al colegio, la describe el narrador que conoce bien su medio; pero pese a que observa los acontecimientos con precisión, es incapaz de averiguar los pensamientos y los sentimientos ocultos del personaje [30]. Alberto —para asegurarse las posibilidades de supervivencia— quiere adaptarse al medio del colegio. Por eso constantemente observa, especula, e interpreta distintos papeles. Sus pensamientos a menudo discrepan de sus palabras [31], pero también en sus meditaciones es casi constante la dualidad: todavía hay en él un adolescente honrado que condena los desórdenes de su padre, busca la verdad y es capaz de sublevarse, pero se hace cada vez más fuerte en él el hombre sobornable, conformista, perseguidor de los placeres baratos de la vida. Esta dualidad fundamental de su carácter la vemos a través de sus monólogos o —como Silva Cáceres los llama atinadamente— sus diálogos interiores [32], y también en su adaptación expuesta en el epílogo a través de su retrospección en varios planos. «Fantasma», la palabra clave [33], que siempre se usa cuando se salta a un pasado cada vez más remoto, despierta en el lector la idea de que Alberto, adaptándose al medio ambiente de Miraflores y liberándose lentamente de sus remordimientos, en realidad sólo es la sombra, el espectro del rebelde de antaño que buscaba la verdad.

---

[30] Excepto algunas frases que constituyen cierta «inconsecuencia» de parte del narrador escritor: «Alberto se estremeció. "Es verdad, se dijo. Y para remate es en casa de Ana. Tocarán mambos toda la noche..."; "¿Me pasaré sentado en un rincón, mientras los otros bailan con Helena? ¡Si sólo fueran los del barrio!"» (p. 144).

[31] Véase la escena con el teniente Huarina:
«—Tengo un problema —dice Alberto, rígido. "...decir mi padre es general, contralmirante, mariscal y juro que por cada punto perderá un año de ascenso, podría..."— Es algo personal», etc. (p. 18).

[32] SILVA CÁCERES, R., «Mario Vargas Llosa: La ciudad y los perros» (*Cuadernos Hispanoamericanos*, n.º 173, mayo 1964, p. 419).

[33] Véanse pp. 331 y 332.

El nivel intelectual más alto que el ordinario, la sensibilidad psicológica, su actitud de observación constante que proviene del esfuerzo por adaptarse hacen de su conciencia un filtro ideal por el que el autor nos deja ver ciertos acontecimientos. Sin embargo eso de ninguna manera significa que Alberto sea el que expresa los puntos de vista y las opiniones del escritor[34]. Más bien, nos convence de que en la novela de Vargas Llosa, la unidad se describe y el modo de descripción es completo.

Hemos tratado de seguir el papel y la aplicación de un sólo principio estructural en los diferentes niveles de una obra de Vargas Llosa. Estas técnicas del contraste y el paralelo, no siempre son sus propios descubrimientos y no siempre provienen del taller de escritores realistas[35]. Sin embargo, en la mano de Vargas Llosa dan como efecto un resultado magnífico y artísticamente original, porque de manera sistemática las pone al servicio de la presentación multifacética de la realidad. Con esto también se puede confirmar aquella tesis de la estética marxista, según la cual los logros formales de obras y tendencias no realistas y de vanguardia, también pueden influenciar de manera fecunda al arte y a las obras realistas.

Es lamentable que Vargas Llosa —cuyas obras literarias comprueban la verdad de esta tesis— no conozca los resultados más recientes de la estética marxista y por eso en sus declaraciones y en su práctica de crítico asuma una posición bastante negativa frente a ella[36]. Pero la explicación de este problema pertenece al marco de otro ensayo que trate las opiniones de Vargas Llosa con relación a la estética literaria.

[*Acta Litteraria Academiae Scientiarum Hungaricae* (Budapest), vol. 17 (1975), n.º 1-2, pp. 247-268. (Versión revisada por J. M. O.).]

---

[34] No estamos de acuerdo con L. AGÜERO («Mesa redonda sobre La ciudad y los perros», p. 76) y R. BOLDORI (*op. cit.*, p. 102) quienes trataron de identificar a Vargas Llosa con Alberto. El escritor mismo también rechazó tales intentos de parte de los críticos, tanto en la citada «Mesa redonda» como en la entrevista otorgada a E. PONIATOWSKA (*op. cit.*, p. VIII).
[35] Aunque la crítica ha señalado influencias de numerosos escritores en las obras de Vargas Llosa (véanse las «listas» de OVIEDO: *op. cit.*, pp. 120-121; y de J. L. MARTÍN: *op. cit.*, pp. 249-251), hasta ahora faltan los análisis concretos y profundos a este respecto.
[36] «...esa interpretación de la obra literaria según coordenadas de tipo social o histórico, exclusiva o preferentemente, nunca la agota...» —dice en sus conversaciones con Caño GAVIRIA (*op. cit.*, p. 31); véase además su opinión sobre el realismo socialista (páginas 30, 35, 45, etc.).

FRAGMENTACIÓN Y ALIENACIÓN EN
LA CASA VERDE

La alienación es un tema que ocupa un lugar predominante en la vida moderna. Disfruta de una tradición filosófica antigua en el mundo occidental, pero en épocas más recientes se le asocia más comúnmente con Hegel y Marx. También ha dominado, por supuesto, en la literatura y el debate literario en el siglo XX. Sin embargo, en el caso de la literatura hispanoamericana, parecería que la alienación se considera una problemática adecuada cuando se trata de los países «avanzados», o más bien europeizados, tales como Argentina o Uruguay.

No obstante, y tal como Heidegger y Fromm lo han demostrado, la alienación, como fenómeno humano, no depende de la industrialización. Bien puede infligirse y extenderse hasta llegar a constituir el atributo inseparable de la vida en cualquier sociedad.

Lo anterior es especialmente cierto en *La Casa Verde* de Mario Vargas Llosa. Esta extensa novela barroca está estructurada sobre dos principios esenciales que conjuntamente se originan y se complementan: fragmentación y alienación. La fragmentación múltiple de tiempo, espacio, foco y punto de vista, para nombrar tan sólo los elementos narrativos más importantes, conduce a la alienación de los personajes, ya que satura y, paradójicamente, por esa misma razón, unifica la novela en cuanto tema y sistema. En *La Casa Verde,* Mario Vargas Llosa nos presenta una trama intrincada que hilvana las vidas de más de treinta personajes[1]. A algunos de ellos, como Lalita, Aquilino, Fushía, Jum, Bonifacia, Lituma, se les presta mucha más atención que a los

---

[1] Adrián Nieves, Madre Angélica, Madre Patrocinio, Lituma, «El Pesado», «El Oscuro», «El Sargento», «El Rubio», Reátegui, Don Fabio, Pantacha, Jum, «El Cabo», Roberto Delgado, Fushía, Aquilino, Aquilino el Joven, Lalita, Chápiro, Seminario, Toñita, «La Gallinacera», Angélica, el Padre García, el doctor Zevallos, Josefino, José, «El Mono», Don Anselmo, los hermanos León, Chunga, «El Joven», «El Bolas».

demás, pero ninguno de ellos pasa a constituir el foco central de la novela. Más bien, Vargas Llosa prefiere tratar un grupo de protagonistas principales —tal sucede también en *La ciudad* y *los perros* y *Conversación en La Catedral*—, como si su interés estuviera dirigido no a una persona o individuo en particular, sino a las diferentes variaciones de la condición humana. Así vistos, sus personajes aparecen reunidos como un haz de luz, cada uno de cuyos hilos brilla con una intensidad, tono o calidad ligeramente diferente. El héroe tradicional, al cual no se le disputa el privilegio de ocupar el centro de nuestra atención, ha sido fragmentado en toda la novela, y así ésta se ve obligada a crear un modelo de desarrollo capaz de asimilar este elemento que penetra por todas partes. Vargas Llosa, no satisfecho al parecer, con las variaciones o más bien complicaciones que le proporciona su multitud de personajes, hace que el escenario de *La Casa Verde* oscile entre el desierto de la costa y la inmensa selva del norte del Perú. Aún más, los acontecimientos se dispersan a lo largo de los primeros cincuenta años de este siglo.

De este modo, los niveles de fragmentación han aumentado, pasando de una a tres: fragmentación del héroe, el tiempo y el espacio. De este modo la narración debe atender no sólo a varios mundos individuales, completos en sí mismos y de más o menos igual importancia, sino que también debe ocuparse de integrar estos ejes diversos que marcan tiempos y espacios ampliamente separados. El resultado es un caos aparente. Visto de otra manera más profunda, lo que la novela presenta es una fragmentación multiplicada y explosiva. No obstante, *La Casa Verde* es, en la lectura, una totalidad coherente que presenta al individuo alienado frente a la naturaleza, frente a sí mismo y frente a los demás seres humanos. Esta alienación se convierte en su *leit motiv* y parece eficazmente desarrollada mediante una innumerable cantidad de recursos técnicos.

Entre las más notables e importantes de estas técnicas, está la que denomino, a falta de un término más apropiado, «sucesos en conversación-espejo». Esta técnica generalmente imbrica a dos personajes, tales como Aquilino y Fushía en marcha hacia la isla de los leprosos de San Pablo. Pasan el tiempo de espera recordando y analizando el pasado o simplemente fijando la experiencia del presente en términos del pasado. La conversación parece haber llegado a su fin cuando el narrador principal, tal como lo esperábamos, interviene para describir la nueva situación o interés de los personajes. Este corte parecería ser un desarrollo lógico y consecuente de la escena que acaba de «terminar», sin embargo a medida que se va leyendo, llega a ser evidente que esta descripción está enmarcada en el pasado y que, por lo tanto, tiene lugar en la mente de uno de los dos personajes. En otras ocasiones se abre en la conversación un momento crucial a partir del cual los personajes están en desacuerdo sobre la versión que uno u otro presenta de los acontecimientos del pasado. Aparentemente, el diálogo continúa pero con la gran diferencia de que está fijado precisamente en el instante del pasado cuya realidad o versión se disputaba en el anterior diálogo.

De esta manera, el pasado se torna parte del presente así como las mentes-espejos de Aquilino y Fushía reflejan su pasado vivido sobre el presente de cada uno. Esta técnica es similar a la de *flash-backs* en las películas de vanguardia, en las cuales el «corte» visible, empleado para advertir al espectador que la escena retrospectiva está pronta a comparecer, se borra deliberadamente para que la diferencia entre pasado y presente se convierta casi en una imposibilidad, o más aún, una ilusión. Así el tiempo es puramente flujo y movimiento.

Para mejor ilustrar los aspectos presentados, he elegido un pasaje que contiene ambos tipos de escenas retrospectivas, Fushía, habiendo llegado a San Pablo, le suplica a Aquilino que lo lleve de vuelta a su isla en el río Santiago porque prefiere «morir entre gente que conozco»[2].

—Así como me estás tratando tú, me tratarán ahí —dijo Fushía—. Ni me oyes... Es mi vida Aquilino, no la tuya. No quiero, no me abandones en este sitio. Un poco de compasión, viejo, regresemos a la isla.

—Ni queriendo podría hacerte caso —dijo Aquilino...—. Te he traído hasta acá por amistad, para que mueras entre cristianos, y no como un pagano. Hazme caso, duérmete un poco.

En este momento del relato el narrador muy sutilmente pasa de narrar la escena en el bote, a relatar un encuentro entre Aquilino y Fushía cuando éste recién se sabe incapacitado por la lepra.

El cuerpo hinchaba apenas las mantas que lo cubrían hasta la barbilla. El mosquitero sólo protegía media hamaca y reinaba un gran desorden en torno: latas desparramadas, cáscaras... Había una extraña pestilencia y muchas moscas. El viejo tocó un hombro a Fushía, éste roncó y entonces el viejo lo remeció con las manos. Los párpados de Fushía se separaron, dos brasas sanguinolentas se posaron fatigadamente en el rostro de Aquilino, se apagaron y encendieron varias veces. Fushía se incorporó.

—Me agarró la lluvia en medio del caño —dijo Aquilino—. Estoy empapado.

—¿Cuántos meses que no has venido? —dijo Fushía—. ¡Hace siglos que te estoy esperando!

—¿Tienes mucha carga? —dijo Aquilino—. ¿Cuántas bolas de jebe? ¿Cuántas pieles?

—Estuvimos de malas —dijo Fushía—. Sólo encontramos pueblos vacíos. Esta vez no tengo mercadería.

[2] Mario VARGAS LLOSA, *La Casa Verde* (Barcelona, Seix Barral, 1966), p. 361. Todas las referencias se hacen a esta edición.

Aquí el diálogo se desplaza una vez más para retomar el hilo de la conversación terminada en el bote.

—Si ya no podías salir de viaje, si las piernas no respondían ya para andar por el monte —dijo Aquilino—. ¡Morir entre conocidos! ¿Crees que los Huambisas iban a seguir contigo? En cualquier momento se largaban.
—Yo podía dar órdenes desde la hamaca (pp. 360-362).

De una manera muy similar al de estas conversaciones retrospectivas, el simple y penoso acto de sobrevivencia en el ambiente hostil del desierto costeño y las selvas de los ríos Marañón y Amazonas, junto con los viajes constantes de los personajes, tienden a crear la sensación de que *La Casa Verde* es básicamente una novela de acción. La rápida y abundante acción se narra en un estilo de deslumbrante dinamismo sólo posible después de Joyce. Para algunos, sin embargo, la novela todavía retoma los viejos temas latinoamericanos del hombre contra la naturaleza, el exotismo y costumbrismo locales y la presencia dominante de las grandes fuerzas telúricas.

Todo esto está indudablemente presente en *La Casa Verde*, pero aun así es fundamentalmente diferente de *Doña Bárbara* y *La vorágine*. Esta diferencia se basa en la desaparición de la habitual exuberancia gratuita de naturaleza y acción, junto con el surgimiento de un cuerpo, finamente elaborado, de relaciones humanas como núcleo de la novela. Para Vargas Llosa la realidad no está restringida a su dimensión descriptiva, ni tampoco se reduce a acción, mito o simple angustia mental. Los incluye todos, pero, especialmente, su realidad está hecha con los mismos hilos invisibles que unen o separan a los seres humanos.

La acción en *La Casa Verde* sabotea el antiguo y cómodo concepto del tiempo lineal. El tiempo es caótico y los sucesos colocados en tal estructura o en la aparente falta de ella, no obedecen al tranquilizador principio de causa y efecto. Además del fluir del tiempo y la fragmentación de los focos narrativos, el punto de vista también se somete a un desplazamiento constante. Al final de la novela, cuando armamos el rompecabezas, una línea de desarrollo —que no coincide con la trayectoria de ninguno de los personajes— se hace retrospectivamente notoria. Paradójicamente, el sentimiento abrumador que se desprende de la lectura de la novela continúa siendo un sentido de desorden, de movimiento sin objetivo.

Debido a los hechos cotidianos pero engañosos, el concepto de un transcurrir consecutivo va siendo destruido en la novela, nuestro punto de vista se separa de la idea de un único relato en un tiempo uniforme. Así empezamos a coincidir con un punto de vista múltiple que comprende las vidas de los personajes como si fueran una serie de sucesos aislados, desconectados en el vacío de la experiencia humana. La vida para los personajes de *La Casa Verde* no es una concatenación de hechos —un acontecimiento o deseo no es necesariamente el antecedente del próximo—, sino más bien parece ser una aglomeración casual de hechos y vivencias que por pura coincidencia se han unido para tomar la apariencia de una vida.

Así, si bien la vida de cada individuo parece carecer de unidad o de razón mientras es vivida, su propio desorden se extiende a otras, y el sentido caótico de la existencia que emerge, se convierte en el común denominador de todas ellas. Paradójicamente, otra vez, este sentido caótico se convierte en el principio unificador de la fragmentación del relato. Lo casual emerge entonces como el principio determinante de la vida. Deriva de la incapacidad que los personajes tienen para controlar, en un grado razonable, el resultado de sus actos, si entendemos por actos la materialización de pensamientos, deseos y aún sus impulsos momentáneos. Este impedimento proviene de anteriores experiencias alienantes o provoca una alienación mayor en todos los personajes de *La Casa Verde*, quienes quizá con la excepción de Lalita y Aquilino están alienados en nivel y manera diferente. Esta situación es patente en aquellos que como Toñita y Bonifacia ni siquiera saben quiénes fueron sus padres, ni menos pretenden poseer bienes o cultura. Es menos notoria en el caso de la simpática y acomedida Lalita y el paciente y sumiso Aquilino, porque estas cualidades les prestan una habilidad extraordinaria para recuperarse de un golpe tras otro y continuar adelante.

La alienación es el elemento que prevalece en la vida de Bonifacia desde su mismo comienzo. A partir del momento en que Reátegui la rapta, se le niega la posibilidad de una vida armoniosa y un desarrollo humano dentro de su propio pueblo y cultura. Bonifacia, después de su captura, tendrá que enfrentarse a la alienación y ruptura inevitables de la transmigración cultural a la cual se le somete. La creciente y dolorosa búsqueda de su identidad —la objetivación de su ser como algo aparte de la naturaleza y de la cultura— estará desprovista del bálsamo del calor familiar y todo otro valor o costumbre positivo. En lugar de un espacio cultural, las monjas violentan su sentido de ser en forma verdaderamente brutal. En interminables sesiones que hoy llamaríamos «lavados de cerebro», las monjas convencen a Bonifacia que, por ser india de la selva, es espiritualmente incapaz de todo tipo de juicio moral. Le martillean la idea de que sus pecados originales son parte de su condición racial. Por lo tanto, se le debe considerar una pecadora congénita, para siempre necesitada de la milagrosa ayuda que sólo las monjas le pueden prestar.

El repetitivo y largo episodio que reconstruye en detalle la fuga de las nuevas pupilas / reclutas de las monjas ejemplifica la confusión y el trauma cultural de Bonifacia. Al tratar desesperadamente de racionalizar sus repentinos sentimientos de compasión y de responsabilidad para con su tribu, Bonifacia lucha con su propia conciencia ya impregnada de las perspectivas ideológicas de las monjas y por el implacable y cruel interrogatorio de Sor Angélica[3]. Finalmente, traicionándose a sí misma, cede a lo que se le ha enseñado. Ella discurre que como «pagana» —un ser incapaz de distinguir entre el bien el mal— ha caído, ahora, en las trampas de su viejo maestro «natural», el diablo, y así es como ha llegado a tener valor para llevar a cabo su condenable hazaña de comprensión y compasión humana. Para las monjas, sin embargo, la promesa que Bonifacia les hace de nunca más dejar escapar otro grupo de niñas, no basta. Las monjas sienten que ahora queda muy en claro que Bonifacia no es persona de fiar. Para ellas, el domesticarla en la fiel servidumbre de la orden ha sido una cruel desilusión. Bonifacia no podrá participar en el mundo de las monjas, es decir, la sociedad peruana. Su castigo es expulsarla del convento y así enfrentarla al limbo. En esta coyuntura Bonifacia debe vivir en las márgenes de su pasado y ser también testigo de un futuro que se esfuma. Desde aquí se puede fácilmente anticipar la trayectoria de su futuro, ya que queda firmemente encaminada hacia un camino que perpetúa su alienación social e individual.

Lalita y Lituma, ambos mucho mejor adaptados que Bonifacia, aunque no por eso libres de un pasado alienante, representan una especie de interludio de ternura y verdadero calor humano en la vida de Bonifacia. Pero es más bien la ausencia de este contacto humano esencial lo que define el resto de la vida de la muchacha. Desgraciadamente, ni Lituma que la «honra» con su cariño y matrimonio; ni Lalita, quien la acepta como si fuera su hermana, podrán impedir su alienación total. En cuanto vuelve a Piura, Lituma, hombre orgulloso e inseguro, se da cuenta de que Bonifacia, siendo una «selvática», representa para él algo que lo incomoda y disminuye socialmente. Sin pensarlo tal vez, lo que consigue con su actitud desdeñosa es entregarla a manos del poco escrupuloso y oportunista Josefino. Rechazada por el marido y sola, sigue a Josefino hasta el adulterio, y finalmente llega a «La Casa Verde» donde gana lo suficiente para mantener a todo el grupo de los «inconquistables».

---

[3] La fiesta que Sor Angélica da después con motivo del matrimonio de Bonifacia parecería negar lo que acabo de decir de las monjas. Esta generosidad es en realidad un último esfuerzo por probarse a sí mismas de que su proyecto tiene alguna validez. Por lo menos Bonifacia escapa de ser la sirvienta de una pobre familia de militares; por lo menos recibe el sacramento del matrimonio. Ellas no sospechan lo poco que durará.

Según Marx, el hombre es un ser necesitado y pasivo porque los objetos de sus necesidades existen fuera de él. Irónicamente, en *La Casa Verde* son las monjas las que se las han ingeniado para inculcar esta visión marxista en Bonifacia. Durante los años que pasó en el convento, la niña selvática tuvo que abandonar su previa relación positiva con la naturaleza, sus hábitos de subsistencia independiente, hasta que se llegó a convertir en un ser pasivo, limitado, necesitado. Su voluntad, excepto en las exigencias más básicas del ser humano, queda demolida después de su experiencia con las monjas. Bonifacia rara vez se molesta en expresar deseos o esperanzas propias. Por lo general, ella somete sus deseos a lo que se le dice que es apropiado o permitido. Su abulia, como veremos más adelante, no es de ninguna manera extraña. La creencia de que es mejor no hacer planes, no empezar ninguna acción, sino más bien aceptar lo que venga, es tanto parte de la ideología del convento como de la sociedad salvaje que lo rodea. Lalita, al hablar con la sabiduría de sus tristes experiencias, le ruega a Bonifacia que no la ayude a arreglar la fuga de Nieves, porque: «Mejor nunca hagas planes. Después si no salen es peor. Piensa sólo en lo que está pasando en el momento, Bonifacia» (p. 357).

Carente ya de voluntad propia, necesitada tanto de un pasado significativo como de un sentido de identidad, Bonifacia siente el colapso total de su vida cuando toman prisionero a Lituma y lo mandan a la cárcel en Lima. Al desaparecer él de su vida, su alienación del resto del mundo es completa. Bonifacia ya no tiene en quién confiar ni de quién depender. Al intentar seguir a Lituma para poder conservar el matrimonio y seguir con sus deberes de esposa (las monjas se hubieran enorgullecido de ella), Bonifacia trata también de evitar su auto-extrañamiento. Pero Josefino, ya alienado por la explotación de Bonifacia y la traición a su gran amigo Lituma, se lo impide. Bonifacia se da cuenta de su profunda alienación sólo años después, cuando es demasiado tarde, cuando ya se ha identificado en tal forma con una vida alienada que eso es lo único que ella reconoce como vida.

El entierro de Don Anselmo da lugar a la escena de reencuentros múltiples que el final de la novela exige. Aquí aparecen todos los personajes relacionados con el episodio de Piura. Lituma, que ha salido de la prisión hace ya tiempo, se enreda en una agria disputa con el Padre García, quien lo reprende y le echa en cara el vivir de alcahuete de su mujer. Bonifacia interviene en la disputa general con la intención de ponerle fin, pero se sorprende al escucharse rebatiendo las pesadas bromas de los «inconquistables» y tener que corregirles y reclamarles que: «No, no soy tu prima, soy una puta y una recogida» (p. 428).

La falta de conciencia de su propia alienación es uno de los lazos que unen a los personajes de *La Casa Verde*. Quizá con la excepción de Fushía, viven todos olvidados e inconscientes de que el curso de sus vidas está sujeto a fuerzas y factores que ellos ignoran. Así como es difícil dejar o seguir huellas en el desierto o la selva, estos personajes son incapaces de mirar hacia atrás y discernir o meditar sobre el sentido de sus vidas. Por lo tanto, ellos no consiguen reconocer la pasividad y dependencia de su destino. Sin embargo, es evidente en la novela que la naturaleza (el desierto y la selva) y la sociedad institucionalizada (el ejército, la policía, las monjas misioneras) se manifiestan en las vidas de los personajes explícitamente y por medio de fuerzas hostiles e ineludibles.

En gran medida el desierto y la selva determinan el tipo de sociedad posible tanto en Santa María de Nieva como en Piura. Aunque esto da la impresión de repetir la ya gastada determinación materialista de la novela latinoamericana de los años treinta, la relación del hombre con la naturaleza en *La Casa Verde* está definitivamente matizada por la dialéctica marxista. La naturaleza en la selva peruana es una fuerza que se opone a sí misma y al hombre. Sus frutos y beneficios son literalmente arrancados por la codicia de tipos como Reátegui y Fushía. A su vez, la naturaleza responde con las inclemencias de las pirañas, las venenosas y mortales picaduras de todo tipo de insecto y la constante amenaza de lluvias torrenciales e inundaciones. Mientras que por un lado la abundancia de agua crea la selva, por el otro la carencia de ella en el desierto costeño forja el estilo de vida en Piura. El desierto de Piura es una fuerza activa que va más allá de contener las vidas de Toñita, Don Anselmo y los «inconquistables». Esto queda muy bien ilustrado en la novela cuando se le atribuye al desierto el haberle salvado la vida a Toñita. En esa escena, sus padres adoptivos, durante su viaje a través del desierto, son asaltados por unos legendarios bandidos, cuya actividad es posible sólo debido al desierto. Luego que los buitres devoran los ojos y la lengua a la niña abandonada, se dice que Toñita sobrevive porque el aire salado y seco del desierto cicatrizó sus heridas.

Vargas Llosa ha demostrado una tendencia a construir sus novelas a base de pares. Estas parejas tal vez se pueden observar mejor en la yuxtaposición de selva y desierto. En *La Casa Verde,* usando eficazmente pares de opuestos complementarios, Vargas Llosa logra elaborar una continuidad y una similitud en lo que aparentemente es un ambiente discontinuo y naturalmente separado. El desierto y la selva son realmente nada más y nada menos que la presencia, en cantidades inversas, de agua. Las monjas y Josefino, con Lituma como intermediario, son miembros de grupos sociales especializados que consideran a otros seres humanos como meros objetos o instrumentos de sus proyectos y de su propia sobrevivencia. Además las vidas de Lituma y Bonifacia sufren violentas dislocaciones por instituciones que se encargan de reclutarlos, arrancándolos de su ambiente y territorio normales, para obligarlos a servir su cuota de socialización o peruanización en otra parte del país. Las vidas de Lituma y Bonifacia describen líneas sociales paralelas, mientras que al mismo tiempo forman los polos espaciales de la novela. La vida de Bonifacia también es paralela a la vida de Jum, en cuanto el curso de ellas cambia irreversiblemente el día en que Reátegui se aparece en la zona aguaruna con un destacamento de soldados para atacar el pueblo y así conseguir el caucho y las pieles que los indios se habían negado a vender al agente de Reátegui.

Sin embargo, el significado de estos pares no reside meramente en un cierto valor decorativo. Funciona para unificar el espacio y las vidas que de otra forma aparecerían desconectadas; quiero decir que borra la impresión de que la novela trata con dos diferentes tipos de ambiente, ya que presenta una sola, vasta (aunque aparentemente fragmentada) continuidad social y espacial peruana. Estos espacios están unidos metafóricamente para formar una serie de continuas e influyentes circunstancias históricas que oprimen la vida humana con el singular peso de la alienación.

Los personajes en *La Casa Verde* están alienados de la naturaleza en el sentido marxista más básico. La alienación respecto de la naturaleza aparece en los pueblos de los «paganos» indios en la forma de una cultura occidental vista como plaga, cuya punta de lanza son las monjas y el ejército, que destruyen las culturas «primitivas» constituidas en relación armónica con la naturaleza que les rodea.

Apoyado por las fuerzas armadas, Reátegui, el gobernador de Santa María de Nieva, impone un sistema capitalista de explotación sobre las tierras y sobre el trabajo, anteriormente desconocido para los aguarunas, shapras, huambisas, etc. Luego de la llegada de los «piruanos», como Jum desdeñosamente los llama, las tribus pasan la mayor parte de su tiempo acopiando caucho y pieles que no necesitan, pero que ahora esperan cambiar por cuentas, vidrio, machetes y cuchillos. Jum se rebela contra el sistema de Reátegui porque unos maestros que andan por la región le hacen darse cuenta de que él no necesita a Reátegui para vender el caucho. Se despierta en Jum el deseo de entrar en el sistema como un miembro igualmente codicioso y emprendedor. Ahora que se ha alienado de la naturaleza y de su actividad, él quiere ser el protector y propietario privado de los frutos de su trabajo. A estas alturas Jum ya no confía en Reátegui, ni tampoco su tribu confía en él. Eventualmente, su tribu y los «piruanos» lo destierran. Después de colgarlo boca abajo por cuarenta y ocho horas, Reátegui le niega participa-

ción en la «sociedad peruana». Como el castigo incluye el haberle corta-
do el cabello, una terrible humillación para los aguarunas, Jum no
puede regresar a menos que recupere a la joven Bonifacia y los bienes
que los soldados les han arrebatado. Así pues, Jum, desde entonces
apodado «el loco», pasa el resto de su vida alienado, vive intentando
alcanzar el reconocimiento humano de aquellos que precisamente insisten en tratarlo y en verlo como un mero objeto de explotación y burla.

Jum, Fushía, Nieves, Lituma y Don Anselmo viven esencialmente
solos, luchando y siempre derrotados en su intento de conseguir una
relación satisfactoria con los demás. Esta búsqueda nunca llegará a ser
más que una fútil esperanza, dadas las circunstancias que encierran sus
vidas. Jum quería negociar por dinero al igual que Reátegui y los de su
clase. A Fushía le hubiera gustado ver que la crueldad, extorsión y
violación le proporcionaran el dinero y la posición social que le facilitan
a Reátegui. Anselmo y Nieves hubieran querido olvidar su pasado y
empezar una nueva vida tal como han visto que otros han hecho. Lituma espera ser respetado y considerado hombre de coraje y valor a pesar
de su origen social. Llega al extremo de asesinar al cacique Chápiro Seminario para poder defender su dignidad y su presunto valor humano.

Cada uno de estos personajes vive desligado de una *querencia* terri-
torial, de una familia y de todo apoyo institucional. Con la posible excepción de Fushía, todos son gente simple, carente de educación, incapaces de articular el proceso de sus vidas. Más bien son testigos y
víctimas del absurdo y de la alienación que definen un orden humano en el que cada individuo se convierte en un animal voraz. Lituma
expresa la alienación de su ser cuando, actuando en calidad de sargento, tiene que arrestar a su buen amigo Nieves: «No sabe cómo me
siento, usted sigue siendo mi amigo, Don Adrián» (p. 336), y al final
de la novela, Angélica, en defensa de Bonifacia, obliga a Lituma a
echarle un vistazo a la negación de sus sueños y valores en que la vida
se le ha convertido. «Cuidado con que se caliente ella, más bien, y te
deje y tú te mueras de hambre. No te metas con *el hombre* de familia,
"inconquistable"» (p. 428, el énfasis es mío). Como Lituma, los otros
con frecuencia se encuentran irrevocablemente comprometidos con
prácticas deshumanizadoras que ellos ayudan a perpetuar al no poder
librarse de su alienación y aislamiento. Sus vidas individuales, su
lucha por algún grado de auto-realización en el amor, la aceptación, la
compasión, el poder y hasta el sadismo, son testimonios del principio
central y unificador de la alienación en *La Casa Verde*.

Aunque la mayoría de estos personajes no está al tanto de la presencia o de la identidad de las fuerzas que moldean sus vidas, ellos perciben agudamente, y a menudo lamentan su existencia sin rumbo, sin

objetivo. Con el concepto tradicional de la *suerte* los personajes expresan esta conciencia de vivir una existencia carente de significado. El motivo de la «buena» o «mala suerte» surge constantemente como explicación o consolación del fracaso, la desilusión o la fortuna imprevista. Considerar el mundo en términos de suerte, buena o mala, implica una suposición fundamental del absurdo, transparente en la actitud general de estos personajes. Los «inconquistables» toman la vida como se les presenta. A pesar de su muy pública (pero en realidad falsa) lealtad entre sí, el cumplimiento con las más apremiantes necesidades físicas es, para ellos, el único propósito de la vida. Esta actitud choca constantemente con el sentido del deber y la responsabilidad de Bonifacia. Ella ve muy claramente sus obligaciones de esposa y hasta de amiga cuando Lituma va preso. Pero Josefino se burla de las voces interiores que apelan a su generosidad y a sus sentimientos de justicia, e insiste en que ella no dé mayor importancia al incidente y lo tome como simple cuestión de suerte. Señalándole las dificultades de emprender un viaje a Lima, él insiste en que es más fácil y conveniente que Bonifacia se convierta en su mujer y se olvide del malhumorado Lituma. «Era la suerte; al pan, pan y al vino, vino» (p. 351). Josefino se hace eco del anterior consejo de Lalita y así se da el lujo de sermonear a Bonifacia sobre la inutilidad de hacerse planes y de mantener una conducta destinada a modificar el presente curso de los hechos.

Esta resignación a lo que venga, esta consciente coartada de la acción, esta voluntad de vivir tan sólo a base de reacciones, o más bien de existir extrañado de una vida lograda y propia, se les presenta en términos agobiantes a Lituma y a Fushía, los únicos dos rebeldes. Al volver de la prisión, Lituma tiene que enfrentarse a varias novedades desagradables. Que Josefino le haya quitado a Bonifacia habría sido suficiente razón para que el sargento matase al otrora «inconquistable» amigo, pero que su esposa estuviera ganándose la vida y la del grupo entero de compañeros como prostituta en la «Casa Verde», debe haber sido un terrible golpe para Lituma. Y sin embargo, él finge indiferencia, se reintegra al grupo de «inconquistables» y continúa viviendo la misma vida alegre de siempre. No obstante, cuando envuelto en una cruel disputa con el Padre García, Lituma justifica su invectiva con el cura expresándose con un modo lleno de autocompasión, quejándose y reclamándoles a todos los presentes que «Uno andaba amargado con tanta desgracia... no había quien resistiera... uno era humano... él no podía» (p. 424). Por otra parte, Fushía al recordar y considerar el conjunto total de su vida, le confiesa a Aquilino que «lo que más me duele de todo, Aquilino, es haber tenido tanta mala suerte» (p. 319).

La mala suerte es el mito cultural, el paliativo que hace soportable el fracaso, el dolor, el desengaño, la vejación, y las injusticias al ponerlas frente a frente con el instinto de conservar la vida. Para Fushía, el más ambicioso y rebelde de todos ellos, la mala suerte es una metáfora más al hablar del rencor y la alienación que lo abruman. La vida y sus frutos medidos en términos de éxito y realización han eludido el esfuerzo de Fushía demasiadas veces. Desde la perspectiva de éste «la casualidad» y «la mala suerte» no son más que otra conspiración para frustrar sus sueños. Para él, la mala suerte se convierte en otro obstáculo, un enemigo más que debe vencer. Fushía nunca podría resignarse a su destino, aunque la lepra llegase a reducirlo a «un bultito tímido y amorfo» (p. 364), lo que irónicamente debió parecer al nacer. Él no se abandona al aislamiento y el vacío de su vida a «la mala suerte». Fushía busca una respuesta que pueda justificar su fracaso. Al no encontrarla, le dice a Aquilino en tono triste y desesperado: «Ya ves para qué me ha servido la ambición. Para acabar mil veces peor que tú, que nunca tuviste ambiciones» (p. 342).

Aún más tarde, y a estas alturas ya abandonado en lo más recóndito de la alienación social y personal en la isla de los leprosos, no se da por vencido. Lucha y exige algún grado de atención, el mínimo reconocimiento personal. El inquieto Fushía no desiste ante nada. Durante la última visita de Aquilino, el japonés le muestra ansiosamente a su amigo todas sus heridas y laceraciones. Se precipita sobre Aquilino para obligarlo a ver y a oler su desdentada boca. Habiendo olvidado ya todos sus sueños de poder y proezas sexuales, aferrándose a la repulsiva y paradójica idea de que al menos en el asco de Aquilino logrará reanudar su contacto humano, le ruega a su amigo que se acerque, que lo toque. Los otros leprosos ni siquiera responden a su propio hedor y sufrimiento: «Olemos lo mismo todo el tiempo y no nos parece que apestara, sino que así fuera el olor de la vida» (p. 387).

Fushía es el hombre cuya alienación empieza con la denegación de su nacionalidad. Quien fuera un paria en Campo Grande, Brasil, se escapa a la selva peruana buscando librarse de la acusación de asesinato. En Iquitos gravita «naturalmente» hacia las actividades de Reátegui, atraído por la gran promesa del mercado ilícito de caucho durante la Segunda Guerra Mundial. En aquel momento Reátegui comerciaba su caucho con las potencias del Eje. La diferencia que Fushía no percibe es que Reátegui ya ha convertido su capital en base de poder que le permite prosperar a base de ilegalidades, mientras que él es un simple japonés fugitivo de la policía brasileña, y por lo tanto tiene que vérselas con la ley. Huye selva adentro, para mejor esconderse de la sociedad que ahora lo persigue, pero con gusto aceptaría su reingreso si llegase a igualar la riqueza de Reátegui. De ahí en adelante, Fushía perseguirá esa riqueza y ese poder legitimador con verdadero frenesí, intentando siempre algo nuevo en el más allá infinito de la selva. En realidad no hace más que moverse dentro de un círculo vicioso. Cuanto más cerca se cree del momento de ser admitido en la sociedad que legitime sus aspiraciones, más firme es su posición en la periferia de ella.

Saltando de isla en isla, describe la ruta que indefectiblemente lo aleja de su propio ser. El cruel frenesí de su ambición lo va convirtiendo en un fuerte inexpugnable que cierra todo contacto al calor humano que tan desesperadamente busca. Sus expediciones de saqueo en el río Santiago, que erróneamente constituyen para Fushía el instrumento del retorno victorioso, se van transformando en el ácido que corroe su cuerpo y su humanidad. Hasta los feroces huambisas aprenden a temer el terror de su crueldad y ambición. Observando su fracaso y la destrucción de su cuerpo por la lepra, uno a uno, sus aliados y amigos lo abandonan. La corrupción de su carne es únicamente el símbolo final de su deterioro espiritual. Lo que finalmente despierta en él la consciencia total y aplastante de su alienación es el hedor insoportable de sus pies y la pérdida de sus órganos genitales. Gruñendo de dolor se confiesa a Aquilino: «¿Ves, ves? ¿Ves que ya ni soy hombre?» (p. 365). En el bote, navegando río abajo hacia el leprosorio, la constante reminiscencia y búsqueda del significado de su vida lo llevan a contemplarla como una serie de esfuerzos fútiles e incoherentes para dejar atrás la mala suerte. Abandonado en el aislamiento absoluto, a merced del olor de su pútrida carne, ese «montoncito de carne viva y sangrienta» (p. 390), Fushía hace frente a la muerte con la consciencia y el frenesí de la alienación y la angustia existencial.

El epílogo comienza con un *flash-back* del secuestro de Bonifacia y termina con la muerte de Anselmo. De esta forma nos vemos obligados a recordar la historia de todos en un instante. Las vidas de Lituma, Fushía, Bonifacia, Chunga y los otros personajes aparecen como círculos cerrados sobre sí mismos, círculos incapaces de hacer contacto, a menos que sea un roce periférico. Chunga lo dice: «A mí me resbala la vida de todo el mundo» (p. 372).

Reunidos, todos ellos semejan la explosión primigenia en la cual cada planeta se separa de su unidad original quedando así destinado a girar y ambular eternamente en el vacío espacial. Nada ni nadie puede ya detenerse, ni menos quedarse ligado a cosa alguna; ni siquiera a sí mismo. Son todos huérfanos institucionales que deben continuar merodeando en los límites externos de la sociedad. Sus vidas, saciadas con un sentido de fracaso e impotencia profundamente alienante, parecen oscilar abúlicamente, emulando así la estructura barroca y acrónica de la novela. Estos personajes quedan alienados hasta el lector, quien para poder seguir sus «aventuras», debe leer atajando la caótica secuencia de los acontecimientos y diálogos, evitando así su propia alienación de la lectura y de la historia. El tiempo lineal es una invención o artificio mental que nos asegura la impresión de un orden con causas y efectos, la consciencia de un ser que al continuarse cree tener sentido. Pero a las vidas representadas en *La Casa Verde* se les niega hasta este consuelo, ya que sufren el peso abrumador del autoextrañamiento en una sociedad en la que el desarrollo humano no es más que un espejismo.

[*Modern Language Notes* (Baltimore), vol. 87, n.º 2 (1972), pp. 286-299.]

LUIS HARSS

ESPEJOS DE *LA CASA VERDE*

El río de oscuridad se adentra «en las penumbras de distancias oscurecidas»[1]. El hombre desesperado, introducido se pierde «como se perdería alguien en un desierto»[1]. Noche y día tropieza contra bancos de arena, «intentando encontrar el túnel, hasta creerse embrujado y para siempre desconectado con todo lo que conoció un día...»[1]. Hay momentos en que su pasado retorna «en forma de un sueño inquieto y ruidoso, recordado con asombro entre las realidades abrumadoras de este extraño mundo de plantas, y agua, y silencio»[1]. «De noche a veces el redoblar de los tambores tras la cortina de árboles remontaba el río y permanecía suspendido, tenuemente, como rondando en lo alto del aire por encima de nuestras cabezas, hasta el primer amanecer»[2]. «Éramos nómadas en una tierra prehistórica, sobre una tierra que ofrecía el aspecto de un planeta desconocido...»[2]. «Habíamos perdido toda comprensión de nuestros alrededores...»[2]. No podíamos entender porque estábamos demasiado lejos y no podíamos recordar porque viajábamos en la noche de los primeros tiempos...»[2].

El hombre es un soñador, pintor, poeta, músico; una «criatura dotada»[3] conducida por la codicia, pero también por la sed de saber. Es un saqueador de secretos; y un contrabandista de mercancías, admirado por todos por haber «recogido, trocado, estafado o robado más marfil que todos los demás agentes juntos»[3]. Al final, sus sueños de riqueza y poder atormetan «los restos de su mente fatigada»[4]. Para entonces «los poderes de la oscuridad» le han «reclamado en propiedad»[5].

[1] Joseph CONRAD, *Heart of Darkness,* «Signet Classic», New American Library, 1950, p. 103.
[2] *Ibid.,* p. 105.
[3] *Ibid.,* p. 119.
[4] *Ibid.,* p. 146.
[5] Ibid., p. 121.

Ha construido un pequeño imperio selvático, rodeado por su banda de salvajes adoradores, con los que saquea y sacrifica ante dioses desconocidos en ritos y danzas orgiásticas. El desierto le ha «recogido, amado, abrazado, consumido su carne y sellado su alma a la suya mediante las ceremonias inconcebibles de alguna iniciación demoníaca»[5]. Es un inválido prometeico, que sufre una terrible enfermedad degenerativa de la mente y del cuerpo; la maldición del hombre atraído «hacia el resplandor de fuegos, el palpitar de los tambores, el murmullo de extraños conjuros», su «alma ilegítima» seducida «más allá de los límites de las aspiraciones permitidas»[6].

Podría ser el Cova de Rivera con sus «sueños de gloria»[7], sucumbiendo a su «hado maligno»[8] según deambula febrilmente, «como el hombre legendario de la Conquista»[9], a través de la «prisión verde»[8] de las junglas prehistóricas, «donde dioses desconocidos susurran» los secretos de la creación entre árboles «tan viejos como el Paraíso»[8]. Podría ser el músico de Carpentier volviendo sobre sus pasos perdidos a través de «la noche de los tiempos»[10] hacia «el crepúsculo de la historia»[11]. Podría ser el José Arcadio Buendía de García Márquez «traspasando milagro y magia»[12] a través de la primitiva inundación, donde él y sus hombres se ven «perseguidos por sus recuerdos más antiguos»[13] según avanzan a tientas como sonámbulos en un «paraíso de humedad y silencio, antes del Pecado Original»[13]. Podría ser cualquiera de estos hombres, y muchos otros de la literatura Latinoamericana. En realidad, es el Kurtz de Conrad, en *Heart of Darkness.* Pero podría también haber sido Fushía con sus sueños de riquezas apoderándose de él en su

[6] *Ibid.,* p. 143.

[7] «¿Y tus sueños de gloria, y tus ansias de triunfo y tus primicias de celebridad?», José Eustasio RIVERA, *La vorágine,* «Biblioteca Clásica y Contemporánea», Buenos Aires, Losada, 1970.

[8] «¿Qué hado maligno me dejó prisionero en tu cárcel verde?» «Tú eres la catedral de la pesadumbre, donde dioses desconocidos hablan a media voz, en el idioma de los murmullos, prometiendo longevidad a los árboles imponentes, contemporáneos del paraíso...», *La vorágine,* p. 97.

[9] «Por aquellas intemperies atravesamos a pie desnudo, cual lo hicieron los legendarios hombres de la conquista», *La vorágine,* p. 115.

[10] «Hemos salido del paleolítico... para entrar en un ámbito que hacía retroceder los confines de la vida humana a lo más tenebroso de la noche de las edades», Alejo CARPENTIER, *Los pasos perdidos,* «Ediciones de Bolsillo», Barcelona, Barral Editores, 1972, página 179.

[11] «Estamos en la Era Paleolítica... en una ciudad que nace en el alba de la Historia», *Los pasos perdidos,* p. 177.

[12] «José Arcadio Buendía, cuya desaforada imaginación iba siempre más lejos que el ingenio de la naturaleza, y aún más allá del milagro y la magia...», Gabriel GARCÍA MÁRQUEZ, *Cien años de soledad,* Buenos Aires, Sudamericana, 1972, p. 9.

[13] «Los hombres de la expedición se sintieron abrumados por sus recuerdos más antiguos en aquel paraíso de humedad y silencio, anterior al pecado orignal...», *Cien años de soledad,* p. 17.

camino río abajo hacia la leprosería; o Don Anselmo envejeciendo en la memoria de su paraíso selvático perdido.

Lo que quiero decir es que las imágenes se heredan; en particular, como sabemos, las imágenes clave de los paisajes primarios de la mente. Tanto denominemos estas imágenes de arquetipos o adoptemos un punto de vista más literario, como hace Roland Barthes, y las llamemos «recuerdos de la imaginación»[14], están ahí para perseguirnos con su fulgor preternatural. Una obra de arte que se abre a estas imágenes, como lo hace *La Casa Verde,* constituirá una galería rica de reflejos, habitada por presencias que se trascienden a ellas mismas. Se puede hablar de comunidad de imágenes (evocadoras de lugares, caracteres, temas) que no sólo funcionan como espejos giratorios dentro de la obra, sino que la vinculan a todo el sistema de la literatura, en particular de la literatura anclada en torno a un paisaje mental que ha llegado a adoptar una serie concreta de significados. Estoy pensando, por ejemplo, en las imágenes de campos cubiertos de nieve de la literatura japonesa, con su beso de escarcha y muerte; y sus variantes en nuestras lecturas infantiles de expediciones polares e inviernos rusos. La nieve es una figura, o quizás debiera decir, un *locus* de la mente, desde las estepas rusas hasta Dublin. Me gusta imaginármelas como uno de los «recuerdos de la imaginación» de Barthes que vincula las brumas antárticas de Arthur Gordon Pym con la ballena cósmica de Melville. Del mismo modo, existe el río místico de la Vida y la Muerte que fluye a lo largo de *Hulckeberry Finn,* y de *Kim,* y en su modestia, en *Don Segundo Sombra.* Un río con su barquero, que puede ser Charon, o Kurtz o el Pipa de Rivera, o el hombre sagrado de Kipling o el Aquilino de Mario Vargas Llosas. Y luego está la selva, fluyendo de la imaginería de «zona tórrida» de los primeros cronistas del Nuevo Mundo, a través del paraíso tropical idílico de los románticos y el «infierno verde» de los naturalistas, hasta *La Casa Verde.* Una línea mixta descendiente, claro está, que envuelve no sólo la literatura «de selva» de Latinoamérica, sino múltiples otras fuentes: los paisajes idealizados de la literatura utópica; la visión de los viajeros, hasta los viajes mentales de los surrealistas; los sueños y pesadillas de Kipling y Conrad; y el verdor semi tropical sureño de Faulkner y los designios grandiosos que inspira en sus criaturas destro-

---

[14] BARTHES está hablando de las ilustraciones reproducidas en una edición de la *Enciclopedia* de Diderot de 1964. Él, por ejemplo, no es simplemente un medio de transporte, sino una imagen múltiple que evoca «ce que l'on pourrait appeler les souvenirs de l'imagination: histoires de bandits, enlèvements, rançons, transferts nocturnes de prisonniers mystérieux, et même plus près de nous, westerns», porque: «Il y a une *profondeur* de l'image encyclopédique, celle-là même du temps qui transforme l'objet en mythe», Roland BARTHES, *Le Degré zéró de l'écriture suivi de Nouveaux essais critiques,* París, Éditions du Seuil, 1973, pp. 100-101.

zadas. Sin duda los personajes nacidos de este paisaje están también misteriosamente vinculados, en la realidad y en la ficción. Y así no nos sorprende encontrar una línea de notables similitudes que atraviesa, digamos, desde el Kurtz de Conrad a través del «Cayeno» de Rivera hasta el Fushía de Vargas Llosa. ¿Es, por ejemplo, Kurtz o Fushía, o el misterioso «Cayeno» quien, antaño fugitivo de prisión en la Guyana Francesa, gobierna sobre sus dominios ístmicos con su banda mezcla de ladrones indios fugitivos y contrabandistas, con sus «esclavos y concubinas»[15], saqueando y traficando con caucho? ¿Fue Kurtz o Cova el que viajó «de vuelta a los primeros lejanos comienzos del mundo, donde la vegetación se amotinaba sobre la tierra y los grandes árboles eran reyes?[16]. ¿Cuál de ellos cabalgó sobre su «cofre flotante» hasta el vórtice?[17] ¿Cuál soñó en convertirse en «señor de la selva y dueño de los ríos»?[15]. Y, ¿no es el imperio ístmico de «Cayeno» la misma isla soñada por Sancho Panza y Robinson Crusoe, por el «Inca» Pedro Serrano de Garcilaso, y por Fushía?

Pero podríamos retornar al continente perdido de Platón; o simplemente al sueño de paraíso de Colón. Fue Colón el que dijo que había una parte del mundo más noble y «próxima» al Cielo que cualquiera otra[18]. Eso era en los últimos años de su vida, tras la experiencia infernal de las tormentas y naufragios metafísicos en mares de sangre hirviente. Era un hombre viejo, desgastado, cansado y roto, tal vez ligeramente loco. Pero la visión permaneció, tanto fuera la del pecho montañoso de una mujer[19] ofreciendo la leche de la vida bajo un sol virginal[18], o tal como lo describió en su primer viaje: una isla bendita «grande y suave y llena de abundantes árboles verdes y muchas aguas, y

---

[15] «¿Esas viles casuchas, amenazadas por el rastrojo, podían ser la sede de un sátrapa, que tenía esclavos y concubinas, señor de los montes y amo de los ríos?», *La vorágine*, página 200.

[16] *Heart of Darkness*, p. 102.

[17] «La curiara, como un ataúd flotante...» «Aquel río, sin ondulaciones, sin espumas, era mudo, tétricamente mudo como el presagio, y daba la impresión de un camino oscuro que se moviera hacia el vórtice de la nada», *La vorágine*, p. 100.

[18] «Entonces era el sol en Virgen, encima de nuestras cabezas e suyas, ansí que todo esto procede por la suavísima temperancia que allí es, la cual procede por estar más alto en el mundo más cerca del aire que cuento.» Colón dice a continuación que si hubieran conocido los Antiguos la existencia de América, se hubieran dado cuenta de que era esa parte del mundo «más propincua y noble al cielo», que él identifica como el asiento del Paraíso Terrenal. Cristóbal COLÓN, *Los cuatro viajes del Almirante y su testamento*, Madrid, «Colección Austral», Espasa-Calpe, 1971, pp. 182-183.

[19] «...y por esto me puse a tener esto del mundo, y fallé que no era redondo en la forma que escriben; salvo que es de la forma de una pera que sea toda muy redonda, salvo allí donde tiene el pezón, que allí tiene más alto, o como quien tiene una pelota muy redonda y en un lugar de ella fuese como una teta de mujer allí puesta, y que esta parte de este pezón sea la más alta e más propinca al cielo...», *Los cuatro viajes del Almirante y su testamento*, p. 181.

en medio una gran laguna» y «jardines llenos de los más bellos árboles jamás vistos... como aquellos de Castilla en los meses de Abril y Mayo»[20]. Era «la tierra mejor y más fértil, la más templada y suave, y amable del mundo»[21]. Un paraíso perdido, en resumen, la tierra prometida de los descubridores; la «zona tórrida» maravillosamente tibia del Padre Acosta, que se convirtió en un paisaje florido alegórico en el período Barroco, más tarde el «trópico fecundo» de Bello; un templo de la naturaleza para los Románticos, el jardín de Edén del valle del Cáucaso de Jorge Isaac: «el mundo como Adán pudo haberlo visto la primera mañana de su vida»[22]. Pero también el «infierno verde» de los naturalistas, la «catedral del desaliento» de Rivera[23]; la fuerza satánica de vida o muerte de Gallegos, Canaima. Siempre una imagen doble de Cielo e Infierno. Como si existiera un Crusoe «pobre y miserable en cada Colón, quien, como dice Deföe «habiendo naufragado durante una horrible tormenta, en alta mar, aparecí en la orilla de esta sombría y desgraciada isla, que denominé la Isla de la Desesperación, habiéndose hundido todo el resto de la tribupalción del barco, y estando yo mismo casi muerto»[24].

Ciento cincuenta años después de que Colón situara el paraíso terrenal en la boca del Orinoco, un judío hispano-peruano, Antonio León Pinelo, en su historia «natural y peregrina» *El Paraíso del Nuevo Mundo*[25], lo situaría en Iquitos, sobre el Amazonas, rodeado por los cuatro ríos míticos del jardín de Edén, que él identificaría como el Amazonas, el Orinoco, el Magdalena y el Río Plata. Calculó su circunferencia (sobre un diámetro de 160 leguas) y se sumergió fervientemente en la lectura de textos y manuscritos antiguos de geografía medieval y de cosmología, en latín, griego y hebreo, en busca de la prueba de su visión, argumentando, con barroca y florida fantasía, que en ningún lugar del mundo podía encontrase un sitio más agradable y templado

---

[20] «Esta isla es bien grande y muy llana y de árboles muy verdes y muchas aguas y una laguna en medio muy grande, sin ninguna montaña, y toda ella verde, que es placer de mirarla...» «Y después junto con la dicha isleta están huertas de árboles las más hermosas que yo vie tan verdes y con sus hojas como las de Castilla en el mes de abril y de mayo...», *Los cuatro viajes del Almirante y su testamento*, pp. 32-33.

[21] «Crean Vuestras Altezas que es esta tierra la mejor é más fértil y temperada y llana y buena que haya en el mundo», *Los cuatro viajes del Almirante y su testamento*, p. 40.

[22] «...lo que ya veré más; lo que mi espíritu quebrantado por tristes realidades no busca o admira únicamente en sus sueños: el mundo, como Adán pudo verlo en la primera mañana de su vida», Jorge ISAACS, *María*, Buenos Aires, Editorial Kapelusz, 1965, página 108.

[23] «Tú eres la catedral de la pesadumbre...», *La vorágine*, p. 97.

[24] Daniel DEFÖE, *Robinson Crusoe*, Nueva York, Magnum, «Lancer Books», 1968, página 103.

[25] Para una referencia entretenida del ponderado tratado, véase Mario VARGAS LLOSA, *Historia secreta de una novela*, Cuadernos Marginales (21), Barcelona, Tusquets Editor, 1971, p. 61.

que en la maravillosa selva amazónica con sus orquídeas exóticas y mariposas mágicas[26]. Y, trescientos años más tarde, en nuestra extraña galería de espejos, tenemos a los hombres de José Arcadio Buendía abriéndose camino a machetazos a través de «lilas sangrientas y doradas salamandras»[27] que devuelven el eco de las tortugas chasquentes y los caimanes y las flores hululantes de Rivera[28]; y Fushía sueña aún con su isla de pájaros[29], y Aquilino con sus peces voladores[30] y con naranjales[31].

Borges sugiere que todo cuento tiene un tema secreto, en ocasiones meticulosamente sugerido en una metáfora de color, como en la blancura de la ballena de *Moby Dick*[32]. Y, claro, en *La Casa Verde* tenemos semejante color: el color verde de la selva. El verde del paraíso y el verde del infierno. El verde, en resumen, del tema utópico, que es tan característico de la literatura latinoamericana.

Bajo esta luz, me parece, que todo el libro irradia un significado especial. De hecho es, y creo que éste es el secreto de su atractivo: una casa verde de imágenes, construidas en torno a una metáfora central que arranca no sólo de una antigua tradición literaria, sino también del sentido arquetípico de un continente de lo prometido y lo perdido.

. El constructor, y «padre de todos nosotros»[33] es Don Anselmo, el misterioso hombre de la selva —soñador y deambulador— que, en tiempos casi míticos, llega al borde del horizonte, aún no con su arpa verde, pero tocándola ya en la imaginación popular, como una mezcla fantasmal de un vaquero solitario y un bardo órfico. Pronto le veremos explotando el susurro, el rumor y la fantasía —los secretos de los miedos colectivos— para hacerse señor del submundo mental del pueblo. Nos hablan de su lucha y su obsesión por construir su casa de juego mágica; es uno de esos grandes designios de la imaginación que no se detiene ante nada. Si es el Padre de Piura, la Casa, claro está, es la Madre: la «vivienda matriz»[34]. Y, como ha señalado Carlos Fuen-

---

[26] He parafraseado a Germán Arciniegas: *América en Europa,* Buenos Aires, Sudamericana, 1975, pp. 57-58.

[27] «...los machetes destrozaban lirios sangrientos y salamandras doradas», *Cien años de soledad,* p. 17.

[28] «Las visiones del soñador fueron estrafalarias: procesiones de caimanes y de tortugas, pantanos llenos de gente, flores que daban gritos», *La vorágine,* p. 113.

[29] *La Casa Verde,* Barcelona, Seix Barral, 1968, p. 217.

[30] *Ibid.,* p. 158.

[31] *Ibid.,* p. 49.

[32] Jorge Luis BORGES, «El arte narrativo y la magia», *Discusión,* Buenos Aires, Emecé, 1961, pp. 86-88.

[33] «el padre de todos nosotros», *La Casa Verde,* p. 420.

[34] *La Casa Verde,* p. 97. Rabassa, no captando el significado, traduce simplemente «the first building». Véase *The Green House,* Nueva York, Harper & Row, 1968, p. 85.

tes[35], una madre, muy típica y trágicamente latinoamericana, de huérfanos, bastardos y marginados. Porque el acto de amor fundacional, simbolizado en la carne de la cieguecita lisiada, Antonia, es de hecho un acto de violación. La violencia y brutalidad del sueño del fundador tiene sus raíces en la pesadilla. Y la pesadilla es el paraíso selvático interior agriado. También Antonia tiene un paraíso perdido: el pequeño parquecillo oculto del pueblo con algarrobos y una fuente redonda, con la estatua de una mujer con velo arrojando agua por el pelo[36]. La Venus o Eva —o Undina— de la fuente es una imagen de su mundo mental inaccesible. Como Eurídice, puede ser despertada durante un momento de su trance[37], pero no durante mucho tiempo. Al igual que la Susana San Juan de Rulfo —una criatura «no de este mundo»[38]— es una musa estéril. En su seno de bastardía crece la semilla falsa. El nacimiento sangriento de su hija, Chunga, está inteligentemente contrastado con el aborto de Bonifacia[39]. Las sirenas del mundo de la «Casa Verde» sólo pueden engendrar desechos de sueños nacidos muertos. Y sin embargo, Don Anselmo «trajo la civilización a Piura»[40]. Y así crece la Casa, rodeada por su muralla circular[41]: un lugar de luces, música, risa —una imagen de felicidad perdida, un paraíso musical— en medio de las dunas; un templo fálico de magia infernal que atrae a la gente al pecado; un desafío prometeico al orden cósmico que provoca inundaciones, sequías y plagas[42]; una Ciudad Celestial con su torre catedralicia[42]; un oasis en el desierto[42]. Cuando se eleva en llamas una segunda Casa nace de sus cenizas; en un lugar diferente, es verdad, pero hereda su magia infernal a través de Chunga, la hija de la violación y el dolor. Y ahora, quizás, es cuando se siente su verdadero poder, al erguirse «singular y central, como una catedral»[43] —en el aniversario de

---

[35] Carlos FUENTES, *La nueva novela hispanoamericana*, México, Cuadernos de Joaquín Mortiz, 1969, p. 45.

[36] «En el extremo Norte de la ciudad hay una pequeña plaza. Es muy antigua y, en un tiempo, sus bancos fueron de madera pulida y de metales lustrosos. La sombra de unos algarrobos esbeltos caía sobre ellos y, a su amparo, los viejos de las cercanías recibían el calor de las mañanas, y veía a los niños corretear en torno a la fuente: una circunferencia de piedra y, en el centro, en puntas de pie, las manos en alto como para volar, una señora envuelta en velos de cuya cabellera brotaba el agua», *La Casa Verde*, página 135.

[37] En «el remolino de los sueños» Don Anselmo imagina que hacer el amor con Antonia sería «como tocar el arpa... como una música...», *La Casa Verde*, p. 321. «Él sería sus ojos y oídos, la insuflaría vida», etc., *La Casa Verde*, pp. 347-349.

[38] «Una mujer que no era de este mundo», Juan RULFO, *Pedro Páramo*, Colección Popular, México, Fondo de Cultura Económica, 1969, p. 113.

[39] *La Casa Verde*, p. 415.

[40] *Ibid.*, p. 276.

[41] *Ibid.*, p. 96.

[42] *Ibid.*, pp. 100-102.

[43] «...es allí donde se yergue, singular y céntrica como una catedral...» «La casa de la Chunga es cúbica y tiene dos puertas. La principal da al cuadrado, amplio salón de baile

la ciudad: un «año de abundancia»[44], no de plaga esta vez, sino de cosechas abundantes— con su «jardín y balcones»[44], los nombres y emblemas de sus patrones sobre las paredes, su arte de cartel simbólico que incluye «una vista panorámica de la ciudad»[43], y, por supuesto, su espíritu en residencia, Don Anselmo, con edad y casi ceguera —sus recuerdos de la selva, envueltos en silencios crípticos— más que nunca el bardo del Cielo y el Infierno.

Pero hay otro bardo, en el polo opuesto de la historia: Fushía y su sueño isleño. Podemos recordar que la huida de Fushía hacia la isla con Lalita[45] tiene la misma cualidad rapsódica que la violación de Antonia por Anselmo[46]. Existe también el tono órfico de sus largas conversaciones como ensueños con Aquilino. Su mundo, tal como lo conocemos, nace de su canción fluvial. Una canción emotiva a la amistad y a la esperanza perdida. Porque también él tuvo antaño su gran designio. Vargas Llosa ha hablado de la «imagen clave» —gesto, forma, rostro, sueño, situación— que pone en marcha una obra de arte[47]. Y naturalmente tenemos la «imagen clave» en la Casa (un «oasis» en el desierto); pero también en su contrapartida, la isla, el «único hogar» de Fushía en la vida[48], a medio camino entre su Campo Grande Elíseo[49] y la frontera inalcanzable de Ecuador[50]. La Casa y la Isla, de hecho, pueden verse en una única construcción, retrocediendo hasta la infancia perdida (Campo Grande; paraíso de jungla) y avanzando hacia la distante frontera de la promesa ecuatorial («ecuatorial» en el pleno sentido de país propio o de ecuador). La isla utópica es la imagen reflejada en el espejo de la Casa construida sobre la arena: el paraíso infernal de Crusoe. En el punto de fusión —la Casa-Isla— reconocemos el centro umbilical.

---

cuyos muros están acribillados de nombres propios y de emblemas: corazones, flechas, bustos, sexos femeninos como medialunas, pingas que los atraviesan. También fotos de artistas, boxeadores y modelos, un almanaque, una imagen panorámica de la ciudad», *La Casa Verde*, pp. 141-142.

[44] «ese año millonario». «En junio, para el aniversario de la ciudad, y en las Fiestas Patrias...» «...el Piura entró caudaloso, no hubo plagas...» «El jardín y los balcones —"un chalet, con jardín y balcones"— pertenecía realmente a una casa más elegante en el distrito residencial de Castilla. Pero de alguna manera las imágenes se funden», *La Casa Verde*, pp. 287-288.

[45] *Ibid.*, pp. 214-219.

[46] *Ibid.*, pp. 348-349.

[47] *Historia de un deicidio*, Biblioteca Breve, Barcelona, Barral Editores, 1971, páginas 96-100.

[48] «Voy a extrañarla más que a Campo Grande, más que a Iquitos —dijo Fushía—. Me parece que la isla es la única patria que he tenido», *La Casa Verde*, p. 364.

[49] «A mí me gustaría también volver a Campo Grande —dijo Fushía—. Averiguar qué fue de mis parientes, de mis amigos de muchacho. Alguien se debe acordar de mí todavía», *La Casa Verde*, p. 342.

[50] «Y él hablaba de la frontera, todos andarán diciendo se fue al Brasil, se cansarán de buscarme, Lalita, a quién se le va a ocurrir que me vine de este lado, si pasamos al Ecuador no hay problema», *La Casa Verde*, p. 215.

Una mujer inalcanzable (Lalita, a causa de la impotencia de Fushía; Antonia, por su ceguera) está ahí, como la Madona de Rivera, como símbolo mudo de los paisajes perdidos que introducen al hombre de nuevo en el encanto perdido de armonías distantes [51]. En Carpentier, que se hace eco del tema, es Rosario, la mujer terrenal, para la que «el centro del mundo está allí donde el sol del mediodía brille justo encima de nuestras cabezas» [52]. Para Fushía, es la isla oculta, a la que se llega por un estrecho túnel [53]. Uno piensa en el canal de Kurtz introduciéndole «en los primeros comienzos del mundo» [54]; o el túnel de hojas [55] en *Los pasos perdidos* que conducen al «paisaje sin fecha» [56] del tiempo mítico. La imagen recurrente, claro, es el canal del nacimiento; el retorno a la fuente que es la isla (la «vivienda matriz»). Una vez allí, «barrenas el navío» [53] y «enciendes el fuego ritual para limpiar la maleza de espíritus malignos» [53]. Existe hasta un ave del paraíso —un simbólico constructor de nidos— «posado sobre una rama por encima de sus cabezas» [53].

Puede parecer extraño imaginarse al brutal Fushía como maestro constructor de un imperio de sueños; pero quizás eso no suceda con la figura de Kurtz y de Cayetano proyectando sus largas sombras en el fondo.

Y hay más: otro vínculo aún más sutil con Don Anselmo, el «padre de todos nosotros». Fushía, según lo vemos a través de su flujo de palabras, durante su viaje por el río, es en realidad sólo la mitad de una división o imagen doble que se completa en ese otro ser escuchante:

---

[51] Para una visión de la Madona como Musa de la jungla: «...sus grandes ojos denuncian a ratos una congoja sentimental, que parece contagiada por la tristeza de los ríos que ha recorrido, por el recuerdo de los paisajes que no ha vuelto a ver.

Lentamente, dentro del perímetro de los ranchos, empezó a flotar una melodía semirreligiosa, leve como el humo de los turíbulos. Tuve la impresión de que una flauta estaba dialogando con las estrellas. Luego me pareció que la noche era más azul y que un coro de monjas cantaba en el seno de las montañas, con acento adelgazado por los follajes, desde inconcebibles lejanías. Era que la madona Zoraida Ayram tocaba sobre sus muslos un acordeón.

Aquella música de secreto y de intimidad daba motivo a evocaciones y saudades. Cada cual comenzó a sentir en su corazón que lo interrogaba una voz conocida... Paz, misterio, melancolía. Elevado en pos del arpegio, el espíritu se desligaba de la materia y emprendía fabulosos viajes, mientras el cuerpo se quedaba inmóvil, como los vegetales circunvecinos.

. . . .

En breves minutos volví a vivir mis años pretéritos, como espectador de mi propia vida. ¡Cuántos antecedentes indicadores de mi futuro! Mis riñas de niño, mi pubertad agreste y voluntariosa, mi juventud sin halagos ni amor!...», *La vorágine*, p. 209.

[52] «Para ella, ...el centro del mundo está donde el sol, a mediodía, la alumbra desde arriba. Es mujer de tierra...», *Los pasos perdidos*, p. 178.

[53] *La Casa Verde*, pp. 215-219.

[54] *Heart of Darkness*, p. 102.

[55] «pasadizo abovedado», «angosto túnel», etc., *Los pasos perdidos*, p. 158.

[56] «un paisaje sin fecha», *Los pasos perdidos*, p. 167.

Aquilino, el barquero amable del río de vida y muerte. Y, por supuesto, Aquilino «con sus fantásticas melenas blancas»[57] es la venerable figura paterna que Bonifacia, en sus días de burdel, ve misteriosamente reflejada en Don Anselmo[58].

Podría añadir que toda la textura y estructura del libro reflejan su tema básico utópico. El «deamon» utópico —para emplear el elocuente término de Vargas Llosa para esos recuerdos de la imaginación que persiguen y obsesionan al escritor[59]— se alimenta de sí mismo, en un esfuerzo constante por restaurar una medida de integridad en un mundo perdido, a partir de sus ruinas y de sus restos. Creo que esto encaja muy bien con la visión de Mario Vargas Llosa, del novelista como un marginado él mismo trabajando a partir de una carencia o de un vacío interior o de una fractura en su sentido de la realidad, rellenando los espacios y en última instancia suplantando el mundo perdido con su propia creación[59]. El circuito, circular y paralelo, del libro, donde las escenas con frecuencia dan la vuelta y se funden en una palabra o en un gesto, sustenta este propósito: formar un sistema cerrado —un «mundo verbal»[59]— de temas recurrentes, de líneas intertrenzadas, alrededor de algunas pocas imágenes elementales poderosas de fuego, agua, arena y selva. Sería interesante seguir la pista de algunas de estas imágenes en el libro, y encontrarlas haciendo de vínculos entre escenas y lugares. Veríamos entonces que dentro del sistema de espejos reflectantes del libro, el río que arrastra a Pantocha hasta la playa de la isla[60] es el mismo que se lleva silenciosamente la celada de Juana Baura cuando se entera de la muerte de Antonia[61]. No sólo existe un vínculo temático, sino una verdadera yuxtaposición de ambas escenas. Del mismo modo como, más tarde, una escena de un nacimiento se yuxtapone a una escena de un aborto[39]. Y la escena de un fuego creativo —Fushía limpiando su isla[53]— con el fuego del holocausto que destruye la «Casa Verde»[62]. La arena de Piura, claro está, y la selva amazónica, también se reflejan mutuamente. En ambas —y uniendo ambas— el árbol de la vida nace marchitado en su base. Vargas Llosa ha contado su júbilo al descubrir de repente el origen selvático de Don Anselmo[63]. Un des-

[57] «la fantástica, sedosa cabellera blanca que ondulaba sobre sus hombros», *La Casa Verde*, p. 230.

[58] «Todos lo quieren mucho a usted, don Anselmo —dijo la Selvática—. Yo también, me hace acordar de un viejecito de mi tierra que se llamaba Aquilino», *La Casa Verde*, p. 227.

[59] *Historia de un deicidio*, pp. 85-87.

[60] *La Casa Verde*, p. 181.

[61] *Ibid.*, pp. 183-184.

[62] *Ibid.*, p. 221.

[63] «Pero de pronto, cuando estaba dando los últimos retoques al manuscrito, descubrí que había otro vínculo, menos evidente pero quizá más profundo, y en todo ca-

cubrimiento feliz, podría decirse, de un hecho trágico: el eslabón que falta en una cadena de reflejos (y transiciones) que incluye ya imágenes divididas o repetidas de tantos caracteres; por una parte aquellos (Don Anselmo *versus* Fushía-Aquilino) que actúan de contrapartida en diferentes escenarios; por otra, aquellos (Lituma-Inconquistable, Bonifacia-Selvática) que fluctúan entre los dos polos de la historia. Porque, de hecho, «La Casa Verde» abarca ambos polos: la selva y el burdel, cada una a su modo la misma imagen cambiante del Cielo y el Infierno. Después de todo el convento de la misión en la selva proporciona el burdel. En ambos extremos, el cielo perdido resulta ser el mismo útero podrido. El hecho de llamar a las niñas indias de la misión «pupilas» (término generalmente reservado para las prostitutas) y a las putas de «La Casa Verde» «residentes» (habitantas) incluye un delicado juego de palabras (y una trágica ironía). El desplazamiento (o disfraz) verbal señala únicamente hacia el hecho de que los símbolos del paraíso y la promesa son también los de la pérdida y la derrota.

Para completar el retrato, detengámonos un momento en la imagen de la casa de prostitución en la cultura Latinoamericana. Cuando Faulkner en broma, decía que el burdel es la perfecta encrucijada para el artista, estaba tratando no sólo con una figura de la experiencia, sino con una fantasía arquetípica, y una de especial vigor en sociedades rígidamente estratificadas que relegan su selva sexual a los lindes de la consciencia. Existe una visión árcade del burdel, nacida de la represión. Y así, en nuestra literatura —como en la vida— la vemos funcionando, con fascinación de pesadilla, como lugar de nostálgicos ritos varoniles y sueños perversos de corrupción dichosa. En cierto sentido también, representa el anhelo por una armonía más simple (y sin clases) de una sociedad caída de la gracia de su primera gran promesa de un nuevo orden natural y humano. Podemos llamarla la última isla de promisión, la sombra marchita del paraíso original. Y las mujeres que lo habitan, al expandirse para convertirse en una metáfora de las relaciones humanas —las diosas brujas de Fuentes, las vírgenes putoides de Onetti, las muñecas de agua con nombres de flores de Felisberto Hernández— son los cadáveres de nuestra Eva caída. La selva del burdel, al igual que la Madona de Rivera, o Doña Bárbara, o nuestra Chunga, es una virgen

---

so imprevisible, entre esos dos mundos. Don Anselmo había sorprendido siempre a los piuranos con su predilección por el color verde: así había pintado el prostíbulo, así su arpa. De otro lado, ¿no había sorprendido tanto, al principio, su manera de hablar a los piuranos que nunca lograron identificar ese acento suyo que no era costeño ni serrano? Fue uno de esos impactos mágicos que sobrevienen de cuando en cuando durante la construcción de una novela y que a uno lo dejan atontado y feliz: no había duda, don Anselmo amaba el color verde porque era el de su tierra...», *Historia secreta de una novela*, p. 67.

violada. Como tal, su canto de sirena nos seduce hacia anhelos más profundos y prohibidos. A esta «Casa Verde» mental podemos añadir la real de las experiencias vividas y el peso de las fuentes literarias. García Márquez, por ejemplo, se hace eco explícitamente de Faulkner cuando, en una entrevista realizada en 1973[64] presume de vivir y escribir en un burdel de Barranquilla. Y Cortázar, en un ensayo sobre la «erótica» de la literatura, evoca, medio en guasa, los gestos rituales del amor de un burdel que, dice, pueden haber hecho un escritor de él[65]. Luego está el burdel flaubertiano de Mario Vargas con su «resplandor fantástico»[66], superpuesto a sus recuerdos obsesivos de su contraparte en Piura[66]. De hecho, la imagen podía multiplicarse sin fin en la galería de espejos de la literatura Latinoamericana. Pensemos sólo, por ejemplo, en el mundo de Onetti, donde es el símbolo central de la imaginación artística. Sin duda hay en Larsen un constructor utópico, el artista-proxeneta, con su sueño del burdel perfecto[67], conjurado de entre las ruinas de la sociedad, las heces del mundo que espera suplantar. Al igual que Don Anselmo —y el artista en general, como lo ha

---

[64] «Gabriel García Márquez en busca de un olvidado olor a guayabas podridas», *La Opinión Cultural*, Buenos Aires, 4 de febrero de 1973.

[65] Julio CORTÁZAR, *Último Round*, México, Siglo XXI, p. 151.

[66] «Chez la Turque» en el último capítulo de *L'Éducation sentimentale*: «Ce lieu de perdition projetait dans tout l'arrondissement un éclat fantastique. On le désignait par des périphrasses: "L'endroit que vous savez —une certaine rue—, au bas des Ponts." Les femières des alentours en tremblaient pour leurs maris, les bourgeoises le redoutaient pour leurs bonnes, parce que la cuisinière de M. le sous-préfet y avait été surprise; et c'était, bien entendu, l'obsession secrète de tous les adolescents», citado en *Historia secreta de una novela*, pp. 59-60.
Hay una poesía nostálgica, y mucho del espejismo, en esta casa construida sobre el río, en un sitio sombreado, más allá de las murallas de la ciudad.
En lo que respecta a la contrapartida de Piura: «era la silueta de una casa erigida en las afueras de Piura, en la otra orilla del río, en pleno desierto, y que podía ser vista desde el Viejo Puente, solitaria entre los médanos de arena. La casa ejercía una atracción fascinante sobre mis compañeros y sobre mí. Era una construcción rústica, una choza más que una casa, y había sido enteramente pintada de verde. Todo era extraño en ella: el hecho de estar tan apartada de la ciudad, su inesperado color. La vegetación era rara en la Piura de entonces, las casas carecían de jardines, había pocos árboles en las calles... Tal vez fueron su soledad y su piel húmeda lo que primero despertó la curiosidad de mis amigos y la mía en torno de ella. Pero cosas más inquietantes vinieron pronto a avivar esta curiosidad. Había algo maligno y enigmático, un relente diabólico alrededor de esta vivienda, a la que habíamos bautizado "la casa verde"», *Historia secreta de una novela*, páginas 11-12.
El «turco» de Flaubert, por cierto, no era turco, sino una mujer con el exótico nombre de Zoraïde Turc. Si el nombre nos resulta familiar, puede ser porque reconozcamos en él a la Madona de Rivera, conocida también como «la turca Zoraida» (*La vorágine*, p. 141).

[67] «Lo que pasa es que para mí, durante un tiempo, Larsen era sólo Larsen. No había llegado a la categoría de Juntacadáveres. Es decir: al principio era sólo un *macró* porteño, un tipo que explotaba mujeres en el ambiente, y nada más. Es un tipo convencional, mucho más despreciable, mucho más en decadencia. Pero un día, así repentinamente, se me ocurrió que este Larsen, este *macró*, tiene una ambición: el prostíbulo perfecto... un día sentí, porque lo sentí, que el individuo, el tipo, el coso, como quieras, tiene su por-

definido Mario Vargas[68]— es un comedor de carroña; un gran diseña-
dor, en la tradición faulkneriana, como un dios viviendo a través de sus
caracteres; un violador verbal de la realidad, como quisiera Cortázar
que fuera el artista[69]; al igual que Brausen de Santa María, José Arcadio de Macondo (y Don Anselmo, y Fushía), el padre fundador e hijo
de su propia invención, suspendido en el vacío. Por tanto, debemos ver
«La Casa Verde» también como la casa del artista; y su compleja estructura metafórica como otra empresa utópica. Al artista como proxeneta
podemos añadir la imagen del artista como comadrona. Hay un Cielo
que alumbrar del Infierno de la Selva; el nacimiento de una virgen en
el seno de la vieja madre prostituta. En este sentido, quizás el último
símbolo del artista es Aquilino, el portador de agua, traedor de obse-
quios y —según fluye el río de palabras a través suyo en murmullos
fantásticos, camino hacia la prosería— la «comadrona» no sólo en
sentido literal, de Lalita[70], sino del mismo relato.

[*World Literature Today*, vol. 52, n.º 1 (1978) pp. 34-
38. Traducción de Rosa AGUILAR DE BEN.]

centaje de fe, y su porcentaje de desinterés, o por lo menos un desinterés inmediato. El
individuo ese, Larsen, Junta Larsen, es un artista.» Entrevista con Emir RODRÍGUEZ MONE-
GAL, *Onetti*, Montevideo, Biblioteca de Marcha, «Colección Puño y Letra» (5), 1973,
página 251.
    68 *La novela*, Cuadernos de Literatura (2), Montevideo, Fundación de Cultura Uni-
versitaria, diciembre 1968, p. 21.
    69 Julio CORTÁZAR, *La vuelta al día en ochenta mundos*, México, Siglo XXI, 1968,
páginas 211-212.
    70 «... era el mejor paridor de la selva...», *La Casa Verde*, p. 261.

ROSLYN M. FRANK

EL ESTILO DE *LOS CACHORROS*

Varios críticos han sostenido que esta obra está basada en lugares comunes como «los deportes de la niñez, los domingos y el cine, el aprendizaje del baile, las primeras fiestas como los primeros cigarrillos o enamoradas o borracheras, etc., todo ese conductismo típico de la adolescencia»[1]. Se podría alegar que, fuera de la anécdota central relativa a la monstruosa castración de Cuéllar y sus acciones subsiguientes, la novela está compuesta sin duda de lugares comunes. Esto se podría decir en cuanto al contenido, aun cuando el estilo de esta novela no es, por otra parte, nada común. Es, más bien, un experimento estilístico y estructural que se plantea como un organismo de coherencia tan estrecha que ninguno de sus materiales parece impuesto. Los numerosos y complejos procedimientos artísticos de la obra se ajustan perfectamente al contenido temático.

La materia narrada está organizada a base de una fórmula que el mismo autor denomina *el período literario proteiforme*.

En agosto de 1966 Vargas Llosa estuvo en Montevideo y habló del detalle de sus preocupaciones creadoras: entre otras, mencionó la de elaborar un período literario proteiforme, pero perfectamente ensamblado, en el que la frase pasara sinuosamente de una a otra persona (tercera del plural a primera del plural y viceversa, por ejemplo) en un contexto totalmente fluido, sin que el sentido de secuencia de la narración y del párrafo se rompieran, sin que el monólogo o el diálogo se distanciasen del discurso, interrumpieran la relación descriptiva, sobrenadasen en ella[2].

---

[1] Julio ORTEGA, *La contemplación y la fiesta,* Lima, Editora Universitaria, 1968, página 65.

[2] Carlos MARTÍNEZ MORENO, «Una hermosa ampliación: *Los cachorros*», *Amaru* (jul.-set., 1967), 85. Es interesante notar que en «Las babas del diablo», de *Las armas secretas,* Buenos Aires, Editorial Sudamericana, 1966 p. 77, Julio Cortázar expresa con anterioridad esta misma pretensión como una posibilidad casi fantástica, cuando hace que Roberto Michel, la voz narradora del cuento, diga al comienzo: «Nunca se sabrá có-

En otra ocasión, mientras estaba redactando *Los cachorros,* dijo: «Sigo luchando con un cuento que está construido íntegramente sobre este procedimiento, que consiste en expresar simultáneamente la realidad objetiva y la subjetiva en una misma frase, mediante combinaciones rítmicas»[3] y después de haber terminado la obra hizo otro comentario:

El relato está contado por una voz plural, que caprichosamente y sin aviso ondula de un personaje a otro, de una realidad objetiva (un acto) a otra subjetiva (una intuición, un pensamiento), del pasado al presente o al futuro y, por momentos, en vez de contar, canta. «Caprichosamente», es un decir, claro. La idea es que esta voz colectiva, saltarina, serpentina, que marea al lector y (musicalmente) lo maltrata, vaya insensiblemente contaminándolo de la historia de Cuéllar, empapándolo con ella, no explicándosela[4].

La complejidad de este recurso es muy sugerente. Desde la primera línea de la novela el lector se halla envuelto en un nuevo mundo que se expresa mediante un lenguaje que no sólo no respeta los consagrados límites gramaticales de la sintaxis, sino que los aniquila creando nuevas perspectivas lingüísticas de expresividad narrativa, sin que por eso el hilo de la acción se vuelva incoherente.

La novela comienza así:

Todavía llevaban pantalón corto ese año, aún no fumábamos, entre todos los deportes preferían el fútbol y estábamos aprendiendo a correr olas, a zambullirnos desde el segundo trampolín del «Terrazas», y eran traviesos (p. 13).

En este ejemplo se ignora la necesidad de concordancia del sujeto gramatical. En la medida en que la acción avanza, el empleo del período proteiforme se hace más libre.

Se arrimó al grupo y al principio ellos le poníamos mala cara (p. 83). [Falta de concordancia entre el sujeto y el verbo.]

---

mo hay que contar esto, si en primera persona o en segunda, usando la tercera del plural o inventando continuamente formas que no servirán de nada. Si se pudiera decir: yo vieron subir la luna, o: nos me duele el fondo de los ojos, y, sobre todo, así: tú la mujer rubia eran las nubes que siguen corriendo delante de mis tus sus nuestros vuestros sus rostros. Qué diablos.» José Miguel Oviedo observa en «*Los cachorros:* fragmento de una exploración total», *Revista Iberoamericana,* XXVI, n.º 70 (enero-marzo, 1970), 36, que también hay «una insinuación del procedimiento en "Lejana" (De Bestiario): "Porque a mí, a la lejana, no la quieren."» Wolfgang LUCHTING ha señalado en «Recent Peruvian Fiction», *Research Studies,* XXXV, n.º 4 (dic., 1967), 277, que en los cuentos de Eldeoro Vargas Vicuña, sobre todo en «Taita Cristo», se encuentran «rapid shifts of the narrative point-of-view. However, his handling of this technique is by far less successful and decidedly less disciplined». En *Los cachorros* esta técnica narrativa se ha convertido en un eficaz instrumento estilístico.

[3] LUCHTING, p. 277.
[4] «Mario Vargas Llosa, diálogo de amistad» (entrevista), *Índice de Artes y Letras,* XXII, n.º 224 (oct. 1967), 21.

aunque se secreteaban él, desde mi cama de la clínica, los oyó (p. 31); se los había metido al bolsillo a mis papás (p. 32); los seleccionados nos vestíamos para ir a sus casas (p. 23). [Falta de concordancia entre el verbo y el adjetivo posesivo.]

Se observa una mezcla de los procedimientos ya citados en el siguiente ejemplo:

entonces volvíamos a nuestras casas y se duchaban y acicalábamos y Cuéllar los recogía en el poderoso Nash (p. 91).

Otra variante del período proteiforme ocurre cuando se hace uso de la narración dialogada. Los diálogos, transcritos sin los tradicionales nexos verbales, producen una multiplicidad de enfoques narrativos que cambian rápidamente ante los ojos del lector.

Se pasaría los domingos con Chabuca y nunca más nos buscarás, maricón. Y Lalo qué ocurrencia, hermano, la hembrita y los amigos eran dos cosas distintas pero no se oponen, no había que ser celoso, Pichulita, tranquilízate, y ellos dense la mano, yo no se la doy. Lo acompañamos hasta su casa y todo el camino estuvo murmurando cállate viejo (p. 50).

El relato, organizado sobre la base de una voz narradora doble («nosotros» y «ellos»), comprende dos puntos de vista temporales: uno, que mira desde una perspectiva temporal que existe fuera de la obra, y desde allí relata, es decir, cuenta desde un presente absoluto que le da a la acción narrada el carácter de una serie de acontecimientos irreversiblemente pasados, pretéritos. La distancia narrativa conferida a la historia por esta perspectiva le impone una índole de crónica oral. El otro punto de vista es inmediato, abierto, producido por la actualización de la voz doble, ya instaurada en el presente mismo del relato.

La fluida imbricación de las dos voces de la novela se debe a que mientras la voz «nosotros» presenta la acción directamente con todos los giros infantiles, típicos del lenguaje adolescente, reflejando justamente la personalidad misma de este narrador coral, la voz «ellos» no se diferencia de la «nosotros» más que en el hecho de que la narración se da gramaticalmente en tercera persona del plural. La objetivación de la narración en tercera persona está totalmente comprometida con el tono del narrador colectivo «nosotros». Son, por eso, dos expresiones del mismo punto de vista.

Dada la naturaleza uniforme de la voz narradora, el lector se ve forzado a compartir sólo una visión limitada del mundo ficticio, una visión que siempre coincide con la de la voz colectiva y nunca con la de Cuéllar. Éste se encuentra marginado del grupo. Es físicamente a la vez que estilísticamente un *outsider*[5]. La tragedia personal de Cuéllar

---

[5] Un estudio valioso sobre este tema aparece en el libro de Colin WILSON, *The Outsider*, Boston, Houghton Mifflin Co., 1956.

queda atenuada por la ligera visión superficial que la envuelve y que no admitiría la presencia de la angustia y de la frustración desgarradoras que su mutilación tiene que haberle causado.

Sin embargo, con un acierto artístico de alta categoría, es precisamente su vida, perturbadora y amarga, la que llama más la atención. Aunque el lector nunca llega a penetrar directamente hasta «las llamas de su infierno»[6], expresadas más bien implícitamente, a través de una cuidadosa yuxtaposición entre Cuéllar y los otros, este mismo lector llega a sentir casi intuitivamente la profundidad de la tragedia.

Otro aspecto de esta voz colectiva ha sido comentado por Emilio Pacheco: «Los cachorros es una tragedia, una encarnación de la fatalidad referida por un narrador que se multiplica y subdivide sin apartarse jamás: el coro de amigos... El coro lleva la acción, la comenta y puntúa, y causa ciegamente el desenlace»[7]. En otras palabras, la voz narradora colectiva tiene una complexión doble porque funciona simultáneamente en dos niveles distintos. A la vez que es como en un nivel descriptivo, es también, en un nivel activo, el protagonista que engendra la acción comentada. La complicidad del lector causada por la alternancia de esta voz coral (desde la primera persona del plural a tercera persona del plural) y por el uso de técnicas de discontinuidad le introduce dentro del relato como copartícipe de la acción, como si fuera «uno más de esos culpables que se ignoran culpables»[8].

EL LENGUAJE

Buen indicio de la orientación renovadora del autor se da en el hecho de que a partir de La ciudad y los perros su lenguaje se ha alejado mucho del tradicional retoricismo y casticismo que caracterizaban al llamado estilo literario de las épocas anteriores en el Perú. El autor no amanera ni estiliza la materia narrada, utilizando más bien el idioma vivo, común y corriente, de todo el mundo.

Aunque en sus obras abundan con gran profusión los regionalismos y los modismos de las diversas clases sociales del Perú, su empleo trasciende con mucho el propósito de los regionalistas-naturalistas que pretendían captar directamente la realidad y, por eso, reproducían sin discriminación todos los giros locales, confiados en que éste era el úni-

---

[6] Esperanza FIGUEROA AMARAL, «Los cachorros» (reseña), Revista Iberoamericana, XXXV, n.º 68 (mayo-agosto, 1969), 407.

[7] Emilio PACHECO, «Lectura de Vargas Llosa», Revista de la Universidad de México, XXII, n.º 8 (abril 1968), 27.

[8] Ibíd., pág. 27.

co método de comunicar con verosimilitud el suceso humano que describían. Pero la intromisión bienintencionada de estos giros, a fin de cuentas, dificultaba la lectura y revelaba solamente la cara pintoresca y superficial de la realidad que querían retratar.

Consciente de los problemas de comprensión que estas expresiones regionalistas presentan para el lector no peruano siempre cuando Vargas Llosa usa una palabra o una expresión de alcurnia peruana o de extensión relativamente limitada, la introduce en un contexto mediante la cual se intuye su sentido particular. La autenticidad de estas expresiones se puede comprobar en el hecho de que la profesora Martha Hildebrandt, lingüista de la Universidad de San Marcos, haya citado con frecuencia la obra de Vargas Llosa en su libro *Peruanismos*[9].

El lenguaje se caracteriza igualmente por el empleo intensísimo de onomatopeyas y grafismos. Los cuatro ejemplos siguientes demuestran su uso en una de sus formas más sencillas:

absortos en los helados, un semáforo, shhp, chupando shhp (p. 19).

y el vsssst por el Malecón vsssst desde Benavides hasta la Quebrada vsssst en dos minutos cincuenta, ¿lo batí? (pp. 51-52).

y con su Ford ffffuum embestía a la gente ffffuum que chillaba y saltaba las barreras, aterrada, ffffuum (p. 65).

y en eso pst pst, fíjense, ahí venía Cuéllar (p. 86).

J. M. Oviedo dice que esto «recuerda el lenguaje clásico del *comic strip*, es decir, la imagen visual y el sonido convencional (el ''globito'') unido a ella»[10]. Luego añade: «Hemos dicho que el autor presenta la vida de Cuéllar como una historieta; pero esa calidad de su biografía se esparce a todo el relato y lo aproxima a las formas narrativas típicas del *comic strip*»[11]. Aunque esta teoría de los *comics* sea muy sugerente, parece que, hasta cierto punto, constituye una simplificación del propósito artístico de Vargas Llosa. La deformación y la exageración del lenguaje aquí son indiscutibles, pero obedecen a consideraciones más serias que las de producir solamente un *comic strip*.

Para analizar este procedimiento hay que recordar, en primer lugar, el punto de vista juvenil de la voz narradora. El relato está dividido en seis capítulos que corresponden a las distintas etapas de la vida del grupo, desde la edad de ocho años hasta los treinta y tantos. Es notable la profusión de onomatopeyas y grafismos en los primeros capítulos de la

---

[9] Véase *Peruanismos*, Lima, Editorial Moncloa-Campodónico, S.A., 1969.
[10] OVIEDO, p. 32.
[11] *Ibíd.*, p. 31.

obra, donde aparecen los detalles relativos a la niñez y la juventud de los protagonistas. En el capítulo quinto hay sólo cinco ejemplos, muy reducidos: «y en eso, pst pst... por las venas, ja ja» (p. 86); «se capaba, ja ja» (p. 81); «una risita para creerte, ja ja... otra risita; ja ja» (p. 95). En el último capítulo, que pertenece a la etapa de la madurez, no hay ni un ejemplo. Se podría sugerir que la narración está estructurada de manera que el lenguaje utilizado experimenta una transformación gradual, casi imperceptible, como si la expresión misma reflejara el proceso de maduración de los jóvenes como en el caso de *A Portrait of the Artist as a Young Man*, de James Joyce.

Es, por otra parte, un hecho que los niños habitan un mundo muy distinto al de los adultos, un mundo que todavía no está limitado por la palabra. Por eso usan expresiones onomatopéyicas mucho más que las personas de mayor edad. Los niños no sienten la necesidad de emplear las perífrasis más aceptables y elocuentes para expresar lo que pueden mostrar directamente mediante la onomatopeya. Es éste el natural encanto que ejerce sobre los jóvenes y que posiblemente tiene que ver con cierta predilección básica del ser humano por la mímica. Considerado así, el empleo intensísimo de onomatopeyas y grafismos en esta obra, en vez de crear un *comic strip*, reproduce directamente la realidad verbal de los personajes y hace que la narración adquiera una dimensión oral más viva que recuerda al lector el punto de vista juvenil de lo referido.

Pero los ejemplos de los giros onomatopéyicos no son siempre tan sencillos como los que se han mencionado. En el primer capítulo se observa una serie de escenas en las que su uso es más complejo. Los niños están en la cancha de fútbol y por primera vez se presenta el perro, Judas, futuro autor de la horrible mutilación de Cuéllar:

Judas se volvía loco, guau, paraba el rabo, guau guau, les mostraba los colmillos, guau guau guau, tiraba saltos mortales, guau guau guau guau, sacudía los alambres. Pucha diablo si se escapa un día, decía Chingolo, y Mañuco si se escapa hay que quedarse quietos, los daneses sólo mordían cuando olían que les tienes miedo, ¿quién te lo dijo?, mi viejo, y Choto yo me treparía al arco, ahí no lo alcanzaría (p. 14).

Pero la respuesta de Cuéllar es distinta:

sacaba su puñalito y chas chas lo soñaba, deslonjaba y enterrabaaaaaauuuu, mirando al cielo, uuuuuuaaauuuu, las dos manos en la boca, auauauauauuuu: ¿qué tal gritaba Tarzán? (pp. 14, 19).

En las acciones de Cuéllar se ve esbozada una cómica parodia juvenil de la figura clásica del superhombre (Tarzán), que mediante su *virilidad insuperable* siempre conquista y mata a su feroz agresor. Es interesante que esta misma imagen ocurra otra vez en el segundo capítulo:

Ya usaban pantalones largos entonces, nos peinábamos con gomina y habían desarrollado, sobre todo Cuéllar, que de ser el más chiquito y el más enclenque de los cinco pasó a
ser el mál alto y el más fuerte. Te has vuelto un Tarzán, Pichulita, le decíamos, qué cuer-
pazo te echas al diario (p. 48).

Surge otro ejemplo del uso de onomatopeyas y grafismos dentro de
un contexto muy parecido, en el que también aparece una variante de
la imagen de Tarzán. Cuando los cachorros visitan a Cuéllar en la
clínica, éste les habla de cómo deben vengarse del perro:

se reía, cuando saliera iríamos al Colegio de noche y entraríamos por los techos, viva el
jovencito pam pam, el Águila Enmascarada chas chas, y le haríamos ver estrellas, de
buen humor pero flaquito y pálido, a ese perro, como él a mí (p. 25).

Aquí como en el caso anterior, junto con la onomatopeya, se encuentra
la inserción de un héroe ficticio de los *comics* dentro de la realidad de
Cuéllar. Al contar lo que quiere que le ocurra al perro, echa mano del
símbolo del Águila Enmascarada. Esto es explicable porque muchas veces los niños simplemente no reconocen los límites entre la fantasía y lo
real. Los ven iguales. Toda clase de ficción les es verosímil. Viven en
una realidad maravillosa llena de posibilidades extraordinarias. Hacerse
un Tarzán o transformarse en un Águila Enmascarada no es nada inusi-
tado. Los niños todavía no se han conformado a la mediocridad que la
vida moderna les va a imponer. Siguen fantaseando, lo cual, según
Umberto Eco en su ensayo llamado «Il mito di Superman», es un fenómeno bastante común aun entre los adultos.

L'eroe fornito di poteri superiori a quelli dell'uomo comune è una costante della imagi-
nazione populare, da Ercole e Sigfrido, da Orlando a Pantagruel sino a Peter Pan... Ma
in una società particolarmente livellata, in cui le turbe psicologiche, le frustazioni,
i complessi di inferiorità sono all'ordine del giorno; in una società industriale... —in
una società di tale tipo l'eroe positivo deve incarnare oltre ogni limite pensabile le esi-
genze di potenza che il cittadino comune nutre e no può soddisfare... il lettore medio
assillato da complessi e disprezzato dai suoi simili; attraverso un ovvio processo di iden:i-
ficazione... nutre segretamente la speranza che un giorno, dalle spoglie della sua attuale
personalità, possa fiorire un superuomo capace di riscattare anni di mediocrità[12].

Desde el principio, más sensible y más dotado que los demás,
Cuéllar siente la profunda necesidad de superarse y por consiguiente
sufre más de este complejo de inferioridad. Por eso se identifica con los
románticos seres solitarios de la ficción. Para poder vengarse de su agresor Judas, Cuéllar, un niño indefenso y débil, muy consciente de su
impotencia frente a las fuerzas superiores, se convierte momentánea-
mente en uno de esos héroes nietzscheanos que, para su desgracia, ya

---

[12] Umberto Eco, *Apocalittici e integrati*, Milán, Bompiani, 1965, pp. 228-230.

han pasado de moda. Se observa que la predilección de Cuéllar por las figuras sobrehumanas no se limita a los héroes ficticios. Sus amigos se incomodan cuando Cuéllar, ya un hombre, empieza a hablar: «quiere asombrarla, decían, hacerse pasar por un cráneo... Hablaba de cosas raras y difíciles: la religión (¿Dios que era todopoderoso podía acaso matarse siendo inmortal?...), la política (Hitler no fue tan loco como contaban, en unos añitos hizo de Alemania un país que se le amparó a todo el mundo...), el espiritismo (no era cosa de superstición sino ciencia, en Francia había mediums en la Universidad y no sólo llaman a las almas, también las fotografían» (pp. 74-75).

De alguna manera toda sus acciones locas (según los otros) parecen tener una filiación oscura con las acciones de estos héroes. Pero los espléndidos torneos de antaño se han trastocado en insensatas carreras en autos por las concurridas calles de Lima. El mundo ha cambiado y ahora estos actos de valentía, antes no sólo aprobados sino también celebrados, son incomprensibles y suscitan la mofa. Las normas modernas celebran el conformismo, es decir, la mediocridad.

Es notorio que son precisamente estas acciones *heroicas* («quisiera tener un revólver, ¿para qué, hermanito?, con diablos azules, ¿para matarnos?, sí y lo mismo a ese que pasa pam pam y a ti y a mí también pam pam», pp. 60, 65) las que se cuentan mediante el uso copioso de las onomatopeyas tan típicas de la juventud y de los *comics*. Al utilizar este procedimiento para describir las acciones de Cuéllar, que en el fondo son trágicamente serias, éstas pierden su gravedad y adquieren una equívoca índole de ficción e irrealidad, características más bien de una frívola tragicomedia.

Sin apuntar las escenas en que aparecen estas figuras sobrehumanas (Tarzán, el Águila Enmascarada, etc.), J. M. Oviedo ha hecho el siguiente comentario: «Algunas observaciones de Eco sobre "El mito de Supermán"... resultan aplicables por antítesis a Cuéllar, a quién podría verse como encarnación del mito opuesto: el del hombre que ha perdido los poderes que le otorgaban superioridad» [13].

Volviendo al pasaje, anteriormente citado, en que los jóvenes demuestran sus distintas reacciones ante la amenaza del perro, se anota que, además de destacar cierta característica de la personalidad del joven protagonista, sirve también de anticipo a la acción que tendrá lugar dos páginas después:

Pero Cuéllar se demoraba porque (te las copias todas las de los craks, decía Chingolo, ¿quién te crees?, ¿Toto Terry?) se metía siempre a la ducha después de los entrenamientos. A veces ellos se duchaban también, guau, pero ese día, guau guau, cuando Judas se

---

[13] OVIEDO, p. 31.

apareció en la puerta de los camarines, guau guau guau, sólo Lalo y Cuéllar se estaban bañando: guau guau guau guau (pp. 23-24).

Aquí el ladrido de Judas que se oye antes de que aparezca, se intercala dentro de la narración, acelerándola a modo de un montaje de acción futura superpuesta a la inmediata que previene al lector acerca de lo que va a pasar. Y, luego, mientras el peligro se aproxima, los ladridos se multiplican formando un dramático crescendo oral que a la vez aumenta e intensifica la emoción y la ansiedad inherentes a la escena.

Unos años después de la mutilación, Cuéllar se enamora de Teresa. Ahora el autor echa mano de la representación gráfica para demostrar el tartamudeo que le aflige cuando se siente arrinconado por los otros o por su situación personal.

¿Por qué ya nunca vienes a nuestras fiestas?, decía Fina, antes venías a todas y eras tan alegre y bailabas tan bien, ¿que te pasó, Cuéllar? Y Chabuca que no fuera aguado, ven y así un día encontrarás una chica que te guste y le caerás. Pero él ni de a vainas, de perdido, nuestras fiestas lo aburrían, de sobrado avejantado, no iba porque tenía otras mejores donde me divierto más. Lo que pasa es que no te gustan las chicas decentes, decían ellas, y él como amigas claro que sí, y ellas sólo las cholas, las medio pelo, las bandidas y, de pronto, Pichulita, sssí, le gggggustabbbban, comenzaba, las chicccccas decenttttes, a tartamudear, sssólo qqqque la flaccca Gamio nnno, ella ya te muñequeaste y él addddemás no habbbía tiempo por los exámmmmenes (p. 56).

Y, luego, Cachito y Teresa ya están juntos:

Y ellos, hermano, ¿no veía?, y él sí, la está siriando, bobo, te la va a quitar, adelántate o vas muerto, y él qué tanto que se la quitara y nosotros ¿ya no le importaba? y él qqqué le ibbba a importar y ellos ¿ya no la quería?, qqqué la ibbba a qqquerrer (p. 83).

La representación gráfica de su tartamudeo lo hace más tangible, más patético, como un signo más de su disminución, de su falta de control. Ya no es capaz de mantener las apariencias ante una realidad que lo atormenta. Ahora al esforzarse por mostrarse fuerte y desinteresado, por encubrir sus emociones verdaderas, empieza a tartamudear y se traiciona. La alienación y la falta de comunicación que tiene que haber sentido antes, ahora se convierten en una realidad patente, audible. No puede comunicar inteligiblemente con los otros. Su soledad se hace más impenetrable, manifestándose aun en este tartamudeo como otro fenómeno anormal más que la separa del grupo.

LA YUXTAPOSICIÓN

Algunos de los pasajes más notables estilísticamente se aprovechan de la yuxtaposición de elementos dispares. Por ejemplo, cuando se narra un diálogo entre los amigos y Teresa, la trabazón estilística que une las distintas materias yuxtapuestas es tan estrecha que éstas llegan a fundirse totalmente en una visión pluridimensional. Para ayudar a Cuéllar los amigos van a la casa de Teresa, donde quieren averiguar si Tere «se muere por él o era cosa de coquetería» (p. 76). La hipocresía de la chica es sorprendente. Se hace la inocente. Dice que no sabe que Cuéllar la quiere, lo cual es prácticamente imposible dado que éste la ha perseguido sin cesar durante dos meses. Luego, finge no saber por qué le llaman Pichulita. Seguramente lo sabe, pero lo oculta. La escena se desarrolla de la siguiente manera:

¿Cuéllar?, sentadita en el balcón de su casa, pero ustedes no le dicen Cuéllar sino una palabrota fea, balanceándose para que la luz del poste le diera en las piernas, ¿se muere por mí?... Y Mañuco anda por Teresita, que fuera franca, a calzón quitado, ¿no se daba cuenta cómo la miraba? Y ella ay, ay, ay, palmoteando, manitas, dientes, zapatitos, que miráramos, ¡una mariposa!, que corriéramos, la cogiéramos y se la trajéramos. La miraría, sí, pero como un amigo y, además, qué bonita, tocándole las alitas, deditos, uñas, vocecita, la mataron, pobrecita, nunca le decía nada. Y ellos qué cuento, qué mentira, algo le diría, por lo menos la piropearía y ella no, palabra, en su jardín la haría un huequito y la enterraría, un rulito, el cuello, las orejitas, nunca, nos juraba. Y Chingolo ¿no se daba cuenta acaso cómo la seguía?, y Teresita la seguiría pero como amigo, ay, ay, ay zapateando, puñitos, ojazos, no estaba muerta la bandida ¡se voló!, cintura y tetitas, pues, si no, siquiera le habría agarrado la mano ¿no?, o mejor dicho intentado ¿no?, ahí está, ahí, que corriéramos, o se le habría declarado ¿no?, y de nuevo la cogiéramos: es que es tímido, decía Lalo, tenla pero, cuidado, te vas a manchar, y no sabe si lo aceptarás, Teresita, ¿lo iba a aceptar? y ella aj, aj, arruguitas, frentecita, la mataron y la apachurraron, un hoyito en los cachetes, pestañitas, cejas ¿a quién? y nosotros cómo a quién y ella mejor la botaba, así como estaba, toda apachurrada, para qué la iba a enterrar: hombritos. ¿Cuéllar?, y Mañuco sí (pp. 76, 79).

Aquí la voz narradora no interviene en la acción. No la comenta ni la juzga. Sin embargo, como se verá más adelante, la intención moral está implícita en lo narrado. Para descubrir en qué consiste, es necesario examinar primero al protagonista femenino, Teresa. Aunque sus acciones revelan que es muy coqueta, egoísta y frívola, el estilo mismo del párrafo hace aún más patente su carácter. Se la descubre por medio de sustantivos que pertenecen a diversos aspectos de su cuerpo: deditos, uñas, cejas, zapatos, etc. Por su disposición artística estos mismos sustantivos adquieren un valor verbal. Cuando se relata: «ay, ay, ay, palmoteando, manitas, dientes, zapatitos», se la ve agitando las manos, sonriendo, y corriendo tras la mariposa. Se observa el mismo fenómeno en los siguientes ejemplos: «aj, aj, arruguitas, frentecita, la mataron» [arruga la frente]; «y ella no, palabra... un rulito, el cuello, las orejitas, nunca, nos juraba» [mueve fuertemente la cabeza negando lo dicho]; «para qué la iba a enterrar: hombritos» [se encoge de hombros]. El ojo de la voz narradora la contempla, siempre desde afuera, apuntando metódicamente cada gesto. Generalmente se supone que estos gestos son acciones realizadas en un impulso afectivo y así corresponden a una exteriorización de una emoción interior. No obstante, en el caso de Tere, parece que estos gestos, en el fondo estereotipados, se vuelven pura exterioridad. Son tan superficiales, artificiales y caprichosos como la chica misma.

La yuxtaposición de la persecución, la captura y la muerte de la mariposa con lo que está pasando entre los jóvenes sugiere dos interpretaciones muy interesantes. La imagen creada por la fusión de estos elementos funciona como una metáfora. Al principio, por la ambigüedad de los pronombres objetivos, Tere llega a confundirse sintácticamente con la mariposa: «la cogiéramos y se la trajéramos. La miraría... la mataron, pobrecita, nunca le decía nada». Así, por extensión, se afirmaría que mientras que ellos persiguen a la mariposa, ella es perseguida verbalmente por ellos, que quieren que les revele sus sentimientos verdaderos con respecto a Cuéllar. Al mismo tiempo, en un sentido más amplio, es perseguida por Cuéllar. Considerando la imagen de este modo, Tere adquiere, por asociación, algunas de las características de la mariposa: es bella, rápida, voluble y caprichosa. No se deja atrapar por las preguntas de los chicos. En fin, ella no niega ni afirma nada.

No obstante, la interpretación de Tere-Mariposa es la más aparente. Mirando más de cerca, se nota que el paralelismo más rico e importante no es el de Tere-Mariposa, sino el de Cuéllar-Mariposa. Parece que inclusive Teresa confunde a Cuéllar con la mariposa: «¿a quién?... ¿Cuéllar? (p. 79)... Y Lalo ¿le parecía pintón?, y ella ¿Cuéllar?» (página 80). La imagen de Cuéllar-Mariposa hace posible que esta escena se transforme en un retrato en miniatura de toda la acción de la novela. Lo que le pasa a la mariposa coincide simbólicamente con lo que le pasa a Cuéllar. Examinada la escena desde este punto de vista se ve que empieza y termina con la misma preocupación de Tere: «pero ustedes no le dicen Cuéllar sino una palabrota fea» (p. 76). Y al final ella les pregunta: «Pero por qué tenía ese apodo tan feo» (p. 80). El tema de la mutilación está muy presente. Luego, dentro de la narración, la sutil disposición de las palabras hace que la mutilación de Cuéllar se vincule con el «apachurramiento» de la mariposa:

tenla pero, cuidado, te vas a manchar, y no sabe si lo aceptarás, Teresita, ¿lo iba a aceptar?... la mataron y apachurraron... ¿a quién? y nosotros cómo a quién y ella mejor la botaba, así como estaba, toda apachurrada, para qué la iba a enterrar: hombritos. ¿Cuéllar?, y Mañuco sí (p. 79).

Como se sabe, muy pronto Tere abandona al protagonista, como si no fuera nada importante, para juntarse con otro, Cachito. Al final de la escena, Tere ve otra mariposa: «miren, la mariposita brillaba entre los geranios del jardín, ¿o era otro bichito?, la punta del dedito, el pie, un taconcito blanco» (p. 80). ¿La mata? Esta actitud despiadada de la joven, compartida igualmente por los otros y en general por la sociedad entera, facilita el tratamiento de Cuéllar en los términos de la mariposa, como un juguete más, una diversión más. Lo persiguen sin emoción verdadera, juegan con él, lo acarician caprichosamente y luego lo matan. En Cuéllar, inocente en principio, se encuentran las características de la mariposa: su vulnerabilidad, su fragilidad y su amor por la libertad. Así la destrucción gratuita e insensata de la mariposa, un hecho en que todos participan, corresponde a la inevitable destrucción de Cuéllar.

LOS DIMINUTIVOS

En los pasajes ya citados se destaca el abundante uso de diminutivos. Según los gramáticos, hay cinco clases de diminutivos, que pueden expresar desde el cariño hasta el desprecio. Aunque la frecuencia de diminutivos es muy alta en esta obra, ellos pertenecen casi exclusivamente a una sola clase, la del sufijo -ito, -cito y -ecito que se presta a formar apodos y ciertos giros cariñosos. Ramsey observa que este diminutivo ocurre con más frecuencia en la conversación de mujeres y de niños. Dice que en Hispanoamérica, por su recurrencia tan alta, llega a ser abusivo. Mientras que el sufijo designado -ito generalmente se aplica a sustantivos, en Hispanoamérica también se añade muy a menudo a adjetivos («qué formalito»), a participios («sentaditas») y a adverbios («alcanzan justito a la salida de las chicas... pataleando parejito»)[14].

Amado Alonso sugiere que el uso del sufijo -ito puede dividirse en dos grupos[15]. En primer lugar los elocuentes o activos, que sólo advierten la realidad de un objeto o su existir. Con éstos, algo que es pequeño lo definimos como pequeño. Por otra parte, hay los estético-valorativos, con los que el hablante se detiene en la representación afectivo-imaginativa, señalando su valor o lo valioso que el objeto le es. Con los estético-valorativos no importa que el objeto sea grande o pequeño, «lo empequeñecemos valorándolo sentimentalmente para rodearlo con nuestro afecto»[16].

---

[14] Marathon Montrose RAMSEY, A Texbook of Modern Spanish, rev. Robert K. Spaulding, Nueva York, Rinehart & Winston, 1965, pp. 625-629.
[15] Amado ALONSO, Estudios lingüísticos, Madrid, Editorial Gredos, 1967, páginas 180-181.
[16] Raúl CASTAGNINO, El análisis literario, Buenos Aires, Editorial Nova, 1969, página 268.

Sin embargo, esta definición de los *estético-valorativos* es incompleta porque no incluye un aspecto muy importante entre el sujeto (el hablante) y el fenómeno, la realidad objetiva de éste experimenta un cambio. A la vez que se empeñece, se hace menos amenanzante, más tratable, más dócil con respecto al locutor, quien, por su parte, se engrandece. A veces «el diminutivo pretende un rebajamiento del contrario o del obstáculo»[17]. Así, mediante esta representación imaginativa, se logra un tipo de falsificación psicológica de lo real.

La formulación más conocida de este recurso ocurre posiblemente en *El Quijote,* cuando el intrépido hidalgo se enfrenta con dos enormes leones:

—Y ¿son grandes los leones? —preguntó don Quijote.
—Tan grandes —respondió el hombre que iba a la puerta del carro—, que no han pasado mayores, ni tan grandes, de África a España jamás... van hambrientos porque no han comido hoy; y así vuesa merced se desvíe; que es menester llegar presto donde les demos de comer.
A lo que dijo don Quijote, sonriéndose un poco:
—¿Leoncitos a mí? ¿A mí leoncitos, y a tales horas?[18].

Cuéllar tampoco ignora esta posibilidad expresiva del diminutivo: «Poco a poco fue resignándose a su apodo y en Sexto año ya no lloraba ni se ponía matón, se hacía el desentendido y a veces hasta bromeaba, Pichulita no ¡Pichulaza ja ja!» (p. 39).

En *Los cachorros* son los *estético-valorativos* los que predominan. Los críticos han aceptado que se recurra a ellos durante el período de la adolescencia del grupo porque entonces obedecerían, como se ha dicho, a un rasgo lingüístico del habla juvenil. Pero en esta obra se manifiestan como un fenómeno constante de la voz narrada desde el comienzo de la narración hasta el último párrafo.

Sabido es que los sentimientos auténticos de las personas se transparentan a través de ciertos detalles de las formas lingüísticas que ellas emplean y que muchas veces lo que se alcanza al oyente sensible tiene menos que ver con el significado corriente de la palabra que con la intención consciente o inconsciente del hablante[19]. Teniendo en cuenta

---

[17] ALONSO, p. 167.
[18] Miguel DE CERVANTES SAAVEDRA: *Don Quijote* (Madrid, Espasa Calpe, S.A., 1957), V, pp. 304-305. Respecto a esta cita cervantina, en el estudio antes mencionado, p. 167, Alonso advierte: «Este esquema idiomático es hoy todavía productivo: *¡capitancitos a mí!, ¡toritos a mí!, ¡sermoncitos a mí!, ¡alcalitos a mí!* Encierra un contrarreto.»
[19] Esta misma tendencia a la representación minuciosa del lugar común como una constante en el lenguaje, la acción y la caracterización del personaje, aunque con un propósito más serio que la mera documentación naturalista, hace recordar un comentario dedicado a la producción de Nathalie Sarraute: «She depicts a humanity of commonplaces... suggests the existence, beneath the banal appearances of an "under-

esto, es interesante que Julio Ortega sostenga que aquí se trata de «un curioso balbuceo... una contradicción entre la edad de los personajes y el tono de habla que sigue siendo idéntico, tan andrógino o asexuado como en la infancia... una especie de infantilidad permanente» que demuestra la falta de tránsito de la adolescencia a la edad adulta y social [20]. Sin embargo, Ortega no menciona explícitamente las raíces psicológicas de este fenómeno lingüístico, indicando que el uso del diminutivo es típico sobre todo del habla miraflorina.

L. A. Díez apoya la tesis de Ortega y agrega que el habla de este grupo social

is easily identified by other Peruvians because of this double characteristic: the use of diminutives and the particular *melosidad* of its intonation. It reflects faithfully the idiosyncrasy of the people who use it; they are like a sheltered large family, living much outside the Nation's needs and reality. And this characteristic of a closely-knit family relationship which knows no discomforts or hardships, where caprices and whims are always indulged, accounts for the *mimosidad* and *melosidad* of its speech, which is as affected and snobbish as that of similar social groups in other countries. (Cf. Serrano Society of Madrid, in A. M. Lerá's *Bochorno;* Barcelona High Society as depicted by Juan Marsé in *Últimas tardes con Teresa;* the Mayfair and Knightsbridge Society portaryed in Evelyn Waugh's novels, etc.) [21].

En las escenas en que Teresa habla con Cuéllar y con los otros la presencia masiva de estos diminutivos (naricita, manitas, zapatitos, deditos, taconcito, carcajadita, etc.) es una exaltación de la forma cariñosa del sufijo -*ito*. Este detalle menudo del estilo colorea en un sentido emotivo lo narrado. A la vez que le da un tono indulgente, se transparentan la hipocresía y el esnobismo de la chica.

En el párrafo que cierra la novela se observan precisamente las características ya señaladas. Para juzgar bien el efecto de este último comentario, es necesario apuntar las líneas que lo introducen:

world'' of frenetic and swarming life which she believes to be the real world of human relations. It is this that forms the tissue of the novel, so that, speech having been given to man in order to disguise his thought, there exists beneath the surface of communication a ''sub-conversation'' (gestures that contradit the words said, silences, *sousentendus,* inflections, positions, facial expressions), which is true communication. Far from limiting oneself to appearances, it is these appearances that must be penetrated and whose real meaning and lines of force must be shown... For her, not only do men not act recording to reason or their principles; they have not even succeeded in conquering their individuality. What interests her is the common tissue of their existence, the gross relations (of adaptation, agressivity, defence), or the subtle and inexpressible relations they have with the world and between themselves.» Maurice NADEAU, *The New French Novel since the War,* trans. A. M. Sheridan Smith, Nueva York, Grove Press, 1969, p. 133.

[20] ORTEGA, p. 68.

[21] Luis Alfonso DÍEZ MARTÍNEZ, «Style and Technique in the novels and Short Stories of Mario Vargas Llosa in Relation to Moral Intention» (disertación inédita), Kings College, Londres, 1969, p. 319.

se había matado, yendo al Norte, ¿cómo?, en un choque, ¿dónde?, en las traicioneras curvas de Pasamayo, pobre, decíamos en el entierro, cuánto sufrió, qué vida tuvo, pero este final es un hecho que se lo buscó.

Eran hombres hechos y derechos ya y teníamos todos mujer, carro, hijos que estudiaban en el Champagnat, la Inmaculada o el Santa María, y se estaban construyendo una casita para el verano en Ancón, Santa Rosa o las playas del Sur, y comenzábamos a engordar y a tener canas, barriguitas, cuerpos blandos, a usar anteojos para leer, a sentir malestares después de comer y de beber y aparecían ya en sus pieles algunas pequitas, ciertas arruguitas (pp. 102, 105).

Desde el punto de vista de esos personajes, ya adultos, el empleo de estos diminutivos corresponde a la manera como debe hablar un miembro de su clase social. Es para ellos el modo maduro de expresarse, con un tono desinteresado, impersonal y superior. Es su manera de decir que no es nada realmente lo que pasa, nada serio, por lo menos. Tal como la muerte de Cuéllar, en el fondo, no era nada.

Pero desde el punto de vista del lector, la actitud social de estos seres es despreciable porque no encierra ningún sentido de responsabilidad frente al mundo y al prójimo. Para ellos la vida nunca puede ser compleja ni trágica. Por eso la inserción de abundantes diminutivos tiene un papel fundamental revelando sutilmente la psicología de esta clase.

LA COMPLEJIDAD VERBAL

En cuanto a la complejidad verbal de *Los cachorros*, Emilio Pacheco ha hecho la siguiente observación:

nos introduce... mediante una intensidad sin pausa ni fisura; al grado de que todo el libro parece una sola frase alternativamente irónica, tierna, cruel, compadecida, inmutable; una frase que absorbe diálogos y acciones[22].

Esta observación exige un análisis más detenido. El elemento estilístico que produce el efecto anotado por Pacheco es el uso de la parataxis como base estructural de la narración:

También a ellos, Cuéllar, que al comienzo nos cuidábamos, cumpa, comenzó a salírseles, viejo, contra nuestra voluntad, hermano, hincha, de repente Pichulita y él, colorado, ¿qué?, o pálido ¿tú también, Chingolo?, abriendo mucho los ojos, hombre, perdón, no había sido con mala intención (p. 38).

La parataxis consiste en un tipo de unidad en que los elementos están más yuxtapuestos que trabados. La unidad paratáctica se opone a la

---
[22] PACHECO, p. 27.

hipotáctica en cuanto las conjunciones, que expresan relaciones coordinadas y subordinadas, permiten distinguir matices más numerosos. La hipotaxis es, por esto, un medio expresivo más intelectual que la yuxtaposición. Al suprimir las conjunciones que tienen un papel coordinante y subordinante se engendra esta unidad asintética, es decir, paratáctica, en la que las relaciones, antes precisadas por las conjunciones, se hacen más difíciles de reconocer.

La expresión paratáctica es típica del lenguaje infantil y del lenguaje hablado donde hay que apelar a todos los recursos fonéticos y hasta mímicos para dar a conocer la clase de relación que se desea establecer[23]. Aquí la estructura paratáctica de la narración hace que el lector participe, agregando lo que la entonación y la mímica le habría suministrado. Dado que la parataxis es un procedimiento básico del lenguaje hablado, juvenil y popular y, por consiguiente, de la literatura oral, se adapta perfectamente bien a esta obra porque mediante ella se intensifica su carácter de crónica oral[24].

A la vez se consigue que la expresión se haga más rápida, más espontánea y menos intelectual. Sin embargo, hay que recordar que transmitir directamente la realidad ficticia de estos seres no es el único objetivo, porque el estilo paratáctico también añade un aspecto poético a la narración. Como ha observado Gili y Gaya:

> El lenguaje poético se desliga de la trabazón lógica del pensamiento, se atiende a la intuición y usa el período yuxtapuesto, o sencillamente coordinado, mucho más a menudo que la prosa; no porque se retrotraiga a un estado infantil o primitivo, sino porque desborda el engranaje del lento razonar. Desde antiguo aconsejan los preceptistas evitar en poesía numerosas conjunciones propias del estilo lógico-discursivo[25].

Aunque la mayoría de las conjunciones coordinadas y subordinantes han desaparecido en esta narración, existe una cuya presencia es una constante de su estructura: la *y*. Un ejemplo de esta construcción polisindética ocurre en la cita siguiente, que consta de un solo período:

> Quique Rojas tenía una hembrita mayor que él... y el domingo Mañuco los vio entrar juntos... y a la salida ella estaba despeinadísima... y, por supuesto, estaban tirando plan, y tú, Lalo... y tú Pichulita... y a Mañuco le gustaba... y Choto iba a pagar... y la cartera se le cayó y tenía una foto... y tú Pichulita ¿te mueres por alguien?, y él no... y tú y tú, ja ja (pp. 39-40).

Se observa que esta misma conjunción es la primera que aparece en el lenguaje del niño: «En estas primeras fases del lenguaje la con-

[23] Samuel GILI Y GAYA, *Curso superior de sintaxis española*, Barcelona, Vox, 1971, página 270.
[24] Véase Edmund DE CHASCA, *El arte juglaresco en el «Cantar del Mío Cid»*, Madrid, Editorial Gredos, 1967, p. 21.
[25] GILI Y GAYA, p. 273.

junción *y* sirve además para expresar muchas relaciones que más tarde se expresarán con otros medios; por ejemplo: *pegaba y era malo* (porque); *y* (ha) *entrado y* (ha) *gritado* (cuando); *un hombre y es muy feo* (que)»[26].

Fuera de lo que significa como imitación del lenguaje popular e infantil, el efecto de los períodos polisindéticos es el de una intensificación de sumandos, el de una enumeración ilimitada de elementos que por su posición llegan a ser casi iguales. Se dan como una simple combinación copulativa sin que ninguno de ellos se destaque demasiado. No obstante, a veces, el último miembro de la enumeración se resalta por su colocación al final o por el empleo de expresiones ponderativas que se le anteponen.

La nivelación de los elementos de la cláusula causada por la profusión de esta conjunción produce un efecto muy sugerente en uno de los pasajes claves de la novela. En el penúltimo párrafo del libro se relata la muerte de Cuéllar, un hecho que durante toda la narración el lector ha esperado como algo inevitable: «lo defendíamos pero no escarmienta con nada, decíamos, en una de éstas lo van a matar» (p. 65); «quisiera tener un revólver... ¿para matarnos?, sí y lo mismo...a ti y a mí» (pp. 60, 65); «Te matarás... no hagas locuras» (p. 97). Sabe que va a morir e inclusive piensa que puede ser en un accidente. Sin embargo, cuando por fin se narra cómo murió, el lector no comprende. Sorprendido, tiene que releer el párrafo porque su muerte aparece como un elemento más en esta enumeración polisindética de hechos triviales. El párrafo, que consiste en un largo período paratáctico, comienza así:

> Desde entonces nos veíamos poco y cuando Mañuco se casó le envió parte de matrimonio sin invitación, y él no fue a la despedida y cuando Chingolo regresó de Estados Unidos casado con una gringa bonita y con dos hijos que apenitas chapurrean español, Cuéllar ya se había ido a la montaña, a Tingo María a sembrar café, decían, y cuando venía a Lima y lo encontraban en la calle, apenas nos saludábamos, qué hay cholo, cómo estás Pichulita, qué te cuentas viejo, ahí vamos, chau, y ya había vuelto a Miraflores, más loco que nunca, y ya se había matado, yendo al Norte, ¿cómo?, en un choque, ¿dónde?, en las traicioneras curvas de Pasamayo, pobre, decíamos en el entierro, cuánto sufrió, qué vida tuvo, pero este final es un hecho que se lo buscó (p. 102).

La sorpresa del lector al comprender que de veras se trata de la muerte de Cuéllar se debe a que este dato está colocado dentro de una fórmula paralela: «y ya había vuelto... y ya se había matado». La intrascendencia del hecho anterior, junto con el adverbio «ya», confunde al lector. Espera otra cosa. Irónicamente, el único elemento de este período que se destaca es «pero este final es un hecho que se lo buscó».

---

[26] *Ibíd.*, p. 276.

Sutilmente la disposición de la cláusula recalca precisamente la actitud despiadada de los personajes. Para ellos la muerte de Cuéllar no tiene importancia. Aquí, como en los casos anteriores, la complejidad verbal de lo narrado no es nada gratuita porque está íntimamente vinculada al contenido.

En el último párrafo, la nivelación provocada por la estructura paratáctica del período ha suscitado el siguiente comentario muy revelador de la psicología de estos cachorros: «los automóviles son tan importantes como los hijos. Lo indica el párrafo final del relato»[27]. Se refiere al pasaje: «Eran hombres hechos y derechos ya y teníamos todos mujer, carro, hijos que estudiaban» (p. 105).

EL TIEMPO

Esta obra no manifiesta ninguno de los desplazamientos temporales tan frecuentes en la estructura de *La ciudad y los perros* y *La Casa Verde*. El relato, como ha dicho Pacheco, parece una sola frase en que se narra en orden cronológico toda la acción. Otro elemento estilístico que distingue esta obra de las anteriores reside en la enorme discrepancia entre la *fábula* y el *sujet*. Es decir, entre el tiempo comprendido por la acción narrada, el tiempo narrativo y el tiempo de lectura, estos dos últimos calificados de *reading-time* o *experienced time* por Wellek y Warren[28]. En *Los cachorros* se reduce un transcurso real bastante amplio (unos veinticinco años) a un tiempo narrativo y de lectura muy breve.

La notoria condensación cronológica presente en *Los cachorros* difiere mucho de la compleja modelación temporal dominante en *La ciudad y los perros*, *La Casa Verde* y *Conversación en la Catedral*. Allí impera un tratamiento polifacético y minucioso del fluir temporal. En esas novelas, perspectivizadas por una multiplicidad de puntos de vista fragmentarios, el tiempo es sumamente maleable, dotado de una flexibilidad casi mágica: se detiene, se acelera, se repite, desdoblándose para engendrar simultaneidades de diversos planos temporales. Esa ductilidad del tiempo hace posible que una escena esté caracterizada por una morosidad opresiva mientras que otra se desarrolle con una rapidez abrumadora.

Pero en *Los cachorros* el tiempo es inflexible. No se presta a las modificaciones antes mentadas, siguiendo, más bien, un curso fatal desde

---

[27] FIGUEROA AMARAL, p. 406.
[28] René WELLEK y Austin WARREN, *Theory of Literature*, 3.ª ed., Nueva York, Harcourt, Brace & World, Inc., 1965, pp. 218-219: «Fable-time is the total period spanned by the story. But "narrative" time corresponds to "sujet": it is reading-time, or "experienced time", which is controlled, of course, by the novelist, who passes over years in a few sentences, but gives two long chapters to a dance or tea-party.»

la vida hasta la muerte, sin desviarse ni detenerse nunca. No hay salida ni escapatoria posibles. El tiempo corre implacablemente.

El lector siempre es consciente de esta rápido fluir temporal. El transcurso narrativo de *Los cachorros* está marcado por el uso intensísimo de giros verbales que recalcan e intensifican el inexorable flujo del tiempo.

Todavía... esa semana... sólo volvió después de las Fiestas Patrias... por ese tiempo... casi al mismo tiempo... salíamos a las cinco en punto... cuando andábamos en Tercero de Media... en Cuarto de Media... en Quinto de Media... Pero en el verano... en la fiesta de promoción... al año siguiente... Pero las semanas corrían... así terminó el invierno, comenzó otro verano... ya se había vuelto... y ya se había matado.

Otro procedimiento que contribuye a la rapidez y, por consiguiente, a la intensidad del movimiento narrativo es la supresión de los nexos verbales (dijo, preguntó, respondió, observó, etc.) que suelen introducir el diálogo directo. Además de este recurso acelerador, hay también otro muy parecido que consiste en varias combinaciones de interrogaciones.

A veces está basado en un diálogo donde hay una serie de preguntas que los personajes se hacen alternativamente: «¿lo había hecho para que lo viera Teresita Arrarte?, sí, ¿para dejarlo mal al enamorado?... ¿Por qué se pondría el mar tan bravo en Semana Santa?, decía Fina, y la China de cólera porque los judíos mataron a Cristo y Choto ¿los judíos lo habían matado?, él creía que los romanos» (p. 85).

Otras veces resulta ser, más que un diálogo, un monólogo angustiado porque solamente se oyen las preguntas. La ausencia de respuestas hace aún más patente el aislamiento de Cuéllar. En la escena que sigue el protagonista trata de averiguar lo que varios médicos han dicho en sus cartas relativo a su cura:

en qué maldita hora vino Teresita al barrio, y Chingolo él se había conformado y ahora está desesperado y Mañuco pero a lo mejor más tarde, la ciencia adelantaba tanto ¿no es cierto?, descubrían algo y Lalo no, su tío el médico le había dicho no, no hay forma, no tiene remedio y Cuéllar ¿ya papá?, todavía, ¿de París mamá?, ¿y si de repente en Roma?, ¿de Alemania, ya? (p. 73)[29].

Resumen del estilo

En resumen, este análisis del estilo revela que el empleo de tan variados y complejos procedimientos técnicos no representa de ningún

---

[29] Díez, p. 313, emplea el término de *punteado interrogativo* para referirse a «the spates of short interrogatives that are so often used in the narrative».

modo un mero alarde de virtuosismo, porque se ajustan perfectamente al contenido, complementándolo y profundizándolo. En el caso de *La ciudad y los perros* se podría hablar de la intromisión de estos mismos recursos dentro de la narración, por ejemplo en el monólogo interior del Boa. Pero la elaboración narrativa se realiza sobre una base lingüística más bien tradicional. En *La Casa Verde,* obra inmediatamente anterior a *Los cachorros,* estos procedimientos estilísticos adquieren un carácter más fundamental. Sin embargo, parece que las situaciones en sí no exigen forzosamente este tratamiento. Allí las técnicas narrativas tienden a reducirse a fórmulas lingüísticas bastante rígidas superpuestas a una materia narrada que en el fondo sigue siendo bastante tradicional. Al leer *La Casa Verde* existe la posibilidad de que el lector, consciente o no de esta base tradicional, reconstituya la novela en términos tradicionales, lo cual implica que él se coloca a cierta distancia de la materia narrada y la considera con cierta objetividad.

Al llegar a *Los cachorros* se nota que las fórmulas verbales parecen ser más libres y complejas. Aquí para entender lo que está pasando, el lector tiene que entregarse a la lectura, *desvaneciéndose* dentro de ella, sin que esté consciente de la elaboración técnica. Inclusive se podría afirmar que en esta obra, más que en ninguna otra de Vargas Llosa, la elaboración artística forma parte íntegra e inseparable de su estructura. Por lo tanto, el verdadero sentido de la obra se revela exigiéndole al lector no detenerse en la acción misma, no dejarse engañar por las banales apariencias verbales de los lugares comunes. Aquí es imprescindible penetrarlas porque, como se ha comprobado, una gran parte del mensaje de esta novela se expresa precisamente mediante estos procedimientos estilísticos. El que no haya buceado más allá de la superficie verbal de sus palabras para encarar las relaciones sutiles y casi inexpresables del lenguaje mismo, nunca podrá entender el significado de *Los cachorros.*

[*Anales de Literatura Hispanoamericana* (Madrid), números 2-3 (1973-1974), pp. 569-591.]

ROLAND FORGUES

LECTURA DE *LOS CACHORROS*, DE MARIO VARGAS LLOSA

LA ESTRUCTURA DEL RELATO Y EL SISTEMA DE LOS PERSONAJES EN SUS RELACIONES CONFLICTIVAS*

Cuéllar, un joven muchacho moral y físicamente frágil, entra al colegio religioso «El Champagnat». Al principio se dedica al estudio con afán y se gana la confianza y simpatía de un grupo de alumnos de su año al que logra integrarse con éxito. Pronto le ocurre un accidente: Judas, el perro del colegio, lo emascula. Los alumnos lo apodan «Pichulita». En un principio, Cuéllar trata de resistir el apodo, pero es en vano. El mote se va imponiendo poquito a poco a pesar suyo, y Cuéllar acaba por aceptarlo intentando probar su virilidad en la práctica de deportes y juegos de carácter viril. Desafiado por el grupo, Cuéllar sale con Teresita Arrarte, una muchacha de su edad. Pero la imposibilidad en que está de declararle su amor lo va enfrentando con la tremenda realidad de su castración, lo lleva a la homosexualidad, a la separación del grupo, e indirectamente a la muerte.

El relato consta de seis grandes secuencias narrativas que definen los diferentes momentos de la vida de Cuéllar desde su llegada al colegio religioso, hasta su muerte ocurrida en un accidente de coche:

1. Llegada de Cuéllar al colegio. Incorporación al grupo. Emasculación.

2. Convalecencia de Cuéllar. Cambio de actitud. Complicidad de los Hermanos.

3. Nacimiento del apodo «Pichulita». Oposición de Cuéllar a la pequeña sociedad del colegio. Aceptación del apodo.

---

* Utilizamos la edición de la Editorial Lumen, Barcelona, 1972.

4. Desafío del grupo. Crisis sentimental de homosexualidad. Retraimiento de Cuéllar.
5. Transferencia del amor al grupo a Teresita Arrarte. Imposible declaración de amor a Teresita. Llegada de Cachito Arnilla.
6. Caída en la homosexualidad. Separación del grupo. Muerte de Cuéllar.

Como se ve, la estructura de *Los cachorros* sigue lo que André Niel[1] llama «la dialéctica universal del relato»: Conflicto → Combate → Eliminación. Pero esa «dialéctica universal del relato» no nos presenta, como lo veremos, un conflicto que opone el grupo a Cuéllar como individuo, sino un conflicto mucho más hondo y complejo que, en realidad, opone en el alma profunda del héroe una aspiración inconsciente a la homosexualidad, y el rechazo de la misma. La estructura del relato desarrolla en definitiva un proceso eliminatorio a partir de la oposición entre el «yo profundo o libre» del héroe que lo impulsa a asumir su propia castración dentro de la homosexualidad, y su «yo superficial o sometido a todos los absolutos convencionales»[2], las pautas de la vida social, que lo obliga a disimular su verdadero estado buscando una compensación a su sexualidad frustrada en manifestaciones exteriores de virilidad y de machismo[3]. De modo que la emasculación física de Cuéllar no parece ser, finalmente, sino la sanción de su castración moral.

Cuéllar llega al colegio cuando ya está constituido el grupo al que va a incorporarse. De aquí surge su incorporación ya condicionada al respeto de las reglas del grupo, y su libertad a la práctica del agradecimiento: «Nos soplaban en los exámenes y en los recreos nos convidaba chupetes, ricacho, tofis, suertudo, le decía Choto, te dan más propina que a nosotros cuatro, y él por las buenas notas que se sacaba, y nosotros menos mal que eres buena gente, chanconcito, eso lo salvaba» (página 54).

Este fenómeno aparece también a las claras cuando los muchachos de la pandilla se sienten moralmente obligados a meterlo en su equipo de fútbol por ser Cuéllar *hincha* del grupo: «...y además era hincha

---

[1] André NIEL, *L'analyse structurale des textes,* París, Mame, 1973, p. 103.
[2] Entendemos por «absolutos convencionales» todas las obligaciones y prohibiciones de cualquier orden que sean (morales, religiosas, ideológicas, sociales, e incluso pasionales) que impone la vida en común en la sociedad.
[3] El psicoanálisis post-freudiano, escribe André Niel, p. 111, atribuye una gran importancia al conflicto del «yo conformista» y del «yo profundo o libre». Y, añade de nota: «Henri Bergson opone el «yo conformista» al «yo libre»; el primero sería el «yo superficial», y el otro sería el «yo profundo». Por ejemplo cuando resistimos una influencia exterior, «...es el yo de abajo el que sale a la superficie... estalla la corteza exterior bajo el efecto de un irresistible empujón» (*Les données immédiates de la conscience,* p. 129).

nuestro, había que meterlo como sea decía Lalo, y Chingolo para que esté con nosotros y Mañuco sí, lo meteríamos, ¡aunque iba a estar más difícil!» (p. 56).

El accidente que le ocurre a Cuéllar transforma sus relaciones con el grupo en relaciones de complicidad voluntaria. Pero el cambio de actitud de Cuéllar a su vuelta del hospital con la complicidad tácita y forzada de los Hermanos, despierta en el grupo la envidia e incluso los celos. A partir de aquel momento esas relaciones, aunque de manera encubierta, irán tomando francamente un carácter de competencia que empezará por el nacimiento del apodo «Pichulita» y culminará con el desafío que el grupo le lanzará en el terreno de la sexualidad obligándolo a revelar su inconsciente tendencia a la homosexualidad.

En efecto, al principio, el grupo, con la complicidad del yo íntimo de Cuéllar que le confía su secreto: «Ahí pues, y se muñequeó, ¿en la pichulita?, si coloradito, y se rió y nos reímos...» (p. 61), se opone:

—al yo conformista de Cuéllar que resiste el apodo: «...¿qué te dicen?, una cosa fea Hermano, le daba vergüenza repetírsela, tartamudeando y las lágrimas que se le saltaban...» (p. 65);

—a la familia de Cuéllar que no quiere que se sepa dónde ocurrió el accidente: «... Cuéllar todavía no estaba curado y él chist, era un secreto, su viejo no quería, tampoco su vieja, que nadie supiera, mi cholo, mejor no digas nada, para qué, había sido en la pierna, no más, corazón, ¿ya?» (p. 61);

—a los Hermanos que tratan de disimular a los otros alumnos el verdadero estado de Cuéllar: «... pero los Hermanos se enfurecían si los alumnos hablaban entre ellos del accidente, nos chapaban y un cocacho, silencio toma, castigado hasta las seis» (p. 60); y, en cierto modo, elimina a sus ojos al Cuéllar conformista obligándolo a aceptar el apodo «Pichulita» y haciéndose luego su cómplice para ayudarle a disimular su castración ante los demás: «...y además por qué te enojas, hermanito, era un apodo como cualquier otro y por último ¿al cojito Pérez no le dices tú "Cojinaba" y al bizco Rodríguez "Virilo" o "Mirada Fatal" y "Pico de Oro" al tartamudo Rivera? ¿Y no le decían a él Mañuco a él Choto, a él Chingolo a él Lalo? No te enojes, hermanón, sigue jugando, anda, te toca» (p. 68).

Sin embargo, es obvio que el grupo quiere quedar dueño del juego. Así se explica, por supuesto, que ponga definitivamente al desnudo el yo íntimo de Cuéllar humillándolo en una especie de desafío bajo la forma de tomadura de pelo: «... y tú, Lalo, ¿ya tiraste plan?, y tú, Pichulita, ja, ja (...) Y tú Pichulita ¿te mueres por alguien?, y él no, colorado, todavía, o pálido, no se moría por nadie, y tú y tú, ja, ja» (p. 69).

Para hacerse cómplice de Cuéllar, el grupo necesita una prueba tangible de su impotencia sexual, prueba que no puede obtener más que retándolo en el terreno del amor varonil, pues mientras no haya tenido Cuéllar una experiencia sentimental auténtica el grupo no puede estar absolutamente seguro de su castración.

El segundo gran movimiento narrativo del texto opone, por su parte, a las muchachas que no logran comprender la actitud del héroe frente a ellas:

¿Por qué no le caes a alguna muchacha de una vez? Así serían cinco parejas y saldríamos en patota todo el tiempo y estarían para arriba y para abajo juntos ¿por qué no lo haces? Cuéllar se defendía bromeando, no porque entonces ya no cabrían todos en el poderoso Ford y una de ustedes sería la sacrificada, ¿acaso nueve no íbamos apachurrados? En serio, decía Pusy, todos tenían enamorada y él no, ¿no te cansas de tocar violín? Que le cayera a la flaca Gamio, se muere por ti, se lo había confesado el otro día (p. 82).

—al Cuéllar conformista: «Cuéllar se defendía bromeando... despistando...» (pp. 81-82);

—al grupo cómplice: «Ta vez no saben pero cualquier día van a saber, decía Chingolo, y será su culpa ¿qué le costaba caerle a alguna aunque sólo fuera para despistar» (pp. 81-82); «...había que ayudarle... le conseguiríamos una hembrita aunque fuera feíta, y se le quitaríamos el complejo...» (p. 80); y acaban con su resistencia ya que lo obligan a tener una imposible experiencia amorosa con Teresita Arrarte:

...pero era un amor de lo más raro... (p. 94).

Y Cuéllar, por su parte, tampoco se decidía: seguía noche y día detrás de Teresita Arrarte, contemplándola, haciéndole gracias, mimos, y en Miraflores los que no sabían se burlaban de él, calentador, le decían, pura pinta, perrito faldero y las chicas le cantaban «hasta cuándo, hasta cuándo» para avergonzarlo y animarlo» (p. 98).

Como se puede observar, para descubrir la verdadera personalidad del protagonista, las muchachas proceden del mismo modo que los muchachos antes de que éstos se hicieran cómplices, desafiándolo en el terreno del verdadero amor y de la virilidad.

El tercer gran movimiento narrativo se caracteriza por la oposición entre el Cuéllar íntimo que confía a sus compañeros la imposibilidad de llevar a cabo la experiencia amorosa con Teresita Arrarte y de esconder su falta de virilidad, y el Cuéllar conformista y el grupo cómplice que tratan de aplazar cuanto pueden el momento de la verdad porque, precisamente, representa para ambos el fracaso de sus tácticas de disimulo:

Dos *Cristales* más y Cuéllar no sabía qqqué iba a hacer Choto, ¿qué podía hacer?, y él caerle y él no puede ser, Chingolito, cómo le voy a caer y el cayéndole, patita, declarándole su amor, pues te va decir sí. Y él no era por eso, Mañuco, le podía decir sí pero ¿y después? (p. 99).

...¿ya no le importaba?, y él qqqué le iba a importar y ellos ¿ya no la quería?, qqqué la ibbba a querer» (p. 102).

En el último gran movimiento narrativo, el Cuéllar íntimo elimina al Cuéllar conformista (caída en la homosexualidad): «Se perdió, decíamos, y las muchachas pobre su madre y ellos ¿sabes ahora se junta con rosquetes, cafichos y pichicateros? (p. 107); «Ya está, decíamos, era fatal: maricón» (p. 114).

El yo conformista del grupo se opone al yo íntimo de Cuéllar porque teme ser asimilado a él:

Y también: qué le quedaba, se comprendía, se le disculpaba pero, hermano, resulta cada día más difícil juntarse con él, en la calle lo miraban, los silbaban y lo señalaban, y Choto a ti te importa mucho el qué dirán, y Mañuco lo rajaban y Lalo si nos ven mucho con él y Chingolo te confundirán (p. 114).

Esta oposición se termina por el repudio de Cuéllar y, en cierta forma, su muerte. Es la inevitable marginación social en que participan no sólo la familia, los Hermanos, sino la sociedad burguesa en su conjunto, de la que el grupo y las muchachas no son más que un simple compendio ilustrativo.

EL TEMA Y SU TRATAMIENTO

Desde el principio ya del relato una serie de indicios revelan en Cuéllar la existencia de un evidente complejo de castración que viene confirmado al final por éste «era fatal», pronunciado por la voz anónima del grupo, que marca la inexorable evolución del héroe hacia la homosexualidad.

A partir de la emasculación de Cuéllar, los trastornos de su personalidad se irán haciendo aún más evidentes y determinarán en él un combate vivo entre el deseo inconsciente de asumir su sexualidad y la imposibilidad física consciente de hacerlo.

Toda la actitud futura y todo el futuro comportamiento del héroe están compendiados ya en esta frase de su compañero Chingolo:

...y Chingolo cómo se empavó cuando nos contó, ¿sería pecado hablar de eso? (página 62).

De aquí nacen inconscientemente todas las manifestaciones exteriores de virilidad y de machismo que ilustran perfectamente su castración e impotencia sexual.

Desde las primeras líneas de la novela, Cuéllar aparece como un ser frágil y algo diferente del grupo al que va a integrarse:

Apareció una mañana, a la hora de la formación, de la mano de su papá, y el Herma-no Lucio lo puso a la cabeza de la fila porque era más chiquitito todavía que Rojas, y en la clase el Hermano Leoncio lo sentó atrás, con nosotros, en la carpeta vacía jovencito» (p. 53).

Era chanconcito (pero no sobón) ...Él se lustraba las uñas en la solapa del saco y mi-raba a toda la clase por encima del hombro, sobrándose (de a mentiras, en el fondo no era sobrado, sólo un poco loquibambio y juguetón)» (p. 54). ...y Mañuco iba a estar bien difícil que entrara al equipo, no tenía físico, ni patada, ni resistencia, se cansaba ahí mismo, ni nada» (p. 56).

Al entrar al colegio, Cuéllar no parece tener ningún atributo de la ver-dadera virilidad. Su actitud en clase, primero, y su entrenamiento en el fútbol, luego, revelan indudablemente en él un afán inconsciente de afirmarse frente a sus compañeros, de medirse con ellos, y dejan translucir la existencia de un verdadero complejo de castración que ya intenta compensar. Lo prueba a las claras el hecho de que hace alarde del cambio que han sufrido sus pantorrillas después del entrenamien-to: «Y él: lo había entrenado su primo el Chispas (...) Se había pasado los tres meses sin ir a las matinés ni a las playas, sólo viendo y jugando fútbol mañana y tarde, toquen esas pantorrillas, ¿no se habían puesto duras?» (p. 57).

Bien se conoce desde Sigmund Freud la importancia del subcons-ciente, que se manifiesta sobre todo en el sueño[4], en el comportamien-to del individuo. Y, si bien es verdad, como lo escribe el autor de los *Cinco psicoanálisis,* que el sueño es «uno de los medios principales de lo que se llama la representación indirecta en el psiquismo»[5], no cabe duda de que cuando Mario Vargas Llosa escribe a propósito de su hé-roe: «...Cuéllar sacaba su puñalito y chas chas lo soñaba, deslonjaba y enterrabaaaaaauuuu, mirando al cielo, uuuuuuaaauuuu, las dos manos

---

[4] Véase Sigmund FREUD, *La Science des rêves,* París, Ed. Alcan.
[5] Subrayando la importancia del lenguaje del sueño declara el autor: «Cette connais-sance (celle du langage du rêve) —je puis l'affirmer— est indispensable au psychanalys-te, le rêve représentant un des chemins par lesquels peut accéder à la conscience ce maté-riel psychique qui, en vertu de la répulsion qu'évoque son contenu, a été refoulé, barri-cadé hors du conscient et qui, par conséquent, est devenu pathogène. Bref, le rêve est l'un *des détours servant à éluder le refoulement,* un des moyens principaux de ce que l'on appelle la *représentation indirecte* dans le psychisme» (*Cinq psychanalyses,* París, Presses Universitaires de France, 1971, p. 8).

en la boca, auauauauuuuu: ¿qué tal gritaba Tarzán?» (p. 55), pone de relieve la existencia de ese verdadero complejo de castración que anuncia ya su futura emasculación física. Si la imitación del grito de Tarzán, personaje que simboliza la fuerza, el valor, la virilidad, revela la aspiración profunda del héroe de llegar a ser el hombre que no es, el sueño, aunque despierto, traduce indudablemente el miedo de verla frustrada, pues el puñalito representa simbólicamente el instrumento de la castración que inconscientemente está temiendo.

Con una serie de indicios, que a primera vista pueden parecer sin importancia, el narrador nos permite captar las motivaciones profundas de la actitud y comportamiento de Cuéllar, dejándonos entrever la futura evolución de su sexualidad: «...cosa rara, en vez de haber escarmentado con el fútbol (¿no era por el fútbol, en cierta forma, que lo mordió Judas?) vino más deportista que nunca. En cambio los estudios comenzaron a importarle menos» (p. 63). De modo que, desde el principio ya del relato, Cuéllar cumple el papel de víctima, pero de víctima cuya muerte nos está presentada por el grupo como la consecuencia de un verdadero placer masoquista en el que se hubiera complacido: «...pobre decíamos en el entierro, cuánto sufrió, qué vida tuvo, pero este final es un hecho que se lo buscó» (p. 117), como si, de veras, la vida de Cuéllar pudiera haber sido otra, cuando, sin saberlo, el propio grupo lo designa ya como víctima expiatoria predestinada y lo sacrifica al vértigo trágico del lector: «Pucha, diablo, si se escapa un día, decía Chingolo, y Mañuco si se escapa hay que quedarse quietos, *los daneses sólo mordían cuando olían que les tienes miedo...*» (p. 55. El subrayado es nuestro).

A partir de su emasculación, le quedan a Cuéllar sólo dos caminos —con una serie de variantes más o menos importantes— cuando despierta su sexualidad: renunciar a ella por completo, o tratar de asumirla fuera de la masculinidad. Pero, en realidad, lo complejo de su personalidad lo va enfrentando con una elección imposible. En efecto, su castración despierta en él una recóndita e inconsciente tendencia a la homosexualidad que le hace rechazar la primera solución; los absolutos convencionales y las pautas de la vida social le impiden que escoja abiertamente la segunda. De aquí surge todo el drama de Cuéllar y su papel de víctima.

Es sobre todo al nivel del discurso literario donde se siente más intensamente la permanencia del conflicto interior que sostiene Cuéllar, gracias a una serie de comparaciones, de imágenes, de metáforas en que los símbolos desempeñan un papel importantísimo porque proceden directamente de su subconsciente. Hablando precisamente de la función del lenguaje en psicoanálisis, Jean Michel Palmier escribe: «La psicopatología de la vida diaria nos enseña que cualquier acto fallido es un discurso acertado. Freud muestra a las claras que el síntoma se resuelve por completo en un análisis del lenguaje del que se ha de libertar la palabra». Y añade más adelante: «El hombre habla, pero es el símbolo el que lo ha constituido. El significante crea alrededor del hombre una red tan densa que dirige ya como constelación su nacimiento»[6].

Así que la actitud machista de Cuéllar: «...ella sería la vaca y yo seré el toro, ja, ja» (p. 70); «Seco y volteado, decía Pichulita, así glu glu, como hombres, como yo» (p. 73) lo mismo que la broma que hace sobre su propio apodo: «...se hacía el desentendido, y a veces hasta bromeaba, Pichulita no ¡Pichulaza ja ja!» (p. 68) e inclusive el modo con que acaba por reivindicarlo: «Cuando le decían Cuéllar se ponía serio y miraba con desconfianza, como dudando, ¿no sería burla? Hasta estiraba la mano a los nuevos amigos diciendo mucho gusto, Pichula Cuéllar a tus órdenes» (p. 68) aparecen no sólo como un deseo de afirmar su normalidad frente al grupo, sino también como una especie de reto interior que se está lanzando a sí mismo. Son bastante reveladoras de esa especie de reto interior, la aparición inconsciente del origen de su propio mal (Judas-Juas) y, sobre todo, la manifestación de un verdadero placer sádico con las chicas que aparece en una serie de imágenes de innegable carácter erótico:

En los Carnavales, las chicas lo huían: las bombardeaba con proyectiles hediondos, cascarones, frutas podridas, globos inflados con pipí y las refregaba con barro, tinta, harina, jabón (de lavar ollas) y betún: salvaje, le decían, cochino, bruto, animal, y se aparecía en la fiesta del «Terrazas», en la Infantil del Parque de Barrando, en el baile de «Lawn Tennis», sin disfraz, un chisguete de éter en cada mano, píquiti píquiti juas, le di, le di en los ojos, jaja píquiti píquito juas, la dejé ciega, ja ja, o armado con un bastón para enredarlo en los pies de las parejas y echarlas al suelo: bandagán (p. 86).

En aquel instante Cuéllar parece presa de una libido reforzada bajo el impulso de lo que Sigmund Freud llama «el complejo excrementicio»[7] y del complejo de castración, mezclados, pues la imagen del bastón representa sin duda el instrumento sexual del que carece precisamente, y las imágenes de los proyectiles hediondos, del barro, de la tinta, de la harina, del jabón de lavar ollas simbolizan con toda evidencia los excrementos.

La inconsciente tendencia a la homosexualidad que se esconde en lo más recóndito de nuestro protagonista se manifiesta en primer lugar en sus reacciones frente a las experiencias sentimentales de sus compañe-

[6] Jean-Michel PALMIER, *Lacan*, París, Editions Universitaires, 1972, p. 58.
[7] FREUD, *Cinq psychanalyses*, p. 168.

ros. Esas reacciones denotan en él indudablemente la aparición de un sentimiento de desposesión, de traición, y de despecho amoroso que provoca los celos y el retraimiento. Cuéllar no se conduce diferentemente de todos los enamorados que ven su amor rechazado o frustrado. La crisis de celos homosexuales se traduce, primero, por un afán obsesivo de comprobar los verdaderos límites de su desgracia: «...Cuéllar comenzó a ponerse nerviosito, ¿le había agarrado la mano?, pesadito qué había hecho Chabuca, Lalo, y preguntón ¿la besaste, di? (...) y Cuéllar, golpeando la mesa con su vaso, cómo fue, qué dijo, qué le dijiste, qué hiciste. Pareces un cura, Pichulita, decía Lalo, me estás confesando y Cuéllar cuenta, cuenta, qué más» (p. 75).

El uso de un vocabulario sabiamente dosificado, en particular gracias al empleo de los diminutivos «nerviosito», «pesadito» y del calificativo familiar «preguntón», lo mismo que la acumulación de las preguntas apremiantes, nos permite apuntar que Cuéllar no tiene conciencia de la naturaleza exacta de los sentimientos que lo animan y, sobre todo, de las motivaciones profundas que lo mueven a expresarlos con tanta animación.

Pero con el empleo reiterado de la palabra *traicionar* que pone en boca del héroe —«nos traicionaste; Lalo traidor; mal amigo traidor» (página 76)—, Vargas Llosa va llevando imperceptiblemente a su lector a que descubra que la crisis que sufre Cuéllar es innegablemente de orden homosexual. Esto viene confirmado por el empleo de la palabra «maricón» utilizada por Cuéllar con un tono de mal humor para calificar el comportamiento de su compañero Lalo con una chica: «se pasaría los domingos con Chabuca y nunca más nos buscarás, maricón» (página 76).

Al tratar de maricón a un compañero que tiene relaciones sexuales con una mujer, Cuéllar expresa inconscientemente que considera esas relaciones como anormales, como viciosas, y así indirectamente que las verdaderas relaciones sexuales que desea tener son las relaciones contrarias. Además la actitud de Cuéllar hacia Lalo desemboca en el odio que representa la última expresión del amor traicionado o imposible: «...no le perdona la de Chabuca, decíamos, qué odio le tiene» (p. 78). Es de notar cómo el autor, para subrayar que el origen del sentimiento de celos experimentado por el héroe es verdaderamente el amor homosexual, centra todo el odio de Cuéllar sobre el hombre (Lalo), y no sobre la mujer (Chabuca). Cuéllar se porta del mismo modo con sus otros compañeros conforme van teniendo enamorada. No aparece tampoco en su boca la menor palabra que asocie a las muchachas a los sentimientos que experimenta: «En cuarto de Media, Choto le cayó a Finas Salas y le dije que sí, y Mañuco a Pusy Lañas y también que sí. Cuéllar se encerró en su casa un mes y en el colegio apenas si los saludaba...» (página 78). Este fenómeno está confirmado por el propio narrador cuando escribe a propósito de la broma que Cuéllar hace sobre su apodo: «no a las muchachas, claro, sólo a los hombres» (p. 68). Todo pasa en efecto como si, desde el punto de vista sexual, la mujer no tuviera nada que ver con la historia de Cuéllar.

Pero, aunque relaciona directamente la actitud de Cuéllar con la experiencia sexual de un compañero: «Se ha picado, decía Mañuco, mientras corríamos hacia la Diagonal, dijiste le caí a Chabuca y mi cumpa cambió de cara y de humor (p. 77), el grupo no logra darse cuenta claramente de la naturaleza profunda de los sentimientos que lo animan a pesar de haberlos notado: «No había que ser celoso» (p. 76).

La gran habilidad de Vargas Llosa consiste en hacer a su lector cómplice del narrador revelándole ciertos indicios que le permiten seguir el proceso evolutivo del protagonista principal mientras que la conducta de éste queda ambigua para los demás personajes: «Pero pasó algo: comenzó a hacer locuras para llamar la atención» (p. 77); «Se hacía el loco para impresionar, pero también para ¿viste, viste?, sacarle cachita a Lalo, tú no te atreviste y yo sí me atreví» (p. 78); «Se hace el misterioso, decían, el interesante, el torcido, el resentido» (p. 78) ...etcétera...

Pasa lo mismo cuando el narrador quiere subrayar el carácter particular del amor que Cuéllar manifiesta por Teresita Arrarte. Insiste primero en la duda que expresa Cuéllar cuando se le pregunta si quiere de verdad a Teresita, empleando una comparación bastante significativa con un chicle: «¿le gustaba?, puede que sí, como un chicle, puede que sí» (p. 89); y, sobre todo, a través de la presentación de la cara que pone Cuéllar cuando anuncia a sus compañeros que lo van a curar, destaca en él un inconsciente deseo de quedar castrado: «...y él como quien no quiere la cosa ¿qué bien, no?» (p. 91).

Esta duplicidad del protagonista viene recalcada también por el empleo de un lenguaje «asexuado», como lo califica muy acertadamente Julio Ortega[8], (uso del calificativo «regio», exclusivamente femenino en el habla limeña, que aparece por lo menos dos veces en su boca), y por una serie de antítesis que denotan en él la presencia de sentimientos opuestos y contradictorios como «forajido/conquistador» (p. 82); «tristón/matón» (p. 86); «violencia/ansiedad» (p. 85); «se quejaba/y también se enfurecía» (p. 65), etc.

Un análisis detallado del vocabulario empleado por el novelista, sin duda confirmaría esta visión de la obra. Sólo daremos aquí otro

---

[8] Julio ORTEGA, *La contemplación y la fiesta*, Caracas, Monte Ávila, 1969, p. 146.

ejemplo pero, a nuestro entender, bastante significativo. Cuando los compañeros están desafiando indirectamente a Cuéllar en el terreno del amor, Vargas Llosa emplea voluntariamente palabras «alguien» «nadie» (p. 68) que pueden aplicarse indiferentemente a los dos sexos, mientras que unas páginas más abajo el mismo grupo utiliza una palabra femenina «alguna» (p. 85). El caso es que en el primer ejemplo se trata de que el grupo ponga a prueba la virilidad de Cuéllar, mientras que en el segundo se trata de salvar las apariencias.

Ciertos comentarios del grupo son, asimismo, muy reveladores para el lector porque le permiten no sólo notar lo extraño del comportamiento de Cuéllar en que aparece su aspecto afeminado con el empleo de los diminutivos «formalito» «caballerito»: «El amor hace milagros, decía Pusy, qué formalito se ha puesto, qué caballerito. Y la China: *Pero era un amor de lo más raro, ¿si estaba tan templado de Tere por qué no la caía de una vez?*» (p. 94), sino también, y sobre todo, el carácter subconsciente de la lucha que está sosteniendo: «pero Cuéllar no podía, *era más fuerte que él,* cada domingo con la misma vaina: a ver, ¿cómo les fue?, que contáramos, ¿rico el plan?» (...) «Perdón, Mañuco, *no sé qué me pasó,* hermano nada» (p. 85. El subrayado es nuestro).

Esa lucha acaba por producir un poderoso sentimiento de frustración que se manifiesta, en primer lugar, en el fenómeno compensatorio de las muestras exteriores de virilidad, como la velocidad, por ejemplo, y, en segundo lugar, en el voyeurismo: «...lo veíamos en la oscuridad de la platea, sentadito en las filas de atrás, encendiendo pucho tras pucho, espiando a la disimulada a las parejas que tiraban plan» (p. 81).

La experiencia sentimental con Teresita Arrarte, que viene inmediatamente después, no parece ser sino lo que los psicoanalistas llaman una «transferencia» que generalmente precede a la curación. Todo, en efecto, parece indicar que Cuéllar traslada a Teresita Arrarte el amor que le tenía al grupo, antes de encontrar su curación en la caída definitiva en la homosexualidad tras apartarse del grupo que representaba para él la cristalización de su mal. Si por lo común en las curas psicoanalíticas la «transferencia» se suele hacer, como lo afirma Sigmund Freud, en el médico, pasa lo mismo en este texto[9]. No lo olvide-

---

[9] He aquí lo que al respecto escribe FREUD, *Cinq psychanalyses,* pp. 86-87: «On peut dire que généralement la production de nouveaux symptômes cesse pendant la cure psychanalitique. Mais la productivité de la névrose n'est nullement éteinte, ell s'exerce en créant des états psychiques particuliers, pour la plupart inconscients, auxquels on peut donner le nom de *transferts.* Que sont ces transferts? Ce sont de nouvelles éditions, des copies des tendances et des fantasmes qui doivent être éveillés et rendus conscients par les progrès de l'analyse, et dont le trait caractéristique est de remplacer une personne antérieurement connue par la parsonne du médecin. Il y a des transferts qui ne différent en

mos, Teresita Arrarte representa simbólicamente al médico ya que es ella la que tiene que curar a Cuéllar de su complejo, como lo declaran sus propios compañeros. Este fenómeno de «transferencia» explica sin duda la imposibilidad en que está Cuéllar de declararle su amor a Teresita por el hecho mismo de que antes no había podido declarar su amor al grupo por ser éste un amor inconsciente.

Así que, indudablemente, las preguntas apremiantes que nuestro personaje les va haciendo a sus padres, parecen expresar mucho más el miedo de curarse que la esperanza de recobrar realmente la virilidad. Esto, por lo visto, viene confirmado por su comportamiento en aquel momento que, por una parte, traduce una indiscutible evolución hacia el feminismo, y, por otra parte, revela un gozo evidente que va sacando de la compensación a su virilidad frustrada:

... se portaba en los cumpleaños y salchicha-parties como un muchacho modelo: llegaba puntual y sin tragos, un regalito en la mano, Chabuquita, para ti, feliz cumplete, y estas flores para tu mamá, dice ¿vino Teresita? Bailaba muy tieso, muy correcto, pareces un viejo, no apretaba a su pareja, a las chicas que planchaban ven gordita vamos a bailar, y conversaba con las mamás, los papás, y atendía sírvase señora a las tías, ¿le paso un juguito?, a los tíos ¿un traguito?, galante, qué bonito su collar, cómo brillaba su anillo, locuaz, ¿fue a las carreras señor, cuándo se saca el pollón?, y piropeador, es usted una criolla de rompe y raja, señora, que le enseñara a quebrar así, don Joaquín, qué daría por bailar así (pp. 92-93).

Paralelamente a su evolución hacia el feminismo, se puede observar en el héroe un ensanche del fenómeno compensatorio a su complejo de castración y a su virilidad frustrada que intenta sublimar en el dominio religioso, político, científico, y social, refugiándose en los valores más conservadores, reaccionarios, oscurantistas, y aristocráticos:

Cuando estábamos conversando en una banca del Parque, y llegaba Teresita Arrarte, en una mesa del «Cream Rica», Cuéllar cambiaba, o en en el barrio, de conversación: quiere asombrarla, decían, hacerse pasar por un cráneo, la trabaja por la admiración. Hablaba de cosas raras y difíciles: la religión (¿Dios que era todopoderoso podía acaso matarse siendo inmortal?, a ver, quién de nosotros resolvía el truco), la política (Hitler no fue tan loco como contaban, en unos añitos hizo de Alemania un país que se le emparó a todo el mundo ¿no?, qué pensaban ellos); el espiritismo (no era cosa de superstición sino ciencia, en Francia había médiums en la Universidad y no sólo llaman a las almas, también las fotografían, él había visto un libro, Teresita, si quería se lo conseguía y te lo presto). Anunció que iba a estudiar: el año próximo entraría a la Católica y ella disforzada qué bien, ¿qué carrera iba a seguir?, y le metía por los ojos sus manitas blancas, seguiría abogacía, sus deditos gordos y sus uñas largas, ¿abogacía?, ¡uy! qué feo, pintada color natural, entristeciéndose y él no para ser picapleitos sino para entrar a Torre Tagle y ser diplomático... (pp. 93-94).

---

rien de leur modèle quant à leur contenu, à l'exception de la personne remplacée. Ce sont donc, en se servant de la même métaphore, de simples rééditions stéréotypées, des réimpressions.»

Es comparable la evolución de Cuéllar en aquel momento con la transformación que sufre el presidente Schreber antes de encontrar la solución de su conflicto mental. Así, Cuéllar procura crearse, igual que Schreber, un mundo nuevo en armonía con su personalidad pues, como lo escribe Sigmund Freud a propósito del presidente, su emasculación ya no es una «vergüenza, se hace conforme con el universo, se coloca en un gran conjunto cósmico, permite una nueva creación de la humanidad tras la extinción de ésta» [10].

ENSAYO DE INTERPRETACIÓN

Como acabamos de verlo, la emasculación física de Cuéllar no hace más que sancionar definitivamente y, en cierto modo, justificar una castración moral impuesta por la Familia (el padre y la madre), la Educación (los Hermanos), y la Sociedad burguesa en su conjunto, representada aquí tanto por el grupo de muchachos, como por la pandilla de las chicas y todos los demás alumnos del colegio. El cuadro que el novelista nos da del padre, violento, autoritario, abusivo, representa ya una primera aproximación a la futura conducta del hijo que no logra dominar normalmente la evolución de su complejo de Edipo: «... por los estudios descuida el deporte, y Lalo no era culpa suya su viejo debía ser un fregado (p. 56) [11].

Mientras sus compañeros se entrenan en el fútbol, Cuéllar tiene que hacer sus tareas. No puede ejercer normalmente su virilidad naciente, y, ya desde el principio del relato, parece condenado a ser, a pesar de su sexo masculino, un ser femenino. Esto, por lo visto, viene simbólicamente confirmado por el apellido que le atribuye el novelista, y que indudablemente alude al sexo de la mujer (Cuello Cuéllar), y por el mote que le imponen sus compañeros que designa el sexo masculino (Pichula).

Análogamente la Educación religiosa de los Hermanos que lo miman, que lo soban, no es más que otra forma de quitarle su virilidad, hasta convertirlo en una especie de individuo totalmente irresponsable e incapaz de cualquier iniciativa personal.

Y, por fin, la Sociedad que lo rodea con todo su séquito de prejuicios y humillaciones, acaba por castrarlo definitivamente, eliminándolo de su seno con un pretexto de incompatibilidad de moral.

De modo que la emasculación de Cuéllar le sirve al autor para

---

[10] FREUD, *Cinq psychanalyses*, p. 295.
[11] Véase Pierre DACO, *Les prodigieuses victoires de la psychologie moderne*, Verviers, Gérard, 1960, t. I, pp. 181-195.

desenmascarar una serie de tabúes morales, religiosos, sociales, e incluso ideológicos, que enajenan la libertad del individuo.

«¿Sería pecado hablar de eso?», pregunta uno de los personajes de Vargas Llosa. Sí, ésa es la verdadera cuestión, motor esencial del desarrollo narrativo de *Los cachorros*. Pues, al fin y al cabo, si el héroe es un ser que acaba en la marginación social es porque se ha atrevido a desafiar esa ley del pecado, cuya acción viene simbolizada de modo inequívoco en el correr olas en Semana Santa. Y precisamente en ese desafío lanzado a la ley del pecado es donde el héroe trata de encontrar su propia realización y libertad a través del símbolo de renacimiento y purificación representado por el agua[12]. Pero, al mismo tiempo, el individuo que se atreve a desafiar los absolutos convencionales no puede ser considerado por los demás como un ser normal. De aquí surge que merezca su conmiseración. Así se explica, por supuesto, este significativo comentario de la voz anónima del grupo: «Sí, sí, lo ayudaríamos, era buena gente, un poco fregado a veces pero en su caso cualquiera, se comprendía, se le perdonaba, se le extrañaba, se le quería» (p. 80). Nótese el empleo del vocabulario «comprender, perdonar, extrañar, querer» que, además de un sentimiento de conmiseración, sobrentiende la presencia de la consideración social a la cual no puede sustraerse el grupo.

Del mismo modo Vargas Llosa sugiere que, de haber sido otras las circunstancias, la tragedia de Cuéllar pudo haber sido la de cualquier otro protagonista de su novela, e indirectamente parece indicar que podría ser la de cualquier individuo de la sociedad burguesa. Ese es, por lo visto, el sentido que cabe atribuir a este deseo inconsciente expresado por los compañeros de Cuéllar de verse castrados a su vez para poder disfrutar de las ventajas que la castración le lleva a éste: «Quién como tú, decía Choto, te das la gran vida, lástima que Judas no nos mordiera a nosotros también...» (p. 63).

Para Vargas Llosa, como lo confiaba a Luis Harss, «... la excepcionalidad de un individuo no proviene jamás de algo inmanente en él, sino de la alianza de una serie de condiciones y elementos exteriores y también interiores, pero que son comunes a la especie»[13].

Y no se puede dejar de pensar que los cuatro conejitos blancos que reemplazan al perro emasculador en la jaula del colegio, representan simbólicamente a los cuatro compañeros de Cuéllar, moralmente castrados a su vez (ya que son incapaces de asumir hasta el final su propia responsabilidad manteniendo relaciones con Cuéllar del que

---

[12] Véase DACO, p. 231.
[13] Luis HARSS, *Los nuestros,* Buenos Aires, Sudamericana, p. 443.

al principio se habían hecho los cómplices), presos de todas las pautas sociales, de todos los tabúes morales, religiosos, e ideológicos, en la jaula de la Sociedad de la que, finalmente, alimentarán la hipocresía aceptándola, y hasta prolongándola. En este sentido, el último párrafo de la novela, tiene, según parece, una importancia capital para la comprensión del mensaje del relato porque muestra que, como para la marginación social de Cuéllar, la caída del grupo en el aburguesamiento es la consecuencia ineluctable del acondicionamiento impuesto por los absolutos convencionales:

> Eran hombres hechos y derechos ya y teníamos todos mujer, hijos que estudiaban en El Champagnat, la Inmaculada o el Santa María, y se estaban construyendo una casita para el verano en Ancón, Santa Rosa o las playas del Sur, y comenzábamos a engordar y a tener canas, barriguitas, cuerpos blandos, a usar anteojos para leer, a sentir malestares después de comer y beber y aparecían ya en sus pieles algunas pequitas, ciertas arruguitas (p. 117).

A través de esta concepción cíclica del Tiempo, a través de este eterno retorno de la Historia, el novelista quiere indudablemente recalcar la alienación del individuo dentro de la Sociedad burguesa. En efecto, si al principio el grupo se siente solidario con Cuéllar y manifiesta en el castigo que le hace sufrir al perro Judas que se siente colectivamente responsable de su emasculación: «Ellos lo estábamos vengando, Cuéllar, en cada recreo pedrada y pedrada contra la jaula de Judas...» (p. 61), conforme va desarrollándose su yo social, aminoran esa responsabilidad, e inclusive al final la niegan por completo: «... pero este final es un hecho que se lo buscó» (p. 117).

Al mismo tiempo Vargas Llosa intenta mostrarnos que somos todos más o menos colectivamente responsables de esa alienación y pretende hacérnosla compartir. Esto aparece a lo largo de toda la narración gracias a la técnica empleada que procura unir en un mismo plano al lector con el narrador y sus personajes.

De aquí que desde el principio hasta el final del relato, siendo cada personaje ora actor, ora espectador, se vaya esfumando la frontera entre el modo representativo y el modo narrativo. Esta desaparición de la frontera entre ambos modos acentúa el carácter dramático de la historia de Cuéllar pues, como lo señala Tzvetan Todorov[14], el modo representativo y el modo narrativo tienen dos orígenes diferentes: la historia para éste y el drama para aquél.

---

[14] Tzvetan TODOROV, «Les catégories du récit littéraire», *Communications,* n.º 8, 1966, p. 144, distingue en el relato dos modos principales: la *representación* y la *narración*. Estos dos modos corresponden, según el autor, a las dos nociones encontradas en el relato: el *discurso y la historia.*

De aquí también que se vaya esfumando la frontera entre los *aspectos,* y que se pase sin ninguna reticencia de la *visión con* a la *visión por detrás,* o del narrador omnisciente al narrador testigo, e incluso a veces a la *visión por dentro* en que el narrador parece saber menos que los personajes que están actuando. Así se explica, desde luego, el uso alternado constante de los pronombres personales yo, tú, él, nosotros, ellos, ustedes que, como lo escribe acertadamente Carlos Fuentes, «... se apropian del sistema neutro y a-histórico, lo tiñen, por así decirlo, de presencia individual y colectiva»[15], y subrayan la duplicidad del ser humano y la ambigüedad de su comportamiento.

De aquí, por fin, que se vaya esfumando la frontera entre los tiempos, y que el presente se vuelva pasado y el pasado presente, como se ha podido advertir en las numerosas citas ya dadas en este trabajo.

Esa técnica voluntariamente ambigua —tómese el caso de cualquier personaje, individual o colectivo, la familia, los Hermanos, el grupo, las muchachas, Teresita Arrarte, o el propio Cuéllar, ninguno logra penetrar claramente las motivaciones que impulsan a los demás a actuar como lo hacen— establece un vínculo estrecho entre el autor y el narrador, el narrador y los personajes, los personajes y el lector. De modo que la tragedia presentada parece sobrepasar de manera bastante amplia el marco de la ficción para convertirse en la tragedia de cada uno y de todos, en la tragedia de una sociedad castrada que, a semejanza del héroe, tampoco puede asumir su propia castración. Es bastante significativa al respecto esta meditación final del héroe en que Vargas Llosa asimila el mal de Cuéllar a un mal social:

Cuéllar se calmó por fin, partió y en la Avenida 28 de julio ya estaba riéndose, viejo, y de repente un puchero; sincérate con nosotros, qué le había pasado, y él nada, caray, se había entristecido un poco nada más, y ellos por qué si la vida es de mamey, compadre, y él de un montón de cosas, y Mañuco de qué por ejemplo, y él de que por los hombres ofendieran tanto a Dios por ejemplo, y Lalo ¿de qué dices?, y Choto ¿quería decir de que pecaran tanto?, y él sí, por ejemplo, ¿qué pelotas, no?, sí, y también de lo que la vida era tan aguada. Y Chingolo qué iba a ser aguada, hombre, era de mamey, y él porque se pasa el tiempo trabajando, o chupando, o jaraneando, todos los días lo mismo y de repente envejecía y se moría ¿qué cojudo, no?, sí, ¿eso había estado pensando donde Nanette?, ¿eso delante de las polillas?, sí, ¿de eso había llorado?, sí, y también de pena por la gente pobre, por los ciegos, por los cojos, por esos mendigos que iban pidiendo limosna en el jirón de la Unión, y por los canillitas que iban vendiendo *La Crónica* ¿qué tonto, no? y por esos cholitos que te lustran los zapatos en la Plaza San Martín ¿qué bobo, no?, y nosotros claro, qué tonto, ¿pero ya se le había pasado, no?, claro, ¿se había olvidado?, por supuesto, a ver una risita para creerte, ja ja» (p. 110).

[15] Carlos FUENTES, *La nueva novela hispanoamericana,* México, Joaquín Mortiz, 1969, p. 43.

En este sentido tiene razón Carlos Fuentes cuando declara a propósito de *La Casa Verde*: «...la novela de Vargas Llosa no es nunca un ejercicio panfletario, sino una trágica creación literaria que, a la pregunta retórica de Reátegui, ¿No quiere usted que esta tierra sea habitable?, contesta con la totalidad conflictiva de lo que somos, una totalidad cuestionable por el lenguaje que ya contiene todas las posibilidades de lo que podemos ser»[16]. Porque indudablemente *Los cachorros* responde a la alta misión que Vargas Llosa atribuye a la literatura, a saber «la posibilidad de que los hombres se conozcan a sí mismos»[17]. De aquí que esta novela corta que, de contar sólo una historia poco común de castración hubiera podido tomar un carácter tragi-cómico por la fluidez y familiaridad de su lenguaje que muchas veces se torna coloquial, por el tratamiento cinematográfico de su escritura, el cambio incesante de enfoques, el uso abundante de la onomatopeya, y la sucesión rápida de imágenes sonoro-visuales, por lo arrebatador de su ritmo torrentoso que apenas si le da al lector el tiempo de respirar, acabe por tomar al fin y al cabo un carácter francamente trágico.

[*Hispamérica*, n.º 13 (1976), pp. 33-49].

---

[16] *Ibid.*, p. 48.
[17] HARSS, p. 442.

RONALD CHRIST

LA NOVELA Y EL CINE:
VARGAS LLOSA, ENTRE FLAUBERT Y EISENSTEIN

El lenguaje se halla más cerca del cine que la pintura.

Sergei EISENSTEIN

Hay un hecho incuestionable: el objetivo primordial de la narrativa del siglo XX ha sido la conquista de la simultaneidad. Desde Joyce, hasta Borges, multitud de escritores se han propuesto capturar el texto imaginado por Godard: el cinematógrafo sobre la página en blanco[1]. El director francés tenía razón al pensar que el cine puede obtener lo que le está vedado a la literatura. También estaba en lo cierto al señalar que algunas películas materializaban lo ya vislumbrado por la novela. Eisenstein así lo reconoce al recordar la influencia de Flaubert y *Madame Bovary*[2].

A fin de entender esta afinidad, veamos lo que Eisenstein entendía por montaje: 1) captación de fragmentos de la naturaleza; 2) combinación de los mismos en variadas formas, que responden consciente o inconscientemente a las circunstancias sociales del autor. Eisenstein vislumbró que Flaubert había estado haciendo precisamente esto, mediante el entrecruzamiento de las conversaciones: cada una de las intervenciones de los personajes correspondería a una «toma», la célula del posterior montaje. Para Flaubert, la novela debía formarse por la *colisión* de los diálogos, no por ellos mismos, única forma de lograr la ansiada simultaneidad, un nuevo significado.

En *Madame Bovary* el ejemplo concreto señalado por Eisenstein es la escena entre Emma y Rodolphe, cuya conversación se entrecruza con el discurso pronunciado bajo el balcón en que se hallan:

---

[1] Véase Jean Luc GODARD, *Cahiers du Cinéma*, 171, octubre 1965.

[2] Sergei EISENSTEIN, *Film Form. Essays in Film Theory*, ed. Jay Leyda, Nueva York, 1949. Las coincidencias del triángulo Flaubert-Eisenstein-Vargas Llosa comenzaron para este último el día que —antes incluso de leer la novela— ve la película, en el mejor estilo de Hollywood, protagonizada por James Mason, Louis Jourdan y Jennifer Jones (Emma), tal como el autor lo confiesa en *La orgía perpetua*, Madrid, Taurus, 1975,

Y le cogió la mano; Emma no la retiró.

«¡Hay que combinar los buenos cultivos!», clamó el presidente.

—Por ejemplo, hace poco, cuando yo vine a su casa...

«A Monsieur Bizet, de Quincampoix.»

—¿Sabía yo que iba a acompañarla?

«¡Setenta francos!»

—El caso es que cien veces quise marcharme, y la seguí, me quedé.

«Estiércol»[3].

Como puede verse, las líneas del diálogo, corresponden a «tomas» individuales —cada intervención equivale a una toma—, y los párrafos representan la «edición», el «montaje entrelazado» del cine. Eisenstein consideraba que la «toma» no era en realidad un *elemento* del montaje, sino más concretamente una *célula* del mismo. El montaje se forma por *colisión,* por conflicto entre las piezas. Flaubert, por lo tanto, no solamente pretendía capturar la sensación de simultaneidad en la escena de la feria, sino que había procedido a la «edición» de dos intervenciones simultáneas del discurso, de modo que no solamente se entrelazaran sino que también colisionaran. Además de lo que los personajes dicen —Emma, Rodolphe y el Presidente—, lo que la novela expresa es más importante todavía: el constraste de las intervenciones, choque que sintetiza los elementos originales en una secuencia que imita la simultaneidad y que posee un nuevo significado[4].

La narrativa hispanoamericana contemporánea no ha permanecido insensible al impacto del cine, y al observar *Conversación en La Catedral*[5] vemos que no solamente es cinematográfica en el sentido de Eisenstein, sino que también es una obra maestra del montaje. En esta novela de Vargas Llosa, el *modo narrativo* es el *significado* mismo del libro. Si consideramos la definición del Eisenstein, veremos que las unidades básicas de *Conversación* son células de una prosa relativamente llana, que descubre o narra mediante diálogos los acon-

---

página 16. El primer capítulo de este libro está también reproducido como introducción de la edición y traducción de Consuelo Berges, Madrid, Alianza, 1974.

[3] Gustave FLAUBERT, *Madame Bovary.* La cita pertenece a la edición citada, p. 199.

[4] Esta escena también ha llamado la atención de VARGAS LLOSA, y en *La orgía perpetua* la califica como típica aparición del *narrador-personaje:* «esto ocurre cuando el diálogo no es descrito sino directamente expuesto a la experiencia del lector, mediante un mutis corto pero total del relator invisible» (p. 226). La peculiaridad de este fragmento —a juicio de Vargas Llosa— estriba en que «el narrador omnisciente se ha volatizado, su voz distante y su mirada invisible han sido desplazados por las voces propias e inmediatas de los personajes que se relatan a sí mismas. A la muda principal —narradores personajes en vez de narrador omnisciente— se añaden mudas secundarias, las de los tres personajes que van sucediéndose como voces narradoras (Rodolphe, el presidente, Emma)» (p. 227).

[5] Barcelona, Seix Barral, 1969. Las citas pertenecen a la edición de 1973, en un único volumen, y se efectúan directamente en el texto. La novela lleva epígrafe de Flaubert.

tecimientos políticos, sociales y personales, típicos de una novela naturalista contemporánea. El riesgo que corre el lector superficial es dejarse atrapar por los acontecimientos de la época de Odría y creer que está leyendo una novela sujeta a las leyes deterministas establecidas por Zola. Paradójicamente, este lector no yerra en su intuición más que los críticos que califican *Madame Bovary* de novela sobre las relaciones sentimentales de una mujer casada[6]. Las conversaciones de *Conversación* son tan normales que si pensamos en sus posibles conexiones con el cine, deberemos encuadrarlas en el «cinema-verité».

Ahora bien, si seguimos considerando los conceptos de Eisenstein (la combinación de los fragmentos), veremos que la lectura lineal no repara en la organización de esta prosa aparentemente simple, con pautas yuxtapuestas, unidas, o en colisión: el montaje. Veamos un ejemplo de yuxtaposición:

Amalia se retorcía de risa y sacudía los brazos pero ellos no la soltaban, qué iba a tener, niño, no tenía, les daba codazos para apartarlos, Santiago la abrazaba por la cintura, Popeye le puso una mano en la rodilla y Amalia un manazo: eso sí que no, niño, nada de tocarla. Pero Popeye volvió a la carga: bandida, bandida. A lo mejor hasta sabía bailar y les había mentido que no, a ver confiesa: bueno, niño, se los aceptaba (p. 45).

En la yuxtaposición, la puntuación (y la ausencia de lo que podría llamarse «instrucciones escénicas») favorece la unión de las acciones y las palabras, imagen con imagen, punto de vista con punto de vista. Sin que casi existan señales secuenciales, la sintaxis soslaya la puntuación, y cuando hallamos un punto, éste indica yuxtaposición, más que ruptura: los gestos de Popeye convergen con las palabras de Amalia, y el pensamiento de Santiago. Cada unidad —frase, cláusula u oración— es una toma, y el montaje es narrativo y descriptivo, muy simple, si entendemos esta palabra en su acepción cinematográfica, aunque desde el punto de vista de la escritura el fragmento es complejísimo, y el efecto del montaje constituye el interés primordial del pasaje.

Como contraste, examinaremos el final de otro fragmento:

Ambrosio y Ludovico conversaban fumando junto a la puerta. Arrojaban los cigarrillos al verlo: a San Miguel.

---

[6] También al hablar de *Madame Bovary*, VARGAS LLOSA señala «la necesidad de que una novela sea persuasiva por sus propios medios, es decir, por la palabra y la técnica y no por su fidelidad al mundo exterior» (p. 51). Y más tarde recalca: «lo realmente importante: cómo la novela se emancipó de sus fuentes, cómo la realidad ficticia contradijo a la realidad real que la inspiró» (p. 146). Este aspecto pertinente es calificado por Vargas Llosa como el *elemento añadido*, que «no procede exclusivamente del tema y los personajes; también de la manera como la historia es narrada» (p. 193).

—Dobla por la primera a la derecha —dijo Santiago, señalando—. Esa casa amarilla, la vieja. Sí, aquí (p. 339).

En este caso, las tomas son más largas y la yuxtaposición, aunque sigue siendo de unión, es más atrevida: Cayo Bermúdez entra en el coche y ordena a Ambrosio que lo lleve a San Miguel y a continuación «vemos» a Santiago ordenando a Chispas que doble a la derecha. Esta unión se consigue mediante el «motivo» del automóvil, pero en realidad la unión es más que una colisión entre opuestos, ya que difícilmente podemos hallar seres más dispares que Cayo y Santiago. Con este montaje sintáctico Vargas Llosa nos habla directamente; aquí vemos el concepto de Eisenstein:

Cayo en la limousine conducida por Ambrosio $\Big\}$ identidad entre el héroe y el villano
Cayo en el coche conducido por Chispas

Al calificar este montaje como dialéctico, afirmamos la imagen sintética de la identidad en la forma más neutra posible. Hay que tener en cuenta que ella no existe en la página impresa, o quizá solamente en el vacío tipográfico entre las secciones. A pesar de esto, precisamente en esta ausencia, en este intersticio manipulativo, se halla la concepción artística de Vargas Llosa.

Los dos ejemplos anteriores no agotan las formas en que Vargas Llosa yuxtapone los elementos de sus combinaciones, pero sugieren el orden de jerarquía de la misma yuxtaposición, desde la predominantemente funcional hasta la claramente expresiva. Naturalmente, también existen otras formas de montaje en *Conversación:*

a) *Colisión mediante montaje entrelazado*, a la manera del ejemplo de Flaubert citado:

—¿De qué enfermedad se murió su papá, niño? —dice Ambrosio.
—A Landa estos trajines electorales lo han rejuvenecido, pero a mí me han sacado canas —dijo el senador Arévalo—. Basta de elecciones. Esta noche cinco polvos.
—Del corazón —dice Santiago—. O de los colerones que le di.
—¿Cinco? —se rió el senador Landa—. Cómo te va a quedar el culo, Emilio (p. 125).

b) *Alternancia:*

—¿Cree que se tardará mucho? —el Teniente aplastó su cigarrillo en el cenicero—. ¿No sabe dónde está?
—Y yo también me casé —dice Santiago—. ¿Y tú no te has casado?

—A veces vuelve a almorzar tardísimo —murmuró la mujer—. Si quiere, deme el recado.

—¿Usted también, niño, siendo tan joven? —dice Ambrosio.

—Lo esperaré —dijo el Teniente—. Ojalá no se demore mucho (p. 55).

Aquí no hay colisión real, ni se observa simultaneidad temporal o espacial que apoye la yuxtaposición, pues más bien la simultaneidad existe en el texto.

c) *Sintáctica:*

—Después salió el doctor y me puso una mano aquí —dice Ambrosio—. Hicimos todo por salvar a tu mujer, que Dios no lo había querido y no sé cuántas cosas más, niño (p. 635).

La conjunción «y» une los dos tiempos diferentes en una única estructura sintáctica. Otra variante de esta clase de montaje, que a su vez es una modificación de la figura retórica llamada polisíndeton, es la yuxtaposición que culmina en el todo, sin que el todo sea mencionado:

Mucho cariño, muchos besos, mucho amor truena una radiola multicolor, y al fondo, detrás del humo, el ruido, el sólido olor a viandas y licor y los danzantes enjambres de moscas, hay una pared agujereada —piedras, chozas, un hilo, el plomizo—, y una mujer ancha, bañada en sudor, manipula ollas y sartenes cercada por el chisporroteo de un fogón (p. 24).

Todo el montaje por polisíndeton y parataxis produce frecuentes sinestesias, o simultaneidad sensorial, en *Conversación en La Catedral:*

Huele a sudor, ají y cebolla, a orines y basura acumulada, y la música de la radiola se mezcla a la voz plural, a rugidos de motores y bocinazos, y llega a los oídos deformada y espesa. Rostros chamuscados, pómulos salientes, ojos adormecidos por la rutina o la indolencia vagabundean entre las mesas, forman racimos junto al mostrador, obstruyen la entrada (p. 25).

Nótese que en lugar de la clásica sinestesia, aquí aparecen imágenes globales que apelan a todos los sentidos al compás de la evocación de la realidad simultánea.

d) *Significancia temática.* A lo largo del texto aparecen imágenes y frases que adquieren consistencia, antes de lograr un significado referencial:

—¿Lo hiciste por mí? —dijo Fermín—. ¿Por mí, negro? Pobre infeliz, pobre loco (p. 52).

A esta altura de la narración, todavía no hemos visto a la Musa. Sin colisión o unión, tales intrusiones nos recuerdan que existe otra realidad simultánea, otra dimensión. Es importantísimo tener en cuenta que la lectura cuidadosa de la novela depende de la atención prestada a las diversas formas en que los fragmentos de la narración (secciones, partes, párrafos, frases) están yuxtapuestos con el fin de crear una síntesis en la conciencia del lector. Dicho de otra manera: después de leer la novela, debe procederse a leer «la novela de la novela».

En cuanto a la interrelación del orden final con las circunstancias sociales, recalquemos que la síntesis —por su intrínseca naturaleza— no puede ser mostrada claramente en muchos casos. Por el contrario, debe ser desvelada por la percepción del lector. Ahora bien, si lo que nos preocupa es *acerca de qué* es *Conversación en La Catedral*, una vez más podemos acudir a Eisenstein, quien nos dirá que los resultados oscilan desde las exactas combinaciones naturalistas de experiencias visuales e interrelacionadas, hasta los arreglos y alteraciones incompletos que no han sido vislumbrados por la naturaleza, incluyendo aún el formalismo abstracto, como restos de la realidad. En la «toma» o fragmento, existe una correspondencia casi matemática entre la presentación estética y lo que podríamos llamar «ladrillos» de la novela de Vargas Llosa. Ahora bien, en el montaje, la presentación adquiere visos alterados que convergen en lo abstracto y no natural, tal como se muestra en las complicadas secuencias —no consecutivas, pero secuencias al fin y el cabo— del texto. Así es la técnica literaria que intenta reproducir la simultaneidad que existe en la naturaleza (como lo hacen Joyce, Flaubert, Dickens y Balzac), y que Vargas Llosa emplea en los ejemplos citados. Sin embargo, hay que notar que él crea una simultaneidad en el texto que no tiene correspondencia con la relación entre los temas y personas tratados. Los objetos coexisten porque el autor los coloca juntos, no porque así se hallen en la realidad, tal como ocurre en los fragmentos de Cayo y Santiago en sus respectivos automóviles. En esta novela —sin que casi haya «suspense», los acontecimientos aparecen frecuentemente suspendidos, y de forma similar la coincidencia es —en forma literal y etimológica— *co-incidencia en el* texto. Esta característica, si se presenta en forma negativa, es no natural, arbitraria, irreal; en forma positiva, es abstracta, formal, estética. Se produce, por lo tanto, simultaneidad y coexistencia, tal como existen antes del texto (como en la historia del Perú o en esta fabulación), y Vargas Llosa *crea* simultaneidad en el libro. Una vez logrado esto, la simultaneidad artística es el concepto estético de

Conversación en La Catedral, que corresponde perfectamente al concepto moral, sicológico y político del libro.

Recordemos que Eisenstein consideraba que su cine fue consecuencia de su rebelión contra el teatro de su tiempo. Frente al individualismo y el drama triangular del cine burgués, ofrecía la opción de la acción masiva y colectiva; prescindiendo del concepto burgués del héroe, el cine moderno comenzó a centrarse en la masa[7]. Aunque estos conceptos son ya viejos tanto en el cine como en la literatura, hemos de reconocer que continúan vigentes para Vargas Llosa. Pero en *Conversación,* al tratar de presentar el Perú colectivo, evita la «acción masiva y colectiva» precisamente para lograr mostrar la decadencia política que ataca. En otras palabras, muestra lo colectivo no como héroe, sino como grupo simultáneo carente de identidad. Paralelamente, nadie es tampoco malhechor, precisamente porque todos son culpables de una u otra manera de las fallas de la sociedad. Incluso cuando la novela presenta escenas colectivas —como los mítines políticos—, la acción es observable solamente desde perspectivas individuales, al tiempo que lo colectivo en potencia es visto como muchedumbre. De forma global, *Conversación* es acción masiva, pero porque tal acción se presenta como decadente y destructiva, nos vemos obligados a contemplar —por la naturaleza misma de la narración— individuos que trabajan, viven, intrigan, aman, mueren, matan y sobreviven simultáneamente, pero no de forma colectiva. La técnica de Vargas Llosa es crítica en doble sentido.

Mientras Eisenstein presentaba a la masa como héroe, Vargas Llosa la desintegra y sus constituyentes son seres fracasados e incluso criminales[8]. Además, la técnica del montaje en este libro compara constantemente un personaje con el otro, el que actúa con el que experimenta, el pasado y el presente, de tal manera que no podemos calificar a ninguno de los personajes como totalmente inocentes o simplemente malvados. Los cortes y las violentas yuxtaposiciones exigen que veamos

---

[7] Ya en la apertura de su libro sobre Flaubert, Vargas Llosa toma partido: «Entre la descripción de la vida objetiva y la vida subjetiva, de la acción y de la reflexión, me seduce más la primera que la segunda» (p. 19), y a continuación se coloca en un plano similar al marcado por Eisenstein: «lo que sin duda he buscado por instinto y me ha gustado encontrar en los libros, las películas, los cuadros, no ha sido un reflejo de esta parcialidad infinita, de este inconmensurable fluir, sino, más bien, lo contrario: totalizaciones, conjuntos que, gracias a una estructura audaz, arbitraria pero convincente, dieran la ilusión de sintetizar lo real, de resumir la vida» (p. 19). Más adelante, dice admirar el mismo aspecto en *Salammbô* (pp. 41-42).

[8] Dice el mismo Vargas Llosa: «No es el mundo de la burguesía, sino algo más ancho, que cubre transversalmente las clases sociales, lo que *Madame Bovary* convierte en materia central de la novela: el reino de la mediocridad, el universo gris del hombre sin cualidades» (p. 246).

una situación compleja de forma también compleja, al tiempo que aceptamos como simples los elementos constituyentes. La multiplicidad o la simultaneidad es lo que en verdad cuenta. Desde la sinestesia hasta la narración con múltiples perspectivas, pasando por la sicología del bien y del mal, la novela consigue lo que Eisenstein llama *amplitud,* la apoteosis de la simultaneidad, que los mismos personajes perciben. Esta simultaneidad es el concepto encerrado en *Conversación.* La síntesis es, naturalmente, negativa porque muestra claramente los contrastes y duplicidades de la sociedad que presenta. Y ahí reside quizá la respuesta a la pregunta frecuente de por qué Vargas Llosa cuenta argumentos tan simples de forma tan elaborada: la síntesis compleja se necesita precisamente por la existencia de la *antítesis simple* en el tema. Cuando la sociedad, y las vidas que en ella se desarrollan, se integran y sintetizan, el autor deberá presentarla de diferente manera. La organización de la novelas, más que el tema, demuestra las premisas de la sociedad que describe, mediante la inversión casi perfecta del ideal colectivo de Eisenstein.

En conclusión, considerada de esta manera, *Conversación en La Catedral* —y otras narraciones de Vargas Llosa, que no analizamos aquí por limitaciones de espacio— revela antecedentes en las tramas múltiples y entrelazadas de las novelas de Dickens y Balzac, al tiempo que reconoce su deuda con los avances técnicos de Joyce y de Faulkner. Ahora bien, el uso de las partes que colisionan representan un avance técnico, comparable con lo que pedía Eisenstein en el montaje: como una explosión de un motor de combustión interna. La dinámica del montaje impele al vehículo, la película, la novela.

[*El Urogallo,* Madrid, n.ᵒˢ 35-36, septiembre de 1975, páginas 115-120 (Traducción de Joaquín ROY).]

ALBERTO OLIART

LA TERCERA NOVELA DE VARGAS LLOSA*

El escritor

En la tapa posterior de *Conversación en La Catedral* leemos: «Marino Vargas Llosa nació en Arequipa, Perú, en 1936. Cursó sus primeros estudios en Cochabamba, Bolivia, y los secundarios en Lima y en Piura. Se licenció en Letras en la Universidad de San Marcos, en Lima, y se doctoró por la de Madrid. Ha residido durante algunos años en París, y actualmente vive en Londres, en cuya Universidad profesa un curso de literatura latinoamericana.»

Esto es todo lo que sabía de Mario Vargas hasta el día dos de marzo de este año. Esto y la imagen de su foto —siempre la misma— repetida en dos de los tres libros editados por la Seix y Barral, en la que el escritor aparece sonriendo, con unos mechones de pelos sobre la frente, los dientes superiores muy visibles, como formando una cuña, salientes, y una mirada oscura, profunda, ajena a la sonrisa, entre inquisitiva y desafiadora.

El día dos de marzo le conocí en Barcelona, adonde Vargas había ido desde Londres para formar parte del jurado del premio «Biblioteca Breve 1970». Ya había yo empezado a preparar esta nota y me interesaba hablar con él de su novela, contrastar sus ideas con las que yo había formado leyéndola. Durante dos días nos vimos con frecuencia, y la última noche la dedicamos a hablar de literatura del Perú, manera no es igual, no ya en los novelistas contemporáneos españoles, sino en los novelistas contemporáneos españoles, sino en los novelistas europeos y norteamericanos actuales. Volveré luego sobre este tema.

---

* Mario Vargas Llosa, *Conversación en La Catedral,* Editorial Seix y Barral, Colección «Nueva Narrativa». Dos volúmenes. Volumen I, 368 páginas; volumen II, 307 páginas.

Título este epígrafe «objeto» en el sentido de finalidad u objetivo que el autor ha perseguido al escribir su novela.

El propio autor nos lo desvela en la cita que hace de Balzac como introducción: «Il faut avoir fouillé toute la vie sociale pour être un vrai romancier, vu que le roman est l'histoire privée des nations.»

Y eso quiere hacer y hace Vargas, registrar, investigar, captar y recrear todos los modelos posibles de la vida social del Perú —excepto quizá la del indio, que en esta novela, como en *La Casa Verde,* queda fuera del campo abarcado por el novelista— para presentar la «historia privada» del Perú.

El ambiente que la novela describe, incluso la trama de sus argumentos o el destino de sus personajes, está determinado por la estructura social y la circunstancia política del Perú en un momento determinado. Pero al contrario de lo que ocurre en la novela comprometida o, en otro sentido, en los héroes de la epopeya o de la tragedia, los personajes no se mueven y actúan por un planteamiento preconcebido y pretendidamente objetivo, hacia un fin único y ejemplificador o aleccionador, sino que determinan los acontecimientos en la misma medida que son determinados. Y además, dentro del cuadro que la circunstancia política y social marca, desarrollan su vida con toda plenitud y son presentados por el autor en lo que la circunstancia determina, y en aquellos otros aspectos en los que la vida humana —que el novelista recrea en el plano artístico— es, si no independiente, sí indiferente a aquellas circunstancias concretas. Así ocurre con los amores y muerte de Amalia, o con Becerrita, o con el propio Ambrosio, uno de los personajes más significativos de la novela.

Decía antes que el novelista quiere presentar un momento de la historia privada del Perú que se concreta al de la dictadura del general Odría. Y lo hace a través de lo que en la novela ocurre y dentro de sus límites forzosamente selectivos. ¿Con una intención política? A mi juicio, si por intención política ha de entenderse lo equivalente a «novela comprometida», no.

No hay detrás de esta novela una ideología política formulada a través de un esquema de convicciones, no hay simplemente un intento de denuncia o de convertir la novela en un instrumento didáctico. Sí hay en cambio una pasión contenida y fuerte por el país que se describe; un sistema de valores coherentes y abiertos para enjuiciar la realidad social que se investiga y se recrea; una clara conciencia de la desmesura de los problemas que el país plantea, respecto a las fórmulas de vida de la alta burguesía o de los políticos, o de los conspiradores comunistas o de la capacidad de conciencia y reacción de los personajes populares como Amalia o como Ambrosio. Sí hay en el más clásico sentido de la palabra *ironía*. Y por ello hay una lúcida disección de las causas principales de actuación de los personajes públicos y de la identidad fundamental de los miembros de la oligarquía detrás de la diversidad aparente de banderías y partidismos, para la situación concreta que se describe.

La clave de esta última valoración la da el entierro de don Fermín Zavala, uno de los personajes centrales de la novela, en cuya presentación son más aparentes sus problemas privados que su significación pública, y que sin embargo es uno de los personajes que mejor explica ese trozo de historia privada del Perú que acota la novela.

El entierro fue al día siguiente, a las tres de la tarde. Toda la mañana habían seguido llegando telegramas, tarjetas, recibos de misas, ofrendas, coronas, y en los diarios habían publicado la noticia en recuadros. Había ido muchísima gente, sí Ambrosio, hasta un edecán de la Presidencia, y al entrar al cementerio habían llevado la cinta un momento un ministro pradista, un senador odrista, un dirigente aprista y otro belaúndista.

(Vol. II, p. 279.)

A lo largo de la novela hay, por otra parte, un cierto paralelismo entre la figura del que podríamos llamar «protagonista», Santiago Zavala, y su país, el Perú. Santiago no llega a cuajar su personalidad, porque tampoco a la sociedad política en la que vive se ha dado una solución adecuada a los problemas planteados, ni por aquellos que la rigen —los generales Espina, los Cayo Bermúdez, los senadores Arévalo, o los hombres de negocio como su padre— ni por los que conspiran para cambiar radicalmente el sistema —los rabanitos, los del círculo Cauide—. Todos resultan de alguna manera irreales frente a la realidad del país mismo. Es éste un punto curioso de la novela —el del círculo Cauide y su destrucción por Cayo Bermúdez— contado con emoción nostálgica y con lucidez.

No es nuevo en la literatura de Vargas este planteamiento desolado de la historia «privada» del Perú y de su *establishment,* incapaz de dar salida al país que por razones políticas, sociales y económicas, gobierna. Un *establishment,* por otra parte, enraizado en la historia misma del país, y por ello tan fuerte que o corrompe cualquier planteamiento reformista o hace girar en un mundo de irrealidad casi kafkiana la conspiración revolucionaria.

Y digo que no es nuevo este planteamiento, porque ya en *La ciudad y los perros,* es el eje de la novela. Aunque en esta primera novela hay un personaje —el del teniente Gamboa— que representa la rectitud y la intención renovadora, vencida, pero no aplastada, como una última esperanza de los personajes que le rodean, es decir, de la sociedad, del país. De esta esperanza prescinde el autor en *Conversación en La Catedral*.

No existe en *Conversación en La Catedral* ningún Gamboa, y el trozo de historia acotada y de sociedad seleccionada por el novelista se presenta llena de vida pero desolada y sin sentido; sin sentido los hombres de negocio que sólo piensan en ganar dinero entre golpe y golpe de Estado, apoyándose en unos y otros sirviéndose de los Cayo Bermúdez de turno, que a su vez se sirve de ellos; sin sentido los generales Espina que ocupan el poder y conspiran unos contra otros, a veces, por pura vanidad; sin sentido los Ambrosio, siempre dominados; sin sentido los Santiago Zavala, que no quieren entrar en el juego ni de los unos ni de los otros y acaban arrasados por la marea de su propia vida.

Y Vargas da la medida del gran novelista que es al conseguir el objetivo de su novela plenamente. Un trozo de la historia privada del Perú que resulta de la vida de los personajes de la novela y crea y selecciona, de sus conversaciones, de sus vicios, de sus amores, de sus crueldades, de su pequeña vida personal y, para algunos, de su muerte.

ARGUMENTOS Y PERSONAJES

¿Hay un argumento en la novela que comentamos? Yo diría que no hay argumento lineal y único. Hay un objetivo, hay temas que surgen y se entrelazan más o menos complementarios, hay una unidad de forma; pero esta novela de Vargas ilustra perfectamente la afirmación de Lukaks según la cual: «La composición novelística es una fusión paradójica de elementos heterogéneos y discontinuos llamados a constituir una unidad orgánica continuamente puesta en cuestión.»

La novela tiene como soporte una conversación entre Ambrosio y Santiago Zavala en una cervecería llamada «La Catedral». El encuentro entre Santiago y Ambrosio se produce en la página 23 del volumen I, y la conversación que entonces se inicia surge una y otra vez a lo largo de la obra, anticipando o cerrando la significación de los problemas que se plantean, hasta el final, que se cierra con unas frases de Ambrosio previas en el tiempo de la novela a una separación que se ha producido al principio del libro.

Santiago Zavala es hijo de Fermín Zavala, hombre de negocios. El tercero de sus hijos y la debilidad del padre, porque es el estudioso de los tres, el intelectual. El padre hace sus negocios, principalmente con el Gobierno, y ayuda a traer la dictadura de Odría, contra el desorden y la amenaza de subversión del gobierno anterior. Los métodos políticos de Fermín Zavala son indirectos, ejerce su influencia sobre senadores y generales, eludiendo siempre tomar parte en la acción política. Contrasta con Cayo Bermúdez, otro protagonista de la novela. Cayo Bermúdez es al empezar la historia un comerciante cuarentón de Chincha, gris, frío y amargado. Al subir Odría al poder, su ministro del Interior, el general Espina, antiguo compañero de colegio de Bermúdez, de quien recuerda sus éxitos escolares, le llama a lince y le hace director de gobierno, de quien depende la policía, «un cargo oscuro, pero importante para la seguridad del régimen». El régimen ha venido —dice Espina— por la coalición de «los exportadores, los antiapristas, los gringos y además el Ejército». La primera misión de Bermúdez es tener «a los apristas a la sombra» y «tranquilos a los Sindicatos». Después vigilar a los aliados de hoy. Fríamente, sin pasión, con la convicción de que la situación del Perú no tiene remedio, Bermúdez se emplea en su labor y llega a ser el hombre fuerte del Gobierno, incluso ministro después de derribar a su primer protector, hasta que la coalición de los mismos que trajeron a Odría al poder aprovecha un fallo de Bermúdez, a quien traiciona un próximo colaborador, convierte en suceso sangriento un intento de impedir un mitín en Arequipa y lo derriba y derriban a Odría.

Entre tanto, Santiago Zavala ha entrado en San Marco y por influencia de dos condiscípulos, Aida y Jacobo, entra junto con ellos en los círculos de estudios marxistas y se ponen en contacto con miembros del partido comunista peruano. Bermúdez los hace detener a todos. A Santiago, por influencia de Fermín Zavala, lo ponen en libertad inmediatamente. La técnica de dominio de Bermúdez consiste en apoderarse de los secretos de los prohombres de la política y de los negocios. De unos y otros cobra, siempre en metálico. Monta una casa, a la que se lleva a «la Musa», una cantante limeña de aficiones lesbianas. Allí reúne a senadores y a los Fermín Zavala. Provoca sus confidencias o sus vicios. «La Musa» y una prostituta, Queta, juegan dos papeles importantes en la novela, en torno a Cayo Bermúdez, en torno a Fermín Zavala y en torno a Ambrosio.

Ambrosio es un mulato antiguo paisano de Bermúdez, le ayudó en su juventud a raptar a su mujer, y Bermúdez le coloca como chófer suyo. Ambrosio es la trampa que Bermúdez tiende a Fermín Zavala, cuyas aficiones homosexuales descubre o conoce. Fermín Zavala se lleva a Ambrosio de chófer suyo. Santiago, después de su fracasada experiencia revolucionaria, abandona la casa de sus padres, no quiere transigir con ellos, tampoco conserva sus ideas políticas. Entra a trabajar en un periódico. Cuantos esfuerzos hacen sus padres y luego sus hermanos para que regrese a casa, a la familia, fracasan. Su obstinación en defenderse de la seducción de una vida muelle y rica sólo tiene comparación con la medida de su fracaso.

A la caída de Cayo Bermúdez, «la Musa», a quien un chulo deja sin dinero, empieza a chantajear a Fermín Zavala. Ambrosio, ambiguamente inducido por Zavala, la mata. El diálogo entre Fermín Zavala y Ambrosio, después del asesinato en que toda la ambigüedad de la relación de amor-dominio-servidumbre entre los dos hombres se pone de manifiesto, aflora a lo largo del primer volumen. Fermín Zavala hace huir a Ambrosio, que se lleva a Amalia consigo.

Una conversación entre Becerrita y Queta a la muerte de «la Musa» delante de él despierta la sospecha-convicción en Santiago, de quién ha sido el criminal, quién el inductor del crimen y de la relación entre Fermín Zavala y Ambrosio. Santiago quiere saber la verdad sin conseguirlo; verdad que llega al lector a través de un diálogo —magnífico— de Ambrosio y Queta y de Queta y Becerrita (el periodista).

Sin embargo, como decía al principio, la síntesis anterior no constituye el argumento de la novela, quizá una de sus líneas principales, pero no su argumento. Deja fuera la multitud de temas cerrados en sí mismos aparentemente secundarios, que se cruzan y se entremezclan con el principal y de una u otra manera se relacionan con los personajes centrales, Santiago Zavala, Fermín Zavala, Cayo Bermúdez, Ambrosio, Queta. Son las historias de Trinidad López, la vida y muerte de Amalia, mujer de Trinidad López y de Ambrosio. Gertrudis Lama, los sicarios de Bermúdez, Ludovico e Hipólito —que matan a Trinidad López de una paliza—, el doctor Lozano, o el doctor Alcibíades, el senador Arévalo, el general Espina, Trifulcio el padre de Ambrosio.

Personajes y temas forman la densa y rápida trama de la novela, trozo de historia privada seleccionada para explicar la pública, la política, para formarla como resultado de un sinnúmero de destinos singulares, de pasiones, de vicios, de vidas y de muertes, proyectadas dentro del marco de la obra de arte que es su destino y su justificación.

Pero hay temas sueltos que no por menos continuos son menos importantes. Así la vida y la muerte de Trinidad López, o la historia de Amalia. Estos personajes secundarios son los dominados que aceptan plenamente sus destinos, sin conciencia de su problema, con un amor o un respeto servil a los que los dominan y utilizan —así Amalia o Trifulcio o desde otro punto de vista Ludovico e Hipólito— o los que pertenecen al *establishment*, los que de una manera u otra detentan el poder y lo utilizan en beneficio propio sin otra finalidad ni otro proyecto. Los Zavala, los Arévalo, los Landa, Cayo Bermúdez. Es curioso en medio de ellos el personaje de Queta, la prostituta, que dominada por su situación no pierde nunca su lúcida conciencia de las personas y las cosas.

Desde un cierto punto de vista, si olvidamos el trasfondo político de la novela, la manera brutal en que la realidad sin sentido de un cierto dominio político está dado, podríamos decir que un argumento con clave es el del asesinato de «la Musa» y la indagación desesperada que Santiago Zavala hace en torno suyo. Sin embargo —insisto— había que olvidar temas y acontecimientos esenciales para tomar esta línea argumental como línea principal, aunque en cierto modo abra y cierre la novela y sea una de las explicaciones posibles de la frustración de la persona de Santiago.

TÉCNICA Y MÉTODO

Una gran novela lo es por lo que se cuenta y por cómo se cuenta, por la capacidad del novelista para plantear ante el lector con la técnica adecuada el problema esencial de lo que narra, la significación —siempre dialéctica— de los personajes seleccionados y de su aventura (siempre dialéctica entre el espíritu del autor creador y la realidad que acota y que se le impone).

En Vargas el manejo laborioso y reflexivo de la técnica puede calificarse de magistral. Ya lo era en *La ciudad y los perros* y en *La Casa Verde*, pero ha llegado a su culminación —¿quizá a su agotamiento?— en *Conversación en La Catedral*.

En primer lugar caracteriza la técnica de Vargas, la continua superposición de tiempos. Pero no ya la superposición del pasado, presente y futuro de un personaje o de una historia —como ocurre en la novela americana de los veinte o en *Volverás a Región*, de Juan Benet—, sino que se superpone en tiempos distintos de personajes distintos, entrecruzados, paralelos o ajenos.

Dentro del presente continuo que es la novela, el autor avanza lo que es futuro o final, y lo coloca en un presente para el que no tiene más valor que el de atisbo o anuncio. Así la pregunta de Santiago al negro Ambrosio, sobre si fue su padre el que le ordenó matar a «la Musa», la hace en la página 29 del primer volumen, y sin embargo esta pregunta para el lector no tiene sentido completo hasta la página 33 del segundo volumen, es decir, casi cuatrocientas páginas después.

La caída de Cayo Bermúdez está explicada cuando todavía el personaje «está» en el presente de la novela. O la muerte de Trinidad López que se cuenta desde Amalia, que vive con él, y mucho después desde Hipólito y Ludovico, que la ocasionan.

El manejo de esta técnica cobra su máxima intensidad dramática en momentos como el de la muerte de Amalia, que Ambrosio cuenta a Santiago, años después de ocurrida, en la interminable conversación inicial y que la propia Amalia vive en tiempo presente, mientras Ambrosio está hablando. Pocas veces he leído unas páginas de una tristeza más desoladora.

En segundo lugar —como ya he dicho—, Vargas Llosa mezcla además de los tiempos distintos, historias y personajes distintos en paralelo y en tiempos normalmente distintos. Esta técnica, la más usada en la novela, no es continua. Se rompe, por ejemplo, en los diálogos de Queta y Ambrosio. Y se utiliza no solamente en los diálogos, sino también en una misma oración. Así, al contar el intento de seducción de Amalia por Santiago Zavala y su amigo Popeye, se juntan dos momentos, el de la escena de la seducción fallida y otro en que los dos amigos van a verla después que la han echado de la casa de Zavala, y la llevan un dinero. Las dos historias se entremezclan de tal modo que sólo el significado de las frases permite separarlas.

...Popeye le puso una mano en la rodilla y Amalia un manazo: eso sí que no, niño, nada de tocarla. Pero Popeye volvió a la carga: bandida, bandida. A lo mejor hasta sabía bailar y les había mentido que no, a ver confiesa: *bueno niño, se los aceptaba.* Cogió los billetes que se arrugaron entre sus dedos...

(Vol. I, p. 45.)

Como se ve, la trasposición de tiempos, dentro del tiempo unitario de la novela, se hace sin transición. La aceptación del dinero se hace en un momento posterior, en una cronología convencional, al de los intentos de Popeye.

El entrelazamiento de tiempos distintos, de temas distintos y de personajes distintos, es la nota sobresaliente del «cómo» cuenta su novela el escritor.

Como ejemplo de este método yo seleccionaría el capítulo VII del volumen I, páginas 130 y siguientes. En este capítulo se mezclan exactamente doce diálogos distintos que transcurren en tiempos distintos entre personajes distintos, pero todos ellos entrelazados y significándose mutuamente.

No cabe duda que la técnica de la mezcla de tiempos y temas en la novela, en general, viene de la influencia de los medios de difusión audiovisuales, del cine y la radio, primero, la televisión después; que acabaron con el relato lineal y «explicado» en los cambios de tiempo de la gran novela del siglo XIX. Pero yo creo que la novela actual está llevando esta técnica a extremos a los que no llegan normalmente, y es posible que no puedan llegar nunca, ni el cine ni la televisión —salvo el primero en películas como *El año pasado en Marienbad.*

La utilización de esta técnica llevada a sus últimos extremos —como hace Vargas en repetidos capítulos de esta novela—, produce a veces confusión en el lector; pero no cabe duda que no sólo da un interés y una vivacidad al relato, imposible en la técnica «lineal», sino que al mismo tiempo, la reiterada presentación de un mismo tema, desde distintos tiempos y planos subjetivos —así la muerte de Trinidad López, o la de Amalia— da profundidad al relato y lo va enriqueciendo con nuevos matices y sugerencias, como ocurre con los cuadros que tienen varias capas de pintura.

Por otra parte, esta trasposición de temas y tiempos a la novela de la técnica y del efecto propio de ciertos poemas que se explican o se iluminan significativamente desde el último verso. Esto ocurre, por ejemplo, con las frases esparcidas a lo largo de la novela, del diálogo entre Fermín Zavala y el negro Ambrosio después del asesinato de «la Musa», que se llenan de sentido al llegar a la acusación de Queta, casi al final del libro, y a su vez iluminan la amarga confusión de Santiago Zavala.

Utiliza Vargas además una técnica que se ha incorporado ya a una gran mayoría de novelas modernas, la técnica del misterio, propia de la novela policíaca. Esta técnica sigue, en su utilización pura, el esquema de: enigma planteado → indicios que ocultan la solución → indicios que la revelan pero que se dan sin significado aparente → solución aclaratoria del enigma.

La novela policíaca pura no pretende otra cosa que plantear un problema que acucie el interés del lector y cuyo desarrollo y solución entretiene. Es una novela de *diversión.* En el caso de Vargas o de otros autores modernos, la técnica del enigma se utiliza, pero no con un fin de *diversión.* Así ocurría ya en *La ciudad y los perros,* con la muerte del cadete Arana, o en esta novela con el asesinato de «la Musa». Pero aquí el enigma y su solución no es la esencia de la novela, sino un medio indirecto de llevar al lector a plantearse los problemas esenciales que se deducen del enigma en sí o de su solución.

En este caso la explicación sugerida de la figura de Santiago, o de la relación Fermín Zavala-Ambrosio en toda su complejidad, o el pacto tácito de silencio entre las distintas esferas sociales para cubrirse unas a otras (como ocurría también en *La ciudad y los perros*).

En *Conversación en La Catedral,* Becerrita el independiente no hará suya la denuncia de Queta, como en la primera novela Gamboa no hará suya la autodenuncia del «Jaguar». Puede más que ellos la trama de intereses, el peso del *establishment,* las reglas de juego tácitamente establecidas. El que las rompe se coloca frente a la sociedad o fuera de ella. Es, utilizando la terminología de Georges Bataille, la parte maldita.

VALORACIÓN DE LA NOVELA

Estas notas, sugeridas por la lectura de la novela de Vargas Llosa, no son una crítica. El crítico literario —tal como yo le entiendo— se erige o lo erigen en juez del escritor, y define en virtud de unos parámetros estéticos, tácitos o expresos, si la obra es buena o mala o más o menos buena o mala. La misión me parece difícil y desde el punto de vista estético de una falta de rigor evidente. Más consistencia tiene la función del crítico —aunque la base es más ambigua— cuando lo que hace en realidad es actuar en representación del gusto socialmente admitido en cada momento. Aunque entonces las preguntas ¿por quién? y ¿para quién? surgen inevitablemente.

Pero insisto que estas notas no pretenden ser una crítica, sino una explicación y un comentario, aunque no pueda evitar ni quiera el empleo de juicios de valor.

A mí esta novela de Vargas me ha parecido una gran novela, diría incluso, utilizando los términos en su sentido estricto, que me ha parecido una novela magistral. La maestría de Vargas escribiendo se afirmó desde el primer momento en *La ciudad y los perros* y se confirma en esta última. Yo no dudo en afirmar que nos encontramos ante uno de los primeros novelistas de lengua española de nuestro tiempo.

Sin embargo, yo diría que tiene lo que quiero llamar inconvenientes (y no defectos, porque no lo son) siguientes:

La compleja estructura de la novela y la técnica de diálogos entrecruzados, de las que ya he hablado, puede para ciertos lectores hacer la lectura difícil y en muchos momentos confusa. Es posible que un lector avezado en la lectura de la novela moderna, desde el primer momento siga con lucidez las vueltas y revueltas de tiempos, personajes y temas, pero normalmente para sacar todo su fruto a la novela tendrá que releer muchos trozos. Este inconveniente puede, a mi juicio, volverse un defecto en el futuro, si el autor no evita el peligro de un excesivo barroquismo en la estructura, peligro que le acecha.

El segundo inconveniente para mí está en que el personaje técnicamente central —Santiago Zavala— es un personaje más significativo que conseguido. Hay a mi juicio una cierta contradicción entre la firme actitud que se le atribuye frente a su familia y a su ambiente miraflorino habitual, actitud mantenida con una firmeza poco común, y el grado de desvaimiento a que llega frente a todo lo demás. Parece que lo normal cuando una persona joven, además, afirma su personalidad de una manera tan rotunda —separándose de sus padres, de su familia, de su ambiente, renunciando a su fortuna—, que esta personalidad se manifieste, se transparente, en todo lo que hace. En este caso, sin embargo, frente a una tenacidad sin desfallecimiento para la renuncia y para rechazar lo que parecería normal aceptar, se da, como digo, una desolada debilidad para cualquier otro planteamiento de afirmación o de actividad. ¿Es quizá Santiago Zavala un personaje-pretexto en la novela, el espejo en que se reflejan las situaciones de los demás? Puede que ésta sea la explicación.

No quiero, sin embargo, al valorar la novela dejar de referirme a algo que aparece de forma evidente en las tres novelas de Vargas, y es el concepto que él mismo tiene de su función de escritor, de novelista. El novelista actúa a través de sus novelas como el contraste de la circunstancia social que acota y selecciona en los límites de las mismas; pone de manifiesto todo lo que la sociedad oculta, lo que debe callarse de acuerdo con la regla de juego tácitamente establecida, y lo pone de manifiesto para explicar, a veces de una manera brutal, las conductas y las actuaciones concretas de los personajes, el desarrollo de los hechos históricos.

Esto explica la presencia en la novela de las escenas eróticas de Bermúdez, «la Musa» o Queta o que Fermín Zavala sea un homosexual. La función del novelista en este caso se acerca a la del moralista, en el plano social, y se diferencia de él en que no hay censura o al menos no la hay de forma directa para los hechos o situaciones que se describen. La censura, si acaso, nacerá en el lector al constatar el contraste, patente por este método, entre lo que los personajes dicen y hacen, o al revelarse aspectos inconfesados (y para el interesado inconfesables) de sus personalidades.

Me parece conveniente insistir en esta función ética de la novela y de la actitud del novelista, porque en ella está la explicación de por qué las escenas eróticas de *Conversación en La Catedral* no caen jamás en la pornografía y el por qué estas escenas son por una parte contraste de verdad y por otra verdad oculta que se pone de manifiesto, realidad que la regla de juego tácita quiere convertir y convierte en «la parte maldita» de la que no se habla, a la que incluso se le niega la existencia. Poniéndolo de manifiesto, el escritor cumple una función social de clarificación y testimonio. Y ayuda al esfuerzo continuo de racionalización, que es o debe ser la esencia del ser humano, su origen y su meta.

Decía al principio de estas notas que Vargas novela con pasión; cree en la novela, cree en la función del novelista. Esta pasión lleva a o es provocada por esa imaginación exuberante que en Vargas se ordena y se estructura de temas varios, de personajes, de situaciones. Es la misma tremenda imaginación que encontramos también en García Márquez o en Carpentier. Esa profusión de detalles, todos importantes, de objetos, de personas, de lugares. El mundo latinoamericano —en contraste con el nuestro— es un mundo exuberante, rico, variado, y así son las novelas de sus grandes novelistas.

Pero la imaginación, por un lado, y la riqueza del mundo social y físico, por otro, no explican por sí solas esta pasión de novelar, esta fe evidente y no buscada del novelista en su obra. A mi juicio la raíz de su fe hay que buscarla en que los Vargas, los Carpentier, los Fuentes, como antes los Rómulo Gallegos o los Miguel Ángel Asturias, creen en su función de testimonio y de contraste, en la función social de la novela, como antes de la misma manera creyeron Stendhal o Dickens o Dostoievsky o Galdós o Tomás Mann.

Porque la gran novela latinoamericana actual está en la línea de la novela decimonónica, de la novela clásica. Y *Conversación en La Catedral,* con toda su complejidad estructural y todas las audacias de su técnica, sigue y es hija de la gran tradición novelística europea y decimonónica. Y responde a un tipo de circunstancia, de preocupación por ella, y de actitud de un novelista, análoga a la de la novela europea hasta los años treinta de este siglo.

Me decía Vargas en Barcelona que las sociedades como la española actual, y con más razón la de los demás países europeos, han alcanzado un nivel de desarrollo en que la evasión que la novela proporciona y a la que sirve no es necesaria.

No comparto esta tesis, al menos enteramente y en todas sus implicaciones. Es posible que las sociedades que hemos venido a llamar de consumo tengan su expresión artística de forma preferente a través de otros medios que no sean la novela o la literatura en general —el cine, la televisión, la música y el disco que la recoge—. Es posible que la novela en estos países esté erosionada por las obras de las ciencias sociales, por un lado —que también cumplen el papel de contraste y testimonio—, y, por otro, por la extensión de los medios audiovisuales.

Pero la crisis de la novela tradicional en Europa me parece que se debe a más causas.

Cualesquiera que éstas sean, el conjunto actual de novelistas latinoamericanos, entre los que Vargas Llosa ocupa un primer puesto, nos asegura un presente apasionante para la novela en lengua española y debemos agradecer a la Editorial Seix y Barral su continuo esfuerzo para descubrirlo, darlos a conocer y mezclarlos con nosotros.

[*Cuadernos Hispanoamericanos*, Madrid, n.º 248, páginas 497-511.]

RELECTURA DE *CONVERSACIÓN EN LA CATEDRAL:* OTRAS VOCES, OTROS ECOS

Hacia fines de 1966, recién instalado en Inglaterra, Vargas Llosa me brindó una entrevista. En el lúgubre apartamento que ocupaba con su familia, al norte de Londres, había una pesada mesa-comedor convertida en escritorio. Prolíjamente apilados en una esquina, dos altos de papel mecanografiado atraían magnéticamente mi mirada. Eran uno de los primeros borradores de su tercera novela, *Conversación en La Catedral,* que tenía a lectores y críticos en renovado suspenso. La pregunta que todos nos hacíamos era: «¿Qué cabía esperar después de *La ciudad y los perros* y *La Casa Verde?*»

Las estaciones se fueron fatalmente convirtiendo en años. Vargas Llosa cruzó y recruzó, norte a sur, el Atlántico, y en la primavera de 1968 estaba nuevamente afincado en Londres. La nueva novela parecía haber entrado en esa última recta que precede la inminente entrada en prensa. Por aquellos días del «mayo francés», y en vísperas de mi partida para el Perú, el novelista me permitió leer el manuscrito de *Conversación*[1]. Fue una lectura atropellada (en breves plazos de unas doscientas páginas a la vez) y harto sobresaltada, por corresponderme la suerte de aquella única copia en existencia. Semanas después, unos amigos limeños me llevaron a «La Catedral», en una de cuyas mesas Ambrosio y Santiago habían (se supone) intercambiado sus amargas experiencias sobre la aciaga vida peruana.

Conversación en La Catedral finalmente aparecería en los postreros días de 1969. Desde entonces la he leído una media docena de veces y publicado tres reseñas, cada vez más profusas en consideraciones esti-

---

[1] Un punto interesante sobre esta versión cuasi-final de la novela, era el uso que Vargas Llosa hacía de sugestivos titulares para cada capítulo. Así, los cuatro primeros se titulaban, respectivamente: «Tarde gris en el Puente del Ejército»; «Operación yobimbina»; «Un rapto en provincias» y «Un miraflorino en San Marcos».

lísticas[2]. Y cuando creía haber diseccionado todos sus órganos y entrañas, la revista *World Literature Today* de la Universidad de Oklahoma, que preparaba un homenaje a este novelista, me pidió que volviera a la carga. Ahora bien, sucede algo muy curioso con las obras de Vargas Llosa que fuerza al lector inteligente a seguir hurgando con sus innumerables engranajes. Es así que, tras una séptima u octava lectura (incluyendo la versión inglesa de Gregory Rabassa), vuelvo a encontrarme con piezas sueltas de insospechado interés: oportuna justificación para un último buceo por los turbios entresijos de esta impresionante novela.

Conversación en La Catedral bien pudiera considerarse como el máximo reto y logro en la carrera novelística de Vargas Llosa. Esto no quita que muchos lectores y críticos (especialmente en España) sigan prefiriendo sus novelas anteriores: *La ciudad y los perros,* como la más implacable y visceral, o *La Casa Verde,* como la más poética y estimable.

Según he oído en muchas partes, al acabar esta novela el autor confesó repetidas veces que *Conversación* había abrumado su capacidad creadora e ingenio narrativo hasta tal punto que seriamente dudaba poder superar o igualar aquel logro. Su producción subsiguiente, *Pantaleón y las visitadoras* y *La tía Julia y el escribidor,* parece confirmar que su sentimiento de entonces era algo más que la simple saturación de un escritor tras una prolongada *saison en enfer* de arduas escaramuzas con las indomables musas.

¿Qué es entonces lo que hace sobresalir a esta novela sobre el resto de la impresionante obra de este narrador? Para empezar, su arrolladora magnitud. Vargas Llosa ha sometido su caudal de recursos estilísticos, previamente desplegados, a un proceso de concentración y masiva ampliación. De esta suerte, ha ensamblado todas las técnicas diseñadas o insinuadas en sus obras anteriores («montaje dialogal», fragmentación argumental, yuxtaposición narrativa...) y las ha elevado a un pináculo de inigualable virtuosismo. Por otra parte, el proceso de crecimiento afecta también los parámetros temáticos de la nueva novela. Dentro de un contexto peruano contemporáneo, Vargas Llosa ha dilatado considerablemente el campo de acción hasta englobar prácticamente toda la superficie peruana e incontables personajes: del humillado y ofendido *lumpen* mestizo al prepotente oligarca criollo. En la

---

[2] La tercera y más detallada, «Saga de corrupción y mediocridad», apareció en *Asedios a Vargas Llosa* (Santiago de Chile, Editorial Universitaria, 1972, pp. 169-192).

feliz expresión del chileno Antonio Skármeta: *Conversación* es una verdadera «gigantomaquia»[3].

Para el desarrollo argumental de *Conversación*, Vargas Llosa no sólo ha vuelto a los módulos de fragmentación narrativa, a la manera de Dos Passos, sino que ha producido una síntesis de sus dos experimentos anteriores con la técnica de discontinuidad y simultaneidad. Ambos están representados y amalgamados en las cuatro partes que componen esta tercera novela. La segunda y cuarta parte poseen una marcada diversidad argumental, en la que cada capítulo contiene un número de secciones narrativas (o hilos argumentales) que se desenvuelven en pareja secuencia: aquellos que corresponden a las historias de Amalia-Cayo-Santiago o Amalia-Cayo-Ambrosio se van rotando simétricamente en la segunda parte; los de Santiago-Queta-Ambrosio, en la cuarta. Las partes primera y tercera, sin embargo, parecen seguir un módulo narrativo más en conformidad con el capítulo convencional. Pero esto es mera apariencia porque, lejos de mantener una uniformidad argumental, cada uno de estos capítulos (especialmente en la primera parte) se desarrolla en una compleja pluralidad de diálogos entreverados o yuxtapuestos, pertenecientes a diversos personajes en varios tiempos y lugares. Un dramático ejemplo de tan intrincado sistema sería el capítulo siete de la primera parte, en el que al menos ocho diferentes diálogos se van entrecruzando con singular vivacidad. Sorpresivamente, este flujo de líneas narrativas no parece desalentar al lector. Por el contrario, su interés se va estimulando a medida que la cualidad dramática de la acción adquiere extrañas fusiones sub-textuales con el rápido trasiego de una a otra línea dialogal.

En suma, Vargas Llosa ha vuelto a su singular *modus operandi* de narrativa asincrónica y diálogos montados, en el que los ecos se anticipan a las voces, las fronteras tempo-espaciales se difuminan y la acción adquiere un indeclinable ritmo febril.

Todos estos y muchos otros admirables recursos técnicos serían sin embargo un frío ejercicio estilístico si no estuvieran al servicio de un contexto moral de gran interés e importancia. Al mismo tiempo, la intención crítica de esta novela depende poderosamente de otra des-

---

[3] Antonio Skármeta, «El último realista», en *Asedios a Vargas Llosa, ibid,* 204-208.

lumbrante técnica diseñada especialmente para activar la conversación enunciada en el título. O, más exactamente, las *conversaciones*, pues a medida que avanzamos con su lectura, nos percatamos que la novela contiene una segunda conversación, a la que sigue una tercera y, ahondando más en el texto, otras dos adicionales de carácter menor (Fermín-Ambrosio y Ambrosio-Queta) que probablemente fueron añadidas para apuntalar algún cabo suelto.

La conversación principal, que presta sustancia dramática y un buen grado de cohesión a esta novela, tiene lugar en el curso de sus páginas liminares. En un sórdido bar de Lima, «La Catedral» (sorpresivamente las mayúsculas no figuran en el título), Santiago Zavala y Ambrosio Pardo sostienen una larga charla punteada por numerosas cervezas. Tras años de separación, debido a las obvias diferencias de raza y clase social, los caminos de ambos personajes han vuelto a cruzarse. Este hiato temporal sirve también para crear una suerte de perspectiva futura o punto de atalaya con respecto al «ochenio» odriísta (1948-1956): trasfondo y cañamazo crítico de la novela. El encuentro habrá de situarse, por tanto, hacia mediados de los 1960, durante el régimen democrático de Belaúnde, cuando los enemigos de ayer (odriístas y apristas) aparecían ahora como improbables compañeros de cama:

> ¿No era una olla de grillos este país, niño, no era un rompecabezas macanudo el Perú? ¿No era increíble que los odriístas y apristas que tanto se odiaban ahora fueran uña y carne, niño? (I, 26).

Diferentes circunstancias unen a estos dos hombres pese a pertenecer a polos opuestos del tejido social peruano. Tanto el periodista Santiago Zavala, hijo de oligarca, como el aperreado negro Ambrosio Pardo, representan dos variaciones del fracaso humano: aquél por rechazo moral de su propia clase y éste por circunstancias personales y económicas. Pero hay más, mucho más que los une, pues Ambrosio ha sido, sucesivamente: chófer de don Fermín (padre de Santiago y pieza clave del poder odriísta); amante de Amalia, criada en la casa de los Zavala (a quien Santiago había tratado una vez de seducir) y, ocasionalmente, desahogo erótico de los turbios instintos de don Fermín.

La deslumbrante habilidad narrativa con que está montada esta conversación inicial se debe al hábil escamoteo y postergación de su contenido. Es decir, que el novelista permite al lector seguir los pormenores que preceden la conversación, para luego, en el momento de celebrarse ésta cortarle su acceso en el mismo dintel de la escena. A renglón seguido presenciamos la despedida tempestuosa de los dos personajes que probablemente no volverán a encontrarse.

De las cuatro horas, tiempo ficticio que se supone dura la conversación, el novelista nos irá entregando aislados fragmentos que, sin previo aviso, van emergiendo a través de las restantes seiscientas páginas de la novela, como emanaciones de una conciencia atormentada.

Este esquema narrativo nos hace recordar similares formas en *La Casa Verde*, especialmente los diálogos evocativos entre Fushía y Aquilino durante el viaje descendente por el Amazonas. En ambas casos, el lector experimenta la extraña sensación de oír voces que, desde el borroso pasado, contestan directamente, o comentan sobre preguntas interpuestas en ese doloroso presente del viaje. La diferencia en el uso de esta técnica con respecto a la nueva novela, consiste en retardar considerablemente la conjunción de ambos momentos temporales:

—Y yo también me casé —dice Santiago—. ¿Y tú no te has casado?
—No llegamos a casarnos, pero yo también tuve mi mujer —dice Ambrosio (II, 54 y 55).

En esta cita son casi cuatro páginas lo que separa la pregunta de Santiago de la respuesta de Ambrosio. El intervalo sirve para facilitar al lector los antecedentes biográficos de Cayo Bermúdez: su prometedora juventud, su tortuoso romance y desastroso matrimonio (que «emocionalmente» suscita la anterior pregunta) con una muchacha indígena.

De la densa trama de entrelazados destinos que constituyen el intrincado argumento de *Conversación*, ahora trasciende que Ambrosio, con anterioridad a su trabajo de chófer de los Zavala, había tenido una serie de contactos con Cayo. De niños habían compartido juegos y travesuras hasta que las susceptibilidades raciales los distanciara. Pese a ello, Ambrosio se prestaría más tarde a ayudar a su antiguo amigo a escaparse con la muchacha indígena y, muchos años después, cuando Cayo era el hombre más temido del Perú, Ambrosio se convertiría en uno de sus matones.

Todas estas circunstancias habrán de ser cuidadosamente sopesadas por el lector a la hora de intentar determinar la subrepticia identidad del narrador que nos relata la historia de los orígenes y amargos comienzos de Cayo Bermúdez. Pero primeramente cabe recordar que esta narración se realiza en esa protéica tercera persona que Vargas Llosa ha ido desarrollando tan efectivamente a lo largo de su obra para aglutinar casi toda la escala de variaciones contenidas en las teorías jamesianas sobre el punto de vista.

El suave flujo de esta idiosincrática modalidad narrativa es a veces perturbado por espasmódicos saltos a una voz anónima que directamente comenta sobre sucesos y conductas en tonos que sugieren el vívido y servil lenguaje de Ambrosio:

De chicos ellos jugaban fútbol, robaban fruta en las huertas, Ambrosio se metía a su casa y al Buitre no le importaba. Cuando se volvieron platudos, en cambio, lo botaban y don Cayo lo reñían si lo pescaban con él. ¿Su sirviente? Qué va, don, su amigo, pero sólo cuando eran de este tamaño (I, 55).

Un elemento, harto intrigante, se infiltra en este y otros fragmentos que se supone provienen de Ambrosio: el repetido uso del tratamiento «don», unido a veces a preguntas desconcertantes, como la recién citada «¿Su sirviente?». Todo ello nos alerta sobre la posibilidad de un reticente interlocutor.

¿Quién es este misterioso personaje? Un número de pistas parecen apuntar al padre de Santiago, don Fermín. Una de ellas es estilística: el uso de «don» en vez de «niño» que acompaña la conversación de Ambrosio con Santiago. Otra tiene que ver con el tema de la charla: Cayo, con quien ambos, Ambrosio y Fermín, han estado fuertemente comprometidos en distintos niveles y en diferentes momentos. Pero los indicios más concluyentes son ciertas oblicuas referencias que subrepticiamente afloran en el texto. La primera de ellas aparece hacia la mitad de este capítulo tercero sobre el pasado de Cayo, antes de convertirse en el temible ministro de la dictadura. En este pasaje, Ambrosio discute con su reticente interlocutor sobre las posibles razones del fracaso autoinfligido de Cayo en su juventud:

¿Joderse para matar de decepción al padre? ¿Usted cree que por eso, don? ¿Hacerlo sufrir costara lo que costara, aunque sea convirtiéndose él mismo en basura? ... No se ponga así, don, si estábamos conversando de lo más bien, don... Usted no está hablando del Buitre y don Cayo, sino de usted y del niño Santiago ¿no, don? Está bien, me callo, don, ya sé que no está hablando conmigo (I, 50).

Otros ejemplos de este tipo aparecen desparramados por el resto del primer volumen, aumentando en frecuencia a medida que nos adentramos en la segunda parte de la obra. No cabe lugar a dudas: tras un laborioso escrutinio de este laberinto de hebras narrativas, tenemos que concluir que Vargas Llosa, usando una técnica similar a la de Juan Rulfo en *Luvina* y *Pedro Páramo* (el diálogo monologal o monólogo dialogal), nos ha deslizado solapadamente una segunda conversación en la trama.

Estos intercambios entre Ambrosio y Don Fermín sirven para crear un efecto contrapuntístico con respecto al trauma personal de Santiago. Al mismo tiempo acentúan el tema del fracaso, tan vital para el sentido de toda la novela, que gradualmente va cobrando un mayor relieve al extenderse a otros personajes y situarlos en dramática interrelación. Así, la marginación de Cayo por causa de su matrimonio se homologa con la de Santiago. Más aún, la inferencia de que el sistema sociocultural del Perú tiende a frustrar la posibilidad de auténticos lazos familiares en las clases media y alta, se extiende también a los pobres cuando ambas hebras narrativas confluyen en torno al carácter moral de Trifulcio, padre de Ambrosio:

—A mí creo que nunca me había hecho nada —dijo Ambrosio—. Hasta esa noche. Yo no le tenía cólera, don, aunque tampoco cariño. Y esa noche me dio pena, más bien.
—No pena porque hubiera estado preso, entiéndame bien, niño —dice Ambrosio—. Sino porque parecía un pordiosero. Sin zapatos, unas uñotas de este tamaño, unas costras en los brazos y en la cara... (I, 133).

El tema del fracaso constituye también el centro nervioso de otra conversación: la de Santiago y Carlitos, compañero de periodismo y tránsfuga del *establishment*. Al igual que la charla entre Santiago y Ambrosio, ésta tiene lugar en un bar, no en una larga sentada, sino a lo largo de varios encuentros. La clave de estos encuentros no resulta aparente hasta el principio del segundo volumen:

—Aquí tuvimos nuestra primera conversación masoquista, Zavalita —dijo—. Aquí nos confesamos que éramos un poeta y un comunista fracasados. Ahora sólo somos dos periodistas. Aquí nos hicimos amigos, Zavalita (II, 35).

Ese *aquí* es el «Negro-Negro», un bar bohemio del centro de Lima que volverá a aparecer en la quinta novela de Vargas Llosa, *La tía Julia y el escribidor*. El momento ocurre cuando Santiago, en sus tareas periodísticas, descubre la presunta homosexualidad de su padre y la sospecha creciente de que Ambrosio haya asesinado a Hortensia (examante de Cayo) para salvar a su amo del chantaje y la ruina social. El curso serpenteante de estas conversaciones en el «Negro-Negro» se ajusta adecuadamente a la concepción circular de la novelística vargas-llosiana:

—Carillas borroneadas y tiradas al canasto, piensa, semanas y meses borroneados y tirados al. Ahí estaban, Zavalita: la estática redacción con sus chistes y chismes recurrentes, las conversaciones giratorias en el «Negro-Negro»... (II, 212).

Pero no sólo las conversaciones son «giratorias», sino que las vivencias, las relaciones y, en suma, los destinos humanos de estos seres parecen corresponder a esas «puertas giratorias» que apuntara Luis Harss y que vienen a sintetizar un ciclo social, político y vital cuya única posible alternativa es la frustradora repetición cíclica: en suma, una forma más del estancamiento[4].

---

[4] Luis HARSS, «The Revolving Doors», en *Into The Mainstream* (Nueva York, Harper, 1967). En su versión castellana, *Los nuestros*, Harss retitularía su capítulo sobre Vargas Llosa: «Los vasos comunicantes».

Finalmente, la mera recurrencia de las charlas (más bien confesiones) de Santiago con Carlitos es de por sí indicativa de la ilimitada capacidad de masoquismo y autoindulgencia del protagonista. Precisamente por este carácter de *strip-tease* espiritual, las charlas alcohólicas del «Negro-Negro» bien pudieran ser consideradas como contrapartidas de las de «La Catedral»: más sobrias y refrenadas, sin embargo, por razón del abismo sociocultural entre el intelectual criollo y el *lumpen* negro.

Esta marcada diferencia de tono entre las dos conversaciones complementarias (Ambrosio-Santiago, Carlitos-Santiago) tiene también mucho que ver con su secuencia temporal. Si bien la cronología tradicional es con respecto a la narrativa de Vargas Llosa lo que el verso clásico fue para la poesía de Vallejo, conviene recordar a estas alturas que el encuentro en «La Catedral» es el último de la serie. He aquí una posible tabla de las tres narraciones dialogales según un orden convencional:

1. Ambrosio-Fermín (¿Un chalet en la playa?)   — Pasado remoto.
2. Carlitos-Santiago («Negro-Negro»)   — Pasado inmediato.
3. Ambrosio-Santiago («La Catedral»)   — Presente.

La tensión emocional es sin embargo intemporal puesto que el lector recibe una visión totalizante de las fuerzas dramáticas en la novela, cuya acción convulsiva se produce sobre un cambiante flujo de destinos a la deriva.

Otro importante elemento en *Conversación en La Catedral,* que aporta un módulo de unidad a este formidable entramado de hilos narrativos, aparece también al principio de la novela. Posee, en mayor medida que las tres conversaciones principales, una naturaleza subterránea y reiterativa, emergiendo inesperadamente para luego zambullirse y volver a aflorar un buen número de páginas más tarde. Este elemento recurrente o *leit motiv* es la voz de Santiago o, más bien, la de su herida y atormentada conciencia que busca contestaciones a una alucinante pregunta: ¿en qué momento... dónde?

Desde la puerta de «La Crónica», Santiago mira la avenida Tacna, sin amor: automóviles, edificios desiguales y descoloridos, esqueletos de avisos luminosos flotando en la neblina, el mediodía gris. ¿En qué momento se había jodido el Perú? Él era como el Perú, Zavalita, se había jodido en algún momento. Piensa: ¿en cuál? (I, 13).

Estructuralmente, esta resonante voz de la conciencia de Santiago está íntimamente ligada con las conversaciones circulares en el «Negro-

Negro», pues es el torrente confesional con Carlitos, justo después del traumático descubrimiento de la homosexualidad de su padre, lo que precipita la crisis existencial que había comenzado el día que Santiago supo de los injustos privilegios conferidos a su clase. De aquí las continuas referencias a su compañero de confidencias y a sí mismo, en tercera persona, como «Zavalita»: epíteto usado por Carlitos y otros compañeros periodistas. Un vívido ejemplo de esta peculiaridad nominativa aparece en el primer capítulo. Al reconocer a Ambrosio en el repugnante oficio de perrero, piensa:

> Mil veces más jodido que Carlitos o que tú, Zavalita (I, 26).

Conviene recordar aquí que este desdoblamiento de un personaje en dos o más distintas identidades es parte inherente del presupuesto novelístico de Vargas Llosa. En obras anteriores notábamos cómo Alberto Fernández era también el Poeta; Ricardo Arana era Richi y el Esclavo; el Sargento era Lituma; Bonifacia, la Selvática; Anselmo, el Arpista y así sucesivamente. En *Conversación*, Santiago Zavala es, sucesivamente: «el flaco», «supersabio», Santiago y Zavalita.

Pero cualquiera que sea su nombre, su historia tiene mucho en común con la mayoría de los anti-héroes en nuestra «edad ansiosa», tan bien caracterizados por Raymond Giraud como «Demasiado burgueses para ser heroicos; demasiado solitarios y sensitivos para ser burgueses». El drama de Santiago arranca de su misma sensibilidad[5]. En algún momento, no bien definido en la novela, pero probablemente después de producirse su fracaso erótico con Amalia, él ha empezado a cuestionar la posición privilegiada de su familia, su riqueza y poder en un país en el que la mayoría yace en las garras de la pobreza. A partir de ese momento, su idealismo sigue los caminos tradicionales de rechazo contra los valores de su propia clase y de entrega a los ideales marxistas. Éste será su gran momento de gloria, que luego se tornará en amarga desilusión al sentirse atrapado entre el dogmatismo político y sus lastimados sentimientos personales. El peso de la realidad, la realidad peruana, cae contundentemente sobre su idealismo filisteo. En vez de regresar al redil familiar y un sonriente futuro, Santiago convierte su ilusa rebelión en una especie de patético desprecio de sí mismo. Ni se reconcilia con el sistema ni lo combate: permanecerá en un limbo masoquista, una nirvana de autoconmiseración.

¿Qué podemos concluir de todo esto? En primer lugar, Santiago es la figura prominente de una larga galería de inadaptados y náufragos

---

[5] Raymond Giraud, *The Unheroic Hero in the Novels of Stendhal, Balzac and Flaubert,* New Brunswick, Rutgers University Press, 1957, p. 185.

sociales: Ambrosio, Amalia, Trinidad, Rosa, Trifulcio (entre los oprimidos); Carlitos, Aída, Jacobo, Héctor, Solórzano (entre los educados y sensitivos idealistas). En marcado contraste hay todos aquellos que, gracias a su posición, fortuna y habilidad para sobrevivir, parecen ser capaces de capear el temporal, aunque sin ninguna consideración por la propia dignidad humana: Fermín, Landa, Ferro, Espina, Arévalo y, muy especialmente, los grandes dirigentes del país, de Odría a Haya de la Torre, de Prado a Belaúnde.

Resulta virtualmente imposible imaginar un solo lector de *Conversación* que, después de haber terminado esta novela, no concluya que la vida en el Perú, con o sin dictadura, es exactamente lo contrario del triple ideal jeffersiano de libertad, justicia y búsqueda de la felicidad. En ese sentido, *Conversación* tiene que ser no sólo la novela más compleja de Vargas Llosa, sino también la más desoladora, con *La ciudad y los perros* como la segunda en adustez y *La Casa Verde* en dificultad estructural.

En el contexto de la literatura latinoamericana, *Conversación en La Catedral* ha de considerarse además como una de las grandes novelas sobre el tema de la dictadura, en la mejor tradición de *El señor Presidente* de Asturias, *El recurso del método* de Carpentier, *El otoño del patriarca* de García Márquez, *Yo, el supremo* de Roa Bastos y *Oficio de difuntos* de Uslar Pietri. Este aspecto político está manipulado con aparente soltura y considerable originalidad. El autor nos hace seguir, paso a paso, veinticuatro horas de la vida de Cayo Bermúdez en su capacidad de celoso vigilante del «orden odriísta». En vez de los crudos y sangrientos métodos del típico dictador latinoamericano (aunque la fuerza bruta también se emplee en ocasiones), Cayo se inclina hacia las «artes» maquiavélicas de la persuasión, el engaño, coerción moral y puro chantaje.

Esta es, probablemente, la proyección más convincente y duradera (o universal, si se prefiere) de *Conversación*: prácticamente, una verdadera novela dentro de la novela. El mismo consenso crítico no se extiende, sin embargo, a otros aspectos de la obra, especialmente cuando este narrador flaubertiano, este «Dreiser peruano» que dijera un crítico neoyorquino, aplica sus poderes realistas al escrutinio general de la sociedad de su país.

Antonio Skármeta, en su reseña sobre la novela, considera a Vargas Llosa como «el último realista». Nada más cierto. Su brillante habilidad experimental no contradice esta aserción, sino que la confirma. Después de todo, ¿no fue destreza estilística el medio empleado por su maestro Flaubert a fin de armonizar totalidad de efecto con un alto grado de control emocional?

Los críticos han relacionado este aspecto del arte de Vargas Llosa con su marcada inclinación moralizante y censurado a este autor consecuentemente a través de su carrera. Hasta cierto punto, parecería como si la polvareda polémica, suscitada por la cuestión del «determinismo sartreano» en *La ciudad y los perros,* no hubiera acabado todavía de despejarse. La verdad es, sin embargo, que nada ha sido tan erróneamente interpretado como este lado de su novelística, especialmente en el Perú donde la intención moral y crítica social de sus obras debiera haber sido fácilmente comprendida. Después de todo, es precisamente ese «flaubertianismo» de Vargas Llosa, su enfoque moral baudelairiano, el más apropiado vehículo para confrontar la problemática de un país como Perú que, en sus más avanzados aspectos, parece aún atrapado en dilemas positivistas.

Como Flaubert en la Francia del Segundo Imperio, Vargas Llosa está lleno de desdén por la vitanda y complaciente clase a la que social y económicamente él mismo pertenece. El doble elemento de mediocridad y «huachafería» (cursilería) típicas de la sociedad criolla, constituye el núcleo de la intención crítica de *Conversación.*

Curiosamente, estas objecciones oscurecen otro aspecto muy importante de este novelista. Así como Flaubert podía a veces abandonar su realismo perfeccionista para practicar una especie de romanticismo exótico, Vargas se deja igualmente seducir por otra polaridad (justo reverso de su fría objetividad moral) que se orienta hacia los más negros repliegues de la depravación humana, como impulsada por una romántica infatuación.

Pero este lado oscuro de Vargas Llosa apenas si debiera sorprender a sus lectores. Es un hecho bien conocido que en un tiempo él estuvo «envenenado» (en su propia expresión) por la lectura de los *conteurs maudits:* ese brote de escritores licenciosos que, durante la segunda mitad del XVIII, se llamaron Sade, Laclos, Restif de la Bretonne, Andrea de Nersiat, Duclos, etc. [6]. Años después, Vargas Llosa contribuiría un importante prefacio a la versión castellana del estudio de George Bataille sobre Gilles de Rais. Su título no podría ser más esclarecedor: «Bataille o el rescate del mal» [7].

Su considerable conocimiento y fascinación por este tipo de literatura son quizás responsables de algunos de los mejores pasajes de su obra de ficción, construidos precisamente en torno a personajes poseídos por una especie de «inocencia del mal»: Jaguar, Anselmo, Boa y

---

[6] Mario VARGAS LLOSA, *La novela,* conferencia leída en Montevideo (agosto de 1966) y más tarde publicada por la Fundación Cultural Universitaria, Cuadernos de Literatura, Montevideo, 1968.

[7] Georges BATAILLE, *La tragedia de Gilles de Rais,* Barcelona, Tusquets Editor, 1972.

Fushía, para culminar en Cayo Bermúdez, producto virtualmente insólito en las literaturas hispánicas. Este pontífice del miedo posee una extraña humanidad en lo que concierne a los vicios ajenos (incluidos los de sus enemigos); no sólo los comprende y religiosamente respeta, sino que él mismo busca satisfacer (nuevo destello baudelairiano), una de las fantasías eróticas más codiciadas y, al mismo tiempo, reprimidas por el hombre: el voyeurismo lesbiano.

Conversación en La Catedral cierra verdaderamente la etapa vargas-llosiana de implacable perfeccionamiento y realismo totalizante. *Pantaleón* y *La tía Julia* le proyectan en una nueva dirección: más cercano quizás al espíritu de aquellos *maudists,* que él admirara, y un tanto más apartado de la desdeñosa mirada flaubertiana hacia las debilidades humanas. Bien considerado, este giro radical nos hace recordar la olímpica aceptación de su paisano Vallejo para con la inevitabilidad del mal, el sufrimiento y la mezquindad. Tras considerar «en frío» todo lo que nos falta y degrada, aquel gran poeta nos pasó un brazo sobre el hombro y tranquilizó diciendo: «¡Qué más da! Emocionado... Emocionado.»

[*World Literature Today,* vol. 52, n.º 1, 1978, pp. 63-67. (Trad. por el autor, con nuevo título.)]

RAYMOND L. WILLIAMS

PANTALEÓN Y LAS VISITADORAS: UN ANÁLISIS DE SU SISTEMA NARRATIVO

La publicación de *Pantaleón y las visitadoras* supuso un cambio radical en la creación novelística de Mario Vargas Llosa. Como ha mostrado José Miguel Oviedo, las novelas anteriores ofrecen un desarrollo progresivo hacia la complejidad estructural, mientras ésta supone un retorno a métodos más tradicionales de contar una historia, narrando los acontecimientos en forma casi lineal y de manera accesible a cualquier lector[1]. A esta sencillez se agrega el humor, elemento notablemente ausente en las tres primeras novelas del autor. Al actuar así, dejó su flanco al descubierto, facilitando la crítica de quienes ponen en tela de juicio la función social y el humor «fácil» de la novela[2]. En el presente estudio examinaré dos principios de organización que producen efectos a la vez humorísticos y críticos. El primero de estos principios versa sobre el asunto; el segundo se relaciona más bien con la estructura según se trasluce en la organización textual. Una hipótesis de trabajo es ésta: los dos principios de organización son fundamentales para la apreciación de la novela como entretenimiento y como obra subversivamente crítica de la sociedad que en ella se describe.

Utilizando el concepto formulado por Gérard Genette del *verbo núcleo*, podrá leerse la novela como una dilatación y expansión de la frase que la resume: «Un oficial del ejército en el Perú organiza la prostitución para los soldados»[3]. El verbo contiene la esencia de lo que

---

[1] Véase José Miguel OVIEDO, *Mario Vargas Llosa: La invención de una realidad*, Barcelona, Barral Editores, 1970, 223-238.

[2] Véase Joseph SOMMERS, «Literatura e ideología: el militarismo en las novelas de Vargas Llosa», *Revista de crítica literaria latinoamericana*, 1 (1975), 87-112.

[3] Véase Gérard GENETTE, «Discours du récit», en *Figures III*, París, ed. du Seuil, 1972. En la introducción, Genette sugiere la posibilidad de considerar una historia como la expansión de un verbo. Por ejemplo, Genette nota que en *La Odisea* el verbo sería «Ulises vuelve a Ítaca».

ocurre en la historia: «Organizar» es término que subraya lo metódico del procedimiento discurrido para satisfacer las necesidades sexuales de los militares. En el primer capítulo, escrito enteramente en forma dialogada, el concepto y el término «organizar» es introducido cuando al capitán se le encarga de resolver el problema de esas necesidades por sus dotes de organizador. A Pantoja se le describe en el diálogo como «organizador nato», como alguien que tiene un «sentido matemático del orden, capacidad ejecutiva», y un «cerebro organizador». A la mitad y al final de la novela hay capítulos que utilizan la forma dialogada como en el primero; los restantes describen a Pantoja «organizando» todo un sistema, por medio de documentos militares, mensajes, cartas y conversaciones. Este tipo de comunicaciones aparecen junto a breves pasajes narrativos del narrador omnisciente. En el segundo capítulo Pantoja describe los detalles íntimos de su organización con comunicados oficiales y refuerza la descripción agregando datos y experimentos científicos. Al llegar al tercer capítulo la manía organizadora de Pantoja ha llegado hasta el extremo de utilizar un reloj para calcular el tiempo que dura la relación sexual entre él y su propia mujer. Mediada la novela el fracaso de Pantoja se precipita a causa precisamente de su éxito como organizador: el negocio ha adquirido vida y los jefes del Ejército temen que no lo podrán controlar. Momento decisivo en la operación discurrida por Pantoja es aquel en que un comentador radiofónico lo denuncia con la cooperación de una de las prostitutas contratadas por aquél. Y también entonces se subraya su capacidad organizadora. Dice la prostituta: «Lo tiene todo muy organizadito, otra manía suya es el orden. Todas decíamos esto no parece bulín sino cuartel» (p. 199). Y es su éxito como organizador lo que al final provoca la reacción: Pantoja pierde su puesto y es trasladado a un lugar remoto.

Si examinamos con detalle la dilatación textual del verbo «organizar» veremos claramente que Vargas Llosa hace un comentario social mediante técnicas narrativas que muestran las contradicciones ocurridas en el mismo proceso de «la organización». Vargas Llosa continuamente yuxtapone la proclividad sexual con la represión de tales impulsos en el Ejército. El punto de partida de este tipo de yuxtaposición se halla en la conversación inicial entre Pantoja y su esposa Pocha en el primer párrafo de la novela:

—Despierta, Panta —dice Pochita—. Ya son las ocho. Panta, Pantita.
—¿Las ocho ya? Caramba, qué sueño tengo —bosteza Pantita—. ¿Me cosiste mi galón?
—Sí, mi teniente —se cuadra Pochita—. Uy, perdón, mi capitán. Hasta que me acostumbre, vas a seguir de teniente, amor.

Hasta en una conversación juguetona como ésta aparecen vinculados la vida íntima y el código militar. De forma que se establece en la novela una radical contradicción básica por la yuxtaposición de términos castrenses como «teniente», «se cuadra Pochita» y «capitán» con el apelativo cariñoso «amor». En el primer comunicado enviado por Pantoja pueden observarse técnica y resultado semejantes. Sus cálculos acerca del tiempo preciso para realizar cada acto carnal y el número de coitos que mensualmente serán necesarios para que la tropa desempeñe bien las funciones que le exigen, muestran otra humorística yuxtaposición análoga de lo militar y lo íntimo. Una vez que la operación se ha convertido en parte casi oficial del ejército, el efecto de esta yuxtaposición pierde sus calidades humorísticas, y es en este punto cuando Pocha observa que a Pantoja le gusta el trabajo que le ha sido encomendado («Pero ahora estoy notando que el Servicio de Inteligencia te encanta», página 114) y cuando los militares empiezan a darse cuenta de que el asunto puede escapárseles de las manos. Más o menos desde ahí la vitalidad y el movimiento de la novela se centran en el conflicto entre Pantoja y sus enemigos y en la relación amorosa de Pantoja y La Brasileña. La yuxtaposición ya no tiene la gracia de antes porque la prostitución se ha integrado en el mecanismo militar y, por lo tanto, deja de parecer incongruente. Es notable, por ejemplo, que el periodista radiofónico, Sinchi, utilice la yuxtaposición como base de su campaña contra Pantoja: «este es el pingüe negocio del faraónico señor Pantoja: convertir a las guarniciones y campamentos de la selva, a las bases y puestos fronterizos, en pequeñas sodomas y gomorras, gracias a sus prostíbulos aéreos y fluviales» (p. 190). Aunque el ataque es parecido a la declaración inicial de Pocha en el sentido que yuxtapone lo castrense y el sexo, el humor de la contradicción se ha diluido en una retórica altisonante que en sí misma constituye una crítica a la yuxtaposición.

Estas contradicciones se hacen visibles por la importancia atribuida a la mentalidad y a los valores de los militares. Notable ejemplo de este hecho es la declaración de Pantoja al comienzo de la novela, al recibir la orden de «organizar» el funcionamiento del asunto como persona civil, dice: «Pero pensar siempre como militar» (p. 26). Sus actos, y los de sus colegas, han de ser entendidos precisamente partiendo de ese supuesto, o sea como manifestaciones de la mentalidad militar. Técnicamente, el predominio de lo militar se manifiesta en el estilo de la novela, por la frecuencia con que se incluyen en el texto comunicados oficiales y por la elección de vocabulario. Los actos de Pantoja son expresión de ideales militares y él mismo es caracterizado continuamente en forma que lo liga a ellos; por eso cree equivocado ocultar su identidad como militar en el montaje de la importante empresa que se le encomienda: «pese a lo triste que le resulta ocultar su condición de oficial de nuestro Ejército, de la que se siente orgulloso...» (página 38). Además de su obsesión con el orden, de idealización del sentido común refleja la mentalidad castrense; por eso explica sus acciones echando mano al refranero:

Que el suscrito está consciente de la obligación de iniciar el Servicio fijándose metas modestas y alcanzables, teniendo en cuenta la realidad y la filosofía escondida en refranes como «despacio se va lejos» y «no por mucho madrugar amanece más temprano» (página 45).

Del mismo modo, para explicar la falta de luz en una casa dice: «en la sombra todos los gatos son pardos» (p. 47). Cuando una vez se disculpa porque un himno que se les había ocurrido a las prostitutas no menciona a la marina, se cree obligado a advertir que el tal himno no fue patrocinado por las autoridades militares, sino que era «espontánea creación del personal». Dado el modo de pensar de los militares, el hecho de que fuera espontáneo explicaba sus faltas. La prostituta Maclovia describe cómo organizó Pantoja la prostitución conforme a principios militares: «Nos hizo llorar, te digo, diciendo ahora ya tienen otra categoría, son visitadoras y no polillas, cumplen una misión, sirven a la Patria, colaboran con las Fuerzas Armadas y no sé cuántas cosas más» (p. 195). Para Pantoja, el honor más alto que puede hacer a La Brasileña es describirla como «un soldado caído en acción».

Otro aspecto significativo del sistema de valores visibles en la novela es la exaltación del machismo. El punto central de la fábula son los hábitos sexuales degradantes y mecanizados, que Pantoja implanta. El punto de partida de tal mecanización es la investigación científica preliminar realizada por él. Toda la operación funciona dando por supuesto que el acto sexual es por naturaleza mecánico. Y automáticamente los soldados de buena conducta son asignados a la atractiva Pechuga, mientras que se les castiga a otros imponiéndoles la menos deseable Sandra. Y el tiempo dedicado al coito, en este episodio está calculado para lograr un máximo de «eficacia».

Las obvias incongruencias en el curso de los sucesos descritos deben ser entendidas como expresión de la mentalidad militar. Los valores presentados en la novela, como parte de la estructura militar, no son los de Mario Vargas Llosa, autor de la novela, sino los del ejército de que trata. Esto se ve claramente si se recuerda una vez más que a Pantoja se le caracteriza como el militar ideal y se tiene presente el principio en que base su conducta: «pensar siempre como militar». Aunque la relación sexual sea degradante en la novela es así porque refleja la mentalidad y los valores que representa Pantoja. En lo que concierne al primer principio de organización, ya notamos que el verbo núcleo «organizar» se dilata y expande a medida que la acción adelanta y va trasluciendo la incoherencia del sistema social. Sistema singularmente representativo de los valores castrenses que la novela cuestiona. En la palabra «organizar», primer principio estructural, se basa esta incisiva presentación de la sociedad peruana.

El segundo principio de organización, la forma mediante el cual el *verbo núcleo* se dilata, está basado en la distribución de la materia anecdótica. Tanto la estructura global —la distribución de los capítulos en la novela— como la estructura de cada una de las unidades desempeña funciones concretas en la novela. La estructura global abarca diez capítulos y está dividida en cuatro partes, según el modelo siguiente:

I. *Capítulo 1* (Diálogo)

    Capítulo 2

    a) Comunicación oficial (Pantoja)
    b) Narrador omnisciente
    c) Comunicación oficial (Pantoja)

    Capítulo 3

    a) Carta de Pocha
    b) Narrador omnisciente

    Capítulo 4

    a) Acuerdo oficial (Carrillo)
    b) Comunicación oficial (Pantoja)
    c) Anotación (Collazos)
    d) Acuerdo oficial (Sarmiento)
    e) Informe (Quispe Salas)
    f) Informe (Santana)
    g) Carta (Rojas)

II. *Capítulo 5* (Diálogo)

    Capítulo 6

    a) Instrucciones (Pantoja)
    b) Comunicación oficial (Mendoza)

    c) Comunicación oficial (Pantoja)
    d) Anotación (Collazos)
    e) Mensaje (Casahuanqui)
    f) Carta (firmada XXX)
    g) Comunicación oficial (Pantoja)
    h) Anotación (Collazos)
    i) Carta (Collazos)
    j) Anotación (Scavino)
    k) Carta (Soma, Quilca, Sansho)
    l) Comunicación oficial (Pantoja)
    m) Comunicación oficial (Dávila)
    n) Carta (Maclovia)
    o) Carta (Calila)
    p) Anotación (Scavino)

    Capítulo 7

    a) Voz de Sinchi
    b) Narrador omnisciente

III. *Capítulo 8* (Diálogo)

    Capítulo 9 (Relatos periodísticos)

IV. *Capítulo 10* (Diálogo)

Observando esta estructura cuatripartita, se advierte que cada parte comienza con un capítulo dialogado; las secciones que los siguen elaboran y desarrollan la situación expuesta en ellos. Las cuatro partes están dedicadas a otras tantas etapas del proceso organizador de Pantoja: 1) el establecimiento de la operación; 2) su expansión; 3) hundimineto, y 4) epílogo.

La parte I, establecimiento de la operación, es expuesta en los cuatro primeros capítulos. En el primero, dialogado en varios niveles de temporalidad, se dan ya indicios de la trama que será desarrollada en el resto de esta parte. En el diálogo entre Pantoja y Pocha se advierte que aquél es persona muy entregada a su profesión militar y que hace poco ha sido destinado a un nuevo puesto. En otro diálogo ocurrido en distinto nivel temporal lo vemos en el momento de recibir órdenes y de establecer el negocio. Hasta aquí la investigación se realiza sin dificultad, pues no se encuentran problemas. Vargas Llosa convierte al lector en testigo de lo sucedido al hacerle asistir a las conversaciones entretenidas en el primer capítulo.

La parte II trata de la ampliación del negocio, y como la primera, comienza con una conversación entre Pantoja y Pocha en el que pronto se intercalan otros diálogos, lo que hace el capítulo más complejo. En la parte II se sugieren dos cambios importantes que luego serán expuestos más detalladamente. En la charla entre marido y mujer, dice ésta: «Pero ahora estoy notando que el Servicio de Inteligencia te encanta» (p. 114). Además, en el diálogo entre los militares que se inserta en éste, leemos: «Ahora no se podrá parar la avalancha» (p. 123). De lo dicho en la última sección de la parte II, la que corre a cargo del narrador omnisciente, se infiere que Pocha ha dejado a su marido. Lo sugerido como premonición en la frase «Ahora no se podrá parar la avalancha» pasa a ser realidad cuando la operación va complicándose y creando cada vez mayores problemas. La primera amenaza recibida por Pantoja le llega en una carta anónima. Maclovia escribe a Pocha pidiéndole que la ayude a reingresarse en la operación. Con estas cartas se muestra que la ampliación de que antes se habló es un hecho; indican además que la operación es conocida por un *público* cada día mayor. La difusión de las noticias culmina en el programa de Sinchi.

La parte III está compuesta por dos capítulos: en ella se asiste a la caída de Pantoja y se presentan otros problemas. Comienza con una conversación entre Pantoja y Leonor, su madre, que reemplaza a la esposa ausente; se entiende que la operación ha representado el fin de la familia. Las conversaciones intercaladas entre madre e hijo se refieren a los problemas que van surgiendo: el programa de radio de Sinchi, el discurso de Pantoja en honor de La Brasileña y una serie de artículos periodísticos señalan que el conocimiento de la operación por parte del público es completo, así como lo ocurrido a Pantoja.

La parte IV (capítulo 10) es en realidad un epílogo porque la operación ha cesado; lo único que queda por ver es lo que se sucederá al protagonista. Y se ve: la vida vuelve a tener el orden y la armonía iniciales. En el párrafo final hace ver que Pocha y su marido vuelven a vivir juntos en Pomata. Y el comentario de la mujer sobre el trabajo de su marido en el nuevo puesto muestra que éste sigue tan obsesionado como siempre con el orden y la disciplina.

La estructura de la novela es tan precisa como una obra de relojería y recuerda la estructura dramática de una tradicional obra de teatro dividida en tres actos: la primera parte presenta el conflicto; la segunda lo complica y la tercera lo resuelve. Los capítulos dialogados sirven como introducción a cada una de las partes, anticipando los cambios en el desarrollo de la novela que el lector experimentará por sí mismo en los materiales narraivos que se le ofrecen. Tres factores dan lugar a la circularidad estructural: 1) la advertencia del general Scavino, a principios de la obra, lo que se prueba con el fracaso de Pantoja; 2) la presencia de Sinchi en el primer capítulo anuncia su aparición al final; 3) el diálogo inicial entre Pantoja y Pocha se cierra cuando la armonía se restablece y reconciliados conversan otra vez. Como al principio, ella le dice: «Despierta, Panta».

Como se ha visto en esta discusión general de la estructura, el sistema imaginado por Vargas Llosa para relatar la historia consiste en una serie de materiales narrativos que ofrecen amplia variedad de modos expositivos y de situaciones, alternando la narración en primera persona con la presentada en tercera persona y con capítulos dialogados. Para analizar la estructura de cada capítulo con más detalle, puede echarse mano al modelo propuesto por Jakobson para cualquier acto comunicativo[4]:

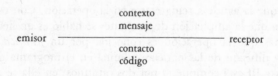

contexto
mensaje
emisor ——————————————— receptor
contacto
código

Llevando el modelo un poco más allá, podría proponerse el siguiente esquema de una situación comunicativa o narrativa en la novela:

contexto
«historia»
narrador ——————————————— lector
páginas impresas
lenguaje

    [4] Véase Roman JAKOBSON, «Linguistics and Poetics», en *Style and Language,* ed. Thomas A. Sebeok, Cambridge, Mass, MIT Press, 1960; reproducido en *The Structuralists from Marx to Lévi-Strauss,* ed. Richard and Fernande deGeorge, Garden City, Anchor Books, 1972.

Aun si en la novela la situación comunicativa suele ser más compleja, este modelo proporcionará un punto de partida para analizar las distintas situaciones que Vargas Llosa crea en su novela.

Cuatro modelos (variaciones del descrito anteriormente) caracterizan las situaciones narrativas que ofrecen los variados materiales integrantes de la novela. Esos cuatro modelos son: 1) diálogo directo que el lector implícito percibe como de persona que está fuera de la historia; 2) mensajes escritos dirigidos a un lector concreto, dentro de la historia; 3) un narrador omnisciente fuera de la historia que relata los acontecimientos a un lector implícito también exterior a la historia (esta situación era frecuente en la novela del siglo XIX); 4) un narrador desde dentro de la historia que se dirige a un vasto público dentro de la historia. Cada uno de los segmentos narrativos de la novela puede ser ubicado en una de estas cuatro categorías, ofreciendo los modelos la posibilidad de analizar con más detalle la organización del discurso.

En el primer modelo —diálogo— se sitúan los capítulos 1, 5, 8 y 10. Un narrador que controla la exposición intercala de vez en cuando breves frases para indicar quién está hablando y el lector escucha las conversaciones según van manteniéndose. Por eso las indicaciones del narrador están dotadas en presente de indicativo («dice»). El contenido real de estos capítulos dialogados es más complejo de lo que haría suponer la descripción de la situación comunicativa, porque el uso en ellos del tiempo presente implica la simultánea yuxtaposición de varias conversaciones. En el primer capítulo intervienen tres grupos de personas. Primero habla la familia Pantoja; el diálogo se traslada en tiempo y espacio desde Lima a los días iniciales de la peculiar misión encomendada al protagonista y al momento en que éste regresa a casa, borracho, al final del capítulo. El segundo grupo de dialogantes lo forman los seguidores religiosos del hermano Francisco, mientras en el tercero figura Pantoja fuera del círculo familiar, primero con las autoridades militares, y luego en una cantina reuniendo datos para realizar el trabajo que le ha sido asignado. La situación comunicativa de este capítulo permite al distanciado lector observar la conducta de Pantaleón —el primer capítulo es en su mayor parte un estudio del comportamiento— como hombre de familia y como militar profesional. El hecho de que todo el capítulo se desarrolle al nivel sincrónico —como un continuo presente— permite al lector comparar los distintos diálogos que en él se producen. Así, la confluencia de lo personal con lo militar se consigue mediante recursos técnicos. El continuo presente sugiere que Pantoja no es un personaje visto en distintas etapas de su desarrollo, sino alguien que se comporta de distinta manera según sea la ocasión. El «contexto» del esquema de Jakobson varía en el capítulo 1 (y asimismo en los capítulos 5, 8 y 10), es decir, en el marco de lo «familiar» y de lo «profesional». El lector debe, a través de su propio descifrado, determinar cuales son estas variables cumpliendo así su peculiar función. Debe notarse que la presentación conductista de Pantoja en el primer capítulo permite alcanzar un nivel de comprensión de su personalidad que no se logra respecto a los demás personajes. Las conversaciones intercaladas amplían el campo de observación del lector.

En el segundo modelo, el mensaje escrito va dirigido a un lector-personaje dentro de la historia y no al lector implícito de la novela. Las secciones que constituyen el modelo recogen mensajes e informes militares; dentro de esta categoría caben algunas comunicaciones de otro tipo, como la carta de Pocha y la carta de Maclovia a ésta. Los documentos militares ofrecen al lector una visión íntima de cómo funciona el Ejército y permiten comprender la mentalidad militar que «empapa» toda la novela. El contexto es «militar», como lo es el lenguaje de las comunicaciones aquí recogidas. La situación comunicativa hace ver la «persona» profesional del protagonista. Vargas Llosa aprovecha esta situación para ridiculizar la jerga militar. Es el contexto general lo que transforma en irónicas frases, tales como «el buen nombre de la institución». Al centrarnos exclusivamente en lo militar podemos observar detalles que no se podían advertir en el primer capítulo, de alcance más general. Cuando el detalle sobrepasa lo que normalmente cabe esperar, se logran efectos humorísticos y satíricos. Así, encontramos humorística la observación de Pantoja cuando nota que la superficie del cuarto que está investigando es exactamente 1.323 m^2. Resumiendo, contexto y lenguaje son esenciales para la experiencia de estas secciones del segundo modelo. Puesto que ya conoce el primer capítulo, el lector sabe cuanto se refiere al marco general en el que se insertan los mensajes de que estamos hablando, lo que le permite convertirse en organizador de lo disperso en el texto, integrando esos y otros documentos en la novela total.

El tercer modelo, el que implica un narrador omnisciente que desde fuera de la historia relata los hechos a un lector implícito también fuera de ella (la situación comunicativa tradicional), solamente se encuentra en tres secciones de la novela. En ellas se describe a Pantoja en tres noches diferentes —dos en agosto de 1956 y una en 1958—. Este modelo aporta nuevos elementos a la comprensión de la personalidad del protagonista, comunicándose al lector aspectos de ésta que ningún personaje puede observar. Un factor que tiene en común estas secciones, en cuanto al análisis del personaje se refiere, es la sensación de horror y enorme miedo que experimenta ante el mundo. Nos damos cuenta de que se siente aterrado e impotente por lo que ocurre, aunque lo que le pasa sea diferente en cada uno de los capítulos. Así, estas secciones contrastan enérgicamente con las que en el segundo modelo le presentaban oculto y protegido por su máscara profesional, y además constituyen el único estudio diacrónico de Pantoja que se hallará en la novela, evocando momentos claves del pasado que al lector le sirven para apreciar más a fondo la situación presente. En esas páginas, por ejemplo, se registran los temores del sujeto en ocasión de una ceremonia militar en sus tiempos de cadete. Sucesos así aparecen como *flash backs* o rememoraciones ocurridas en las tres noches de que se trata. En una situación comunicativa de este tipo, el papel del narrador y el del lector implícito varían en comparación con lo que son en los otros modelos. El lector recibe el «contexto» y la «historia» pasivamente: se los explica directamente el narrador omnisciente. Estas tres secciones dan orden y unidad a la novela entera, situando al lector, y hacen más creíble —dándole una dimensión humana— la personalidad del personaje.

El cuarto modelo —aquel en que el narrador, desde dentro del relato, dirige un mensaje a un público que está igualmente en él— cristaliza en las secciones donde se trata de Sinchi y de sus intervenciones en la radio y en los diarios. Esta situación comunicativa sólo se da al final de la novela. El contexto que ha de tenerse presente es el Perú: los códigos morales violados por la operación «visitadoras» y hechos públicos por los medios de comunicación son los del país entero. La situación comunicativa en la primera sección dedicada al programa de radio de Sinchi, va cambiando a lo largo del capítulo; comienza éste con las palabras de Sinchi en la radio. Sus primeros comentarios, que tienden a justificar su intervención como prueba de interés por el bienestar general, resultan irónicos para el lector (aunque quizá no para el público a quien va dirigida la emisión) porque puede situarlos en un marco amplio que le permite juzgar con conocimiento de causa. El programa se presenta a través del peculiar metalenguaje de Sinchi, cuyos cambios en el modo de enfocar las cuestiones y en sus comentarios dependen según el público a quien habla. Una vez creado el ambiente apropiado en la sección llamada «un poco de cultura», el periodista hace su denuncia de la operación dirigida por Pantoja en el «comentario del día». Después la voz del locutor es otra y en la parte de «entrevistas y reportajes» es Maclovia quien cuenta la historia de su vida como prostituta militarizada. La historia que cuenta se basa en anécdotas que el lector ya conoce por las secciones que componen el segundo modelo (los documentos). Dada la amplitud del marco en que ahora encaja la crónica, lo humorístico se pierde y lo que queda es parte del problema personal del protagonista, produciendo ahora un efecto dramático y a veces melodramático. Los artículos periodísticos del capítulo noveno se escriben para el mismo público a quien se dirigen las informaciones de la radio, pero el papel del lector es otro. Al leer el elogio fúnebre de Pantoja, el lector, como el público general, se da cuenta de lo que ha sido la relación entre Pantoja y La Brasileña. El lector desempeña otra vez el papel de coordinador de la información facilitada por los diarios, reconstruyendo la historia en todos sus detalles. Como en *Conversación en La Catedral*, el novelista recurre aquí a uno de sus recursos favoritos (muy común en las novelas de misterio), la inesperada revelación de hechos claves al final de la obra. Y la utilización de este cuarto modelo permite al lector descubrir esos hechos como si fuera un participante activo en ellos.

Los principios en que se basa la novela permiten pensar que *Pantaleón y las visitadoras*, aunque quizá no requiera una lectura tan exigente como las novelas anteriores de su autor, es un ejemplo del hábil dominio de la narración característica de la obra de Vargas Llosa. El examen de «la organización» montada por Pantoja (el contenido de la novela sintetizado en un verbo núcleo) y de la organización efectuada por el autor (la estructura de la novela) hacen de la obra una parodia de los métodos militares. Esta correspondencia entre aquello de que se trata y la forma, o entre temática y técnica, supone para el lector una experiencia vital e indica la función crítica de la obra en la sociedad peruana. Estas observaciones sugieren además que la esencia de la obra narrativa de Vargas Llosa está en el modo de organizar el texto, tal como se ha descrito, y no en la invención pura. La transformación de la realidad se asocia más estrechamente con esa manipulación del discurso que efectúa Vargas Llosa y se aprecia en esta particular novela en base a estos dos principios de organización.

PANTALEÓN Y TIRANT: PUNTOS DE CONTACTO

Aunque los estudiosos de la obra de Vargas Llosa toman en cuenta sus numerosos escritos críticos y teóricos y los estudian buscando influencias literarias, su apreciación entusiasta de la novela de caballerías, y en particular de *Tirant lo Blanc,* ha sido considerada una aberración crítica. Pocos la han tomado en serio, y nadie parece haberse enfrentado con lo que es, a todas luces, un problema crítico de importancia, ya que el autor no sólo repite varias veces su «aberración», sino que hace hincapié en ella. También importa subrayar que aunque se refiere frecuentemente a la novela de caballerías en términos generales, y hasta a veces llega a hablar de obras específicas tales como el *Amadís,* la mayoría de las veces está hablando del heterodoxo *Tirant.* Entre los especialistas el *Tirant* despierta reacciones que abarcan desde el entusiasmo hasta la desconfianza, e inclusive el comentario que en rigor ni es novela de caballerías. En el caso concreto de Vargas Llosa, se trata de una actitud crítica que dista mucho de ser sólo el sencillo entusiasmo que parece; al contrario, se trata de una preferencia claramente formulada, una influencia reconocida que está en sí tan lejos de la ortodoxia literaria como el *Tirant* o gran parte de la obra de Vargas Llosa.

Varios críticos han examinado el extraño alejamiento de *Tirant* de la norma caballeresca. Su protagonista es caballero andante de la estirpe más clásica, inspirado según parece en el caballero catalán Roger de Flor, aunque también se han propuesto otras fuentes de, cuando menos, algunas de sus aventuras, como John Hunyadi, Geoffroy de Thoie y Pedro Vázquez de Saavedra[1]. En su rechazo del elemento

---

[1] Martín DE RIQUER, *Caballeros andantes españoles* (Madrid, Espasa Calpe, Col. Austral, 1967, 140. En su *Tirant lo Blanc: A study of its authorship, principal sources and historical setting,* sugiere Joseph A. VAETH como fuentes principales el romance inglés de *Guy of Warwick,* el *Libro del Orde d'cavagleria* de Raymond LULL, la *Chronica*

sobrenatural la novela difiere mucho de casi todas las novelas de caballería. La llama Luis Nicolau d'Olwer «libro de aventuras» y subraya la falta de «lo maravilloso» y «lo inverosímil»; añade que «... sobre todo, las dimensiones del héroe son humanas, nunca sobrehumanas»[2]. Martín de Riquer distingue cuidadosamente entre *Tirant* y aquel arquetipo del género caballeresco, *Amadís de Gaula*.

El *Amadís de Gaula*, a pesar de su evidente originalidad, se sitúa en una clara línea artística que podemos seguir desde las novelas artúricas en verso de Chrétien de Troyes y que encontró su más amplia y resonante expresión en el larguísimo *Lancelot* en prosa francés, llamada «la Vulgata». Esta línea se caracteriza, si queremos sintetizar sin duda alguna precipitadamente, por la presencia de elementos maravillosos (dragones, endriagos, serpientes, enanos y gigantes desmesurados, edificios construidos por arte de magia, exageradísima fuerza física de los caballeros, ambiente de misterio, etc.) y por situar la acción en tierras lejanas y exóticas y en un remotísimo pasado. Pero otra gran novela del siglo XV, el *Tirant lo Blanc*, «el mejor libro del mundo», según Cervantes, carece de elementos maravillosos, tiene un protagonista muy fuerte y muy valiente, aunque siempre dentro de una medida humana, transcurre en tierras conocidas y perfectamente localizables, en tiempo próximo y ambiente inmediato y los nombres de muchos de los personajes de la ficción corresponden a nombres de personas reales que vivieron en el siglo XV en Valencia, Inglaterra, Francia, Italia y el Imperio bizantino.[3].

Encuentra Riquer una diferencia tal entre estos dos tipos que califica el tipo-Amadís como «libro de caballerías» y el tipo-Tirant como «novela caballeresca», aunque no queda muy claro cómo esta nomenclatura o la propuesta por Luis Nicolau d'Olwer ayuden gran cosa a resolver el problema[4].

Pero todo esto hace que *Tirant* parezca algo así como una novela realista estilo siglo XIX, de modo que la apreciación de Vargas Llosa sería como su pasión por Flaubert, otro de sus ídolos literarios. La

---

de MUNTANER, que proporciona la vida de Roger de Flor, y hechos contemporáneos. Añade Vaeth que el libro puede ser considerado una novela histórica compuesta, con protagonista también de carácter compuesto. Asimismo señala un aspecto bien intrigante de uno de los primeros momentos del *Tirant*, donde William de Warwick se encuentra con Tirant: «Quizá William de Warwick represente al Guy de Warwick maduro, y Tirant lo Blanc al Guy de Warwick joven. En tal caso, hemos tropezado con un fenómeno muy interesante: en el encuentro del ermitaño con Tirant tenemos al Guy de Warwick venerable y experimentado que le da consejos de caballería a su propio ser más joven» (Nueva York, Columbia University Studies, en *Romance Philology and Literature*, 1918, repr. AMS Press, Nueva York, 1966, 104. La traducción es nuestra). Tal desdoblamiento, sobre todo si pensamos que los dos ostentan identidades falsas al encontrarse, de fijo que intrigaría la afición de Vargas Llosa por las identidades escondidas.

[2] «Tirant lo Blanc: Examen de algunas cuestiones», *Nueva Revista de Filología Hispánica*, XV (1961), 1, p. 150.

[3] RIQUER, pp. 10-11.

[4] El problema de la nomenclatura genérica lo trata Alexander Coleman en «The transfiguration of the chivalric novel», *World Literature Today*, 52, n.º 1 (1978), pp. 24-30, donde propone la distinción entre novela y romance.

verdad es muy diferente. En *Historia de un deicidio,* en el prólogo a las cartas de batalla de Martorell y en el prólogo a la edición de *Tirant* de 1969, enfoca Vargas Llosa dos temas principales: el *Tirant* como novela total, y las formas externas como factores socialmente decisivos. Repetidamente habla de *Tirant* como de un panorama total de la sociedad del siglo XV, y salta a la vista que representa para él un modelo de la creación.

Lo que más sorprende al lector en las novelas de caballería, es la habilidad del narrador para capturar la realidad a todos los niveles. Ahí vemos transcurrir la vida cotidiana en la Edad Media: la vida en los castillos, la vida en el interior de los palacios, y también una dimensión puramente mítica de la realidad; vemos aparecer los dragones, y vemos también otra dimensión de la realidad, que es la puramente militar, las batallas[5].

No es, pues, el realismo de *Tirant* sino esta multiplicidad de niveles que fascina a Vargas Llosa, y considera que la novela se asemeja mucho a otra de sus predilecciones, *Cien años de soledad.*

En *El caballero Cifar,* en el *Amadís de Gaula* la realidad reúne, generosamente, lo real objetivo y lo real imaginario en una indivisible totalidad en la que conviven, sin discriminación y sin fronteras, hombres de carne y hueso y seres de la fantasía y del sueño, personajes históricos y criaturas del mito, la razón y la sinrazón, lo posible y lo imposible. Es decir, la realidad que los hombres viven objetivamente (sus actos, sus pensamientos, sus pasiones), y la que viven subjetivamente, la que existe con independencia de ellos y la que es un exclusivo producto de sus creencias, sus pesadillas o su imaginación. Esta vasta noción de «realismo literario» totalizador que confunde al hombre y a los fantasmas del hombre en una sola representación verbal es la que encontramos, justamente, en *Cien años de soledad*[6].

Esta totalidad del mundo ficticio la ve Vargas Llosa como característica principal de la ficción. Recientemente expresó su aprecio de Isak Dinesen, al decir «Creo que es una escritora que entre los modernos mejor representan lo que considero una intención, una ambición secreta en cada novela y en cada cuento, la de presentar la idea de la totalidad, el ideal de presentar un objeto verbal que parece tener toda la complejidad y toda la riqueza de la realidad total, el tipo de narrativa total, de literatura total que tanto admiro»[7].

Aunque *Tirant* trata sobre todo con la nobleza, y una nobleza de rango muy alto, también describe con lujo de detalles otros aspectos

[5] «Mesa redonda sobre *La ciudad y los perros:* Luis Agüero, Ambrosio Fornet, Juan Larco, Mario Vargas Llosa», *Casa de las Américas,* 30 (mayo-junio 1965), p. 79.

[6] *García Márquez: Historia de un deicidio,* Barcelona-Caracas, Monte Ávila, 1971, p. 177.

[7] Ronald CHRIST, «Talk with Vargas Llosa», *New York Times Book Review,* 9 abril 1978, p. 32. (Tr. nuestra.)

de las clases sociales más humildes. Hay una verdadera enciclopedia de conocimientos militares; acaso menos de esperar son las casi interminables descripciones del vestido, el mobiliario y otros detalles de la vida del siglo XV. *Tirant* no omite ninguna área vital: hasta tiene una fuerte dosis de actividad amorosa narrada con detalles sorprendentes, a lo que se refiere Dámaso Alonso como «las fuerzas más alacres de la vida»[8]. Las damas del palacio pasan una extraordinaria cantidad de tiempo más o menos desnudas, y encontramos versiones gráficas de seducciones, adulterios, una casi-violación y lesbianismo.

A la vez que la novela recrea su mundo exterior, expresa un amor por las formas y el ritual que va mucho más allá de la superficie. Ya nos mostró Huizinga cómo este formalismo caracteriza a la tardía Edad Media, pero Martorell lo llevó a extremos casi metafísicos. Gran parte de la novela se dedica a la conversación larga y extremadamente formalizada. Participan los personajes en coloquios ceremoniosos que son la esencia de lo cortesano, frecuentemente como contraste chocante con el descarnado realismo de algunas escenas. A veces se expresan estos intercambios en cartas formales. A pesar de las acciones pintorescas, a veces sorprendentes y repetidamente brutales de casi todos los niveles sociales, los personajes perciben su mundo a través de anteojos condicionados por los ideales de aquel mundo: el concepto de la caballerosidad. Por paradójicas o contradictorias que hoy nos parezcan sus acciones, lo veían todo como la esencia del ideal. Puede ser, como sugiere Vargas Llosa, que este procedimiento formalizaba, casi irreflexivo, con su desmesurado amor por la ceremonia, sea una reacción a la brutalidad de la vida, una especie de compensación. «En esa agonizante Edad Media que le tocó, el ceremonial y los ritos no eran fines sino medios, máscaras de lo atroz, delgadas vestiduras que no llegaban a cubrir la dureza brutal de la realidad»[9].

No es sencillamente que el mundo de Martorell sea un mundo de fórmulas, sino que las cartas de batalla muestran hasta qué punto la insistencia en lo formal puede llegar a ser más importante que la realidad que yace por detrás. La extraordinaria serie de preparaciones para el duelo entre Martorell y Joan de Monpalau pronto absorbe casi toda la conciencia de Martorell; el duelo parece no haber tenido lugar, y la pobre Damiata, cuya supuesta seducción y abandono por Monpalau son la fuente del reto inicial, pronto yace olvidada, relegada a la soltería en la cual vivió y murió, aparentemente sin vengar todavía. Entretanto, Martorell emprende otra serie de comunicaciones alambica-

---

[8] *Primavera temprana de la literatura europea*, Madrid, Guadarrama, 1961, p. 15.
[9] «Prólogo», *El combate imaginario: Las cartas de batalla de Joanot Martorell*, ed. Vargas Llosa y Martín de Riquer, Barcelona, Barral Editores, 1972, pp. 9-10.

das. Como señala Vargas Llosa, «... las palabras y las formas han desplazado a Damiata y al combate físico, son ahora la ocupación primordial de los rivales» [10].

Estas actitudes penetraron la sociedad en una medida subrayada por Riquer: «Pero estos caballeros reales e históricos estaban, a su vez, intoxicados de literatura y actuaban de acuerdo con lo que habían leído en los libros de caballerías» [11]. Tenemos, pues, la doble ósmosis del arte que imita a la vida mientras la vida imita al arte. Mientras que el *Tirant* está basado en fuentes documentales y emplea nombres de contemporáneos del autor, como Ciprés de Paternoy, a quien se le metamorfosea muy levemente en Ciprés de Paternó, caballeros reales imitaban deliberadamente las hazañas y las formas de vida de modelos literarios. «A la vez que la vida en Cataluña parecía "literaria", la literatura caballeresca se hacía más verosímil» [12]. O, como dice Riquer, «Es, pues, el paso de armas una manifestación más de la tendencia a novelizar la vida caballeresca que tan acusadamente se da en el siglo XV. Los caballeros, grandes admiradores de las novelas de aventuras y de las hazañas de sus héroes, quieren vivir como ellos...» [13]. Ya vimos que Martorell tendía a conducirse dentro del espíritu, cuando no la letra, del código caballeresco, pero hasta parece que vivió lances mucho más peligrosos: «Johan Martorell, el autor de *Tirant lo Blanc,* vivió trances de novela, experiencia que da a su obra un tono especial de verosimilitud y de total familiarización con las actitudes, fraseología y situaciones caballerescas» [14].

El resultado de esta mutua contaminación de vida y arte es la pérdida de vista de la realidad debajo de las formas, lo que llama Vargas Llosa el «... predominio total de las formas sobre los hechos» [15]. Se ritualiza de tal forma el proceso de vivir que se pierde el propósito del rito; importa más lo extrínseco que el contenido, las preparaciones importan más que la meta. No hay mejor ejemplo que el grado realmente estupefaciente de formalismo bizantino que acompaña el intercambio de cartas entre Martorell y Monpalau y los preparativos del combate. La ceremonia ya reemplazó al combate; justo como en *Tirant,* se ha independizado un mundo verbal.

---

[10] *El combate imaginario,* p. 10.
[11] *Caballeros andantes españoles,* p. 12.
[12] *Libros de caballerías hispánicas: est., ant. y argumentos* de José Amezcua, Madrid. Edic. Alcalá, «Col. Aula Magna», 26, 1973, p. 47.
[13] *Caballeros andantes españoles,* p. 68.
[14] *Caballeros andantes españoles,* p. 49.
[15] *El combate imaginario,* p. 15.

El interés que siente Vargas Llosa por los códigos superpuestos se ve claramente en su obra anterior a *Pantaleón y las visitadoras*. Él ha dicho que la aventura de Fushía en *La Casa Verde* es «... una novela de caballería pura...»[16] y Rodríguez Monegal comentó el empleo de los códigos de honor, las identidades secretas y las extensas redes de separaciones y reencuentros[17]. Claro está que las novelas anteriores son tentativas de captar y recrear enormes trozos de la realidad: la ciudad como micro- y macrocosmos, la vasta selva interior, la totalidad de los años de Odría. Todas estas obras se asemejan al *Tirant* en que están llenas de los mismos hilos enredados, las mismas identidades secretas, la misma realidad dual puesta de relieve. Todo tiene dimensiones heroicas: en *La Casa Verde* y *La ciudad y los perros* se incluyen mapas para orientar al lector, y para *Conversación en La Catedral* bien se podrían manejar mapas, cartas cronológicas y el tipo de guía para los parentescos y apodos que se publicaban en las traducciones de Tolstoy, y que sería también de ayuda para leer el *Tirant*. Hasta hay la curiosa semejanza con los falsos finales de las novelas de caballerías. Ya señaló Daniel Eisenberg que los autores de novelas de caballería «... remedaban aún más a los autores de historias acentuando deliberadamente la artificialidad de los finales de sus obras. Aunque terminaba el libro físico, no terminaba la historia, como no terminarían los hechos verdaderos»[18]. Según Eisenberg, esto hasta llegó a ser considerado requisito del género. Es obvio que también caracteriza las novelas de Vargas Llosa; nunca terminan de manera abrupta, sino que dan la sensación de continuar, mientras los personajes entran en nuevas y distintas configuraciones de relaciones. Pero a pesar de las semejanzas entre las novelas de Vargas Llosa y el romance de caballerías, aquéllas muestran un fuerte sentimiento de la inevitable derrota final del ser humano. Emplean las técnicas de la novela de aventuras maravillosas, pero presentan a grupos de seres que se muestran por fin derrotados, traicionados o traidores. La costumbre de Vargas Llosa de mostrar sus creaciones en bloques o grupos sociales, lo cual impide en términos generales el desarrollo psicológico, oscurece a veces el hecho de que no suelen experimentar grandes epifanías. Sencillamente pasan a otro grupo, otro momento de la serie de momentos relativamente desconectados de los cuales se compone cada vida. Eso, a su turno, esconde la

---

[16] Citado por Emir RODRÍGUEZ MONEGAL, «Madurez de Vargas Llosa», en *Asedios a Vargas Llosa*, ed. Luis Alfonso Díez, Santiago de Chile, Editorial Universitaria, 1972, página 54.

[17] «Madurez de Vargas Llosa», esp. pp. 60-63.

[18] «The pseudo-historicity of the romances of chivalry», *Quaderni Iberoamericani*, 45-46 (junio 1974-junio 1975), pp. 258-259. (Tr. nuestra.)

derrota final. Muere espectacularmente don Anselmo, pero los otros personajes de *La Casa Verde* sencillamente pasan. Y sin embargo, íntimamente, están derrotados. El Jaguar es una mediocridad que funciona dentro de un sistema corrompido, o quizá un ladronzuelo insignificante fuera de él; en ninguno de los casos logra retener ni un asomo del heroísmo correspondiente a los años anteriores. Cualquier destello de grandeza que haya tenido alguno de los personajes, queda sofocado por la lenta acumulación de pequeñas derrotas que por fin les destruye a todos.

Estas novelas fueron recibidas con aprobación casi unánime de los críticos, pero la publicación de *Pantaleón y las visitadoras* provocó gran revuelo. El autor fue denunciado por haber traicionado su ideología política, y el libro fue calificado de regreso a formas más tradicionales de la ficción. Gran parte de la dificultad reside en la bullente comicidad del libro; en las obras anteriores falta el humor casi por completo, y el carácter cómico de *Pantaleón* desconcertó radicalmente a los que prefieren que cada autor encuentre «su» estilo y permanezca siempre allí. También creó problemas para los que habían entendido que las novelas de Vargas Llosa, a pesar de todo lo que ha dicho éste, eran casi exclusivamente políticas. Peor todavía, los blancos del humor son no sólo los acostumbrados, como la burocracia o los militares corrompidos, sino también los pecadillos y las debilidades particulares, lo que sembró confusión entre los que aprobaban las novelas anteriores por razones de índole social. Según éstos, aparentemente, no se debe reír de nada ni de nadie que se pueda tomar como maltratado, oprimido o no perteneciente a las clases privilegiadas, como si sólo los opresores hicieran cosas risibles, mientras que todos los demás —los oprimidos— fuesen uniformemente buenos, puros y serios. Este tipo de maniqueísmo político es manifiestamente simplista; ejemplifica el didacticismo unilateral que condena Vargas Llosa, tanto en la literatura medieval como en la novela moderna.

A causa de esta controversia, se ha perdido de vista un hecho notable: que *Pantaleón* tiene toda una serie de parecidos con la novela de Martorell. Como todas las creaciones de Vargas Llosa, es una tentativa de novela «total», que incluye los múltiples planos de actividad humana que componen la escena de la acción. Pero hay otras semejanzas: la primera, por supuesto, el humor. Dice Amezcua del *Tirant* que hay «...episodios dignos del mejor Fielding, y el héroe en repetidas ocasiones nos recuerda a Tom Jones. O a Casanova, cuando Tirante huye de la cámara de la amada por la ventana, ante la intempestiva llegada de extraños. Dámaso Alonso, en su inteligente ensayo, dice que la trama hace recordar un *vaudeville*»[19]. Acaso Pantaleón Pantoja no nos haga pensar en Tom Jones, pero hay una nota muy obvia de Casanova cómico en su trato con las visitadoras y en su adaptación al pecaminoso mundo nocturno.

Hay otras semejanzas más llamativas, notoriamente las concepciones de los autores sobre las relaciones entre la ficción y la realidad. Como *Tirant*, *Pantaleón* está sólidamente arraigado en los hechos: hubo de veras un servicio de visitadoras. En los dos casos se nota una realidad concreta a la cual añade el protagonista los elementos de ficción, el punto de vista que ilumina la situación, o, en la terminología de Vargas Llosa, el «elemento añadido». Contrasta Martín de Riquer el entusiasmo que siente Martorell por Inglaterra —«... una sólida monarquía que conocía y admiraba, ejemplo y espejo de la vida caballeresca...» —con su actitud irónica hacia Constantinopla, que fuera conquistada por los turcos en 1453.

Aquí ya cabe lo que nunca imaginó hacer con Inglaterra: adoptar una actitud irónica y desenfadada, convertir la corte de Constantinopla en algo de singular ambiente, donde sin olvidar la suntuosidad, el severo ceremonial y el lujo, a lo que dedica páginas y más páginas, los jóvenes o serviles amores de muchos de sus personajes se desenvuelven de un modo alegre, lascivo, y hasta vodevilesco. Al cadáver del Imperio bizantino no importa embalsamarlo con estas notas divertidas y poco respetuosas[20].

Esto es exactamente lo que ha hecho Vargas Llosa en *Pantaleón*. Donde las obras más tempranas criticaban las instituciones sociales y económicas del Perú con una totalidad siempre seria, en *Pantaleón* continúa la crítica, a través de la risa. No son menos estúpidos por risibles los absurdos generales que inventan toda la insensata maniobra, ni menos desastrosos por ridículos. Se podría argüir que aquí, se está «embalsamando el cadáver» del Perú tal como existe —militarista, burocrático, inhumanamente entregado a metas equivocadas— a través de la risa. Pantaleón es una risotada enorme y profundamente triste —pues se mofa de la decadencia moral de una nación— cuya ironía repercute por todo el libro. Justo como Martorell presenta de forma irónica a la Princesa Carmesina, o a la Emperatriz, o a la corte entera, así nos presenta Vargas Llosa a Pantaleón, a los generales y a todos los demás en forma amargamente irónica. Como pregunta incrédulamente una de las prostitutas: «¿Me quieres decir que casarse es pecado?». Sólo un ironista consumado podría resumir de tal modo la decadencia de su país.

---

[19] *Libros de caballerías...*, p. 48.
[20] Intro., *Tirante el blanco*, Madrid, Espasa Calpe, S. A., «Clásicos Castellanos», 1974, p. LXIV. Toda referencia textual será a este volumen.

También se parecen las estructuras de las dos novelas, su organización alrededor del eje militar-erótico. Los deberes militares del capitán Pantoja están inextricablemente entretejidos con sus actividades como director del Servicio de Visitadoras; indirectamente, cuando menos, su caída es provocada por su incapacidad para distinguir entre estos dos aspectos, o, para decirlo quizá con mayor exactitud, su incapacidad para mantener en sus respectivas casillas los distintos aspectos de la misma actividad. Apenas podemos predecir lo que habría pasado si Pantaleón hubiese evitado el embrollo con La Brasileña o la tentación de someter a las candidatas a visitadoras a un preliminar paso por las armas. A fin de cuentas, todo eso está condicionado por el efecto ambiguo que ejerce sobre él el ardiente trópico, algo que a duras penas resistiría nadie como Pantaleón, apto para adoptar el colorido especial del trabajo que le dieran. Pero si hubiera resistido la tentación de brindarle a La Brasileña un entierro militar, habría salido mejor, tanto como soldado como civil. Estos dos aspectos de su ser, aunque mutuamente contradictorios, se entretejen sin remedio, confundidos en su mente y en su vida, y el resultado es el desastre.

En todo esto hay un notorio parecido con el *Tirant*. Comparten los dos protagonistas diversas cualidades; son, a fin de cuentas, militares y poseen mente militar. Los dos viven según un código que gobiernan las relaciones sociales; este código, frecuentemente violado, es, no obstante, *teóricamente* inviolable. A ambos les fascinan los reglamentos, los discursos a la tropa, y hasta parecen creer que con tales trucos se resuelven todo problema. *Tirant* describe el sexo en términos militares, Pantaleón con vocabulario de la burocracia militar; así también vemos un asomo de la auténtica diferencia que media entre ellos. Señala George McMurray que *Pantaleón* se estructura alrededor de «... la irónica yuxtaposición de dos reinos antitéticos: el primero, el militar, dominado por la lógica rígida; y el segundo, la tórrida zona tropical peruana, donde crean una aura de irracionalidad la pasión sexual desenfrenada y los bárbaros ritos religiosos»[21]. Si tomamos en cuenta ciertas diferencias, lo mismo podría decirse de *Tirant;* las experiencias de Pantoja en el interior no son del todo diferentes a las de Tirant en el sibarita Imperio de Constantinopla. Si contrasta uno el deber militar con la fisiología práctica, el otro relaciona el ideal cristiano-militar con la sensualidad pagana, con resultados casi iguales.

A Tirant y Pantaleón les obsesiona el amor por Carmesina y La Brasileña, aunque insisten ambos en poner obstáculos en su propio camino, casi siempre compromisos o reglamentos militares. Tirant

---

[21] «The absurd, irony and the grotesque in *Pantaleón y las visitadoras*», *World Literature Today* (52, n.° 1, invierno 1978, p. 46. (Tr. nuestra.)

está siempre ocupado con sus deberes, pero los ratos libres los dedica con energía prodigiosa a la amorosa caza de la Princesa. Una vez más se nota el paralelo con Pantoja, aunque Tirant jamás confunde el asunto tan cabalmente como lo hace Pantaleón. Es hasta posible que el propósito de Vargas Llosa fuera justamente éste: mostrar que mientras Tirant era capaz de organizar su vida para no perderse, Pantaleón está confundido sin remedio ni esperanzas. En otro plano, esta separación resulta socialmente peligrosa. Como señala José Amezcua,

Si fuéramos a quedarnos con la visión que de los libros de caballerías nos da generalmente la crítica, habríamos de ver al caballero con ciertas particularidades constantes, como un estereotipo: con sus cualidades de respeto y sujeción al rey, sus andanzas para restablecer la justicia, castigando a los malvados, y su casto amor hacia una dama. Pero estos caracteres nos dan una visión falsa, por plana, del caballero, pues cuando uno lee el *Amadís* —el libro que se ha juzgado más prototípico—, se encuentra que aquellas cualidades, si bien prestan carácter al caballero, son muchas veces olvidadas, quedando alejadas de la conducta caballeresca por el movimiento del personaje. Así también, en otras obras la acción novelesca ha dejado atrás al adocenado código caballeresco...[22].

Estas palabras describen igualmente a Tirant y a Pantaleón, tanto por las espléndidas cualidades exigidas al héroe militar como por la ruptura con el ideal en la práctica cotidiana.

Existe un paralelo menos obvio entre La Brasileña y la Princesa Carmesina. Son jóvenes las dos, y deslumbran con su hermosura, pero en este punto se desvanece el parecido y se produce un contraste irónico. La Brasileña es prostituta ya veterana, mientras Carmesina es virgen y princesa real. Pero he aquí que su inocencia es más bien física que espiritual: el hecho es que la encantadora Carmesina está a cada rato desnuda y/o en la cama con el cautivado y frustrado Tirant. No le parece excesivo a la Princesa intrigar para salir del apuro sin consecuencias físicas, aun cuando moralmente quede algo empañada.

Como Tirante la uvo acabada de desnudar, tomóla en los braços y dándole muchos besos la subió en la cama. Como la Princesa se vio en tan estrecho passo, que Tirante desnudo se avíe acostado junto con ella y trabajava con mucha diligencia de entrar el castillo, y como ella vio que por fuerça d'armas no le podíe defender, pensó de provar si con las armas de las mugeres le podríe resistir, y con los ojos destillando bivas lágrimas hizo principio a tal lamentación (CXLVII).

Además de las metáforas militares, lo interesante aquí es la reacción en total sangre fría de Carmesina frente a una situación en la

22 *Libros de caballerías...* p. 13.

cual se halla enteramente como resultado de sus propias acciones. Es por esto que Dámaso Alonso la llama «casquivana» «... no hace sino excitar los sentidos del héroe en múltiples entrevistas nocturnas...»[23]. Añade que la «... división en dos planos, característica de la obra desde un punto de vista moral, había de reflejarse, claro está, en los personajes mismos»[24]. Ahora bien, esta división o desdoblamientos son la base y el diseño de las dos novelas: el doble impulso militar-erótico, la ambivalencia moral de Tirant, Carmesina y Pantaleón, la relación Pantaleón-Hermano Francisco, etc. Si vemos en *Pantaleón y las visitadoras* la visión irónica de una sociedad en desintegración, justo como el *Tirant*, no es del todo caprichoso proponer a Pantaleón como un Tirant contemporáneo irónico y ver en Carmesina una posible fuente de desdoblamiento entre La Brasileña y la honrada, casta y aburrida señora de Pantoja.

Es difícil exagerar el ímpetu erótico de *Tirant*. Los personajes no sólo dedican mucho tiempo a sus actividades carnales; lo hacen con una tesonera concentración que bien tendría a honra cualquiera de las visitadoras. Por ejemplo, Plazer de mi Vida no demuestra mucha actividad sexual, pero despliega un humor sardónico y cualidades francamente celestinescas al tratar de acercar a Tirant y Carmesina.

Dixo Plazer de mi Vida. —¡O señor! ¿Para qué queréys esperar la cama? Sino encima de sus ropas, que nosotras cerraremos los ojos y diremos que no avemos visto nada. Si esperáys a su alteza que se acabe de desnudar, bien tenéys hasta la mañana (CXLVII).

En otro momento, al describir cómo ha visto fornicar a Estefanía y al Condestable, y abrazados a Tirant y Carmesina, comenta que tuvo que «lavarse el corazón, los pechos y el vientre» para tranquilizarse (LXI). He aquí a la Emperatriz antes de cometer el adulterio: «Prestamente vinieron los físicos y catáronle el pulso, y halláronle muy alterado por el movimiento que tenía esperando de entrar en batalla de campo cerrado con cavallero mancevo, y temía la batalla peligrosa» (CXXXII). Parece que eran innecesarios sus temores: «Como la señora conoció que teníe bien apurado, diole licencia para que se fuesse, diziendo que otro día, como estoviesse bien descansado, se podría tornar» (CXXXIII). Aparentemente el «mancevo» no se emparejaba con los ímpetus de la Emperatriz.

---

[23] «Tirant lo Blanc, novela moderna», en su *Primavera temprana de la literatura europea*, p. 249.
[24] Página 250. Ya en vías de publicarse este ensayo, debo a Zulema Zattoni la intuición de que los dos lados de Carmesina y el consecuente desdoblamiento reflejan las contradictorias mitades del amor cortés.

El ejemplo más conocido del erotismo de *Tirant* es la venganza celosa de la Viuda Reposada, cuando convence a Plazer de mi Vida y Carmesina para participar en un juego erótico harto ambiguo:

Y la Princesa se asentó cerca de un arroyo de agua con sus doncellas, y la Viuda ayudó a vestir a Plazer de mi Vida y le puso la cara que era propia del ortelano, y le vistieron sus ropas; y ansí entró por la puerta con un açada en el ombro y començó a cavar. Y dende a poco rato él se allegó a la Princesa y asentóse a su costado, y tomóle las manos y besóselas; después le metió las manos en los pechos y palpole las tetas, y hazíale requiebros de amor. Y la Princesa se reýa mucho, tanto que todo el sueño le hizo passar. Y después se allegó tanto que le metió las manos debaxo de las faldas, y ella y todas tenían mucha alegría de las agradables cosas que Plazer de mi Vida dezía (CL).

Dejando al lado el complicado sistema de espejos armado por la Viuda Reposada para que Tirant vea todo, éste es un episodio realmente extraordinario. No hay nada parecido en *Pantaleón*, y deja mucho lugar para conjeturas la naturaleza psicológica de Carmesina y Plazer de mi Vida que las conduce a representar tales fantasías. El humorismo de Martorell tiende hacia lo escabroso y lo irónico, cualidades que están también al fondo de *Pantaleón*. No es dable comprobar si la semejanza de atmósfera moral decadente pasó de forma directa de Martorell a Vargas Llosa, pero si tomamos en cuenta la notoria afición del peruano por la obra del catalán, es a todas luces razonable dar por sentada tal influencia. La decisión de desplegar su sentido de humor, quizá le viniera a Vargas Llosa del reconocimiento de la eficacia del humorismo de *Tirant*, ya que un propósito común a los dos textos es el de hacer parecer ridículos a todos los personajes.

Hay mucha comicidad en la persecución de Carmesina por Tirant. Otros personajes son igualmente absurdos, como la Emperatriz en su apresurado rastreo de su joven amante. No toda la comicidad es de tipo sexual. Cuando Tirant, para evitar que la Emperatriz le pesque en la recámara de la Princesa, se pone de cuatro patas y le cubren con un tapiz, con el resultado que las dos mujeres se sientan en el sofá de carne y hueso (LXXXIIII). Y, ¿qué podemos decir de un héroe tan torpe que, después de tener una pierna rota, «...con grandísima pasión que en aquel punto sintió, casi fuera de sí cayó en tierra con todo el cuerpo sobre la pierna que avié tenido quebrada, y tornósele a quebrar de nuevo...» (CLIIII)? Los personajes de *Tirant lo Blanc*, como los de *Pantaleón y las visitadoras*, son todos absurdos, débiles y enormemente humanos.

Se ha dicho que *Tirant* tiene un sabor moderno; comenta Riquer que Martorell

...al trazar y escribir el *Tirante el blanco* procedió de un modo poco común en su época y que puede parecernos propio de un tipo de novela más moderna, y en ello reside uno de sus mayores méritos. Situó la fábula en ambientes reales y acrecentó el realismo con notas de onomástica, tanto personal como en lo que afecta a los topónimos, que dan al lector una sensación de verdad[25].

Este anclar la novela en la realidad es un procedimiento también típico de Vargas Llosa, quien lo podría haber aprendido en cualquier parte, salvo que repetidamente cita a Martorell como fuente de muchas de sus ideas sobre la novela. Más aún, en la creación de su realidad ficticia, Martorell, como Vargas Llosa, adaptó de una gran variedad de fuentes, incluso citas tan directas que Riquer las llama «descarado plagio»[26]. Hay también gran cantidad de discursos formales, y cartas detalladas y ceremoniosas, hasta el número de treinta[27]. Ahora bien, una de las principales características de *Pantaleón* (y en esto se aparta de las otras novelas del autor) es el empleo extenso de cartas (7), partes y órdenes militares de diversos tipos (16), un guión radiofónico, un mensaje oficial por radio, y un periódico que contiene siete artículos, todos reproducidos en su totalidad. Figuran entre las técnicas más eficaces de la novela para crear la ilusión de realidad.

Otro elemento común, característico de todas las novelas de Vargas Llosa, es la presencia de dobles y hasta de múltiples identidades para la misma persona, procedimiento que condujo a algunos lectores a ver en *La ciudad y los perros* una especie de novela policial heterodoxa. Esta misma técnica la encontramos en *Pantaleón,* donde es tal la doble existencia del protagonista que cada mundo en el que funciona desconoce completamente la existencia del otro. Ahora bien, esta técnica caracteriza también la novela de caballerías, y la desarrolló brillantemente Cervantes en el *Quijote* y *El licenciado Vidriera*, donde el cambio de nombre puede significar un cambio radical de personalidad e identidad. El *shape-shifting* o cambio de formas, acompañado de un cambio correspondiente de nombre, desempeña un papel de primer orden en la literatura medieval, como el *Mabinogi* galés. Comenta Amezcua: «Es tan frecuente la mutación del nombre, el ocultamiento de la identidad, el cambio de motivaciones de las andanzas caballerescas, que uno llega a pensar que las metamorfosis, más que las particularidades dadas por el código, dan la definición del caballero»[28]. Vargas Llosa hasta llega a decir que «en *Tirant lo Blanc* vivir es representar, la única manera de ser es parecer»[29]. Y también:

---

[25] *Tirant lo Blanc,* intr., p. lxviii.
[26] *Ibid.*, intr., p. lxxvii.
[27] Charles KANY, *The beginning of the epistolary novel,* citado por ALONSO, p. 251.
[28] *Libros de caballerías...*, pp. 13-14.
[29] *El combate imaginario,* p. 28.

«... el cambio de apelativo es en realidad un cambio del ser. En este mundo ritual no es el contenido el que determina la forma, sino ésta la que crea el contenido»[30]. Se refiere, por supuesto, a alteraciones tan notorias como la de William de Warwick (Guillén de Varoyque en *Tirant*) a quien, al volver vestido de ermitaño después de una ausencia relativamente breve, no lo reconoce ni su señora. Constituye el cambio de nombre un cambio de realidad. Tan importante papel jugaba en el código de caballería, que un caballero juzgado culpable de haber deshonrado el código debía someterse al rito formal de entregar su armadura, seguido del oficio de difuntos en el que se le aplicaba formalmente el *nombre* de Traidor. Obviamente, el nombre *era* la cosa.

Cambios de nombre y de personalidad son frecuentes en las otras novelas de Vargas Llosa. En *La Casa Verde* el Sargento es también Lituma, como Bonifacia es La Selvática y Lalita tiene distinta vida con Reátegui, Fushía, Nieves y El Pesado. Cada uno de ellos es una persona totalmente distinta en cada etapa, como si cada grupo de personajes en cierto momento fuera independiente de todos los demás, incluso de ellos mismos en sus otros avatares. Tenemos la impresión total de bloques de actividad, cada bloque sin relación alguna con los demás. En lo esencial esto es lo que pasa en *Pantaleón*. Aunque la mayoría de los personajes coincide en un punto u otro, existen en realidades cuidadosamente separadas, y sólo las une Pantaleón. Cuando por fin se rompen las barreras y se conectan los mundos, el caos resultante destruye casi a todos. Cuando resulta que el nombre no es la cosa, el tejido se deshace. En este sentido *Pantaleón* está más cerca de *Tirant* de lo que están las novelas anteriores de Vargas Llosa, ya que en éstas el lector no siempre está en el secreto de las identidades cambiantes. En *Tirant* y *Pantaleón* lo sabemos casi desde el principio. Pero no termina todo con el caos; a pesar de los destinos individuales, sigue en pie el mundo que nos rodea. Muere Tirant, mueren Carmesina y el Emperador, pero la novela continúa lo suficiente como para que se case la Emperatriz con su adorado Ypolito, y cuando en la última página muere ella, se vuelve a casar Ypolito con vergonzosa rapidez. Como Edipo, que se aleja cojeando hacia Colona al fin de *Edipo rey*, la raza humana sobrevive al cataclismo, tanto en lo genérico como en lo individual. Al fin de *La Casa Verde*, Lalita y El Pesado han rescatado sus vidas de las ruinas de tantos; del mismo modo Pantaleón y Pochita se van a las frías montañas de la sierra, resueltos a cumplir tan fielmente como nunca con el deber.

---

[30] *El combate imaginario*, p. 27.

Para Pantaleón Pantoja, el nombre es literalmente el ser, el papel es literalmente la persona, porque le falta realidad verdadera. Pantaleón es el último paso en el esquema de desarrollo de personajes de Vargas Llosa: es lo que se le pide o se le manda, el perfecto camaleón.

Subraya Riquer la siniestra realidad en la cual descansa *Tirant*: «... el *Tirante* reposa sobre una firme realidad. Tirante es, en terminología moderna, un experto militar: almirante cuando manda galeras y general cuando mueve grandes contingentes de fuerzas de tierra. Y este sentido de lo militar, tal como se entendía y practicaba en la segunda mitad del siglo XV, es lo que distingue totalmente el *Tirante* de los libros de caballerías»[31]. Aquí vemos el significado del carácter camaleónico de Pantaleón: es el militar perfecto, que hace lo que se le encomienda. Es, en resumen, la contraimagen irónica de Tirant. Como su modelo del siglo XV, manda una flota y hasta tiene a sus órdenes una fuerza aérea, pero que están en la ruina, y que se parecen muy poco a las huestes de Tirant. La diferencia principal estriba en que Martorell, al ironizar el mundo que le rodea, consciente o inconscientemente, muy pocas veces ironiza a su héroe. A pesar de su pasión adolescente por Carmesina y su torpeza, Tirant es un caballero con el cual hay que contar, un hombre de honor, fuerza y valor. Se parecen mucho Tirant y Pantaleón, pero el mundo de Tirant, por sardónica que fuese la elaboración por Martorell, es un ideal que hay que honrar y, en lo posible, seguir. El mundo militar de Pantaleón Pantoja es un mundo de celestinaje oficial organizado. A tal punto han caído los ideales. En su irónico retrato de «un gentil caballero tan imperfecto», Vargas Llosa está diciéndonos que Pantaleón, a diferencia de su modelo, es incapaz de ser más que mediocre porque finalmente todos los códigos han sido traicionados.

[*Hispanic Review,* vol. 48 (1980), n.° 3, pp. 269-285. (Traducido por el autor.)]

---

[31] *Tirant lo Blanc,* intr., p. lxxlx.

JOAQUÍN ROY

REITERACIÓN Y NOVEDAD DE LA NARRATIVA DE VARGAS LLOSA EN *PANTALEÓN Y LAS VISITADORAS*

1. ARGUMENTO

Tras la exhaustiva prueba de *Conversación en La Catedral*, Mario Vargas Llosa parece que a simple vista se toma un respiro con su siguiente novela: *Pantaleón y las visitadoras*[1], pero en realidad es un nuevo y excelente eslabón de su ya nutrida carrera novelística. El argumento no podía ser más simple: 1) El Ejército peruano decide que para paliar la aislada vida de algunas guarniciones de la selva es necesario organizar un servicio de prostitutas. 2) La labor es encargada al teniente Pantaleón Pantoja. 3) Pantoja consigue construir un complejo sistema logístico para llevar a cabo su misión. 4) En su trabajo llega a enamorarse de una de sus colaboradoras. 5) Una secta religiosa que consigue adeptos produce la muerte de la colaboradora de Pantoja. 6) El servicio llega a su fin por causa de este incidente. 7) El teniente se ve obligado a aceptar un puesto en el sur de país, una vez reunido con su esposa, que lo había abandonado.

2. TEMA Y ANTECEDENTES

En su relación sobre la génesis de *La Casa Verde*, Mario Vargas Llosa revela una posible inspiración de esta aventura que en la superficie parece inverosímil: «Recuerdo un folleto de un ambicioso coronel de policía que proponía civilizar a los selvícolas de las tribus incorporándoles al Ejército»[2]. En esta nueva narración no se propone un coro-

---

[1] Barcelona, Seix Barral, 1973. Las citas posteriores pertenecen a esta primera edición.
[2] *Historia secreta de una novela (La Casa Verde)*, Barcelona, Tusquets, 1971, p. 61.

nel integrar la sociedad marginada en el Ejército, sino que el estamento militar se va a encargar de traerle parte de la «civilización». Sin embargo, para conseguir la perfección de esta caritativa misión se necesitan los servicios de alguien que esté dispuesto a llevarla a sus últimas consecuencias. Surge entonces la figura del intermediario, tan clásicamente sublimada en la literatura hispánica con *La Celestina*. Es precisamente el epígrafe que sirve de pórtico a la novela lo que nos anuncia el tema central: «Il y a a des hommes n'ayant pour mission parmi les autres que de servir d'intermédiaires; on les franchit comme des ponts, et l'on va plus loin» (p. 10). Así reza Flaubert en la cita de *L'éducation sentimentale* y así es el oráculo que amenaza sobre Pantaleón Pantoja: una misión que cumplir, unas órdenes que seguir. Su celo llega a tal eficacia que en el clímax de la narración, las prostitutas hacen posible que su director exclame con orgullo: «las visitadoras prestan un servicio a las Fuerzas Armadas no menos importante que el de los médicos, los abogados o los sacerdotes asimilados» (p. 286). Una orden es un reglamento, una ley para el que la recibe. Recordemos al teniente Gamboa, que también está marcado por su obsesión de la obligación en *La ciudad y los perros:* su cariño por el reglamento sería su perdición. En ambos casos estamos ante un determinismo, sutil, sin embargo, ya que siempre parece que el protagonista puede elegir. Lo desgraciado del caso es que elige su propia perdición.

Pantoja recibe un servicio, ciertamente, pero tiene cierto margen de libertad. Escoge un camino extremo. El mundo lo ha señalado como instrumento de la emisión; Pantoja maneja la parte del cosmos que es suya. Este mundo creado por él será la causa de su destrucción. El teniente, sin embargo, carece de motivación interna; necesita un estímulo exterior y esta chispa está personificada en la orden tajante del Ejército: «esto lo organicé por orden superior, como negocio no me interesa. Además, yo necesito jefes. Si no tuviera, no sabría qué hacer, el mundo se me vendría abajo» (p. 294). Se le ha propuesto por sus subalternos que se independice del Ejército y que administre el mismo tinglado por su cuenta. Su deber se lo impide. Él mismo reconoce que su servilismo es atroz: «Un sentido de la obligación malsano, igualito a una enfermedad. Por que no es moral, sino biológico, corporal» (página 217). Su increíble eficacia hace exclamar a los altos mandos del Ejército: «ese idiota ha convertido al Servicio de Visitadoras en el organismo más eficiente de las Fuerzas Armadas» (p. 225). El mismo general Scavino, su superior en Iquitos, por fin podrá hacerlo expulsar de la ciudad centro de sus actividades, con la recomendación de que abandone el Ejército, pero Pantoja se opone: «Eso nunca, mi general, no abandonaré jamás el Ejército por mi propia voluntad» (p. 289). Su seguridad en este aspecto es total: «Sólo dejaré el Ejército cuando el Ejército me deje a mí o me muera» (p. 293). Esta convicción en lo que cree su misión en este mundo lo va a llevar al límite supremo. Cuando el Ejército decide que su siguiente destino va a tener como marco la puna peruana, el teniente Pantoja se ve recriminado por su mujer, que advierte estupefacta cómo el militar consciente se levanta al alba: «No sé por qué tienes que ir tú mismo a ver los desayunos de los soldados, maniático» (p. 309).

Tal es la centralidad de la obligación reglamentaria que en esta novela sustituye un tema constante en la novelística de Vargas Llosa. Rosa Boldori advierte certeramente: «La amistad se ha ampliado al ámbito de la pandilla, con sus leyes despiadadas y selváticas. La presencia de pandillas es una constante en la literatura de Vargas Llosa»[3]. Esta observación sobre *La ciudad y los perros* se encuentra ratificada en la producción posterior y al mismo tiempo un tanto matizada. El «nosotros» de *Los cachorros* se convierte en «el círculo» y sus leyes especiales de *La ciudad y los perros;* el grupo pandillesco reaparece en los «inconquistables» de *La Casa Verde*. En *Pantaleón y las visitadoras*, el mágico grupo de los amigos tiene su origen, no en la íntima sentimentalidad adolescente, sino en el seno de una organización militar. La palabra clave será esta vez «camaradería», un compañerismo indicado por los reglamentos, un «espíritu de arma», una «solidaridad de cuerpo», Artillería ante Aviación, Infantería frente a Caballería, Intendencia en competencia con Sanidad, el Servicio de Visitadoras contra el resto del Ejército y a su satisfacción. Esta camaradería será también causa de la perdición de Pantoja; cuando se produce la muerte de Olga la Brasileña, de la que se prenda, no tiene otro rasgo de compañerismo que el asimilarla a las demás ramas del Ejército. Le concede una guarnición militar en su entierro, una salva de fusilería y un emocionado discurso de *corpore insepulto*. Es la chispa que pone en movimiento el mecanismo del Ejército, que ha decidido hacer marcha atrás en su proyecto.

3. DETERMINISMO Y CULTURA

Los militares que Pantaleón tiene como superiores advierten al joven teniente de la fuerza que se alza ante ellos: «llegar a la selva y empezar a respirar fuego, sentir que la sangre hierve» (p. 17). Pantoja se enfrenta a la atracción de un telurismo determinista que contribuirá a

---

[3] *Mario Vargas Llosa y la literatura en el Perú de hoy*, Santa Fe, Ediciones Colmegna, 1969, p. 48.

su cambio de conducta: de amante esposo en vivienda urbana cercana a su acuartelamiento limeño, Pantoja se verá arrastrado a las exquisiteces de una de las colaboradoras del servicio. Él también está descubriendo la multiplicidad de facetas del país. Siguiendo una de las directrices que el autor ha impuesto, el Perú sobresale también en esta novela. Bajo la superficie de su desenfadado humor, la crítica social es evidente. Es ésta una historia amarga contada con gracejo. Otro escritor menos dotado que Vargas Llosa no hubiera podido con el tema, pero él consigue su misión. Años antes el autor había señalado la multiplicidad cultural de su país: «el Perú no es "español", ni "indio", sino esas dos cosas y, además, otras»[4]. Una de esas «otras cosas» es la realidad de la selva peruana, en una región que incluso se señala por el nacionalismo como foco de controversias de límites fronterizos: «Ahora es Colombia, antes era Perú, nos la quitaron» (p. 11).

En este territorio de nadie, escasamente incorporado a la centralidad de Lima, se descubre en la subtrama —que tratamos más adelante— con la presentación de las actividades de una secta religiosa. En su sincretismo de creencias, la secta consigue adeptos que reaccionan de esta forma a la muerte de la prostituta: «[de la nota ficticia del periódico, transcrita en la novela] Efectivamente, durante el entierro se vieron circular en el cementerio general de Iquitos estampas con la imagen de Olga Arellano Rosaura semejantes a las que existen con la de otros crucificados del Arca, como el célebre niño-mártir de Morinacocha y la Santa Ignacia» (p. 273). Es esta realidad escondida el resultado de la mezcla cultural del país y que la civilización no ha conseguido descubrir y mucho menos reprimir.

Novela y realidad son, por lo tanto, increíbles a los ojos con indagación superficial. Ficción y lo «real maravilloso americano» preconizado por Carpentier se dan cita en su génesis de La Casa Verde, un nuevo ejemplo de antecedente americano del actual «realismo mágico», y que puede ser perfectamente una de las fuentes de inspiración para Pantaleón y las visitadoras. El escenario de esta novela es la cuenca del Amazonas y sus tributarios. En Historia de una novela, Vargas Llosa declara haber leído, entre otros inverosímiles escritos, una «crónica de frailes españoles del siglo XVII afirmando que vieron con sus propios ojos a las amazonas ensayando sus flechas a orillas del río»[5]. Puede comprobarse una vez más cómo el origen de la literatura fantástica está en la misma raíz de los sueños españoles que se construyeron una realidad americana antes de surcar los mares. Desde Colón a la última crítica

---

[4] «José María Arguedas descubre el indio auténtico» Visión del Perú 1 (agosto de 1964), p. 4.
[5] Historia secreta, p. 61.

literaria producida en la Península, la incomprensión del Nuevo Mundo ha sido desgraciadamente bastante generalizada. Olga y sus compañeras, sin embargo, parecen estar destinadas a hacer realidad la visión de los frailes españoles.

El servicio de Pantoja se convierte en una empresa modelo y su conductor se siente orgulloso del trabajo: «El Servicio de Visitadoras está en pleno auge, comienza a rendir frutos la labor de tres años, vamos a ampliarlo a suboficiales y oficiales» (p. 288). Más tarde, el espejismo se contagia a otros acontecimientos. El general a cuyo cargo está la circunscripción de Iquitos, exclama con ojos incrédulos: «Carachos, nadie me va a creer que he visto llorar a un capitán del Ejército porque clausuraban una casa de putas» (p. 290). La narración de Vargas Llosa hace que esto y otras cosas sean perfectamente verosímiles. El lector podría suscribir las observaciones del general cuando la historia adquiere características casi mágicas: «Tengo la sensación de estar soñando, Pantoja. Me hace usted sentir que todo es irreal, una pesadilla, que me he vuelto idiota, que no entiendo nada de lo que pasa» (página 287).

4. ESTRUCTURA

Vargas Llosa, como a lo largo de toda su carrera, no toma partido en la narración. El autor deja que el lector saque sus propias conclusiones. La labor del novelista se ha convertido en Vargas Llosa en una narración pura. Nos cuenta algo y de una forma arquitectónica. Diez son los capítulos de la novela y parecen estar separados de forma convencional. Precisemos la enumeración de cada uno y su contenido:

I.   Diálogos (pp. 11-35).
II.   Partes militares (pp. 37-62).
III. a) Carta de la mujer de Pantaleón a su hermana (pp. 63-79).
      b) Sueño de Pantaleón (pp. 79-84).
IV.   Partes militares (pp. 85-112).
V.   Diálogos (pp. 113-145).
VI.   Partes militares (pp. 147-180).
VII. a) Emisión de radio (pp. 181-204).
      b) Sueño de Pantaleón (pp. 205-210).
VIII. Diálogos (pp. 211-245).
IX.   Fragmentos de periódico (pp. 247-276).
X.   Diálogos (pp. 277-309).

Obsérvese que la información que pudiera llamarse objetiva está centralizada en los capítulos 2, 4, 6, parte del 7 y 9. Cierta objetividad literaturizada por la melodramática prosa de la esposa de Pantaleón está contenida en el capítulo 3 y similar prostitución de la lengua se observa en el 7. Ambos capítulos tienen en común que la segunda parte está constituida por sendos sueños de Pantaleón.

La objetivación de los partes militares, la carta de la mujer de Pantaleón y las emisiones de radio están culminadas por los artículos periodísticos del capítulo 9, en donde la prosa de los rotativos adquiere dimensiones sublimes por la escritura de Vargas Llosa.

Resta, por lo tanto, lo contenido en los capítulos 1, 5, 8 y 10: diálogos estratégicamente mezclados por el autor y que nos dan la verdadera trama de las proezas del protagonista y su servicio en el Ejército. Es precisamente en estos capítulos donde el autor juega con el tiempo y el espacio de una forma peculiar que precisa de la atención del lector.

Este fragmento sería una muestra idónea: «he aquí que la corneta (¿de la diana?, ¿del rancho?, ¿del toque de silencio?) raja otra vez el aire tibio (¿de la mañana?, ¿de la tarde?, ¿de la noche?)» (pp. 54-55). Se trata de una escritura espiral que está ampliada por el cañamazo de los diálogos. Las aseveraciones de los protagonistas pertenecen a tres tiempos distintos: *a*) el momento en que la narración comienza, en la casa limeña de Pantoja; *b*) un poco más tarde, en el cuartel de Lima, en una reunión celebrada por los mandos para darle a Pantoja la misión; *c*) las escaramuzas de la tropa en la selva y las actividades de la secta religiosa. El lugar varía desde la primera línea (la casa limeña, el cuartel, retorno a la casa, salto al hotel de Iquitos, vuelta a la selva, un bar de la ciudad, la casa de Iquitos). Todo está intercalado ya desde la primera conversación. La peculiaridad de la escritura no sólo es debida al barajamiento de las diversas conversaciones, sino también a la supresión de las *señales secuenciales* que unirían unos diálogos con otros: nada hay como «mientras», «en otro lugar», «al mismo tiempo», «más tarde»[6]. El gancho hacia el futuro siempre se halla presente, con mayor fuerza incluso que la técnica retrospectiva.

Marcha atrás y salto hacia el futuro se dan la mano cuando se descubre una subtrama que es conveniente analizar con más detenimiento. El autor había señalado, en una conferencia más tarde transcrita en libro, que una trama secundaria era un aspecto de lo que sería la «teoría de la novela» de Vargas Llosa. Esta técnica la denomina de los *vasos comunicantes* y consiste en «asociar dentro de una unidad narrativa acontecimientos, personajes, situaciones, que ocurren en tiempos o en

---

[6] Para un ejemplo de la eliminación de «señales secuenciales» semejantes en un cuento de dos tramas, véase el trabajo pionero de David LAGMANOVICH, «Estructura de un cuento de Julio Cortázar: "Todos los fuegos el fuego", *Nueva Narrativa Hispanoamericana*, I, 2 (septiembre de 1971), pp. 81, 95.

lugares distintos»[7]. Esta subtrama es la que se resiste a la lectura del primer capítulo, ya que el lector está atenazado por la misión encomendada al teniente y no logra entender el significado secreto de lo que parecen fragmentos de sermones religiosos. Se trata de las actividades de «los hermanos del Arca», que se dedican a predicar el martirio, en pos de una salvación quizá no proporcionada por la evangelización que apenas penetra en esta parte del país. Su doctrina es una mezcla de religiones. Los vasos comunicantes de Vargas Llosa también producen mezcla, en este caso literaria. La trama principal y la secundaria parecen permutar los papeles en el clímax de la narración y el incidente del sacrificio por crucifixión de Olga la Brasileña está presentado en el capítulo 9 por los fragmentos del periódico. La trama secundaria domina la situación hasta el final y su contenido llega a producir el fin de la misión y el destierro del teniente.

El mismo intercalamiento colocaría esta novela en la categoría de *alternancia con figuras comunicables*. Las tres conversaciones básicas del capítulo I se dividen en las que tienen como protagonista al teniente y la tercera que trata de las actividades de la secta religiosa. Ahora bien, la *figura comunicable* de Pantoja unirá también la tercera conversación cuando el sacrificio de Olga toque su vida[8].

5. PERSONAJES

Un único personaje adquiere proporciones de protagonista. La colectividad de anteriores obras, como *Conversaciones en La Catedral* y *La ciudad y los perros* ha sido abandonada en la mayor concreción temática de esta novela. Pantaleón se descubre como personaje «denso»[9]. Otro personaje frustrado como tal es el de la esposa del teniente, quien descubre parte de su intimidad en la carta que escribe a su hermana. Más tarde no pasa de ahí el intento y las reacciones son perfectamente previsibles. Pantoja, por el contrario, se nos presenta —dentro de su determinismo cultural— como convincentemente denso al prendarse de la Brasileña, y variar su vida interior. Sus protestas de deter-

---

[7] *La novela*, Montevideo, Fundación de Cultura Universitaria, 1968, p. 22.

[8] Véase el tratamiento de las estructuras básicas en el artículo de Zunilda GERTEL. «Tres estructuras fundamentales en la narrativa hispanoamericana actual, *Chasqui*», II, 3 (mayo de 1973), pp. 5-20.

[9] Aquí seguimos la terminología y conceptos de E. M. FOSTER en *Aspects of the Novel*, Nueva York, Harcourt, Brace and World, 1927. Para este novelista y crítico, el personaje denso («round») sería el que sorprende al lector o es susceptible de sorprenderlo en un momento de la narración. Frente a este personaje con dimensiones protagónicas, estaría («flat»), que no sería capaz de sorprenderles en ningún momento y, efectivamente, no lo hace: siempre podemos prever sus actividades.

minismo no borran este rasgo de debilidad y por lo tanto de humanidad que lo destacan del resto de la nómina de personajes.

6. EL LECTOR

Entrelazadas en lo diálogos se hallarían las convenciones usuales: «—dice Pantoja—», «—contesta el general—», «—exclama el teniente—», etcétera, pero en esta novela están sustituidas por un estilo inconfundible, reiterante, musical, terriblemente personal. El simple —«dice Pochita—» (p. 11) se va complicando por momentos hasta llegar a esta muestra: «—se jabona la cabeza, se enjuaga en la ducha, se envuelve en toallas, salta de la bañera, se seca, se pone desodorante, se peina Pantita—» (p. 239). En todas las circunstancias, el nombre del actuante está reservado para el final. Vargas Llosa parece haber decidido podar al máximo estas indicaciones que nada agregan a la acción, que por otra parte está indicada no por lo que dice el narrador, sino por lo que muestran los personajes en sus diálogos, lo que escriben los militares en sus partes, las emisiones de la radio, los artículos del periódico, los mismos sueños de Pantoja y la carta de Pochita. Esta poda voluntaria de las descripciones es una muestra clara de la arquitectura lingüística de Vargas Llosa. En esta pulimentada forma de los diálogos se ve palpablemente el trabajo final del largo proceso de escritura del novelista. Del «magma» novelístico se pasa a la escueta muestra que presenta al lector[10]. Vargas Llosa, por lo tanto, se colocaría al final de la larga actividad del narrador que, de omnipresente en la novela tradicional pasó por la inmersión subjetiva, para terminar ubicando la narración en la perspectiva del lector. Este producto acabado deja amplio margen a la lectura, permite la imaginación de ciertos detalles de la escenificación, con lo que se hace partícipe de la obra, al modo de lo solicitado por Cortázar a raíz de *Rayuela*.

7. LENGUA

Esta poda lingüística está separada por capítulos de la prosa oficial constituida por los partes militares, documentos que indefectible-

---

[10] Para la relación del método que sigue Vargas Llosa, véase el capítulo II («La persona literaria», parte II, «Un método de trabajo») del libro de José Miguel OVIEDO *Mario Vargas Llosa: La invención de una realidad,* Barcelona, Barral, 1970. Allí se muestra cómo de un manuscrito de miles de páginas, Vargas Llosa termina con las novelas listas para la imprenta, en un procedimiento de artesanía no simplemente literario, de invención, sino de escritura.

mente comienzan de esta forma académica: «El suscrito, capitán EP (Intendencia) Pantaleón Pantoja...» (p. 32 y todo el libro). En estos escritos la ausencia de incorrecciones gramaticales es total y se observa un mantenido esfuerzo por literaturizar el documento militar, con salpicaduras de humor, respeto al mando, claridad expositiva, repeticiones. Esta forma de expresión va acompañada del imperialismo lingüístico que se transparenta en algunos nombres. En unos lugares donde la civilización limeña no ha llegado apenas, los lugares de diversión tienen nombres tan cosmopolitas como «Mao Mao» o «007», o incluso el evidente esfuerzo que representa «Lucho's Bar» (p. 138). La hermana de Pochita, esposa del protagonista, se llama Chichi, pero el ansia de ensanchar las fronteras nacionales no se plantea en el momento de dar música a estas inspiradas líneas:

> Servir, servir, servir
> Al Ejército de la Nación
> Servir, servir, servir
> Con mucha dedicación (p. 155).

Se trata de la letra del himno oficial que debe tener el Servicio de Visitadoras, al que se une la música proporcionada por «La Raspa», lo cual no sienta nada bien en algunos oficiales del Ejército.

Todas las desventuras, esfuerzos, lágrimas y empeños de este desconcertante teniente de Intendencia tiene el mismo premio que Gamboa en *La ciudad y los perros*. El celo por el cumplimiento del reglamento, en busca de dar con una solución para la misteriosa muerte de las maniobras, topa con la mejor experiencia de sus superiores. La baja en el servicio es el pago que recibe. En *Pantaleón y las visitadoras*, el teniente que durante tres años ha conseguido que su unidad sea la única que de verdad funcione en el ejército, se ve recompensado por el destierro al otro extremo del Perú: «y en vez del calor de la selva, el frío de la puna» (p. 309). Un posible escenario de la siguiente novela de Vargas Llosa se anuncia.

8. CONCLUSIÓN

Lo más destacable de esta novela, por lo tanto, es la presentación de las actividades de un antihéroe que se esfuerza por seguir los designios de un reglamento. Pantaleón personifica la especialización del mundo contemporáneo; él no sirve para resolver situaciones nuevas, sino para llevar a sus últimas conclusiones la tarea recibida. Pantoja no tiene medios de sobrevivir en solitario; el Servicio de Visitadoras es como un computador creado por el hombre y que acaba por dominarlo. Pantaleón Pantoja es víctima ciega de su incontrolable adhesión a una causa, a una institución, a una doctrina, a una tiranía de la mente.

[*Cuadernos Hispanoamericanos*, (Madrid), n.º 302, agosto de 1975, pp. 467-472.]

ALEXANDER COLEMAN

LA TRANSFIGURACIÓN DE LA NOVELA DE CABALLERÍA

El impresionante conjunto de literatura crítica escrita por Mario Vargas Llosa representa, creo, uno de los más significativos y polémicos que tenemos para el análisis de la teoría de la novela contemporánea de lengua castellana, de su origen y de cómo podría ser leída. Quiero decir, para empezar, que yo no creo que nosotros leamos la crítica literaria de Vargas Llosa como leeríamos cualquier otra mera crítica literaria: hay otro nivel de resonancia ante nosotros cuando leemos un texto crítico escrito por un novelista como él, cuyos logros en el campo de la novela apenas necesitan ser elogiados en este caso. No, un texto crítico de Vargas Llosa nos brinda el ejemplo de una perspectiva crítica escrita por alguien que ejerce la creatividad y que utiliza los textos de otros autores con el fin de esclarecer y ejemplificar sus propios principios creativos. En este sentido, la crítica y la creación son actividades complementarias; se nutren una a otra, como ocurre en el caso de escritores aparentemente tan disímiles como Octavio Paz y Jorge Luis Borges. La crítica, en el caso de Vargas Llosa, codifica intenciones que no sólo están relacionadas con una visión particular de la novela en *La Casa Verde* o en *Conversación en La Catedral,* supongamos, sino también con los motivos y las técnicas que sustentan su examen del trabajo de Martorell[1], de García Márquez[2], de Flaubert[3] y de Bataille[4], por mencionar sólo a algunos que me vienen a la mente. ¿Por qué Martorell? ¿Por qué Flaubert? ¿Por qué García Márquez?

[1] «Carta de batalla por Tirant lo Blanc», de Mario VARGAS LLOSA, en el libro *Tirant lo Blanc,* de Joanot MARTORELL y Martí Joan DE GALBA, Madrid, Alianza Editorial, 1969.

[2] *Historia de un deicidio,* de Mario VARGAS LLOSA, Barcelona, Barral Editores, 1971.

[3] *La orgía perpetua: Flaubert y Madame Bovary,* de Mario VARGAS LLOSA, Madrid, Editorial Taurus, 1975.

[4] «Bataille o el rescate del mal», de Mario VARGAS LLOSA, en la *Revista Nacional de Cultura,* Caracas, n.os 206-208 (mayo-julio de 1972).

Mi proposición es que la obra crítica de Vargas Llosa es significativa y polémica; iré más lejos y diré que su enfoque crítico representa uno de los pocos puntos cruciales en la crítica de la novela contemporánea, en la América de lengua castellana y en la teoría de la novela en general. ¿Por qué digo esto? Bueno, porque la actividad creativa y crítica de Vargas Llosa funciona directamente en las múltiples ramificaciones de la idea de la *disidencia* imaginativa. En el momento oportuno discutiremos esta teoría de la disidencia imaginativa aplicada a las teorías de Vargas Llosa en lo que se refiere a la evolución literaria de García Márquez: me refiero al uso imaginativo y creativo de la disidencia, la rebelión y el deicidio, que son fundamentales para la creación de la novela «total», tal como la concibe Vargas Llosa. Pero por el momento me gustaría limitarme a la aparente anomalía que constituye su actividad crítica —su disidencia *crítica,* si se quiere—. Él está en contra de la esencia de la mayoría de las teorías de crítica de textos que abundan ahora en Nueva York, en París, en Cracovia o en Buenos Aires. No sólo se encuentra a una distancia considerable de lo que actualmente está de moda en el análisis literario, sino que persiste en su desviación crítica con gran deleite. Daré dos ejemplos de esta discrepancia franca y abierta con la mayoría de sus iguales en la crítica literaria. Como primer ejemplo, tenemos la polémica con Ángel Rama en lo que se refiere a la metodología crítica que funciona en *Historia de un deicidio,* al final de la cual Rama acusó a Vargas Llosa de «arcaísmo», es decir, de utilizar métodos críticos «arcaicos» al analizar la obra de García Márquez. Vargas Llosa respondió de la siguiente manera, con su buen humor y honestidad habituales:

> Si el punto de referencia es la vanguardia intelectual de izquierda en Europa, no hay duda que mis ideas son obsoletas: aquélla analiza ahora la literatura a través de un prisma construido con altas matemáticas, el formalismo ruso de los años veinte, las teorías lingüísticas del círculo de Praga, el libro rojo de Mao y una pizca de orientalismo budista. Eso significa, también, que si la manera de ser maduro y moderno en literatura es adoptando, con algunas simplificaciones, las tesis de los pensadores neomarxistas que Europa Occidental pone de moda, Rama está tan decrépito, con sus convicciones neo-lukacsianas y su entusiasmo por Walter Benjamin como yo con mi romanticismo satánico[5].

Vargas Llosa no es menos severo con las tendencias formalistas o estructuralistas en la crítica. Por ejemplo, hay un momento singular en su ensayo apasionadamente elaborado sobre la obra de Georges Bataille, en la que hace el siguiente comentario:

---

[5] «El regreso de Satán» (Respuesta a Ángel Rama), de Mario VARGAS LLOSA, *Marcha,* 21 de julio de 1972.

... luego de la muerte de Bataille, ha habido una tentativa de apropiación de su obra por parte de la vanguardia literaria francesa: se lo presenta como el fundador del experimento textual, como el padre del formalismo novísimo. En realidad, fue la negación más acérrima de todo lo que puede significar «experimento lingüístico» o «búsqueda formal»[6].

Estos ejemplos no son atípicos ni únicos. Los ensayos críticos y los libros de Vargas Llosa nos invitan a descartar a nuestro Roland Barthes y a nuestro Walter Benjamin, a nuestro Goldmann así como 'a nuestro Jakobson, a fin de volver a hacer una vez más algunas viejas preguntas: ¿Cuál es la relación entre la imaginación literaria y la realidad? Y más específicamente: ¿Cuáles son las fuerzas creadoras que convierten a un escritor en lo que es, única y sumariamente, con o sin la intervención de otra literatura como mediadora entre la vida tal como es vivida y la vida imaginaria, sobre todo cuando esa vida imaginaria tan a menudo «suplanta» (para usar el término de Vargas Llosa) la así llamada «vida vivida»? Yo sé que éstas son preguntas elementales que por serlo nunca reciben una respuesta apropiada en el caso particular de ningún gran escritor. La disidencia crítica e imaginativa de Vargas Llosa podría ser considerada como un intento más de resolver la perplejidad planteada entre la imaginación y la vida, y su intento no será llevado a cabo bajo ninguna bandera, etiqueta o escuela críticas, sino más bien bajo la égida de la totalidad crítica —es decir, la investigación contextual y biográfica total—. Como dijera él acerca del inmenso ensayo que escribió Sartre sobre Flaubert, es un libro en el que «la sociología, la historia, el psicoanálisis, la lingüística, la antropología y otras disciplinas confluyen para mostrar *qué se puede saber hoy acerca de un hombre*»[7]. Este es precisamente el sólido propósito de Vargas Llosa en su trabajo sobre García Márquez: agotar los contextos sartreanos hasta el límite, a fin de poner al descubierto la realidad psíquica que son los textos mismos.

Antes de seguir, permítaseme traer a colación un problema de nomenclatura de estilo en el ejercicio de la crítica literaria en castellano y en inglés. En castellano, el único término crítico actualmente admitido para las formas narrativas largas, es *novela;* dentro de este cesto de malla se mezclan indiscriminadamente los géneros más desiguales de narraciones largas: *Don Quijote* así como *Amadís de Gaula, Orgullo y prejuicio* al igual que *La Casa de los siete aleros, La pequeña Dorrit* lo mismo que *El Castillo de Otranto.* Todas son novelas, y es de suponer que obras como *Los pasos perdidos, Cien años de soledad, La Casa Verde* y *Terra nostra* también son novelas. Yo creo

---

[6] «Bataille o el rescate del mal», p. 57.
[7] «El regreso de Satán», pp. 30-31.

que este término único es el mayor obstáculo crítico para comprender la evolución de la novela desde la publicación de *Don Quijote*, y por otro lado dificulta aún más la visión que tiene Vargas Llosa del papel de la imaginación en la novela de caballerías, tal como la esboza en el prefacio a *Tirant lo Blanc* y en diversos lugares de su *Historia de un deicidio*.

Después de haber escrito la última frase, advertí que había caído en el mismo error que estaba a punto de criticar en otros críticos: hice referencia a la «novela» de caballería. Este es el mayor disparate crítico por mi parte, dado que históricamente deberíamos referirnos a ellos como *romances* de caballerías y no como novelas. El género llamado *romance* no existe ahora como concepto de género en castellano o en la crítica americana de lengua castellana, mientras que marca una diferenciación fundamental en el discurso crítico inglés y norteamericano. En inglés se puede distinguir y se distingue entre novela y romance. En castellano, como he dicho, todas las narraciones largas en prosa se llaman al azar novelas, y esto es un error. La única excepción de la que soy consciente es la discusión planteada por Emir Rodríguez Monegal, en 1969, sobre *Doña Bárbara* de Gallegos, en la que el crítico uruguayo rectifica un juicio anterior diciendo: «La consideré como novela y en realidad es un *romance*. La útil distinción metodológica que hace el crítico canadiense Northrop Frye en su libro *Anatomy of Criticism* (*Anatomía de la crítica*) entre novela y romance se aplica aquí. El libro de Gallegos trabaja con personajes arquetípicos, con símbolos, con leyendas. Está más cerca del romance...»[8].

Sólo a través de una comprensión de los principios del romance podemos entender la tensa concepción de Vargas Llosa de la relación entre imaginación y realidad, y la práctica anacrónica de García Márquez, cuando sigue los principios del romance. Me refiero sobre todo a un concepto de la literatura que no se bifurca continuamente en «realidad» y «fantasía», o «fantasía» desapegada de la «realidad», o la «realidad» aplastando a ese algo tan frágil llamado «fantasía». Como se sabe, *realidad* y *fantasía* son las dos palabras más utilizadas en la crítica americana contemporánea de lengua castellana. No, me estoy refiriendo a un concepto de la novela en el que hay una fusión natural y no forzada de ambos mundos, sin insistir en absoluto en di-

---

[8] La mejor introducción concisa al género es el libro *The Romance*, de Gillian BEER, Londres, Editorial Methuen, 1970. También *The Anatomy of Criticism*, de Northrop FRYE, Princeton, Princeton University Press, N. J., 1957, pp. 186-206, y el reciente libro (del mismo autor) *The Secular Scripture: A Study of the Structure of Romance*, Harvard University Press, Cambridge, Ma., 1976. La crítica de RODRÍGUEZ MONEGAL se encuentra en su libro *Narradores de esta América*, I, Montevideo, Editorial Alfa, 1969, página 112.

ferenciaciones o niveles binarios o polares. Un mundo de ficción, en suma, en el que lo invisible está enclavado y fundido en la estructura misma de todo lo que consideramos «real», una literatura de la totalidad tocante a la realidad y no una literatura parcial alrededor de o contra la realidad. Éste es el mundo del romance en la literatura.

El término *romance,* como sabemos, incluye no sólo un relato de caballerías en verso, sino que también ha llegado a significar una narrativa ficticia en prosa en la que el escenario y los incidentes son ajenos a la vida corriente. Esto es fundamental. En la literatura norteamericana, donde el romance fue tan predominante en el siglo XIX, la novela no fue reconocida hasta mucho después de comenzado el siglo XX. Richard Chase, en su excelente libro titulado *The American Novel and Its Tradition* (*La novela americana y su tradición*), establece la distinción, fundamental para nosotros, entre novela y romance: «La novela interpreta y transmite la realidad de cerca y con gran detalle; las personas están en una relación explicable con la naturaleza y con los demás hombres, con su clase social, con su propio pasado. El personaje es más importante (en la novela) que la acción y el argumento». «En contraposición —continúa diciendo Chase— el romance, siguiendo de lejos el ejemplo medieval, se siente libre de traducir la realidad menos extensamente y con menor detalle. Tiende a preferir la acción al personaje y la acción será más libre en un romance que en una novela, encontrando, por decirlo así, menos resistencia por parte de la realidad... Estando menos comprometida que la novela con la transmisión inmediata de la realidad, *el romance virará más libremente hacia las formas míticas, alegóricas y simbólicas*» [9] (el subrayado es mío). Mucho antes (1785), la teórica inglesa Clara Reeves estableció la misma distinción: «La novela es un retrato de la vida real, de sus costumbres y de la época en que fue escrita. El romance describe, con un lenguaje altivo y elevado, lo que nunca ha ocurrido ni es probable que ocurra» [10].

La mayoría de los autores de romances del siglo XIX hubieran estado de acuerdo con ese archi-romancero Edgar Allan Poe cuando llamó a la tendencia realista que entonces comenzaba a desarrollarse,

---

[9] *The American Novel and Its Tradition,* de Richard CHASE, Nueva York, Editorial Doubleday Anchor, 1957, pp. 12-13.

[10] *Theory of Literature,* segunda edición, de René WELLEK y Austin WARREN, Nueva York, Editorial Harcourt Brace Jovanovich, 1956, p. 216. Véase también el prefacio de HAWTHORNE a *The House of the Seven Gables*: «El romance tiene un... derecho a presentar esa verdad en las circunstancias que el propio autor elija o crea. Si él lo considera correcto, puede manipular su medio atmosférico, a fin de hacer resaltar o suavizar las luces y profundizar y enriquecer las sombras del cuadro».

«material despreciable, la descripción de los quesos podridos». El romance y la novela siempre han coexistido con bastante dificultad. A medida que la literatura occidental conquistó un poder analítico y una fidelidad mimética respecto a la sociedad, es decir, a medida que la novela logró prioridad sobre el romance, la novela perdió un mundo de «refinada fabulación». Este mundo de «refinada fabulación» —el romance— designa, por ende, el género que *no* fue en absoluto destruido por Cervantes; muy por el contrario, prosperó fuera de España con el nombre de novela gótica en las obras de Hoffman, Poe, Melville, Hawthorne y Faulkner, hasta sus últimas manifestaciones en la ciencia-ficción y en subgéneros bastardos tales como el romance de intriga, del cual el ejemplo más perfecto es *Los pasos perdidos* de Alejo Carpentier. En la América de lengua castellana, hay una gran deuda con Jorge Luis Borges y Adolfo Bioy Casares por ser los paladines de la literatura romance a pesar de las imperiosas exigencias de oportunidad política y sociológica y de mimetismo en literatura. De modo que este es el romance, que florece plenamente en autores como Chrétien de Troyes y Martorell y está todavía muy vivo en la actualidad en *Cien años de soledad*[11]. La novela, por otro lado, que gusta menos a Borges, podría decirse que incluye a autores como Fielding, Jane Austen, Flaubert, Galdós, Mann y Tolstoi. A veces los novelistas parodian a los escritores de romances, como hizo Jane Austen en *Northanger Abbey (La abadía de Northanger)*, o como hiciera Cervantes en *Don Quijote*. Como he dicho, en general los dos géneros no se han llevado muy bien pero han tolerado mutuamente la existencia paralela del otro a través de los años.

Aquí llegamos a una anomalía histórica extraña en lo que respecta al romance en castellano. Es un hecho que el romance, y los géneros secundarios como la novela gótica o la novela de intriga, nunca han tenido mucho impacto sobre la imaginación hispana después de Cervantes, esto es, hasta la reivindicación que hacen Borges, Bioy, Vargas Llosa y García Márquez. La novela seguía teniendo supremacía. La imaginación de los americanos de lengua castellana estaba de tal manera sofocada por la política, el costumbrismo y la oportunidad a corto plazo en situaciones locales particulares, alejados de un enfoque fun-

---

[11] *Cien años de soledad,* de GARCÍA MÁRQUEZ, puede ser considerado mejor como un romance paródico, no obstante, siguiendo la reciente sugerencia de Alfred Mac Adam: «La combinación de lo cómico y lo escatológico en *Cien años de soledad* desconcierta a quien intente hacer una clasificación de géneros, aunque el texto finalmente debe ser leído como una sátira. Lo que complica la designación del género es la manipulación que se hace en el libro de un formato derivado del romance y de la épica burlesca», *Modern Latin American Narratives,* de Alfred MAC ADAM, Chicago, University of Chicago Press, 1977, p. 83.

damental y singularmente imaginativo de la realidad; sospecho que fue la tendencia instintiva de Borges y de Bioy lejos de las contricciones del mimetismo superficial que dio paso nuevamente a la imaginación en la América de lengua castellana. Como dijera el autor de *Cien años de soledad:*

> Los autores de las novelas de caballería lograron inventare un mundo en el que la imaginación era posible. Lo único importante para ellos era la validez del relato, y si estimaban necesario que se cortara cuatro veces la cabeza a los caballeros, se la cortarían cuatro veces. Esta admirable capacidad de inventar fábulas caló en el lector de esa época de tal manera que se convirtió en el emblema de la conquista de América. El lado triste es que la literatura latinoamericana olvidara tan rápidamente sus maravillosos orígenes[12].

En este sentido, tal como Vargas Llosa ha visto tan claramente, *Cien años de soledad* se entiende mejor en términos de romance y no de novela. En todo caso, ¿no deberíamos resucitar el término *romance* en el discurso crítico en castellano, y no debería aplicarse con la misma frecuencia con que se aplica, por cierto, en inglés?

Hay un momento clave en el magnífico prólogo de Vargas Llosa a *Tirant lo Blanc* de Martorell, cuando se refiere a este problema esencialmente desconcertante: ¿Por qué murió tan rápidamente el romance en el mundo hispánico después de 1615? ¿Por qué desapareció de la tradición literaria viva en la cultura española y en la cultura americana de lengua castellana? Sabemos lo que significó para Cervantes, y ciertamente sabemos cómo prosperó en Europa, en Norteamérica y en autores como Horacio Quiroga a comienzos de este siglo en la América de lengua castellana. He aquí la explicación de Vargas Llosa:

> He leído unos pocos libros de caballería... y pienso que fue el miedo del mundo oficial a la imaginación, que es la enemiga natural del dogma y el origen de toda rebelión. En un momento de apogeo de la cultura escolástica, de cerrada ortodoxia, la fantasía de los autores de caballerías debió resultar insumisa, subversiva su visión libre y sin anteojeras de la realidad, osados sus delirios, inquietantes sus criaturas fantásticas, sus apetitos diabólicos. En la matanza de las novelas de caballería cayó Tirant y por la inercia de la costumbre y el peso de la tradición todavía no ha sido resucitado, vestido en su armadura blanca, montado en su caballo y lanzado en pos del lector, agraviado[13].

De la misma manera se referirá Vargas Llosa en su *Historia de un deicidio* a este hecho peculiar de la vida literaria en España después del *Quijote,* citando una

---

[12] «Conversations with García Márquez», de Armando DURÁN, *Review '70*, p. 116. En lo que se refiere a elementos del romance en la ficción surrealista, véase *Surrealism and the Novel*, de J. H. MATTHEWS, University of Michigan Press, Ann Arbor, 1966.
[13] «Carta de batalla por *Tirant lo Blanc*», de Mario VARGAS LLOSA, p. 10.

... sistemática represión de lo real imaginario, de sometimiento a lo real objetivo, a tal punto que muchos historiadores cuya visión llega sólo hasta el Siglo de Oro, afirman que la novela española fue *siempre* rigurosamente «realista». Esto es, como técnica general, lo característico de la ficción española a partir del Renacimiento, pero no lo es de la fecunda, múltiple, audaz narrativa pre-cervantina y, sobre todo, dentro de ella, de las novelas de caballerías... En *El caballero Cifar*, en el *Amadís de Gaula* la realidad reúne, generosamente, lo real objetivo y lo real imaginario en una indivisible totalidad en la que conviven, sin discriminación y sin fronteras, hombres de carne y hueso y seres de la fantasía y del sueño, personajes históricos y criaturas del mito, la razón y la sinrazón, lo posible y lo imposible[14].

Esta es la perspectiva de la ficción como un cosmos autónomo en sí mismo, totalizador, para usar un término de Vargas Llosa, un libro que es un templo y, como todos los templos, un microcosmos del macrocosmos que es la creación. La línea que va de *Amadís de Gaula* a *Cien años de soledad* es directa, aunque aparentemente los separen tantos siglos. En la descripción que hiciera Vargas Llosa de este parentesco, vemos que la obra de García Márquez

...significó, entre otras cosas, un desdeñoso desaire a siglos de pudor narrativo y la resurrección inesperada, en un novelista de la lengua, del ambicioso designio de los suplantadores de Dios medievales: competir con *toda* la realidad, incorporar a la ficción cuanto existe en la vida y en la fantasía del hombre[15].

En las observaciones que he hecho al comienzo, me he referido a la importancia del concepto de *disidencia* en la teoría crítica de Vargas Llosa. En el texto suyo que acabo de citar, aparece otro concepto que también merecería la pena analizar: la idea del autor como suplantador de Dios. En efecto, éste puede ser el momento de señalar todas las claves del vocabulario crítico de Vargas Llosa. Hagamos una lista de ellas:

1. DEMONIO (Obsesión)

    a) Personal, e.g. Onetti
    b) Histórico, e.g. Carpentier
    c) Cultural, e.g. Borges

2. DISIDENCIA
3. REBELIÓN
4. DEICIDIO
5. SUSTITUCIÓN (Rectificación)
6. TOTALIDAD (Autonomía)

    a) Realidad literaria a través de

        1. Salto cualitativo
        2. Vasos comunicantes

---

[14] *Historia de un deicidio,* de Mario VARGAS LLOSA, pp. 176-177.
[15] *Ibid.*, p. 177.

Aunque ésta puede parecer a primera vista una lista arbitraria de conceptos raros, quisiera demostrar su coherencia causal en el marco de todos los ensayos críticos de Vargas Llosa. Voy a aventurarme y proponer que ellos dependen unos de otros de manera fatal e inevitable. Si consideramos esta lista como no fortuita, sino sucesiva y causal, obtenemos la siguiente explicación telegráfica, que es al mismo tiempo un comentario de la lista: la novela es un acto de exorcismo *demoníaco* y obsesivo y al mismo tiempo es un acto de *disidencia* respecto a las imposiciones de la realidad misma. El acto de escribir es sobre todo un impulso; está ligado inevitablemente a una *rebelión* contra las intrusiones del tiempo, contra la realidad. Metafórica y de ninguna manera teológicamente, el acto de escribir una novela es un acto contra Dios mismo —un deicidio— en el que el autor asume la tarea de *sustituir* y asimismo *rectificar* la creación que el desencantado autor encuentra a su alrededor, creando así, en términos de ficción, una *realidad autónoma y auto-suficiente,* una estructura inmutable construida dolorosamente contra las vicisitudes, el flujo y la mutabilidad del mundo. El *locus classique* en la obra crítica de Vargas Llosa es el primer párrafo del capítulo dos de *Historia de un deicidio:*

Escribir novelas es un acto de rebelión contra la realidad, contra Dios, contra la creación de Dios que es la realidad. Es una tentativa de corrección, cambio o abolición de la realidad real, de su sustitución por la realidad ficticia que el novelista crea. Este es un disidente: crea vida ilusoria, crea mundos verbales porque no acepta la vida y el mundo tal como son (o como cree que son). La raíz de su vocación es un sentimiento de insatisfacción conta la vida; cada novela es un deicidio secreto, un asesinato simbólico de la realidad[16].

Las características de esta sustitución total son, a mi modo de ver, únicas en su género y fundamentales para las teorías de Vargas Llosa relativas a la totalidad ficticia. En su visión, el acto de creación ficticia de mundos es un asalto monstruoso a la realidad por parte del artista/impostor, y esas novelas sólo pueden ser concebidas en sociedades que sufren cambios radicales y alteraciones de sus formas sociales. La novela nace forzosamente de la muerte de Dios; una nueva fe en la verbalización de la realidad impulsa al autor a adoptar máscaras proteicas y múltiples de mago, gran faquir e ilusionista, «liberador y sepulturero verbal» de y en la realidad, según las propias palabras de Vargas Llosa. Esto también implica lo que Severo Sarduy llamó la «intertextualidad» de obras como *Don Quijote* y *Cien años de soledad,* en las que la parodia no es sólo acerca de la realidad misma,

---

[16] *Ibid.*, p. 85.

sino de otros textos anteriores y de texturas lingüísticas diferentes e incluso distintas, novelas de interacción polifónica de la historia de la literatura y la historia de la realidad misma [17].

Esta historia de la ficción como una restitución laica del logos recientemente desacralizado es uno de los más importantes hilos comunicantes entre autores aparentemente tan diferentes como Martorell, Flaubert y García Márquez. Estos tres autores, entre tantos otros, ejemplifican sociedades en crisis —la feudal, la burguesa y la Latinoamericana colonizada, respectivamente— y de este modo también ejemplifican «precisamente aquellas en las que la vocación literaria ha adoptado un carácter casi religioso y mesiánico. Estas sociedades son las que han inspirado las novelas más osadas y totales que jamás se hayan concebido» [18]. Por otro lado, este tipo de novela/cosmos nunca ha sido, ni puede ser, el producto de una sociedad totalmente estable. En la visión de Vargas Llosa, ese tipo de sociedades no están amenazadas por una transformación radical inminente de sus estructuras psíquicas y sociales, y por ello sus literaturas tienden a caracterizarse por la «ironía, por juegos formales, ya sea por un excesivo intelectualismo o por un nihilismo cínico» [19]. Aquí es donde él se separa de muchas escuelas de crítica contemporánea, puesto que insiste en que un libro *es* «sus fuentes, su autor, el espíritu de la época. Junto con esta visión de la obra como *resultado*, hay otra que procura presentarse a sí misma como opuesta pero es, en realidad, la otra cara de la misma cuestión: la obra es un gran misterio, el escritor, un genio aislado, y el texto, esencialmente esquivo» [20]. Esto es obviamente lo que significa el análisis estructural pero, como hemos visto, Vargas Llosa disiente apasionadamente de esa incomunicación entre texto y autor.

Por eso, una de las claves de la re-creación novelística, o de la recreación, es la idea de que la novela está relacionada con la aniquilación de los mundos tal como están dados y, en este sentido, esto es lo que vemos en *Cien años de soledad* a través de la óptica crítica de Vargas Llosa —un libro acerca del fin de las categorías sagradas— donde «el lector tiene en sus manos un libro que se acerca cada vez más al fin; el último de los personajes principales está leyendo el cuen-

[17] «El barroco y el neobarroco», de Severo SARDUY, en *América Latina en su literatura*, editado por César Fernández Moreno, Ciudad de México, Siglo XXI Editores, 1972, páginas 167-185.

[18] «The Latin American Novel Today: Introduction», de Mario VARGAS LLOSA, en *Books Abroad*, 44:1 (invierno de 1970), p. 15.

[19] *Ibid.*

[20] «What Do We Read When We Read?», de Alicia BORINSKY, en *Diacritics* (verano de 1974), p. 20.

to, o la historia de su vida, que se acerca al fin: es un ejercicio alegórico acerca de la necesidad de terminar las ficciones»[21] —redondear mundos, por decirlo así.

Y aquí llegamos a otra paradoja aleccionadora de la crítica de Vargas Llosa: es un escritor cuya imaginación no se mueve cómodamente en el plano de lo fantástico cuando se desliga arbitrariamente de la realidad. Al mismo tiempo su crítica reconoce la liberación fundamental que el género del romance ha supuesto para la ficción en la América de lengua castellana. Después de todo, el término «realismo mágico», usado por primera vez en la América de habla castellana por José Carlos Mariátegui en la reseña que hizo en 1928 del libro *Nadja* de André Breton, debe sus verdaderas fuentes al romance como una realidad histórica; el término tiene una mayor riqueza de significados que los que los testimonios surrealistas puedan mostrar. Pero como he dicho, los libros y los autores preferidos de Vargas Llosa son aquellos que dan una ilusión de autonomía y completitud. Por ejemplo, hay una confesión abierta de sus preferencias literarias en el comienzo de su excelente libro sobre Flaubert, *La orgía perpetua*. Citaré el siguiente pasaje franco y revelador:

... esa propensión que me ha hecho preferir desde niño las obras construidas como un orden riguroso y simétrico, con principio y con fin, que se cierran sobre sí mismas y dan la impresión de la soberanía y lo acabado, sobre aquellas, abiertas, que deliberadamente sugieren lo intedeterminado, lo vago, lo (que está) en proceso, lo (que está) a medio hacer. He buscado por instinto... totalizaciones, conjuntos que, gracias a una estructura audaz... dieran la ilusión de sintetizar lo real, de resumir la vida[22].

Y además Vargas Llosa preferirá descripciones de tipo objetivo más que un sondeo hondo de las profundidades psicológicas —por eso su preferencia por Tolstoi por encima de Dostoievski—. E incluso dentro del género «fantástico», preferirá el más concreto al más abstracto, y por lo tanto prefiere la pornografía a la ciencia-ficción, la literatura rosa más que las historias de horror[23].

Ahora bien, ¿qué más une a Martorell, Flaubert y García Márquez en la mente de Vargas Llosa? Podréis estar o no de acuerdo, pero yo creo que otro secreto hilo unificador en su crítica, otra clave de su visión singular de la imaginación en relación con la realidad es el sentido especial que da a la palabra *rito*. Aunque el rito, los códigos

---

[21] *Modern Latin American Narratives*, de MAC ADAM, p. 79.
[22] *La orgía perpetua*, de VARGAS LLOSA, pp. 18-19. En cuanto a la relación entre *Madame Bovary* y *Amadís de Gaula*, ver el libro de René GIRARD, *Mensonge romantique et vérité romanesque*, París, Editorial Grasset, 1961, especialmente los capítulos I-III.
[23] *Ibid.*, p. 19.

de conducta y la racionalización de la vida se intensifican por los procedimientos literarios hasta que la razón se aproxima a los sueños de la razón, es decir, al delirio mismo. No hay nada más fantástico que la racionalización imaginativa e intensa de la lógica, y esto es lo que diferencia a la novela de Martorell del *Amadís;* esta codificación y expansión del ritual es lo que da al lector un sentido de credulidad y de verosimilitud en los diversos mundos novelescos que conocemos: la sociedad francesa tal como es reflejada en *La comedia humana,* la Rusia de *La guerra y la paz,* el Dublín del *Ulises* y el Yoknapatawpha de *¡Absalón, Absalón!* Todas estas novelas y novelistas, algunos de los cuales fueron extensamente analizados por Vargas Llosa y otros mencionados al pasar, forman parte del rico tapiz de elaboración que constituye un ritual verbal, una conducta ritual minuciosamente descrita. Esta es una técnica que convierte en profundamente simbólicos a cada uno de estos autores, a pesar de su aparente «realismo», creadores de analogías totales de nuestro mundo, analogías «de lo humano a lo divino, de lo natural hasta lo supernatural, de lo bajo hacia lo alto, del tiempo a la eternidad»[24]. Estos novelistas, proto-dioses en el panteón de Vargas Llosa, son los que están satisfechos de permanecer en lo finito y en lo histórico, pero que realzan esa historicidad con un ritual noble y a veces burdamente innoble, junto con los códigos, ritos de dignidad y actos que pertenecen a ellos pero también a una esfera más trascendental.

La idea del rito, como he dicho, puede ser la clave del elemento unificador en la crítica de Vargas Llosa, dado que el rito está en la base de la organización del lenguaje. En su prólogo al libro de Martorell, habla de la literatura como de una realidad formal, en la que «el lenguaje es una fuente inagotable de felicidad, el instrumento primordial del rito, la materia con que se fabrican las fórmulas»[25]. El rito y el ritual son formas en las que se justifica el mundo y éste adquiere una coherencia cerrada; da sentido a todos los actos. Y finalmente, la frase magistral: «En este mundo ritual no es el contenido el que determina la forma, sino ésta la que crea el contenido»[26]

A la luz de esto podríamos revisar nuestro concepto de literatura y relacionarlo de un modo más general con el amplio concepto de juego en todas las culturas. Pensemos acerca de la verdadera noción de juego en la literatura tal como se relaciona con la creación del

---

[24] *Essays of Four Decades,* de Allen TATE, Chicago, Editorial Swallow, 1968, p. 427. Véase también el libro de Denis DONOGHUE, *The Sovereing Ghost: Studies in Imagination,* Berkeley, University of California Press, 1976, pp. 115-116.
[25] «Carta de batalla por *Tirant lo Blanc*», p. 27.
[26] *Ibid.,* p. 26.

cosmos culto, la totalidad que constituye la obra del autor en tanto que impostor de Dios. Recordarán que Huizinga, en *Homo Ludens*[27], define el juego como un acto libre de la mente, expresando la calidad de simulacro, de «como sí». El juego está relacionado con la consciencia y la cultura, puesto que a través de él expresamos nuestra interpretación de la vida, la imaginación y el mundo. El juego está generalmente recluido en el tiempo y el lugar y ofrece reglas y rituales que funcionan sólo dentro de los parámetros de ese tiempo y lugar. El juego gusta mucho de rodearse de un aire de misterio, con su panoplia de máscaras, disfraces e impostores. La arena del juego puede ser una mesa de cartas, un tablero de ajedrez, una cancha de tenis, un círculo, un templo de piedra en ruinas o incluso una página impresa. El juego se termina cuando se rompen las reglas. El juego del mundo lo rompen los aguafiestas que son los artistas; ellos a su vez forman su propia esfera cerrada de juego. Llamamos a estos aguafiestas escépticos tipos marginales, proscritos, fraudes, herejes, cabalistas, gnósticos: en general, a todos aquellos que están desencantados con el juego del mundo. El escritor es un contra-jugador, un falseador cuyo sistema a veces, como en Bataille, es la profundidad del mal en sí.

La crítica de Vargas Llosa nos lleva directamente a los secretos biográficos de esos genios extraños, que hacen pedazos el mundo y crean otro a un tiempo. Como señala Vargas Llosa continuamente, la literatura es la única respuesta que tenemos frente a una realidad caótica e incomprensible. La literatura da claridad a lo opaco. La literatura es evasión y respuesta, un refugio psíquico que nos comunica con la totalidad, con la completitud, con un mundo dinámico pero acabado en su construcción imaginativa. Como dice él acerca del juego en Martorell: «En *Tirant lo Blanc* el juego es algo todavía más importante y totalizador: la sustancia motriz de la vida. En su novela, Martorell fundió en una sola realidad las antinomias vivir y representar, ser y parecer. En *Tirant lo Blanc* vivir es representar, la única manera de ser es parecer»[28].

Es aquí donde Vargas Llosa participa, en sus novelas y en su crítica, en la gran tarea de la literatura en las dos Américas: la creación de un espacio imaginario. Hace doce años, John Updike vio en la obra de Borges «una creación alternativa, vasta, accesible, sumamente coloreada, rica en arcanos, posiblemente sagrada. De la misma manera que el hombre físico ha creado en sus ciudades un medio ambiente

---

[27] *Homo Ludens*, de Johann HUIZINGA, Boston, Editorial Beacon, 1955.

[28] *El combate imaginario: Las cartas de batalla de Joanot Martorell*, de Martín DE RIQUER y Mario VARGAS LLOSA, Barcelona, Barral Editores, 1972, p. 28.

cuya esfera de acción, desafío y hostilidad eclipsan los del mundo natural, el hombre culto ha acumulado un universo falseado apto para sustentar la vida»[29]. Y lo mismo ocurre con el significado esencial de la crítica y de las novelas de Vargas Llosa. Este universo falseado, este hecho artificial resultante de lo real es lo que nos conduce a la verdad acerca de la naturaleza de nuestra realidad «real».

[*World Literature Today,* vol. 52, n.º 1 (1978), pp. 24-30. (Versión castellana de Beatriz OBERLÄNDER.)]

---

[29] «The Author as Librarian», de John UPDIKE, en *The New Yorker,* 30 de octubre de 1965, p. 245. Está demás decir que en esta utopía literaria, el significado no se encuentra en el tiempo definido de la escritura y de la vida del autor, sino en el tiempo indefinido de la respuesta del lector por medio de la memoria y el inconsciente. Véase el artículo de Gérard GENETTE titulado «L'utopie littéraire», en *Figures,* París, Editions du Seuil, 1966.

JOHN J. HASSETT

EL ESCRITOR ANTE EL ESPEJO

Los que se encuentran familiarizados con los aspectos más prominentes de la biografía de Mario Vargas Llosa reconocen de inmediato en sus novelas una serie de personajes y escenarios que el autor conoció de niño o ya en su vida adulta. En todas estas obras hay un límite imperceptible que separa a la experiencia personal del mundo de ficción, y en cada una el autor muestra la tendencia de contar su propia historia al mismo tiempo que nos cuenta *una* historia. Pero en *La tía Julia y el escribidor,* su última novela, Mario Vargas Llosa se ha convertido, en mayor grado, en el actor de su propio relato.

La tía Julia y el escribidor es relatada en dos planos diferentes. En uno, el narrador-protagonista, «Varguitas», nos cuenta acerca de su relación con dos personas que juegan un papel importante en su vida: su tía Julia, una divorciada de treinta y dos años con quien contrae matrimonio más adelante, y Pedro Camacho, actor y guionista que trabaja para la misma compañía de radio donde trabaja Varguitas. En el segundo plano el lector se halla ante una serie de historias relatadas por un narrador no identificado, las que, a primera vista, tienen poca o ninguna relación con la narración de Varguitas.

Las narraciones están distribuidas de manera alternada de modo que los episodios que parecen ser muy autobiográficos se encuentran localizados en los capítulos de números impares (exceptuando el capítulo XX, que sirve de epílogo al libro), en tanto que los del segundo plano están presentados en las secciones pares.

En los capítulos impares existe una notable falta de discreción en lo que se refiere a la vida personal del autor. Vargas Llosa no usa ninguna de las tradicionales máscaras para disfrazar al autor y evitar el parecido absoluto con el protagonista. Aún más, uno de los personajes principales de esta sección es nada menos que la primera esposa de

Vargas Llosa, Julia Urquidi, a quien le dedica el libro. Debido a esto, tendemos a considerar los episodios narrados por Varguitas más como autobiográficos que como productos exclusivos de la ficción, y al narrador como alguien que simplemente documenta experiencias pasadas. Pero la ecuación *Tía Julia* = Autobiografía, es engañosa porque uno de los temas principales del libro es la naturaleza de la literatura y sus aspectos referenciales.

Debemos tener en cuenta que lo que leemos en una novela no es literalmente cierto y que las afirmaciones que se nos presentan no deben ser consideradas como proposiciones lógicas. El personaje de una novela difiere de una persona histórica —es decir, de una figura de la vida real— en que debe su existencia únicamente a las palabras que lo describen o a las que él mismo pronuncia. En ningún caso asume su propia existencia fuera del lenguaje del texto. En el caso de la novela de Vargas Llosa se trata de un narrador que recuerda su pasado, pero que también es escritor y que como tal está continuamente creando palabras y mundos que finalmente transforman el dominio de la experiencia personal.

Estructuralmente se subraya en la novela la transformación de lo real por lo imaginario (ficción) a través del continuo entrecruzamiento de la «autobiografía» de Varguitas y los melodramas de Camacho, dos mundos aparentemente diferentes y separados. Este entrecruzarse de las dos secciones se hace evidente en lo siguiente:

1.   Los hechos que ocurren en la narración de Varguitas podrían con seguridad constituir el tópico de la de Camacho. La relación de Varguitas con Julia, por ejemplo, es una especie de radionovela con todos los ingredientes del melodrama, intriga y suspenso, materiales que explican la difusión del género. El encuentro entre Varguitas y Camacho y los *churrasqueros* (pp. 243-246) como también el retrato de la pareja mexicana (pp. 271-274) son el tipo de situaciones que ocurren repetidamente en el mundo de Camacho. El escándalo que se produce en la familia del narrador, como también las amenazas de muerte por parte de su padre a causa de su situación sentimental con Julia, nos recuerdan el mundo fuertemente emocional y violento retratado en las radionovelas de Camacho.

2.   A menudo se hacen alusiones a Camacho y a sus melodramas en la «Autobiografía» de Varguitas, la que prefigura situaciones presentadas en la narrativa de Camacho (p. 206). También se presenta historias en las secciones pares y más adelante se las identifica dentro del mundo de Varguitas como provenientes de la pluma de Pedro Camacho (páginas 112, 121, 159). Además, frecuentemente se hace referencia a la creciente locura de Camacho en las secciones narradas por Varguitas.

3. El acto de leer también refuerza esta imagen de interacción entre lo real y lo ficticio.

La tía Julia y el escribidor es una obra de referencias entrecruzadas entre los dos ejes narrativos principales. Nunca leemos en forma recta de la primera a la última página. A través de la novela se dispersan una serie de señales que captan nuestra atención hacia un nombre, hecho o situación específica que puede haber sido mencionado con anterioridad en el libro o que puede reaparecer más adelante de manera completamente alterada. Sumados a este sistema de referencias entrecruzadas hay otros rasgos que sugieren la «invasión» de lo real por lo ficticio. El mundo literario mismo de Vargas Llosa, por ejemplo, continúa haciendo su aparición en la superficie del de Camacho. El Sargento Lituma, uno de los personajes centrales de *La Casa Verde,* hace apariciones frecuentes en varias de las radionovelas (capítulos IV, XIV, XVI, XVIII). Al mismo tiempo, el mundo de ficción de Vargas Llosa se refleja en la «autobiografía» de Varguitas en la persona de Javier, personaje de *Los jefes,* y también en Grocio Prado (p. 372), un lugar que aparece primero en *Conversación en La Catedral.* Finalmente, los esfuerzos de Varguitas por convertirse en escritor, y la composición de sus primeros cuentos, forman una parte integral del contenido de su narración. En realidad, los cuentos que escribe demuestran que aun cuando la experiencia real es el punto de partida del escritor, lo real es en cierto modo usurpado por el proceso creativo (pp. 58-59, 71, 118-120 y 151-152).

En la elaboración de los capítulos pares de la novela sobresalen dos aspectos diferentes: 1) el mundo de las estrechas relaciones familiares a las que pertenecen Varguitas y Julia, y 2) el trabajo de Varguitas en una estación de radio en Lima, donde se desempeña como editor de los noticieros diarios, actividad que lo une íntimamente a Julia y Camacho.

El mundo de las relaciones familiares contiene todos los episodios que llevan a la relación de Varguitas con Julia, su consiguiente relación amorosa, su matrimonio y el escándalo familiar en que acaba. La intención de Vargas Llosa de presentar esta parte del libro ha sido obviamente motivada por el deseo de desenmascarar gran parte de su vida personal y privada ante el escrutinio de su público lector, mientras que al mismo tiempo da un paso atrás y espera vigilante las transformaciones que ocurren mientras el mundo poblado de detalles autobiográficos pasa a través de lo ficticio.

La historia completa de Julia y Varguitas, su sobrino de dieciocho años, constituye un agradable cuento romántico desbordante de melodramas, intriga, comedia y algunos de los elementos más positivos de una radionovela bien escrita. Sin lugar a dudas Julia es uno de los personajes más atractivos e interesantes jamás dibujados en la ficción de Vargas Llosa. Enfrenta la vida día a día; su humanidad, calor, valentía, espontaneidad y chispeante sentido del humor nos ganan completamente:

—Soy [Varguitas] un hombre hecho y derecho —le aseguré, cogiéndole la mano, besándosela—. Tengo dieciocho años. Y ya hace cinco años que perdí la virginidad.
—¿Y qué soy yo [Julia] entonces, que tengo treinta y dos y que la perdí hace quince? —se rió ella— ¡Una vieja decrépita! (p. 109).

A pesar de ser una mujer de treinta y dos años, divorciada, y de reconocer que su relación con Varguitas de ninguna manera puede durar, acepta sin embargo la vida como es y sin quejarse. Ante las convenciones sociales, la relación de Julia y Varguitas culmina en un matrimonio que dura ocho años —tres más aún de lo que la realista Julia pensó que duraría—. En el último capítulo de la novela, se resume brevemente su matrimonio y divorcio.

El mundo de Julia está ligado al de la estación de radio, de Pedro Camacho y de sus radionovelas en dos formas: ambos, ella y Camacho, son bolivianos que viven en Perú, y Varguitas y Camacho trabajan casualmente para el mismo patrón. Es obvio desde las páginas iniciales de la narración de Varguitas, que Pedro Camacho es muy diferente a Julia. Mientras ella es una persona espontánea y extrovertida, él es exactamente solitario e introvertido. Habiendo sido contratado por los directores de Radio Central para que escriba y produzca sus radionovelas, cumple con todos sus deberes como un autómata. Nos recuerda al protagonista de *Pantaleón y las visitadoras*. Comparte con Pantaleón la misma obsesión del deber, los mismos excesos fanáticos al llevar a cabo su trabajo y la misma incapacidad de reírse de la vida y de sí mismo. El contraste entre la seriedad con que toma su profesión como escritor y el producto mediocre que consigue de su literatura lo hace una figura cómica. Pedro Camacho percibe sus radionovelas como un «arte» y su literatura como un tipo de misión divina, pero la calidad de su trabajo no le merece la calificación de «escritor» en el verdadero y completo sentido de la palabra. En resumen, es un *escribidor* que se ve a sí mismo como *escritor*.

Las historias escritas por Camacho aparecen en nueve de los veinte capítulos del libro. En el capítulo II el lector se sorprende de inmediato por el cambio de la narración de Varguitas a la voz de un narrador en tercera persona no identificado y el retrato de personajes y hechos aparentemente no relacionados con el mundo descrito por Varguitas. De acuerdo con la estructura tradicional de una radionovela, ninguno de estos relatos tiene un final definido. Todos concluyen en una serie de preguntas retóricas que nos fuerzan a «sintonizar» la próxima vez para descubrir lo que sucede. Al comienzo estos relatos parecen distintos entre sí, principalmente por sus diferentes ambientes locales y sociales. Y a pesar de que podemos sospecharlo, inicialmente no tenemos ninguna evidencia que nos permita inferir que lo que estamos leyendo son en realidad las radionovelas de Pedro Carrasco. Un punto, sin embargo, no parece claro: no pueden ser sus radionovelas en su forma final, es decir, en la forma en que se presentan al público oyente. Contienen demasiada narración y un mínimo de diálogo. Más que melodramas concebidos por mano experta parecen ser —y esto se hace más evidente cuando continuamos leyendo— una presentación de fragmentos caóticos que emanan del confuso mundo interior de la conciencia de Camacho. Subrayan la creciente pérdida de control de su autor sobre el mundo de personajes y hechos que bullen dentro de su imaginación.

Desde un punto de vista literario, las historias de Pedro Camacho son extremadamente repetitivas y carecen de imaginación. El tono excesivamente solemne de la narración, junto con el escaso uso de diálogo y participación de los personajes, cansa rápidamente al oído del lector más tolerante. Estos relatos son —por supuesto— producto de Pedro Camacho y no de Mario Vargas Llosa. Son ellos los que determinan el vacío que separa el arte del escritor del arte del *escribidor*.

Los relatos de Camacho proyectan una visión apocalíptica de la realidad y reflejan con amplitud la locura del autor. Están tan llenos de situaciones macabras, violencia y catástrofes que el leerlos se vuelve cansador y monótono. El siguiente es un breve bosquejo de los hechos que describen: 1) El padre del niño de una novia resulta ser su propio hermano. 2) La policía descubre a un africano desnudo abandonado en Lima por el barco en que viajaba clandestinamente. Sin saber qué hacer con él deciden finalmente matarlo. 3) Un miembro de los Testigos de Jehová es acusado de haber violado a una joven. Para probar su inocencia ante el juez amenaza con castrarse. 4) Debido a que las ratas han comido viva a su hermanita, un hombre se dedica el resto de su vida a la exterminación de roedores. Termina siendo asesinado por su esposa e hijos, quienes no pueden ya soportar su sobreprotección y dominación. 5) Un vendedor viajero vive obsesionado con el impulso de hacer daño físico a los niños y, siguiendo el consejo de un psiquiatra, procede a dar salida a su deseo. 6) El propietario de un internado es atacado brutalmente y apuñalado numerosas veces por uno de sus arrendatarios. 7) Un sacerdote que cree en la prédica del evangelio con sus puños, decide eliminar a la competencia evangélica de la vecindad quemando la residencia de su opositor mientras éste se encuentra adentro profundamente dormido. 8) El hijo de una familia acomodada se convierte en famoso árbitro de fútbol y muere junto con miles de personas cuando una manifestación irrumpe entre los espectadores y la policía durante un partido crucial. 9) Un músico —compositor inválido— que se enamora de una monja ofrece un concierto en el convento de ella y muere, junto con todo el auditorio, a causa de un terremoto.

Las figuras delineadas en estas historias comparten muchos rasgos. Son, en su mayoría, individuos cominados por impulsos que necesitan desesperadamente salir a la luz. Tienen un único interés, pasión o entretenimiento y le dedican toda su energía y tiempo a costa de todo lo demás. Al final son víctimas de sus propias obsesiones.

Esta conducta repetitiva de parte de los personajes aclara algo sobre las obsesiones literarias y la personalidad de Camacho. En términos generales el lector sabe muy poco de Camacho. Permanece como figura algo oscura a través de la narración de Varguitas, principalmente porque el narrador mismo conoce poco sobre él. Pero los pocos datos que tenemos de Varguitas, junto con lo que leemos en los cuentos de Camacho, nos ayudan a lograr una comprensión general del personaje. Por ejemplo, el tema del hombre de cincuenta años en la flor de la vida está presente en todos los cuentos de Camacho. Esta obsesión con la edad y lo que dice Varguitas («Recordé que en un momento de nuestra conversación de la víspera en su cubil de Radio Central, el artista había dogmatizado, con fuego, sobre los cincuenta años del hombre. La edad del apogeo cerebral y de la fuerza sensual, decía, de la experiencia digerida», p. 73), nos dice mucho acerca de la inquietud que debe sentir Camacho al tener él mismo cincuenta años. Un segundo tema es su intenso menosprecio hacia los argentinos y su cultura. Solamente en las páginas finales de la novela nos damos cuenta de un posible motivo para tales sentimientos: Camacho está casado con una mujer decrépita que además de ser prostituta es también argentina. El odio de Federico Téllez Unzátegui para con las ratas (capítulo VIII) puede ser poco más que una proyección del permanente miedo que Camacho siente hacia las ratas que habitan su pieza y comen su comida.

La locura de Camacho también está documentada en las numerosas contradicciones que rodean a sus personajes y acciones. La primera de éstas ocurre en el capítulo X cuando se presenta a Federico Téllez Unzátegui como propietario de una firma farmacéutica, en tanto que en el capítulo VIII el narrador lo había identificado como el propietario de una compañía exterminadora. Todavía más, el lector había ya entendido en el capítulo VIII que Téllez Unzátegui fue asesinado por su familia. Esta pérdida de control sobre su propio mundo ficticio alcanza proporciones críticas en los últimos capítulos, donde la confusión de nombres y hechos desconcierta totalmente al lector: Sebastián Bergua, la víctima del intento de asesinato de Ezequiel Delfín en el capítulo XII se convierte en capellán de un convento de monjas en el capítulo XVIII. Fátima, la joven monja a quien Crisanto Maravillas ama en el capítulo XVIII, es confundida con la hija de una relación incestuosa entre Elianita y Ricardo descrita ya en el capítulo II. Alberto Quinteros, quien es presentado primeramente como un famoso médico en el capítulo II, es el padre Quintero, un teólogo, en el capítulo XVIII. El sargento Lituma, policía de la guardia civil y protagonista del capítulo IV, se convierte en la Madre Lituma, una monja, en el capítulo XVIII. El psiquiatra de Lucho Abril Marroquín, Lucía Acémila (capítulo X), resulta ser primero una cantante con Crisanto Maravillas y sus músicos y luego, más adelante, en el mismo capítulo (XVIII) la madre superiora de un convento de monjas. No solamente se confunden los personajes y sus acciones, sino que sus nombres también pasan por curiosas permutaciones: Sargento Lituma, guardia civil (capítulo II) Gumercindo Tello, Testigo de Jehová acusado de violación (capítulo VI) y Federico Téllez Unzátegui, hombre obsesionado con la exterminación de ratas (VII), aparecen como un solo personaje en el capítulo XVIII: el padre Gumercindo Lituma, un ex-guardia civil que ha sido golpeado brutalmente por su esposa e hijos.

Después de encaminarnos pacientemente por el laberinto de Pedro Camacho y de su mundo narrativo, comenzamos a apreciar cómo sus oyentes se deben haber sentido al tratar de encontrar algún sentido en medio del caos de sus radionovelas. Camacho es finalmente hospitalizado y puesto en libertad sólo después de varios años de encierro. En el último capítulo de la narración de Varguitas descubrimos que Pedro Camacho, el hombre que una vez fue la gran celebridad de Radio Central, es ahora nada más que objeto de burlas de parte de sus compañeros de trabajo al ocuparse de tareas insignificantes en una revista sensacionalista que está a punto de quebrar.

La imagen final de Pedro Camacho provoca lástima y burla. *La tía Julia y el escribidor* es una novela de contrastes y paralelismos y uno de sus principales contrastes es aquél entre Mario Vargas Llosa, el escritor, y Pedro Camacho, el *escribidor*. A pesar de la sincera admiración que Varguitas siente por el arte de Camacho, el lector no comparte este sentimiento. Hay muy poca similitud entre el Pedro Camacho seco, obsesivo y metódico y el Varguitas divertido y despreocupado. Pero más importante que esto resulta ser el hecho de que no hay parecido alguno en su estilo en cuanto a calidad. Es cierto que el punto de partida para ambos autores es la experiencia personal y que ambos les han ofrecido a sus lectores narraciones que son básicamente melodramáticas. Pero el autor de los capítulos pares demuestra mucho más control sobre su mundo ficticio, la caracterización de sus habitantes y el uso de lenguaje y forma. Sabe cuándo permitir que su personaje hable y cuándo resumir, cuándo cambiar el foco de atención y cuándo mantenerlo fijo. La risa que experimentamos al leer la narración de Varguitas es risa que compartimos con el narrador y sus personajes, mientras que el humor poco frecuente de las radionovelas de Camacho es del tipo satírico emanado de un narrador semejante a Dios que actúa en contra de sus creaciones-títeres.

La tía Julia y el escribidor a primera vista parecer ser poco más que una historia de amor entretenida, liviana y cómica, llena del melodrama que estamos acostumbrados a encontrar en una radionovela pasada de moda. Sus dos planos narrativos parecen claramente delineados, uno es una aparente autobiografía, el otro una selección de melodramas compuestos por uno de los personajes principales. Pero la novela es mucho más que esto. Más allá de su aparente simplicidad, yace una penetrante exploración de la naturaleza de la ficción y la metamorfosis que ocurre cuando la realidad externa es absorbida por la imaginación creativa. La novela plantea no sólo la pregunta: *qué es la literatura,* sino también *qué significa escribir,* ya que es la historia de la formación de un escritor, de su relación con el mundo que describe y de su lucha continua con el lenguaje. Es realmente una mirada al espejo del escritor mientras él se observa escribiendo. Deja al lector en un corredor de espejos, un mundo de reflejos donde la distinción entre sujeto y objeto se encuentra necesariamente empañada. La publicación de *La tía Julia y el escribidor* confirma nuevamente que Mario Vargas Llosa es uno de los escritores latinoamericanos más prolíficos y sin lugar a dudas uno de los mejores.

[*Chasqui,* vol. 7, n.º 2, febrero de 1978 pp. 102-107. (Trad. por Katica OBILINOVIČ.)]

RAYMOND L. WILLIAMS

LA TÍA JULIA Y EL ESCRIBIDOR: ESCRITORES Y LECTORES

La publicación de *La tía Julia y el escribidor* (1977) de Mario Vargas Llosa marca un nuevo y notable cambio en su trayectoria como novelista. El ciclo inicial de *La ciudad y los perros* (1963), *La Casa Verde* (1965) y *Conversación en La Catedral* (1969) era una representación de la sociedad peruana a través de técnicas narrativas cada vez más complejas[1]. *Pantaleón y las visitadoras* (1974) supuso ya una primera ruptura importante, una simplificación de la estrategia narrativa y la introducción del humor; en *La tía Julia y el escribidor* el acto mismo de la creación es su tema consciente y premeditado. Como tal, ejemplifica bien la ficción auto-consciente que Robert Alter diferencia de las novelas que intentan dar una representación verosímil de situaciones morales en su contexto social, como ocurría en las tres primeras novelas de Vargas Llosa[2]. La crítica empezó refiriéndose a la conciencia del yo que escribe, tan evidente en la novela[3]. Sin embargo, varios de los problemas relativos a las relaciones intertextuales e intratextuales que se registran en *La tía Julia y el escribidor* invitan la exégesis más detallada del problema de escribir (y de los escritores postulados en la novela) y paralelamente el de leer (y, a la vez, el de los lectores implicados en ella). En el presente estudio se tratará de demostrar que las complejas relaciones entre lectores y escritores son característica esencial de la experiencia de la novela.

---

[1] José Miguel OVIEDO, *Mario Vargas Llosa: la invención de una realidad*, (Barcelona, Seix Barral Editores, 1970 pp. 223-238.

[2] Robert ALTER, *Partial Magic: the novel as a self-conscious genre* Berkeley, University of California Press, 1975.

[3] Véase José Miguel OVIEDO, «*la tía Julia y el escribidor*: a self-coded portrait», *Mario Vargas Llosa: A Collection of Critical Essays*, (comp. por Charles Rossman y Alan Warren Friedman, Austin, Texas, University of Texas Press, 1978, y Wolfgang A. LUCHTING, *Mario Vargas Llosa: desarticulador de realidades*, Bogotá, Plaza y Janés, 1977.

La obra presenta cuatro personas, todos escritores. El primero, Pedro Camacho, aparece en los capítulos narrados por un joven quien se identifica como «Marito» o «Varguitas». Camacho, descrito apropiadamente por Oviedo como un *scribbler* (plumífero) en el sentido en que Roland Barthes utiliza el término, es un escritor boliviano conocido en el Perú por sus radionovelas[4]. El segundo de los escritores es «Marito», el joven narrador de los capítulos impares; además de relatar sus aventuras amorosas, gran parte de esos capítulos tratan de los problemas del joven que aspira a ser escritor. El tercero, presente en la novela, puede ser identificado como el Pedro Camacho-narrador que aparece como implícitamente tal en los capítulos pares (los textos de las nueve radionovelas). Importa destacar aquí la diferencia fundamental entre un autor (en este caso el ente de carne y hueso Pedro Camacho) y un narrador (la entidad ficticia operante en toda narrativa). El cuarto escritor es Mario Vargas Llosa mismo, el autor de otras novelas y, hecho aquí muy pertinente, de numerosos textos críticos y teóricos. Aunque no se le identifica directamente en la novela, es reconocible por aparecer su nombre en la cubierta y por la intertextualidad de que se hablará más adelante. Estos cuatro escritores se relacionan y forman una figura de relaciones potenciales que pueden ser visualizadas así:

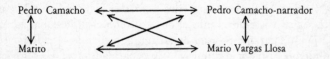

Cada uno de ellos se relaciona potencialmente con los otros tres; las relaciones que se sugieren por las flechas son la base de la interacción dinámica entre los escritores que actúan en la novela.

Partiendo de dos personajes que aparecen en los capítulos impares, observamos la relación que se establece entre Pedro Camacho y Marito. Dadas las limitaciones de la narración en primera persona (la de Marito), el lector sólo llega a saber de Pedro Camacho lo que Marito es capaz de observar y describir. La información del protagonista, como la del lector, se limita a encuentros en la estación de radio y a algunas visitas ulteriores. Al principio de la novela se plantea el problema de la escritura: «Estudiaba en San Marcos, Derecho, creo, resignado a ganarme más tarde la vida con una profesión liberal, aunque, en el fondo, me hubiera gustado más llegar a ser un escritor»[5]. El asunto de

---

[4] OVIEDO, *ibid.*, p. 172.
[5] Mario VARGAS LLOSA, *La tía Julia y el escribidor*, Barcelona, Seix Barral, 1977. página 11. Todas las citas son de esta edición.

escribir y cómo hacerlo se declara al presente a los dos «escritores» de manera muy especial. Además de la afirmación inicial del más joven sobre su vocación, un tío suyo lo describe como tal, pero despectivamente: «Él no piensa en faldas ni en jaranas. Es un intelectual. Ha publicado un cuento en el Dominical de *El Comercio*» (p. 17). Luego se averigua que Pedro Camacho había sido muy popular en Bolivia como autor de radionovelas. Es obvio el contraste entre el mediocre radionovelador (según se deduce en las descripciones de su actuación) y el modo como él se valora. Cuando coge la máquina de escribir de la oficina del joven, dice ostentosamente: «El arte es más importante que tu Servicio de Informaciones, trasgo» (p. 24) y se presenta como «Un amigo: Pedro Camacho, boliviano y artista» (p. 26). Esta auto-caracterización humorística coincidente con el deseo de Marito aspirante a escritor, suscita el paralelo temático inicial. Según va asentándose la relación entre los personajes, se entera el joven de la vida del mayor y de sus ideas sobre el arte de escribir que aquél tiende a concebir como un problema de *estilo* personal y artístico. En lo personal trata de eliminar cuanto considera adverso a la vida «de escritor»; ya desde los primeros capítulos desdeña actividades como el baile, los deportes y las citas con muchachas. Escribir siendo ante todo «estilo», sus primeros cuentos son imitación de escritores ya hechos como Borges, Twain, Shaw y otros. Le fascinan en Pedro Camacho la disciplina y la entrega absoluta a su vocación. Tanto el novato como el profesional aspiran al arte y mantienen una postura de artista, aun cuando el radionovelador es un mero escribidor compulsivo, sin capacidad para crecer intelectual y artísticamente. Sirve, eso sí, como objeto-lección para quien lo observa en sí. Por ejemplo, Marito ve la atracción que sus engendros ejercen sobre los oyentes limeños, deduciendo de este hecho la necesidad de acercarse a la literatura de algún éxito comercial, «prostituyendo» su pluma al escribir reseñas literarias para *El Comercio*. Además de lo relativo al «estilo», la relación entre Marito y Pedro Camacho hace ver a aquél que para ser un escritor profesional por fuerza habrá de enfrentarse con problemas de índole práctica: tendrá que atraer a los lectores, y resolver la contradicción entre una vida personal poco propicia a la producción literaria y la voluntad de entrega a la literatura. En resumen: la vertical que une los entes escritoriales expresa una relación problemática de la creación artística que sitúa al lector ante una interrogante clara: ¿cómo resolver el problema vital del artista/profesional?

La horizontal del paradigma representa la relación entre Marito y Mario Vargas Llosa y debe aclararse que se trata de personas distintas. El primero es un personaje ficticio que puede ser considerado *algo* semejante al Mario Vargas Llosa joven. El autor ha afirmado que su personaje es una variante considerable del supuesto modelo autobiográfico[6]. Se nota la observación retrospectiva desde la primera frase de la novela: «En ese tiempo remoto, yo era muy joven y vivía con mis abuelos en una quinta de paredes blancas de la calle Ocharán, en Miraflores» (p. 11). Así se establece una dicotomía entre el yo-narrador (*narrating-self*) y el yo-experimentador (*experiencing-self*)[7]. El yo-narrador es el escritor adulto, Mario Vargas Llosa, mientras el yo-experimentador el joven Marito. Funciones diversas que son la base de la tensión producida entre ellos. Los inútiles intentos de Marito por imitar a Borges y a Hemingway interesan por el contraste entre el hacer del yo-narrador y el desear del yo-experimentador, pues Mario Vargas Llosa se parece muy poco a esos escritores. Lógicamente, la distancia entre el yo-narrador y el yo-experimentador disminuye según adelanta la novela; cuando mediada, el personaje se siente socialmente alienado a consecuencia de sus relaciones con la tía Julia y la literatura. Este sentimiento recuerda el del autor al describir al escritor en la tradición romántica; al «outsider» de la sociedad. Lo que escribe Marito comienza a parecerse a los textos de su creador a fines de la novela. Abandonada la imitación de otros estilos, redacta un «cuento social», más cercano a la preocupación constante por la sociedad peruana según la manifiesta Vargas Llosa en sus obras. Aún más importante es el hecho de que Marito llegue a la conclusión de que «todo el mundo, sin excepción, podía ser tema de cuento» (p. 271), uno de los puntos cardinales de la teoría estética de Vargas Llosa. Un cuento anticlerical, «La Beata y el Padre Nicolás», lo escribe el personaje frustrado por la dificultades de contraer matrimonio religioso y resulta ser un acto de venganza. Así se nota otro paralelo con una idea fundamental de Vargas Llosa: el escritor escribe para vengarse del pasado, o para liberarse de los «demonios» culturales o sociales[8]. El último capítulo, o más bien epílogo, ofrece una síntesis del yo-narrador con el yo-experimentador y por consiguiente resuelve la interacción novelesca entre Marito y Mario Vargas Llosa. Entre el capítulo final y el precedente hay un hiato de ocho años durante el cual el escritor en potencia se ha convertido en una realidad, como dice el adulto: «me había hecho escritor». Las relaciones autor-personaje las vislumbra el lector fuera del texto, partiendo

---

[6] José Miguel OVIEDO, «Conversación con Mario Vargas Llosa sobre *La tía Julia y el escribidor*», *Mario Vargas Llosa: A Collection of Critical Essays, op. cit.*, p. 158.

[7] Franz STANZEL, *Narrative Situations in the Novel*, Bloomington, Indiana University Press, 1971.

[8] Véase la discusión de los «demonios» en *Gabriel García Márquez: la historia de un deicidio*, Caracas, Monte Ávila Editores, 1971, pp. 85-88.

de la información que posee de las novelas y los ensayos de Mario Vargas Llosa, y aún de su biografía[9].

Observar la diagonal que vincula a Pedro Camacho con Mario Vargas Llosa abre los ojos del lector a la parodia, el humor y la intriga. Para subrayar este hecho vale la pena una digresión breve sobre el Vargas Llosa teórico. Según Vargas Llosa, el escritor, *poète maudite* de la tradición romántica, es el disidente de la sociedad que practica el acto de escribir como exorcismo para liberarse de los «demonios» recibidos de esa misma sociedad. El papel del novelista respecto a ella convierte el acto de escribir en una «participación negativa» en la vida. Quizá por eso mantiene una postura humilde ante la creación, definiéndose como «peón del novelar». Este «peón» acierta por virtud de la disciplina y la práctica diligente, rechazando conceptos como «genio» o «inspiración». El escritor debe organizar su vida en torno a las exigencias de su trabajo y escribir novelas rígidamente organizadas en vez de obras más flexibles[10]. El autor explica una de las razones por qué le gusta *Madame Bovary*:

> La primera razón es, seguramente, esa propensión que me ha hecho preferir desde niño las obras construidas con un orden rigoroso y simétrico, con principio y fin, que se cierran sobre sí mismas y dan la impresión de la soberanía y lo acabado, sobre aquellas, abiertas, que deliberadamente sugieren lo indeterminado, lo vago, lo en proceso, lo a medio hacer[11].

Paralela a su insistencia en la disciplina y en la organización es su concepto del lector rigoroso. Al describir su encuentro inicial con *Madame Bovary* explica cómo la leyó obsesiva, ávidamente: «A medida que avanzaba la tarde, caía la noche, apuntaba el alba, era más efectivo el trasvasamiento mágico, la sustitución del mundo real por el ficticio»[12]. Vargas Llosa ha citado a Flaubert en un epígrafe de su última novela, apoyando la idea de la literatura como expresión de fanatismo creativo: «Le seul moyen de supporter l'existence c'est de s'étourdir dans la littérature comme dans une orgie perpétuelle».

Volviendo ahora a la relación entre Pedro Camacho y Mario Vargas Llosa, la línea que enlaza a los dos en la experiencia del lector es la base de la auto-parodia de Vargas Llosa, el escritor extratextual. Si por

---

[9] OVIEDO discute lo biográfico en «*La tía Julia y el escribidor:* a self-coded portrait», *op. cit.,* pp. 167-168.

[10] Se discute la importancia de la organización en la obra de Vargas Llosa en «The Narrative Art of Mario Vargas Llosa: Two Organizing principles in *Pantaleón y las visitadoras*», por Raymond L. WILLIAMS, *Texas Studies in Literature and Language,* XIX, 4 (Winter, 1977). pp. 469-480.

[11] Mario VARGAS LLOSA, *La orgía perpetua,* Barcelona, Seix Barral, 1975, p. 18.

[12] Vargas LLOSA, *ibid.,* p. 17.

una parte Camacho es el tonto, el plumífero ridiculizado a lo largo de la novela, el seudo-artista, entregado obsesivamente a su trabajo, a la vez es una especie de réplica, en cierto sentido, de su autor —Pedro Camacho se semeja de una manera sorprendente a Mario Vargas Llosa—. Los dos son fanáticos en lo que se refiere a la literatura. Vargas Llosa elogia la disciplina; Camacho la practica concienzudamente en sus radionovelas. Camacho le explica a Marito:

> Comienzo a escribir con la primera luz. Al mediodía mi cerebro es una antorcha. Luego va perdiendo fuego y a eso de la tardecita paro porque quedan brasas. Pero no importa, ya que en las tardes y en las noches es cuando más rinde el actor. Tengo mi sistema bien distribuido (p. 57).

Más tarde, la novela registra una cierta admiración por la obsesión literaria, característica común al autor y al personaje. Marito afirma: «Tres cosas me fascinaban en Pedro Camacho: lo que decía, la austeridad de su vida enteramente consagrada a una obsesión, y su capacidad de trabajo» (p. 156). La literatura como vocación devoradora que hace ver cualquier otra actividad como mera distracción: «La mujer y el arte son excluyentes, mi amigo» (p. 193). Y éste observa:

> Cada vez me resultaba más evidente que lo único que quería ser en la vida era escritor y cada vez, también, me convencía más que la única manera de serlo era entregándome a la literatura en cuerpo y alma. No quería de ningún modo ser un escritor a medias y a poquitos, sino uno de verdad, como ¿quién? Lo más cercano a ese escritor a tiempo completo, obsesionado y apasionado con su vocación, que conocía, era el radionovelista boliviano (p. 236).

A pesar de la caracterización del escribidor como un tonto, en el contexto son tan marcadas sus semejanzas con Mario Vargas Llosa que en un determinado nivel de lectura se establecen claros paralelos entre los dos. Las interacciones son una parodia de los escritos extra-textuales de Mario Vargas Llosa.

La línea horizontal entre Pedro Camacho-autor y Pedro Camacho-narrador sugiere otro tipo de relación. El uno aparece en los capítulos impares; el otro es el escribidor de las radionovelas. La diferencia entre ellos equivale a la de autor y narrador. Hasta cierto punto el humor en los capítulos de radionovelas es determinado por la interacción entre esos dos entes. El prejuicio inexplicable pero vociferador del Camacho-autor, por ejemplo, se vuelve humorístico en las secciones de radionovelas, dado lo que ya sabe el lector del hablante. El conocimiento del Camacho-autor puede agregar dimensiones adicionales a las radionovelas. Pese a las sugerencias del personal de la radio acerca de lo que los oyentes prefieren —protagonistas jóvenes—, Camacho porfiadamente insiste en presentarlos maduros, creando así situaciones humorísticas al describirlos repetidamente en «la flor de la edad, la cincuentena». La relación entre Camacho-autor y Camacho-narrador es uno de los elementos principales de la dinámica de la trama; se ve bien que el personaje se está volviendo loco, confundiendo personajes y mezclando personas de distintas radionovelas de manera alarmante[13]. El lector enjuicia la cordura de Camacho-autor a base de su observación de lo que lee en las radionovelas.

La vertical entre Camacho-narrador y Mario Vargas Llosa sugiere un quinto nivel de interacción entre escritores. Otra vez una dicotomía clara entre los dos tipos de capítulos invita a la comparación y en este caso concreto a comparar las técnicas narrativas en las radionovelas con las de Mario Vargas Llosa en otras escuelas. La tensión entre los dos tipos de escritura la aumenta el conocimiento de que todas son obra de un autor y que el personaje Camacho es pura invención suya. El estilo exageradamente pulido de Camacho-narrador en las radionovelas, notable por el exceso de adjetivización, contrasta con el de los capítulos que versan sobre Marito, y con el lenguaje preciso y poco ornado de Vargas Llosa mismo. Ese exceso lingüístico es particularmente notable en la primera frase de la primera radionovela porque sigue el primer capítulo de Marito:

Era una de esas soleadas mañanas de la primavera limeña, en que los geranios amanecen más arrebatados, las rosas más fragantes y las buganvilias más crespas, cuando un famoso galeno de la ciudad, el doctor Alberto de Quinteros —frente ancha, nariz aguileña, mirada penetrante, rectitud y bondad en el espíritu— abrió los ojos y se despertó en su espaciosa residencia de San Isidro (p. 29).

No solamente se emplea una retórica de frases hechas, sino que el narrador crea sus propios clisés por medio de la repetición. En la segunda radionovela describe al sargento Lituma con su «frente ancha, mirada penetrante, rectitud y bondad en el espíritu» (p. 127). En las radionovelas que siguen se describe a los personajes con la misma fórmula: Don Federico Téllez Unzátegui (capítulo VIII, p. 167); La Doctora Acémila (capítulo X, p. 216); don Sebastián Bergua (capítulo XII, p. 254); Padre Seferino Huanca Leyva (capítulo XIV, p. 308); Joaquín Hinostroza Bellmont (capítulo XVI, p. 350); Crisanto Maravillas (capítulo XVIII, p. 397).

En cuanto al punto de vista en la ficción Vargas Llosa es fiel a la objetividad que propuso Flaubert[14]. Y pone en práctica esta teoría: en sus novelas el narrador siempre se mantiene en posición de omnis-

---

[13] Oviedo, «*La tía Julia y el escribidor*: a self-coded portrait», *op. cit.*, pp. 176-177.
[14] VARGAS LLOSA, *La orgía perpetua, op. cit.*, p. 11.

ciencia neutral, adversa a la omnisciencia editorial en que el narrador se atribuye el derecho a intercalar opiniones personales[15]. Por consiguiente, cuando el narrador de las radionovelas explica que los años cincuenta son «la flor de la edad», por ejemplo, tal comentario editorial contrasta marcadamente con la teoría extra-textual y la práctica de Vargas Llosa en sus novelas anteriores. El narrador de las radionovelas suele «contar» en vez de «mostrar», en contraste con el modo normal de representación de su creador. Este narrador tiende a explicar a los personajes en el momento de presentarlos. Un juego que parodia el estilo de Vargas se descubre en el empleo del diálogo. La publicación de *Conversación en La Catedral,* novela en que el manejo de este diálogo incluye la intercalación de hasta dieciocho diálogos, es donde Vargas Llosa alcanzó su reconocida maestría técnica[16]. Y por eso es especialmente humorístico observar que se trata precisamente de diálogos que el narrador de las radionovelas se muestra incapaz de manejar técnicamente. Estos problemas técnicos surgen cuando Pedro Camacho intenta escribir un monólogo interior:

Sólo oía, a lo lejos, el mar y alguno que otro carro. «Qué ladrón ni qué ocho cuartos, Lituma, pensó. Estás soñando. Era un gato, una rata.»
Se le había quitado el frío, sentía calor y cansancio (p. 82).

Por segunda vez en esta página el narrador no logra separar las comillas de la palabra «pensó», aunque es obvio que ésta no es parte del monólogo. Problemas mecánicos así contrastan humorísticamente con la maestría técnica de Vargas Llosa.

La sexta y última relación, indicada por la línea que enlaza a Marito con Pedro Camacho-narrador, es la menos importante. Marito tuvo contacto directo con Camacho pero, a diferencia del lector, no tiene acceso a las nueve radionovelas intercaladas en el texto; su conciencia del Camacho-narrador la recibe, como ya se ha notado, al constatar la influencia enorme que éste ejerce sobre sus oyentes. Y eso afectará su escritura y sus actitudes profesionales.

Como sugieren estas seis líneas del diagrama, *La tía Julia y el escritor,* por un lado, es una novela que trata de la relación que se da en múltiples niveles entre los escritores postulados en la novela. Marito aprende algo del arte de escribir; uno de los temas de la obra es este arte, y la serie de interrelaciones entre escritores sitúa al lector frente a una experiencia prolongada sobre el acto de escribir propia-

---

[15] Norman FRIEDMAN, «Point of view in fiction: the development of a critical approach», *PMLA,* LXX (diciembre 1955), pp. 1160-1184.
[16] José Miguel OVIEDO, *Mario Vargas Llosa: la invención de una realidad, op. cit.,* página 226.

mente dicho. En tal experiencia el lector, al actualizar el texto, asiste al proceso creador, incorporando a él escritos extra-textuales, llega a verse como evidente que la novela propone un corolario al problema de la escritura: la lectura. Se invita al lector a resolver los problemas técnicos de ésta, y concomitantemente el lector encuentra el acto de leer como tema en sí.

La carrera de Marito como escritor trata directamente de los problemas de su complementario: el lector. Marito encuentra que su primer obstáculo para alcanzar el éxito literario no depende tanto del mérito de lo escrito como de la reacción del lector. Emplea a Julia, por ejemplo, como lector y descubre por primera vez la discrepancia entre la percepción autorial de su creación literaria y la del receptor del texto. Al leerle «La humillación de la cruz» advierte que lo criticado por ella son precisamente los elementos imaginativos. La anécdota es importante por dos razones: primero, por ser ejemplo de la proposición de Walter Ong de que la lectura es un aprendizaje de convenciones, un conocimiento de cosas que ella todavía carece[17]; segundo, por ser una lección temprana en la toma de conciencia de que en el acto comunicativo de la ficción existe una nueva entidad: el lector. Siguiendo a Wayne Booth, podríamos decir que el escritor no ha logrado que el receptor acepte el papel de lector ficticio («*mock reader*») que su cuento postula[18]. Por eso madurar no consistirá sólo en aprender a escribir cuentos, sino en saber inventar un lector.

El papel del escribidor en la novela evoca también la problemática del lector. La primera descripción de Camacho por el dueño de la estación de radio no sólo recalca el hecho de que es un escritor activo, sino también, y esto es más importante, que tiene lectores (o en el caso de las radionovelas, oyentes): «Pero más que su fecundidad y versatilidad, le había impresionado su popularidad» (p. 17). Dada la naturaleza comercial de sus obras, se puede afirmar que al comparar el texto inventado y el lector ficticio se da prioridad a éste. Tal es la opinión del gerente: la reacción negativa del director ante los protagonistas maduros no es un problema estético, sino una valoración pragmática de lo que supone que el oyente desea. El humor involuntario del personaje suele ser una violación de este principio (la prioridad del lector ficticio sobre «el contenido» del texto), pues mantiene porfiadamente principios rígidos acerca de su «arte» y de lo que escribe a pesar de esa prioridad. Los dos personajes principales se

---

[17] Walter ONG, «The Writer's Audience is Always a Fiction», *PMLA*, 90, 1, (enero 1975), pp. 9-21.
[18] Wayne BOOTH, *The Rhetoric of Fiction*, Chicago, University of Chicago Press, 1971, p. 138.

yuxtaponen y distancian, a la vez en cuanto uno es el inteligente, bien leído y potencialmente capaz de invención —pero que inventa sólo textos y no lectores—, mientras el otro es el plumífero de textos mediocres, pero hábil en el manejo y creación del lector.

Quien realiza la lectura se enfrenta inexcusablemente a los problemas propios del acto de leer. En el caso presente encuentra dos tipos de capítulos diferentes, y debe preguntarse cuál es la función de radionovelas sencillas que se incluyen en una novela contemporánea, especialmente si tales engendros componen una mitad de la obra. Se podría plantear el problema de la siguiente manera: ¿Cómo puede el lector de la narrativa contemporánea (un lector sofisticado, suponemos) tratar con una novela que es en su mitad puras radionovelas mediocres? Cierto que sirven como ejemplo de la actividad de uno de los personajes principales, pero como ejemplo con un capítulo hubiera bastado. El lector se enfrenta a toda una serie de radionovelas como parte de la experiencia novelesca total.

El análisis de este problema podría comenzar caracterizando al lector ficticio («*mock reader*») creado en las radionovelas. Este lector ficticio de los capítulos de radionovelas no cultiva el auto-respeto del lector de Mario Vargas Llosa en las novelas anteriores o, para compararse con otro escritor, ni tampoco tiene el auto-respeto del lector ficticio de Hemingway[19]. Mientras el uso sutil de la técnica narrativa en las novelas anteriores de Vargas Llosa (y de Hemingway) puede funcionar como una forma de halago al lector, fomentando la idea de su importancia, aquí, en cambio, se le degrada suponiéndose que necesita explicaciones hasta de lo más sencillo, lo que desde luego le sitúa en posición de inferioridad respecto al narrador. Este lector ficticio se interesa en la cruda violencia y en el sexo. El modo de presentarlos suele ser melodramático. Este lector ficticio aprecia el humor con tal que sea fácil, como, por ejemplo, cuando el secretario de un juzgado queda tan fascinado ante una muchacha adolescente y promiscua.

El «lector-de-radionovelas» es visto despectivamente por el de los capítulos autobiográficos (el «lector-vargasllosiano»). Este lector encuentra vitalidad en su experiencia como tal *al observar al lector ficticio de las radionovelas*. Distanciado de la violencia, el melodrama y el humor sencillo, el «lector-vargasllosiano» es entretenido por el lector ficticio de las radionovelas. La creación de esa entidad ficticia, que añade a la lectura un nivel que supera la lectura literal de los melodramas, es uno de los aciertos de *La tía Julia y el escribidor*. La in-

---

[19] ONG, *ibid.*, pp. 12-15.

vención de este lector marca la culminación en la narrativa de Vargas Llosa en la que el autor exorciza dentro del texto uno de los «demonios» que ha discutido extra-textualmente: el típico lector peruano y los lectores del Perú [20].

Mario Vargas Llosa ha analizado el «contenido» de la ficción, y el problema de la llamada ficción «seria» en relación con la ficción «popular». Se ha preocupado también por la idea de escribir una literatura auténtica y al mismo tiempo popular. En esta novela resuelve la contradicción teórica entre literatura seria y literatura popular discurriendo a un tipo de lector para la una y otro para la otra. Lo dicho por él en *La orgía perpetua* es iluminador a este respecto: reduce al mínimo la diferencia entre lo serio y lo popular, afirmando que *Madame Bovary* es una «novela de aventuras»: «en *Madame Bovary* ocurren tantas cosas como en una novela de aventuras —matrimonios, adulterios, bailes, viajes, paseos, estafas, enfermedades, espectáculos, un suicidio...» [21]. Encuentra atractivas las obras que contienen elementos como las radionovelas en *La tía Julia*: «Una novela ha sido más seductora para mí en la medida en que en ella aparecían, combinados con pericia en una historia compacta, la rebeldía, la violencia, el melodrama y el sexo» [22]. También habla de factores como la violencia y el melodrama, elogiando su presencia en la ficción. Refiriéndose concretamente a la violencia, precisa: «Aquellas obras exentas de alguna dosis de violencia me resultaban irreales (he preferido siempre que las novelas finjan lo real así como otros fingen lo irreal) y la irrealidad suele aburrirme mortalmente» [23]. Por eso, el melodrama le parece ideal: «cuando una novela es capaz de usar materiales melodramáticos dentro de un contexto más rico y con talento artístico, como en *Madame Bovary*, mi felicidad no tiene límites» [24]. Mientras el lector de *La tía Julia* se distancia para observar al lector ficticio de los capítulos de radionovelas, Vargas Llosa parece sugerir que es capaz de asumir el papel de ese mismo lector. Y aclara que no se refiere al *kitsch* o *camp*, un modo de ironía que exige un lector más bien distanciado [25].

Ateniendo un poco más a los elementos un tanto crudos y elementales de esta novela, vale la pena recordar la fascinación bien cono-

[20] Mario VARGAS LLOSA, «Sebastián Salazar Bondy y la vocación del escritor en el Perú», *Antología mínima de Mario Vargas Llosa*, Buenos Aires, Tiempo Contemporáneo, 1969.

[21] *La orgía perpetua.*

[22] *Ibid.*, p. 20.

[23] *Ibid.*, p. 23.

[24] *Ibid.*, p. 26.

[25] *Ibid.*, p. 27.

cida que ejercen sobre Vargas Llosa las novelas de caballería. Describe su introducción a ellas, y su posterior interés, de la siguiente manera:

Fue en el primer año de universidad. Me acuerdo de una clase en el curso de literatura española. El catedrático que teníamos dedicaba unas cuantas frases a las novelas de caballería nada más, y las liquidaba rápidamente diciendo que se trataba de una literatura mala y grosera, vulgar, disparatada. Entonces, por espíritu de contradicción y por curiosidad, comencé a leer las novelas de caballería que había en la biblioteca nacional. Y tuve la suerte de que el primer libro de caballería que me tocó leer fuera el mejor de todos: un libro de un valenciano que escribía en catalán en el siglo XV y que se llama Juan Martorell. Escribió un solo libro durante toda su vida que se llama *Tirante el Blanco*. Es una novela maravillosa; una gran catedral. Muy larga, muy vasta, con una serie de ramificaciones en el tiempo y el espacio. A diferencia de las otras novelas de caballería, tiene una construcción más o menos rigurosa dentro de su vastedad. Y no es una novela de superficie como lo es, por ejemplo, el *Amadís de Gaula* o el *Lancelot du Lac*, incluso las novelas de Chrétien de Troyes, que a mí me gustan mucho. Pero son muy esquemáticas, como la pintura románica, que es pura exterioridad. En *Tirante el Blanco* hay un creador omnisciente ya. Y yo creo que la gran novela ha tendido a ser eso: grandes representaciones de su tiempo. El *Tirante el Blanco* da la dimensión puramente mítica de la época: los grifos, Merlín, el hada Morgana, los caballeros de la Mesa Redonda, los fantasmas del Medievo. Está dada también la realidad histórica: toda la expedición a Grecia que se narra en esa novela corresponde a un hecho real, la expedición de catalanes y aragoneses a Grecia dirigida por Roger de la Flor. Y además el detalle de las batallas, de las vestimentas, de las armas utilizadas, de los procedimientos que se seguían para los duelos, es siempre muy realista. Los personajes tienen profundidad. Además la narración es muy hábil. Hay una serie de manifestaciones psicológicas muy curiosas que están mostradas en el libro[26].

Una rápida mirada a *Tirante el Blanco* revela la coincidencia del texto con las preferencias artísticas de Vargas Llosa y —cosa más sorprendente— con las radionovelas en cuanto a la violencia que expresan. En el primer capítulo de la novela de Martorell, el rey corta los brazos a su enemigo y minutos después la cabeza; en venganza, los moros descabezan a los embajadores ingleses, meten las cabezas en un saco, y las envían a los ingleses; Tirante coloca su estilete en el ojo de una de sus víctimas y lo golpea para que salga al otro lado de su cabeza. Tales episodios repulsivos, descritos en detalle en la novela que Vargas Llosa admira tanto, apoyan su afirmación de que la presencia de tales elementos en su propia novela forman una parte vital de la experiencia narrada. Al mismo tiempo estos elementos nos hacen preguntar si el lector vargasllosiano está estrictamente distanciado del lector ficticio de las radionovelas.

---

[26] Luis HARSS y Bárbara DOHMAN, *Los nuestros*, Buenos Aires, Editorial Sudamericana, 1966, pp. 443-445.

El lector anómalo de *La tía Julia y el escribidor* indica que la esencia de la creación artística de Vargas Llosa en esta novela es una síntesis de varias tendencias normalmente diversificadas en distintos tipos de ficción. Se pueden identificar tres de esas tendencias: primero, la representación mimética de la realidad social, lo que Vargas Llosa llama «la realidad real», semejante a la representación de contextos sociales específicos en *La ciudad y los perros*, *La Casa Verde* y *Conversación en La Catedral*. (En *La tía Julia y el escribidor* el referente es el Perú de los años cincuenta.) Una segunda tendencia, normalmente ausente en obras miméticas, es la auto-conciencia en cuanto al acto de escribir, tal como aquí se lo ha comentado. La tercera tendencia se manifiesta en las radionovelas, tan marcadamente distintas de los otros capítulos, como ya se ha visto también. Además de compartir con Martorell el aprecio por el detalle crudo y el melodrama, se ha apuntado que Vargas Llosa, como García Márquez, ha vuelto a la tradición del *romance* como inspiración de la imaginación literaria[27]. Tradición altamente imaginativa que también a menudo se contrapone con la puramente mimética (como la de los capítulos impares en la novela aquí examinada). Vargas Llosa ha logrado sintetizar con éxito tradiciones novelísticas distintas, dos de las cuales (la ficción auto-consciente y el *romance*) normalmente no se encuentran en una obra con la tercera.

Volviendo al problema de los lectores postulados en el texto, es evidente que *La tía Julia y el escribidor* suscita una serie compleja de reacciones en el lector. La primera lectura parece exigir dos tipos de receptores distintos en los dos primeros capítulos. Quien termina la novela y conoce los ensayos críticos del autor (ese «lector-vargas-llosiano») se da cuenta de que leyendo llegó a ser ambos lectores: el lector «sofisticado» de la narración sobre la escritura y el lector «vulgar» de radionovelas arraigadas en la tradición del *romance*.

Esta inversión de papeles al final de la novela es fundamental para la actualización del lector del texto y para captar el sentido final.

Lo esencial de la experiencia de *La tía Julia y el escribidor* es producto de la serie de interacciones entre escritores y lectores postulados. La novela funciona en los niveles de significado determinados por esas relaciones. En un nivel comunica un sentido de la vida dentro de los moldes de una radionovela. En otro Vargas Llosa ofrece una idea semejante sobre la escritura, y el último descubrimiento del lector consiste en ver que la diferencia *aparentemente* clara entre lo que escribe Camacho y lo de Vargas Llosa no es una dicotomía tan clara-

---

[27] Alexander COLEMAN, «The Transfiguration of the Chivalric Novel», *World Literature Today*, 52, 2 (invierno 1978), pp. 24-30.

mente definida. En un tercer nivel de significado se plantean preguntas que muestran que nuestras expectativas como lectores no siempre se cumplen tal como las habíamos esperado. El lector ficticio de las radionovelas y el otro lector más bien sofisticado comparten ciertas características. Esta conclusión acerca del lector es del todo apropiada en esta novela porque el manejo del lector es la muestra final de que el novicio Marito sí se ha convertido en Mario Vargas Llosa, el escritor profesional: Vargas Llosa ya puede controlar y dominar a su lector con la maestría del profesional que tanto admiró, Camacho. De ese modo hay una correspondencia entre tema y técnica en la novela. La estructura básica de la obra —la alternancia de dos tipos de capítulos— es una técnica narrativa que funciona en cada uno de los tres niveles de significado, es decir, el melodrama, la escritura y la lectura. El manejo consciente de la técnica narrativa y la indagación autoconsciente de la escritura como tema, son sintetizados diestramente en este último rumbo en el arte de novelar de Vargas Llosa.

VARGAS LLOSA Y SU *GUERRA DEL FIN DEL MUNDO*

Vargas Llosa acaba de darnos su última novela, una creación después de cuatro años de silencio y trabajo, de invención de un mundo bullicioso y apasionado de personajes que viven y mueren y que, sobre todo, son héroes de trabajosas aventuras en un largo período entre la vida y la muerte en el que quizá no se sabe —no saben— hacia cuál de estos dos porvenires se encaminan [1].

En el conjunto de la obra de Vargas Llosa se advierte, dentro de la unidad de autor y un fondo de ideas comunes, una serie de diferencias que afectan a la forma y a la gravedad de la narración. Algunos críticos consideran a las dos últimas inferiores, sin duda por medirlas con un rasero inadecuado. La de ahora, como la pieza clave de un arco, viene a colocar las otras en su sitio y hacer resaltar su funcionalidad dentro de su secundaria posición.

NOVELAR, SOBRE TODO

Lo que no hay duda es que cada uno de sus anteriores títulos es una novela, aunque no todas puedan aspirar a la calificación de novela total con que ésta se presenta. Más o menos cercanas al mundo de la realidad ofrecen todas esa visión novelística de los hombres y las cosas en relación entre sí o con la tierra que pisan. La novela está en el novelista antes de escribirse, en la mirada hacia atrás que lanza a su infancia y su adolescencia *(La ciudad y los perros);* la reconstrucción de ambientes distintos anudados precisamente por el lazo de la experiencia formal *(La Casa Verde);* la visión coetánea de la ciudad y el país a que se perte-

---

[1] Mario VARGAS LLOSA: *La guerra del fin del mundo*, Barcelona, Plaza-Janés Literaria, 1981.

nece *(Conversación en La Catedral);* la farsa de las más serias instituciones *(Pantaleón y las visitadoras),* o la superficción de los seriales radiofónicos trayendo su vida fantástica a los mismos planos que las propias vivencias personales *(La tía Julia y el escribidor).*

Cada novela le ha exigido un tratamiento y un estilo. Ahora le encontramos más sencillo, más tradicional, como injertándose en la corriente que venimos advirtiendo y que hemos señalado en García Márquez y en José Donoso, por ejemplo. Cambio o aparente concesión debidos al tratamiento impuesto por el tema o elegido por el autor como vehículo en gran parte de esta «guerra del fin del mundo»: la aventura.

El tema

La elección de tema es fundamental en esta novela. A diferencia de las anteriores no ha partido de vivencias personales ni de pura elaboración imaginativa. Ha surgido de unos hechos con existencia real que ya tuvieron su expresión escrita y aun literaria. Fueron recogidos no sólo en informes militares y crónicas periodísticas, sino también en obras en que la categoría del hecho histórico va transformada en lo que Quiroga llamaba materia literaria. Una de ellas nada menos que el clásico brasileño *Os sertões,* de Euclides da Cunha y otra la más reciente novela de Nélida Piñón.

Ambos precedentes los reconoce Vargas Llosa de un modo expreso en su dedicatoria: «A Euclides da Cunha en el otro mundo, y, en este mundo, a Nélida Piñón.»

El hecho no parece de nuestros tiempos. Es un sorprendente caso de mesianismo, de alucinación colectiva, de actuación irracional hasta la muerte. No por infrecuentes dejan de producirse estos fenómenos en que parece que una colectividad actúa como movida por distintos resortes que el resto del mundo, con un enfrentamiento con su entorno que los llena de un sentido irreal. A los españoles de hoy no nos parece tan extraño cuando tenemos presentes las muchedumbres y los heterodoxos hechos religiosos del andaluz Palmar de Troya.

La historia puede resumirse en pocas líneas. En un momento de transición política propicio a confusiones e imaginaciones, unas gentes del Noroeste del Brasil se declaran frente al Estado, movidas por un mesianismo religioso, interpretando a su modo los Evangelios y las palabras de Cristo. El fanático movimiento que asusta a las autoridades de la República sólo es dominado tras un duro sitio y una lucha sin cuartel a la que sigue un cruento y total exterminio. Y todo ello en una región apenas nacida a la colonización, con su vegetación lujuriosa o sus resecos pedregales, con enormes latifundios poseídos por muy pocos, todavía recorridos por feroces *cangaceiros,* donde el negro y el indio viven junto a una población pobre y castigada.

Vargas Llosa, subyugado por lo que contó Euclides da Cunha en *Os sertoes,* descubre lo que de novela tiene aquel trozo de tierra americana, recubierto por la objetiva sobriedad que la historia quiere imponerse. Decide rebuscar en lo real pasado lo que encierra de real imaginario, lo que el novelista puede inventar sin traiciones. Con esta intención se documenta, enriquece su saber de los hechos, visita lugares, proyectando la invención de lo que pudo ser sobre lo que fue.

HISTORIA MÁS FICCIÓN

Nada más opuesto a la tarea del novelista que hemos dado en llamar histórico que la óptica y la interpretación que Vargas Llosa hace del Estado a su modo ácrata y teológico de Canudos. Aquel novelista histórico que el romanticismo engendró y que se dio también en los días del realismo, trataba de esconder su función internándose en los caminos de la reconstrucción veraz, el folklore del pasado y hasta la arqueología, dando a veces más importancia a la escenografía y el rigor histórico que a los profundos motivos productores de los acontecimientos. Atacaban su tema llevándolo fuera de la novela. Se hablaba de historia novelada con unos propósitos de veracidad dignos totalmente de la historia.

Nuestro novelista, lo venimos diciendo, ha adoptado la actitud contraria: quiere recoger y expresar lo que de novela hubo en los hechos. Más aún, quiere incorporar su propia creación novelesca a lo que de fantástico o increíble suministran los recursos conservados. Su éxito estará no en la perfecta reproducción del pasado, sino en que aquel pasado entre sin discordancias en una invención cargada de hechos increíbles.

En un momento de la novela se lee: «La vida había dejado de ser lógica», y en otro lugar: «Si hubiera lógica en esta historia.» Diríamos también lo irracional. Los hechos que la crónica conserva no alcanzan a explicar cómo se encendió la fe de las gentes en torno al carismático Consejero, capaz de hacer llegar al fanatismo a gentes tan diversas como los desheredados, los esclavos cimarrones, los feroces jefes de bandidos cargados de todos los crímenes y todas las violencias. A Vargas Llosa le ha preocupado cómo podrían ser aquellos hombres, qué distintos tipos podrían haberse producido y cuál habría podido ser su actuación en el momento de la lucha y del holocausto.

Porque, con esta otra frase sacada de la novela, ésta está constituida por «un árbol de historias». Añadiríamos más, un viejo tronco recubierto de enredaderas, lianas parásitas y maravillosas orquídeas. Uno de esos árboles que rodean a la población de Canudos y a los que los exaltados yagunzos no dirigen la mirada si no es para guarecerse tras ellos y disparar sus fusiles o sus rudimentarias ballestas.

La aventura de Canudos se narra con escenas colectivas como las que figuraron en las grandes epopeyas. Una epopeya de la sinrazón, de la imposibilidad de triunfo, de la busca del camino del cielo por la fe, la resistencia a todas las adversidades y el fanatismo de una guerra santa en la que el caído no pierde aunque su pueblo pierda. Es tan grande y tan complicada que es posible extraer de ella las historias individuales, tan diferentes, que la dan vida. Vargas Llosa ha operado como esos grandes constructores de folletines que establecían previamente una lista de arquetipos cuyas vidas seguir, recortándolos a veces en figurillas de papel para tenerlos presentes, alguna de las cuales caía arrugada al cesto cuando sus días en la vida —es decir, en la novela— llegaban a su fin. En este caso acabaría llenándose el cesto ante la crudeza de la guerra y el inevitable fin de los yagunzos.

Imposible resaltar aquí todas estas figuras: el Consejero, la ascética personalidad que con sus rezos y profecía va a arrastrar a todos a ese fin del mundo que predicaba; el Beatito, superviviente de la miseria y las enfermedades, bienhechor de otros miserables que se une a las huestes del Consejero cuando éste le impone un cilicio que no se quitará en toda su vida; los aterradores bandidos Pajeú, Pedrao y Joao Satán, ganados por la predicación a la contricción y a la lucha contra el Anticristo; el monstruoso León de Natuba, último entre los últimos de este mundo, que se arranca la vida cuando ya el Consejero y Canudos han desaparecido llevándose con ellos su mundo.

LA GUERRA DEL FIN DEL MUNDO

Hay otras acciones novelescas que se intrincan en el argumento general dirigidas por «las extrañas geografías del azar» y que se entrelazan contribuyendo a la general unidad de acción.

Son dos principalmente: Galileo Gall y un periodista bahiano, miope y alérgico testigo de la defensa y masacre final en que concluye aquella especie de *jacquerie* tropical y fanática.

Galileo Gall, representante de ese espíritu revolucionario europeo que alentó el ideario de Proudhon, vive una vez más el encuentro entre la fe idealista y sus realizaciones humanas. Su acción se perderá en el Sertón brasileño. Es un personaje que se carga de simpatía. No sé, aunque lo creo, si es creación total del novelista. Viene a representar algo así como la inserción de los episodios ilógicos brasileños dentro de la circunstancia general europea y aun universal de su época. El viejo revolucionario de Europa, el *communard* parisiense, el enemigo de los viejos sistemas burgueses creerá encontrar en el irracional levantamiento una versión primaria de la puesta en pie de los pobres de la tierra. Chocará con algo que poco tiene que ver con ello. Morirá en una aventura absurda o, como hemos dicho antes, ilógica.

Por él entramos en la relación que da cohesión al relato, entre la increíble acción de los yagunzos y lo que es pormenor de una realidad política en un momento dado. Desapareció a mitad de la novela cuando aún el ejército no ha dominado al absurdo pueblo de Dios, ocupará su papel de conductor central el periodista casi ciego, en su mundo borroso y todavía más alucinante que la tragedia colectiva que tiene lugar a su alrededor. Puente entre ambos, una mujer representa la continuidad entre la aventura que liga a estos dos hombres, pequeñas piezas en la gran acción que junta o separa sus vidas. Una mujer a quien los acontecimientos van a sacar de su vida tranquila haciéndola pasar a compañera fugaz de Galileo y luego, ya en el Canudos trágico, del periodista miope. La vida de estos tres personajes se anuda como si para ello hubiera sido necesario el alzamiento fanático y su implacable destrucción. Un azar sacude y destruye las vidas de cuantos tienen algo que ver con la historia de Canudos. Ninguno de los supervivientes de la atroz gesta serán los mismos de antes aunque recuperen sus haciendas destruidas o conserven sus vidas. Para muchos fue, en efecto, la guerra del fin del mundo. Del fin del mundo anterior a las predicciones de un visionario en las salvajes tierras del interior brasileño. El orden, las leyes y el equilibrio político quedaron restablecidos más para un grupo de diversos seres —hombres o mujeres— ya nunca volvió a ser la vida lo que había sido.

Y todo ello dentro del único marco que parece justificarlo: la enorme tierra del Brasil donde los hombres se empequeñecen y cuyas circunstancias históricas, sociales y hasta geográficas permitieron la aparición de hechos de aquellas características.

ESTRUCTURA

El predominio de la narración directa y lineal no significa una sumisión completa al modo de novelar que vino a tambalear la estructura de la llamada «nueva novela». Como en el folletinismo —también los folletinistas aspiraban a una visión total de un ambiente, unos personajes y hasta unas ideas— la estructura del relato va siguiendo a uno u otro de los personajes, con sus inevitables saltos atrás y su retomar de una acción que ha quedado prendida en un episodio anterior. Pero también se trunca toda la línea argumental dándose a conocer en los primeros capítulos hechos que sólo tendrán lugar muchas más páginas adelante. El novelista es capaz de concebir todo un mundo y estar contemplando todas sus partes, mas no tiene en su mano el procedimiento para dárnoslo a conocer en esa peresente ubicuidad. Tratar de concebirlo es una de las metas de esta *Guerra del fin del mundo*.

III

APÉNDICE

VARGAS LLOSA HABLA DE SU NUEVA NOVELA
(entrevista)

JMO: No sé si has conversado, en extenso, con otras personas sobre la novela que ahora estás escribiendo. Entiendo que Jorge Edwards ha escrito algo sobre ella en algún periódico de Lima. Pero vamos a comenzar desde el principio, como si no hubieses adelantado nada a otras personas. Te diré entonces qué sé yo de tu novela. Lo único que sé es que, aparentemente, se trata de una versión más o menos libre de un capítulo de *Os Sertões* de Euclides da Cunha, el capítulo de la rebelión de Canudos. ¿Es así?

MVLl: No exactamente. Por supuesto, *Os Sertões* es una de las razones por las cuales estoy escribiendo esta novela, pero no es el desarrollo de un episodio del libro. Quizá sea mejor que te cuente las cosas desde su origen. Eso tal vez pueda darnos un hilo conductor para la charla. La novela comenzó a raíz de un guión de cine. Hace ya algunos años, no recuerdo si cinco o seis, recibí en Barcelona una llamada telefónica desde París. Era Christian Ferry, por entonces el jefe de la Paramount en Francia. Me contó que estaba en París un cineasta brasileño, Rui Guerra, quien andaba buscando un guionista para una película que esa compañía iba a producir y que, como Rui había leído mis libros y le gustaban, pensaba que podía trabajar con él en este proyecto como co-guionista. Me pidió que, si la idea me interesaba, tomara un avión y me fuera a París al día siguiente. Bueno, fui a París, vi allí dos películas de Rui, que no conocía: *Os Fuzis,* que me gustó mucho, y *Sweet Hunters,* filmada en Bretaña, que me encantó. Además, Rui me cayó muy bien, hicimos buena relación desde un principio y entonces acepté la propuesta. Rui Guerra quería hacer una película con una historia que estuviese situada en la rebelión de Canudos, sobre la que yo no sabía una palabra. Él me proporcionó algunas informaciones sobre el asunto, y me ofreció darme, en el lapso de los seis meses que iba a durar el trabajo, toda la bibliografía sobre Canudos que pudiese reunir. A los pocos días empezaron a llegarme los libros, y el primero que leí me deslumbró: *Os Sertões* de Euclides da Cunha. Es una maravilla desde el punto de vista literario, como construcción épica, y particularmente me fascinó el mundo de Canudos, el mundo del Consejero, y la extraordinaria coincidencia de fuerzas de tipo tan distinto que configuraron este suceso histórico. A los pocos meses llegó Rui a Barcelona y empezamos a trabajar juntos la historia. Esto me tomó cuatro o cinco meses y tras muchas conversaciones —que a veces fueron discusiones muy ardorosas— y de intensa labor, de la mañana a la noche, terminamos un guión que se llamó primero *La guerra particular* y luego *Los papeles del infierno,* que la Paramount debía filmar...

JMO: Y que nunca filmó...

MVLl: Y que nunca llegó a filmar. Al terminar la historia, yo me sentí algo frustrado porque había quedado totalmente impresionado con todo este material, por el episodio que servía de marco a la historia misma y que en nuestra versión no llegábamos a tocar, pues por razones prácticas era imposible filmar toda la rebelión que tuvo una magnitud enorme, como que fue una guerra civil que duró más de un año. Sentíamos que nos habíamos quedado en la periferia de la rebelión, en parte porque un guión siempre tiene unas limitaciones de tiempo y de espacio que nos obligaron a recortar mucho el argumento que teníamos. Hubo un intento de filmación que me obligó a ir a la República Dominicana a revisar el guión y a renovarlo ligeramente. Pero no pasó de allí. Es a partir de ese esqueleto de historia que comencé a escribir la novela. Desde esa época tuve, si no la idea, la tentación de hacerlo: adivinaba que allí había la posibilidad de un desarrollo novelesco.

JMO: Quiere decir que ésta es la primera vez que tú trabajas una novela sobre una novela.

MVLl: Sí, es una historia sobre una historia.

LA VISIÓN DE LOS VENCIDOS

JMO: ¿Y qué relación guarda ahora, en el estado actual de la redacción, con el episodio de la rebelión de Canudos? ¿Se ha distanciado mucho?

MVLl: Mira, la novela ya es muy distinta de ese guión y muy distinta también de lo que pensé hacer al empezar a escribirla. Mi idea inicial era la siguiente: utilizar el guión como una primera versión de la novela, y utilizar la forma de la narración cinematográfica —con sus indicaciones precisas, objetivas, concretas, de desplazamientos, tiempos, relaciones entre personajes y objetos, etc.— para estructurar la forma narrativa. Tenía la curiosidad de explorar esas posibilidades técnicas al principio, y pensaba trabajar más o menos dentro de los límites de la historia que Rui y yo habíamos escrito. Sin embargo, cuando empecé a escribir la novela, empecé también, para reemplazar la falta de experiencia directa en esa región del Nordeste, donde yo no he puesto los pies hasta ahora, a leer y releer algunas de las obras que había reunido para escribir el guión. Así, poco a poco, la novela comenzó a transformarse. Por un lado, fui acercándome cada vez más al hecho histórico mismo, a la rebelión, hasta que llegó un momento en que me di cuenta de que era absolutamente imprescindible incorporarla del todo a la novela, y que los personajes, no se confundieran, pero sí se articulasen, con los personajes históricos y los hechos mismos de ese episodio. Por otro lado, había algo muy estimulante para mí: la rebelión es un hecho sobre el que se ha escrito mucho, sobre el que hay un libro tan espléndido como *Os Sertões* y toda una enorme bibliografía sobre los aspectos militares, sociológicos y literarios, pero al mismo tiempo es un hecho bastante secreto, bastante legendario y ambiguo, porque lo que sobre todo se conoce objetivamente es la historia «oficial», o sea, desde el punto de vista de las fuerzas que aplastaron la rebelión y acabaron con ella.

JMO: Pero no la visión de los vencidos.

MVLl: La visión de los vencidos es totalmente desconocida, en primer lugar, porque no hubo entre ellos ningún testigo que llegase a escribirla. La versión que dieron los otros era totalmente subjetiva y deformada. Sólo ahora, lentamente, comienzan a aparecer algunos rasgos de esa otra cara de la historia. Eso deja un margen enorme para la imaginación. Ahora: ¿qué es lo que me fascinó más en este mundo? Te hablo ahora, no sólo del mundo histórico, sino del imaginario, del que inventé para la primera versión fílmica. Por ejemplo, me fascinó uno de los personajes centrales (que sigue siéndolo en la novela) y que es totalmente ficticio, un anarquista europeo que está en el Brasil al estallar la rebelión en Canudos y que cree, o decide creer, que este movimiento de campesinos que, según se dice, han declarado el amor libre, han abolido la propiedad, han establecido el trabajo colectivo de las tierras, es una resurrección de las grandes ideas y esperanzas anarquistas, que en ese momento han sido derrotadas en Europa. Él quiere llegar allí, quiere integrarse a ese movimiento en el que ha proyectado (como ocurriría años después con tantos revolucionarios europeos) todas sus frustraciones ideológicas como hombre del viejo continente. Pero hay otros personajes históricos que resultan también fascinantes y muy literarios, no sólo por sus actos, sino por su psicología, como el famoso Moreira César, el coronel que encabezó la tercera expedición contra Canudos, que era uno de los hombres más destacados del Séptimo Regimiento y que fue totalmente destrozado por los rebeldes. Es un personaje muy interesante: era un epiléptico, tenía una obsesión republicana, era un fanático y una especie de precursor de lo que sería la ideología militar del siglo XX, una especie de «nasserista» o jacobino *avant la lettre*. Ese es justamente otro de los aspectos para mí cautivantes en Canudos: la gran actualidad de ciertos temas que aparecen allí confrontados, la diferencia de niveles históricos que es América Latina...

JMO: Y que confluyen en un solo momento.

MVLl: Y que se enfrentan y se desgarran simplemente por mutuo desconocimiento. Mira, yo creo que si tuviera en este momento que decir cuáles son los temas de esta novela, diría que son los fanatismos latinoamericanos. Todos los fanatismos coinciden allí. Hay un fanatismo religioso, que es una de las más robustas tradiciones en América Latina, porque el movimiento de Canudos tiene un fundamento de ese tipo como aglutinante ideológico (si se puede hablar de «ideológico» en esta manifestación tan primitiva que fue la rebelión). Pero también hay un fanatismo político, indiscutible: mientras los rebeldes esperan el fin del mundo y están convencidos de que quienes los atacan son los agentes del demonio, las fuerzas del mal, luchan también con una seguridad de estar en la razón política como los Cruzados en la Edad Media, o como los ejércitos musulmanes atacaban a los infieles. Ahora, el fanatismo político es también muy evidente en quienes destruyen Canudos, y esa actitud está ejemplificada principalmente en un hombre como Moreira César.

JMO: Es un fanatismo que combate otro fanatismo, de distinto signo.

FANATISMOS EN PUGNA

MVLl: Claro, son dos fanatismos de distinto tipo que jamás se llegan a comunicar, como suele ocurrir. Hay una absurdidad que es inverosímil en este episodio: mientras unos creen que luchan en nombre de Dios contra el Diablo, que es el caso de los campesinos, quienes los atacan a cañonazos están a su vez convencidos de estar luchando contra una rebelión monárquica, dirigida por la corona inglesa para resucitar el imperio en el Brasil y acabar con la república. Y hay una inmensa literatura de la época que propaga esta tesis, tesis que ha arraigado en el país. Muchos brasileños están convencidos de que ésta es una batalla que se da contra las fuerzas del oscurantismo, contra las fuerzas retrógradas de la monarquía, el imperio y los antiguos esclavistas que, guiados, armados y asesorados por Inglaterra, han levantado a los rebeldes en Canudos —que no sabían dónde estaba Inglaterra ni qué cosa era, seguramente—. Hay una confusión alucinante, en nombre de la cual se lucha durante un año y mueren miles y miles de personas. Es algo tan terrible como actual en América Latina Por otra parte, en esta rebelión hay también, tanto como realidad que como posibilidad, un mundo de aventuras extraordinario, que es algo que a mí me ha fascinado muchísimo. Yo creo que siempre tuve la ambición de escribir algún día una gran novela de acción. Digo «gran» en el sentido físico de «grande»: una novela que describiera una acción épica que transcurriera básicamente, no diré en el mundo exterior (porque no ocurre así en esta novela), pero que tuviese características claramente históricas.

JMO: Y que ocurriese durante un largo período de tiempo, como una crónica, posiblemente.

MVLl: Sí, y que en ella entrara todo el tramado de una sociedad, de un mundo que desbordara lo puramente individual (narro siempre desde ese punto de vista, no de colectividades) y lo mostrara en movimiento en un período determinado de precipitación histórica. Salvando las distancias del caso, siempre quise escribir una novela que fuera de algún modo lo que pudo ser, respecto a su época, digamos *La guerra y la paz* o las series históricas de Dumas o *Moby Dick* inclusive; es decir, libros con una gran peripecia épica. Creo haber encontrado en esta historia esa posibilidad. Así, la novela ha ido creciendo y desarrollándose. En un principio, había pensado yo dejar la novela situada en el contexto de la primera expedición. Luego decidí llegar a la segunda y ahora me he propuesto abarcar toda la historia, desde el principio hasta el fin.

JMO: En este momento de la redacción de tu novela, los personajes principales, ¿son todavía aquellos que emanan de *Os Sertões* o predominan los que tú has inventado por tu cuenta?

MVLl: Bueno, hay muchos que son míos. Por ejemplo, el Barón de Cañabrava, que es un personaje político de la época, un importante hacendado y una especie de cacique, es inventado. Es inventado también Rufino, un rastreador, y Galileo Gall, un anarquista que es además un frenólogo. Pero hay otros que son básicamente históricos, como Moreira César, que ya mencioné, igual que los jefes militares de las expediciones. Esos personajes no están tratados históricamente;

en la novela yo falseo sus biografías con toda premeditación y sin escrúpulos, por supuesto. Estoy procurando, sin embargo, seguir los grandes lineamientos de lo ocurrido, de una manera más o menos fiel. No me interesa la exactitud del detalle, sino del gran conjunto. Pero quizá los personajes en los que, desde hace muchos meses, estoy más entusiasmado (y hasta encantado) son aquellos de los que no se sabe nada, salvo sus nombres. Se sabe, por ejemplo, que el Consejero, que era un hombre ya anciano cuando ocurre la rebelión (había estado predicando por el sertón a lo largo de más de veinte años antes de llegar a Canudos), tuvo una serie de lugartenientes, especie de apóstoles que eran al mismo tiempo sus agentes militares, entre los que había de todo: bandoleros, cangaceiros, que se fueron con todos sus hombres y se incorporaron a la rebelión, hasta vagabundos, iluminados, mendigos, enfermos, toda la miserable humanidad de la zona[1]. Digo «miserable» no sólo por las condiciones tristísimas en que vivían, sino porque años antes habían sufrido un verdadero cataclismo: una sequía, en la que se calcula que murieron cientos de miles de personas. Ellos, los sobrevivientes de esa catástrofe, encuentran en Canudos una tabla de salvación, por lo menos moral. Lo que me ha estimulado más en mi trabajo es hacer la biografía de estos lugartenientes. Antes eran nombres nada más (Joao Abade, Joao Grande, Macambira, Antonio el Beatinho), pero ahora son reales para mí. Además, con ellos entra en la novela algo que es más bien nuevo en lo que he escrito antes: la religión.

LA LOCURA RELIGIOSA

JMO: Justamente, hay algo allí que quería plantearte. Observaba por el entusiasmo con el que hablabas de la historia y los personajes, que estabas tocando a través de ellos un asunto que no había estado en tu obra, o que sólo había aparecido muy tangencialmente (pienso en las monjitas de *La Casa Verde* o la Hermandad del Arca de *Pantaleón*), pero que, sin embargo, era como una especie de obsesión o represión en el trasfondo de tus libros. Me refiero al tema religioso, por cierto. Su presencia dominante en esta novela creo que implica no sólo un cambio en el plano específico de la creación, sino en tu actitud intelectual y humana. Si no me equivoco este interés o aproximación al mundo religioso —como fenómeno cultural, no

---

[1] Sobre el Consejero, Vargas Llosa ha escrito ya un artículo que adelanta su visión del personaje: «Antonio Consejero», *Caretas* (Lima), 17 de septiembre de 1979, páginas 38-39.

como fe— se produjo durante tu visita a Israel en 1976. ¿Me equivoco?

MVLl: Es algo más antiguo que eso. Creo que la locura religiosa está bastante insinuada en lo que he escrito. Ya en *Pantaleón* hay locos religiosos, y curas más o menos fanáticos aparecen. También aparecen en *La tía Julia*. Pero es verdad que en los últimos años a mí me ha intrigado lo que la religión tiene de fenómeno o actitud humana y en sus derivaciones sociales e históricas. Y es verdad que el viaje a Israel despertó en mí la curiosidad religiosa, por cierto. A partir de ese viaje he leído muchos libros sobre religión, lo que antes prácticamente no había hecho. Y ahora, con motivo de la novela, esas lecturas han sido muy importantes para mí. La novela ha crecido también por esta otra razón: la de incorporar la dimensión puramente interior de los acontecimientos. ¿Qué cosa es la religión? ¿Qué les da a los hombres? ¿Contra qué los defiende? ¿De qué escapan a través de ella? ¿Qué daños les inflige? ¿De qué manera hace y deshace sus vidas? ¿Y cómo esa experiencia religiosa compone y recompone el mundo social? Esas son las preguntas que me hago ahora, por primera vez. Por otra parte, creo que la religión es algo que está íntimamente ligado a nuestra experiencia: si somos fanáticos, probablemente la razón es que provenimos de una cierta tradición religiosa intolerante de la que todavía formamos parte.

JMO: Pensaba cómo en tu obra novelística hay ciertos polos, polos abiertos y polos cerrados, que están en una curiosa comunicación. Uno de ellos, por ejemplo, es el cuartel y el mundo militar; otro es el convento. Pero al lado de esos polos o espacios cerrados, hay otros abiertos que los transgreden o los niegan al mismo tiempo que entran en relación con ellos. Por ejemplo, las guarniciones de las visitadoras en *Pantaleón,* que son cuarteles al revés. El «Círculo» de *La ciudad y los perros* es otro cuartel al revés, un esquema de organización y jerarquía que remeda el de los códigos militares, pero violando su sentido. También aparece el burdel, que es una forma de liberación práctica de lo instintivo y el gozo perverso. Sin embargo, faltaba en tus novelas el estudio de esta realidad en la cual la religión aparece expresada con una fuerza colectiva y casi cataclísmica, que es el mesianismo religioso. Es decir, no la crítica de la religión tal como se enseña en el colegio o se practica en el convento, cosa que ya has hecho, sino su presentación como un factor social válido en sí mismo y que a la vez nuclea otras corrientes o manifestaciones culturales y empuja en una dirección que puede llegar a la locura masiva. Creo que ése es un nivel nuevo para ti y nuevo para los lectores.

MVLl: Mira, hay algo extraño con esta novela. Obligadamente, por el tipo de problema que viven los distintos personajes, he tenido que pensar en ciertas ideas generales, cosa que nunca he hecho cuando escribo una novela, porque es una clase de reflexión que es más bien un obstáculo, porque una novela es un mundo fundamentalmente concreto, para mí al menos.

EL ORDEN Y EL CAOS

JMO: ¿A qué te refieres?

MVLl: Al fin de la obra, los personajes se mueven entre dos polos absolutamente antagónicos. Y en un momento determinado he llegado a pensar que esos polos antagónicos, no sean exclusivos de ellos, sino que entre ellos nos movemos todos nosotros, los seres humanos. Creo que nuestra condición es el reflejo de esa lucha entre esas fuerzas enemigas e inevitables. Una, que es una necesidad de libertad en todos los campos: moral, intelectual, imaginario. Y al mismo tiempo, una necesidad de supervivencia —que es tanto individual como familiar y colectiva— que nos impide dar rienda suelta a esa vocación porque sabemos, en el fondo, que eso nos conduce a la destrucción y quizá a la desaparición de la especie. ¿Cómo se combate ese impulso primero? La forma es la de crear órdenes. Esos órdenes se expresan esencialmente en instituciones como el cuartel y la religión. Ambos nos impiden el desboque hacia el cual tendemos todos, y por lo tanto, son los enemigos más profundos de la libertad. Creo que esos son los temas de la novela porque el fanatismo es un terror a la libertad y, al mismo tiempo, expresa mejor que nada esa terrible vocación de libertad a la que no podemos escapar. Yo también tengo mi «orden». Mi orden es la literatura. Ese mundo es el que me mantiene, más o menos, en un estado de cordura, el que me impide que me deshaga en el caos. Cuando no escribo, cuando tengo un bloqueo en mi trabajo, entro en una especie de desagregación psicológica y hasta física, me siento más vulnerable a todo. Me parece que ese mismo fenómeno se da en el campo de la política, en la vida social, individual, etc. Tanto la religión como la historia y la política, de alguna manera se explican por los modos cómo estas dos fuerzas opuestas se cruzan y se descruzan en el destino de una persona. Ese es más o menos el mecanismo que yo quisiera mueva mi novela, que vaya cristalizando en lo que hacen los distintos personajes.

JMO: Veo, por lo que me dices, que en la novela hay varios retos que son nuevos para ti. Primero, el mismo tema y el volumen que el tema está alcanzando. Luego, otros, más específicos, de los que quiero conversar ahora. Es la primera vez que escribes una novela que se basa en hechos históricos del pasado y de los cuales tú no has participado para nada. La historia está presente en *Conversación,* pero es una historia que de alguna manera te tocaba. En cambio, ahora tienes ciertas desventajas o, por lo menos, factores que complican tu trabajo: tiempo pasado, lugar o espacio totalmente ajeno a tu experiencia personal y hasta un idioma distinto que supone un contexto cultural por completo ajeno al tuyo. Estos factores me hacen pensar que las dificultades que debes enfrentar para acabar esta novela son del tamaño de una montaña...

MVLl: Claro, pero fíjate que esto es una confirmación de ciertas cosas que yo vengo creyendo hace bastante tiempo sobre los mecanismos de la creación; es decir, que hay elementos absolutamente incontrolados que van determinando la tarea de hacer una novela. Conscientemente, jamás me hubiera propuesto yo escribir una novela situada en un país que no conozco del todo, en el pasado en vez del presente. Creo haber dicho alguna vez que no podría escribir una novela que no fuera con personajes peruanos, ¿no es cierto?

JMO: Eso te iba a recordar.

MVLl: O que no estuviera situada en mi época. Es decir que, teóricamente, tenía toda clase de prevenciones contra una novela de este tipo. Y sin embargo, ha habido una serie de impulsos, tendencias, fuerzas, apetitos que no tienen mucho que ver con la razón, que me han ido llevando a esta historia y ahora tengo la sensación de que esta novela —que me va a llevar mucho tiempo todavía, que cada vez se vuelve más ambiciosa— irá, por lo menos en la intención, mucho más allá de todo lo que he hecho hasta ahora.

JMO: Dijiste lo mismo cuando terminastes *Conversación.* ¿Piensas que ahora estás excediendo esos límites?

MVLl: Yo creo que más abarcadora que *Conversación,* que sus temas son más generales y, sobre todo, que hay en ella una experiencia mayor que la que tenía cuando escribí *Conversación.*

JMO: ¿Una experiencia técnica y literaria, dices?

MVLl: Vital también.

UNA NOVELA DE LA MADUREZ

JMO: Pero creo que dejamos algo olvidado cuando hablamos de las dificultades particulares de este libro. Por ejemplo, el problema de tratar psicologías de personajes conocidos que te son ajenos culturalmente. ¿Cómo has manejado eso? ¿Te ha sido muy difícil?

MVLl: Muy, muy difícil. Es algo que me produce enormes angustias y tremendas dificultades, depresiones y una sensación de fracaso contra la que tengo que estar luchando todo el tiempo. Por supuesto, trato de combatir esa inexperiencia o desconocimiento mediante lecturas. Hasta ahora es lo único que he podido hacer; pero en unos días voy a viajar y permanecer unos meses en el terreno, viendo el paisaje que rodea a la historia y los tipos físicos que supongo siendo los mismos. Eso creo que será una buena ayuda. La información de tipo libresco era, claro, sumamente insuficiente. He tenido que encontrar técnicas que contrarresten esos vacíos. Desde luego que yo no puedo describir a un *caboclo*[2] del nordeste brasileño de fines del siglo pasado como puedo describir a un muchacho miraflorino de nuestros días.

JMO: ¿Entonces cómo los haces hablar? ¿Cómo has resuelto el problema de su propio lenguaje? Te lo pregunto pensando un poco en un modelo con el cual podríamos establecer una referencia para entender el tipo de tratamiento que estás intentando; es el de Carpentier en *El reino de este mundo,* donde encontramos estos personajes coloniales, míticos, que hablan en un lenguaje distanciado y «literario».

MVLl: No, no es una novela de ese tipo, ni mucho menos. Por supuesto, es un relato en el que hay distintos planos narrativos: hay uno que se puede considerar exterior, otro más interior. Pero en este momento no podría decírtelo de una manera precisa, porque para mí no lo es, todavía es algo bastante informe. Estoy en esa primera etapa, voy terminando la primera redacción de la novela, y el material todavía es bastante gaseoso.

JMO: ¿Cuántas páginas llevas escritas hasta ahora?

MVLl: Ochocientas veintinueve. Me falta una tercera parte, que será bastante más corta que las otras dos, por lo menos en mi plan no debería pasar de trescientas cuartillas a lo más, con lo cual llegaré a unas mil cien páginas, que en una nueva versión espero reducir bastantes. Hay muchas repeticiones y hay un material informativo incluido que sólo vale para mí, no para el lector. De todas maneras, será una novela bastante más larga que todas las que he escrito.

JMO: Tú recién vas a viajar al sertón. Es posible que el impacto y la revelación que esa visita supone en relación con paisajes, ambientes, modos de vida, etcétera, sean tan fuertes que decidas tener que redactar todo otra vez y comenzar de nuevo. ¿Existe esa posibilidad?

MVLl: Sí, es posible. Lo que tengo ahora es un borrador. Es posible que el viaje modifique profundamente la historia. De todos

---

[2] Mestizo de portugués e indio.

modos, el viaje será utilísimo para mí porque después de estar tanto tiempo trabajando imaginariamente en este mundo y con estos personajes, poder tocar, ver, oler el ambiente de la historia es algo que me va a ayudar enormemente. Eso lo sé desde ahora. Todas las veces pasadas me ha ocurrido lo mismo: cuando escribía sobre la amazonía y volvía a ella, siempre el viaje era como una gran inyección de vitalidad para mis novelas. El primer contacto físico con el nordeste me va a servir mucho, inclusive desde el punto de vista psicológico.

JMO: Por la intensidad con que hablas de tu propio trabajo, veo que estás en ese grado de la experiencia creadora en el que te encuentras totalmente sumergido en tu mundo y que cuando emerges de él, estás un poco como viviendo la realidad entre paréntesis. Te veo muy comprometido con la novela, muy ansioso de culminarla. Esta novela, más que a tus dos últimas, quizá se parezca más a las anteriores, especialmente a *La Casa Verde* y *Conversación*, no por razones temáticas o por coincidencias en motivos y ambientes, sino en el nivel de pasión humana que quieres comunicar. Es decir, ésta parece una novela que puede capturar al lector de una manera más intensa y radical que en *Pantaleón* y *La tía Julia*, donde había un tono de ironía y una intención más liviana, que las hacían más fáciles de leer y más inmediatamente gratificadoras para el lector. Esta novela parece que no va a seguir esa línea, ¿verdad?

MVLl: No, en las dos últimas novelas hay un elemento de diversión, no sólo para el lector (aunque tal vez no haya ninguno) sino para mí como autor. Ese factor de diversión fue muy importante como estímulo para escribir esos libros. En ellos, era evidente que yo podía jugar a ratos, intentar algo más ligero que era como una novedad para mí, una experiencia distinta. Bueno, esta novela no está, de ninguna manera, escrita con esa actitud. Todo lo contrario. Es una novela que intenta, ¿cómo te diré?... Siempre usar las grandes palabras es riesgoso porque inmediatamente sientes una falsedad, sientes que traicionan lo que quieres decir con ellas. Pero a ratos no encuentras otra manera de decirlo. Para mí, ésta es una novela de la madurez. No está escrita por un hombre joven, o que ya no se siente joven, aunque espero seguir siéndolo por lo menos mentalmente... Pero al mismo tiempo siento que he llegado a un cierto punto en el que ya no soy la misma persona que cuando escribí *La ciudad y los perros* e inclusive *La tía Julia*. Es raro, pero tengo esa sensación.

Lima, julio de 1979

[*Escandalar*, vol. 3, n.º 1, enero-marzo de 1980, páginas 82-87.]

BIBLIOGRAFÍA

I. OBRA DEL AUTOR

A. Obra narrativa*

Los jefes, Barcelona, Editorial Rocas, 1959; Buenos Aires, Jorge Álvarez Editor, 1965; Santiago de Chile, Editorial Universitaria, 1970; Barcelona, Barral Editores-Libros de Enlace, 1971.

La ciudad y los perros, Barcelona, Seix Barral, 1963; Buenos Aires, Sudamericana, 1967.

La Casa Verde, Barcelona, Seix Barral, 1966; Caracas, Monte Ávila, 1968.

Los cachorros. Pichula Cuéllar, Barcelona, Lumen, 1967, con fotos de Xavier Miserachs; La Habana, Casa de las Américas, 1968; Barcelona, Lumen-Ediciones de Bolsillo, 1970.

Conversación en La Catedral, Barcelona, Seix Barral, 1969, 2 vols.

Obras escogidas. Novelas y cuentos: La ciudad y los perros. La Casa Verde. Los cachorros. Los jefes, Madrid, Aguilar, 1973.

Pantaleón y las visitadoras, Barcelona, Seix Barral, 1973.

La tía Julia y el escribidor, Barcelona, Seix Barral, 1967.

La guerra del fin del mundo, Barcelona, Plaza-Janés, 1981 (rústica); Barcelona, Seix Barral, 1981 (tela).

B. Otros libros

GARCÍA MÁRQUEZ, Gabriel, y Mario VARGAS LLOSA, *La novela en América Latina: diálogo,* Lima, Carlos Milla Batres-Ediciones UNI, 1968.

COLLAZOS, Óscar, Julio CORTÁZAR y Mario VARGAS LLOSA, *Literatura en la revolución y revolución en la literatura,* México, Siglo XXI, 1970.

Historia secreta de una novela, Barcelona, Tusquets, 1971.

García Márquez: historia de un deicidio, Barcelona, Barral, 1971.

RIQUER, Martín de, y Mario VARGAS LLOSA, *El combate imaginario. Las cartas de batalla de Joannot Martorell,* Barcelona, Barral, 1973.

RAMA, ÁNGEL, y Mario VARGAS LLOSA, *García Márquez y la problemática de la novela,* Buenos Aires, Corregidor-Marcha, 1973.

La orgía perpetua. Flaubert y «Madame Bovary», Barcelona, Seix Barral, 1975 (en coedición con Taurus Ediciones, Madrid).

---

* Se mencionan las ediciones originales y algunas otras importantes.

II. OBRAS SOBRE EL AUTOR

A. Libros de crítica

Agresión a la realidad: Mario Vargas Llosa, Las Palmas, Inventarios Provisionales, 1972.
BOLDORI DE BALDUSSI, Rosa, *Vargas Llosa: un narrador y sus demonios,* Buenos Aires, Fernando García Cambeiro, 1974.
CANO GAVIRIA, Ricardo, *El buitre y el ave fénix. Conversaciones con Mario Vargas Llosa,* Barcelona, Anagrama, 1972.
DÍEZ, Luis Alfonso, *Mario Vargas Llosa's Pursuit of the Total Novel,* Cuernavaca, CIDOC, Serie Cuadernos n.º 2, 1970.
—, (ed.), *Asedios a Vargas Llosa,* Santiago de Chile, Editorial Universitaria, 1972.
FERNÁNDEZ, Casto M., *Aproximación formal a la novelística de Vargas Llosa,* Madrid, Editora Nacional, 1977.
GIACOMAN, Helmy F., y José Miguel OVIEDO (eds.), *Homenaje a Mario Vargas Llosa,* Madrid, Las Américas, 1972.
Martín, José Luis, *La narrativa de Vargas Llosa. Acercamiento estilístico.*
Moreno TURNER, Fernando, *Para un análisis de la estructura de «La Casa Verde»,* Valparaíso, Universidad de Chile, 1972.
OVIEDO, José Miguel, *Mario Vargas Llosa: la invención de una realidad,* Barcelona, Barral, 1970, 2.ª ed., y 1977.
ROSSMAN, Charles, y Alan WARREN FRIEDMAN (eds.), *Mario Vargas Llosa. A Collection of Critical Essays,* Austin, University of Texas Press, 1978.

B. *Entrevistas recogidas en libros*

GONZÁLEZ BERMEJO, Ernesto, *Cosas de escritores,* Montevideo, Biblioteca de Marcha, 1971.
LORENZ, GUNTER, *Diálogo con América Latina,* Barcelona, Pomaire-Ediciones Universitarias de Valparaíso, 1972.
MOIX, Ana María, *24 × 24,* Barcelona, Península-Ediciones de Bolsillo, 1972.

C. *Números especiales de revistas*

Norte (Amsterdam), vol. 12, núms. 5-6, octubre-diciembre 1971.
Review, Focus: *Conversación en La Catedral,* n.º 14, 1975.
Texas Studies in Literature and Language, An Issue Devoted to the Work of Mario Vargas Llosa, vol. 19, n.º 4, 1977.
World Literature Today, Mario Vargas Llosa Issue, vol. 52, n.º 1, 1978.

D. *Otros trabajos y artículos* *

[Anon.] «The Peruvian Labyrinth», res. de *Conversación en La Catedral. Times Literary Supplement,* septiembre 22, 1966, p. 872.
BENEDETTI, Mario, «Vargas Llosa y su fértil escándalo», *Letras del continente mestizo,* Montevideo, Arca, 1967, pp. 181-201.

---

* En esta breve selección, no se recogen los artículos publicados en el presente volumen ni los que figuran en los números especiales que aparecen en el epígrafe C de esta sección.

BROTHERSTON, Gordon, «Social Structures: Mario Vargas Llosa», *The Emergence of the Latin American Novel*, Cambridge University Press, 1977, pp. 110-121.

DAUSTER, Frank, «Vargas Llosa and the End of Chivalry», *Books Abroad*, vol. 44, n.º 1, 1970, pp. 41-45.

FRANCO, Jean, «Lectura de *Conversación en La Catedral* », *Revista Iberoamericana*, vol. 37, n.ᵒˢ 76-77, 1971, pp. 763-738.

FUENTES, Carlos, «El afán totalizante de Vargas Llosa», *La nueva novela hispanoamericana*, México, Joaquín Mortiz, 1969, pp. 35-48.

GALLAGHER, David, «Mario Vargas Llosa», *Modern Latin American Literature*, Nueva York, Oxford University Press, 1973, pp. 124-143.

GEORGESCU, Paul Alexandru, «Hacia un novela de la simultaneidad», *Studi e Informazione* (Sezione Letteraria, Serie I), 1972, pp. 67-81.

HARSS, Luis, «Mario Vargas Llosa o los vasos comunicantes», *Los nuestros*, Buenos Aires, Sudamerica, 1966, pp. 420-463.

LAFFORGUE, Jorge, «Mario Vargas Llosa, moralista», *Nueva novela latinoamericana*, J. Lafforgue, ed. Buenos Aires, Paidós, 1969, pp. 209-240.

LOAYZA, Luis, «Los personajes de *La Casa Verde*», *El sol de Lima*, Lima, Mosca Azul, 1974, pp. 193-204.

LERNOUX, Penny, «The Latin American Disease», *The Nation*, noviembre 22, 1975, páginas 522-527.

LEVINE, Suzanne Jill, Res. de *Conversation in The Cathedral*, *The New York Times Book Review*, marzo 23, 1975, p. 1.

LIND, Georg R., «Mario Vargas Llosa y el atropello de los indefensos», *Humboldt*, n.º 54, 1974, pp. 62-67.

LUCHTING, Wolfgang A., *Pasos a desnivel*, Caracas, Monte Ávila, 1972, pp. 332-434.

McMURRAY, George R., «The Novels of Mario Vargas Llosa», *Modern Language Quarterly*, volumen 29, n.º 3, 1968, pp. 329-340.

MORALES, Ángel Luis, «Algunos aspectos de la técnica narrativa de *Conversación en La Catedral* », *Revista de Estudios Hispánicos* (Río Piedras, Puerto Rico), n.ᵒˢ 3-4, 1971, pp. 59-67.

OELKER, Dieter, «La estructura del poder en la última novela de Mario Vargas Llosa: *Conversación en La Catedral* », *Nueva Narrativa Hispanoamericana*, vol. 4, 1974, páginas 179-192.

—, «Mario Vargas Llosa: teoría y práctica del "elemento añadido", *Atenea*, n.º 431, 1975, pp. 133-151.

ORTEGA, Julio, *La contemplación y la fiesta*, Lima, Editorial Universitaria, 1968, páginas 123-133.

PACHECO, José Emilio, «*Conversación en La Catedral* de Vargas Llosa», *La cultura en México*, n.º 439, julio 7, 1970, pp. II-IV.

RAMA, Ángel, «Las arias del virtuoso», *Marcha*, n.º 1.316, agosto 13, 1966, pp. 30-31.

RODRÍGUEZ MONEGAL, Emir, «Madurez de Vargas Llosa», *Mundo Nuevo*, n.º 3, septiembre de 1966, pp. 62-72.

SOMMERS, Joseph, «Literatura e ideología: la evaluación novelística del militarismo en Vargas Llosa», *Hispamérica*, vol. 4, 1975 (suplemento n.º 1), pp. 83-117.

WOOD, Michael, «Masquerades», Res. de *Conversation in The Cathedral* y *Cobra* de Severo SARDUY, *The New York Review of Books*, marzo 30, 1975, pp. 27-28.

ESTE LIBRO SE TERMINO DE IMPRIMIR EN LOS
TALLERES GRAFICOS DE UNIGRAF, S. A., EN
FUENLABRADA (MADRID), EN EL MES DE
AGOSTO DE 1986

OTROS TÍTULOS
DE LA
COLECCIÓN PERSILES